高中数学
单元育人价值与
核心素养培养

黄根初　著

图书在版编目（CIP）数据

高中数学单元育人价值与核心素养培养 / 黄根初
著. —上海：上海教育出版社，2023.4
（中学数学教研智慧丛书）
ISBN 978-7-5720-1922-7

Ⅰ.①高… Ⅱ.①黄… Ⅲ.①中学数学课 – 教学研
究 – 高中 Ⅳ.①G633.602

中国国家版本馆CIP数据核字(2023)第067528号

责任编辑　张莹莹

封面设计　周　吉

中学数学教研智慧丛书
高中数学单元育人价值与核心素养培养
黄根初　著

出版发行　上海教育出版社有限公司
官　　网　www.seph.com.cn
地　　址　上海市闵行区号景路159弄C座
邮　　编　201101
印　　刷　上海景条印刷有限公司
开　　本　787×1092　1/16　印张 19.25
字　　数　350 千字
版　　次　2023年4月第1版
印　　次　2023年4月第1次印刷
书　　号　ISBN 978-7-5720-1922-7/G·1728
定　　价　98.00 元

如发现质量问题，读者可向本社调换　电话：021-64373213

前　言

核心素养教育是全球教育改革的潮流.面对日新月异的社会与经济变革,全球许多国际组织、国家和地区都在思考如何培养未来的公民,以使其能够更好地适应21世纪的工作与生活,核心素养教育成为世界各国和国际组织关注的问题.例如,德国的"关键能力"(20世纪80年代),法国的7项"核心素养"(2006),美国的"21世纪技能"框架(2007),日本的"基础学力"(2008),澳大利亚的7项"通用能力"(2010),新加坡的"21世纪核心素养框架"(2010),芬兰的7项"横越能力"(2015);又如,联合国教科文组织的"五大支柱说"(2003),经济合作与发展组织的"关键能力说"(2005),欧盟的"八大素养说"(2006),以及国际学生评估项目(PISA)的阅读素养、数学素养、科学素养等研究.这些愿景框架甚至成为许多国家或地区制定教育政策、开展教育改革的基础.

中国学生发展核心素养是落实立德树人根本任务的具体目标.教育部在《关于全面深化课程改革　落实立德树人根本任务的意见》(2014年3月)中提出了研究制订学生发展核心素养体系和修订课程方案与课程标准等十项任务.这十项任务,实际上是根据学生的成长规律和社会对人才的需求,深入回答"为谁培养人,培养什么人,怎样培养人"的问题.其中,研究制定的中国学生发展核心素养框架(2016),是党的教育方针的具体化,是教育立德树人的具体目标,也是着力推进教育关键领域和主要环节改革的出发点.

素养为本的课程改革是培养学生核心素养的主渠道.为建立中国学生发展核心素养与课程教学的内在联系,充分挖掘各学科课程教学对全面贯彻党的教育方针、落实立德树人根本任务、发展素质教育的独特育人价值,各学科基于学科本质凝练了本学科的核心素养,明确了学生学习该学科课程后应达成的正确价值观、必备品格和关键能力.由此,各学科课程改革就有了灵魂,有了课程设计的基础.这样,中国学生发展核心素养的目标指导和引领着课程教学改革,同时,素养为本的课程改革就成为培养学生核心素养的主渠道.

数学课程改革对发展学生核心素养具有独特的贡献.新一轮数学课程改革的核

心任务是提升学生的数学学科核心素养,这是数学教育中的"立德树人",也是为学生发展核心素养做出的独特贡献.这样的独特贡献主要体现在科学精神(理性思维、批判质疑、勇于探究)、学会学习(乐学善学、勤于反思、信息意识)和实践创新(劳动意识、问题解决、技术应用)上.其具体基本内涵是,帮助学生掌握现代生活和进一步学习所必需的数学知识、技能、思想和方法;提升学生的数学学科核心素养,引导学生会用数学眼光观察现实世界,会用数学思维思考现实世界,会用数学语言表达现实世界;促进学生思维能力、实践能力和创新意识的发展;在学生形成正确人生观、价值观、世界观等方面发挥独特作用.

提升学生数学学科核心素养需要挖掘和发挥数学的育人价值.数学的育人价值是数学内在力量的体现.数学的内在力量源于数学的基本特征.高度的抽象性、逻辑的严谨性和应用的广泛性是数学的三个基本特征,统一性、简单性是抽象性的自然结果,而精确性、确定性则是逻辑严谨性的具体表现.强调培养学生的核心素养,并非从培养某些方面核心素养的角度反过来设计、安排数学教学内容,而应根据数学学科的基本特征,合理安排和组织课程内容,重视挖掘有关数学内容及相关的训练对培养提高学生素养方面的推动与贡献,并在教学过程中予以落实.

具体而言,数学学科核心素养与具体的数学单元内容相联系.为此,挖掘数学单元内容对数学核心素养的贡献,明确教材单元内容与学科核心素养的内在联系,在各个单元教学目标中加以落实,是利用数学的内在力量实现立德树人的关键途径.

提升学生数学学科核心素养需要依托数学的活动过程.要把发展学生数学学科核心素养的任务落在实处,需要我们通过设计系列化的、具有创新意义的数学活动,引导学生循环往复、螺旋上升地经历数学抽象、逻辑推理和数学应用(数学建模)等过程,促使学生在抽象数学对象获得核心概念的过程中发展数学抽象、直观想象素养;在发现数学性质与关系、推导数学公式、证明数学定理的过程中发展逻辑推理、数学运算素养;在应用数学知识、思想和方法解决实际问题的过程中发展数学建模、数据分析素养.在整个过程中,都要强化学生对创新与发现的情感体验,提升他们对自然结构的美妙、客观真理的力量的感受力.

进一步,要设计、选择与数学学科内容特征、数学核心素养相对应的具体数学活动.数学知识的习得需要与习得知识的科学的过程相匹配,只有这样,知识技能才有可能成为素养.换句话说,学什么(知识与技能)、怎样学(过程与方法)、学会什么(能力、品格、观念)是一个整体,具有内在的一致性,我们不能把三者割裂开来,而数学活动过程就是这三者的承载与支撑.

这样,我们以核心素养教育的世界潮流为背景,从"立德树人根本任务—中国学生发展核心素养—数学学科核心素养"的内在联系出发,明确了数学教育"立德树人",发展学生数学学科核心素养的操作路径:以数学学科核心素养为统领,合理安排和组织数学课程内容,充分挖掘和利用课程内容所蕴含的育人价值,设计与育人价值相匹配的数学活动过程,在数学活动中逐步发展数学学科核心素养.

基于上述认识,本书的核心思想旨在通过挖掘相关数学单元内容的育人价值,设计与实现育人价值相匹配的数学活动过程,并用实践案例来说明如何在日常教学中有侧重地落实数学学科核心素养(如下图所示).

数学活动过程

抽象与表征数学概念、规律和结构
用归纳、类比和演绎的形式推出数学命题
抽象、表达、解决现实问题
借助直观和想象感知、理解和解决数学问题
依据运算法则解决数学问题
获取和整理数据,分析和推断结论

学科价值
教育价值

数学单元内容 ——挖掘——→ 育人价值 ————落实————→ 数学学科核心素养

本书的形成得益于静安教育的"十三五"教育部重点课题"深化教育个性化:发达城区提升学生核心素养的实践性循证研究"的牵引,是笔者在完成其子课题"发展高中学生数学抽象素养的实践研究"的基础上拓展研究的成果.在此感谢静安教育为我们创造了追求卓越的学术氛围,感谢上海市静安区教育基金会为我提供了有力的支撑.我将与数学教师一起,在"架构学理与实践的桥梁"的探索中,孜孜不倦,与时俱进.

目　录

第一章
集合单元的育人价值与核心素养培养

《普通高中数学课程标准(2017 年版 2020 年修订)》(以下简称《课程标准》)指出,数学学科核心素养是数学学科育人价值的集中体现,也是数学课程目标的集中体现."知识作为数学核心素养的生成本源",实践表明,只有当数学学科核心素养目标与数学具体内容的教学结合在一起时,数学学科核心素养目标才能真正落到实处,也只有当数学具体内容的教学体现其独特的育人价值时,数学教学才是有力的.

第一节　本单元的育人价值

每个课程单元的育人价值可以从其学科价值和教育价值两个方面进行挖掘.单元的学科价值反映了其对数学学科发生、发展的重要性,以及在数学学科理论系统中的功能性的认识;单元的教育价值则是其对促进学生哪些方面发展的作用的认识,包括帮助学生积累从具体到抽象的活动经验,帮助学生更好地学会数学式的思维与表达,帮助学生数学核心素养的发展,等等.

一、集合单元的学科价值

首先,集合论思想是一种全域性数学思想.集合论思想是现代数学重要而基本的思想,它的概念和方法已经渗透到数学的各个分支以及其他一些自然科学,为这些学科的发展提供了奠基性的方法,近代数学就建立在集合论的基础之上. 正如希尔伯特所说,"没有人能把我们从康托为我们创造的乐园中开除出去."

集合论的主要思想表现在:初等集合论思想、实无穷与超穷思想、集合对应思想.其中,在初等集合论思想指导下,我们可以把一类研究对象作为一个整体进行研究,依据概括原则可以构造一个集合,依据外延原则保证集合的确定性;集合对应思想反映了两个集合的元素间的关系.这些思想蕴含在集合单元的有关知识内容之中,如集合的运算中蕴含着运用求交集方法解决问题的思想,波利亚将其提炼为解决问题的"交轨模式".

其次,集合的语言是现代数学的基本语言.集合语言是现代数学语言的重要组成部分.数学语言和自然语言的重要区别在于数学语言更加精确,不容易产生歧义.在基础教育阶段学习使用集合的语言,可以准确、简洁地表示所要研究的对象,更好地描述所研究的对象之间的关系.

例如,我们可以把各种几何图形看成是一个点集,然后研究它所包含的点在位置及数量关系方面的共同特征,这样往往能够得到比直观更为深刻的结论.线段 AB 的垂直平分线可以简洁地表示成点集 $\{P \mid PA = PB\}$,它揭示了这样的本质:线段垂直平分线上的点到该线段两端点的距离相等;到线段两端点的距离相等的点在该线段的垂直平分线上.又如,我们可以利用集合语言刻画四边形及其特例的关系:$\{$四边形$\} \supset \{$平行四边形$\} \supset \{$矩形$\} \supset \{$正方形$\}$.再如,我们应用集合与对应的语言可以进一步描述函数概念,从而突出函数是两个数集间的一种确定的对应关系的本质特征.

二、集合单元的教育价值

集合单元的教育价值首先表现在:用集合语言简洁、准确和深刻地表达数学内容的过程中,可以很好地发展数学抽象等素养.数学抽象主要包括从数量与数量关系、图形与图形关系中抽象出数学概念及概念之间的关系,从事物的具体背景中抽象出一般规律和结构,并用数学语言予以表征.集合语言的学习体现了数学抽象过程的主要特征:集合的含义是在学生学习积累了大量集合例证的基础上概括出来的,在获得集合含义后就有必要用数学语言表征这个数学研究对象,进而研究集合之间的关系,最后研究集合的应用.

集合单元的教育价值还体现在可以展示学习研究数学的一种路径或方式:通过观察、抽象、归纳、辨析等获得集合(数学研究对象)—研究集合的表示—类比实数间的关系研究集合间的关系—类比实数的运算研究集合的运算—集合的应用.通过这一学习研究数学的方式,帮助学生使用集合的语言简洁、准确地表述数学研究对象,学会用数学的语言表达和交流,体会用集合语言表达数学内容的优点,积累数学抽象的经验,发展数学抽象、数学运算、逻辑推理和直观想象等数学学科核心素养.

第二节　本单元数学学科核心素养的培养

现行各种高中数学教科书都有"集合初步"单元,它们都呈现了"集合的含义—集合表示—集合间关系—集合运算"等知识内容结构,这一结构较好地反映了课程标准中关于集合单元的内容要求,为实现集合单元的育人价值提供了载体.在集合单元的教学中培养数学学科核心素养,需要依托以下三个过程.

一、依托集合的概念理解与表示过程

集合的概念是通过概括实例形成的.我们可以借助实例,分析这些实例中各自的研究对象,如果发现研究对象都满足一定要求或具有一定特征,那么把研究对象统称为元素,元素组成的总体就形成一个集合.

上述过程是理解集合的含义不可或缺的过程.其中,实例要丰富和典型,它是理解集合含义的素材.这些实例既要包括学生在小学和初中接触过的一些数学的例子,如自然数、有理数的集合,不等式 $x-2<3$ 的解的集合,到一个定点的距离等于定长的点的集合;又要包括现实生活中的例子,如所在学校 2019 年 9 月入学的所有高一学生;还要包括科学情景的例子,如我国从 1970～2018 年 49 年内所发射的所有人造卫星;等等.丰富而典型的实例既可以帮助学生打开视野,又可以帮助学生辨析、理解概念含义,领会其中的概括原则.

理解集合的含义,需要感悟集合中蕴含的外延原则,即给定一个集合,任何一个元素是否在这个集合中就确定了;一个给定集合的元素是互不相同的,集合中的元素不重复出现.这样,只要构成两个集合的元素是一样的,就称这两个集合相等.

理解集合的含义,还需要经历一个用自然语言到用符号语言、图形语言描述集合的过程.例如,可以设计这样的活动:结合几个具体的例子,试比较用自然语言、列举法、描述法和区间表示集合时,各自的特点和适用的对象.在自然语言描述集合、列举法表示集合、描述法表示集合、区间表示集合和文氏图表示集合的转换中,感受各种语言和方法表示集合的优点及适用对象,体会用集合语言表达数学研究对象的简明和深刻性:一般地,集合 A 的元素用 x 表示,所有 x 的共同的特征性质用 $P(x)$ 表示,则集合 A 就能表示成 $\{x \mid P(x)\}$.集合 A 表示成 $\{x \mid P(x)\}$ 意味着,凡具有性质 $P(x)$ 的对象 x 都是 A 的元素,凡是 A 的元素都具有性质 $P(x)$.

二、依托集合的关系建立与运算求解

集合之间的关系和运算对学生来讲是全新的,但我们可以借助学生已有的知识与经验引发思考.例如,"你能由实数之间的大小关系,类比想到集合之间的何种关系?""类比两个数的运算,你可以想到两个集合之间什么运算?"设计这样的数学思考与探究活动,结合具体的问题情境,在类比、概括等数学活动中建立集合的关系和基本运算,就能有效地积累数学抽象的经验,发展数学运算和逻辑推理能力.

例如,集合间包含关系的建立.在问题"如何类比两个数的关系,思考两个集合之间的关系"的引导下,观察如下具体的集合实例:

(1) $A=\{1,2,3\}$, $B=\{1,2,3,4,5\}$;

(2) 设 A 是我们学校高一(1)班全体学生组成的集合,B 是我们学校全体学生组成的集合;

(3) $C=\{x \mid x$ 是两条边相等的三角形$\}$,$D=\{x \mid x$ 是等腰三角形$\}$.

通过观察上述分别用列举法、自然语言和描述法表示的三组集合,发现每组集合中,第一个集合中的每个元素都属于第二个集合,把两个集合之间的这种关系概括出来就形成子集的概念;进一步,可以发现(3)中集合 D 中的每个元素也都属于集合 C,这样集合相等的概念自然而生(与实数中的结论"若 $a \geqslant b$ 且 $a \leqslant b$,则 $a=b$"类比);再进一步,还可以发现(1)(2)中同时存在集合 B 中至少有一个元素不属于集合 A,这样,真子集的概念应运而生.

如此,在类比思想的指导下,通过观察、分析一个集合中的元素与另一个集合的从属关系,进而概括出两个集合之间的基本关系,并用文字和符号语言加以定义,用图形语言加以表示.学生的抽象概括能力就是在这样具体的概念建立与表征过程中逐步形成的.

三、依托集合的语言表达与运用

使用集合的语言,可以准确、简洁地表示所要研究的对象,这源自集合蕴含的概括原则和确定原则.依据集合的表示、基本关系和基本运算,我们可以更好地描述所研究的对象之间的关系,解决问题.

首先,使用集合语言引导学生梳理与表达学过的相应数学内容.例如,我们可用集合语言表示平面几何对象或位置关系.用 P 表示平面内的动点,则以 O 为圆心,半径为 5 的圆表示为集合 $\{P \mid PO=5\}$;设平面内有 $\triangle ABC$,且 P 表示这个平面内的动点,我们可以问学生"集合 $\{P \mid PA=PB\}$ 表示什么?""属于集合 $\{P \mid PA=PB\} \bigcap$

$\{P\,|\,PB=PC\}$的点又是什么";我们还可以用集合语言表示平面内两直线的三种位置关系:直线l_1、l_2相较于一点P可表示为$l_1\bigcap l_2=\{P\}$,直线l_1、l_2平行可表示为$l_1\bigcap l_2=\varnothing$,直线$l_1$、$l_2$重合可表示为$l_1\bigcap l_2=l_1=l_2$,等等.

又如,我们可以用集合语言表达数学运算或数学概念的内涵.用(x,y)表示平面直角坐标系中的点,则集合$\{(x,y)\,|\,xy=0,x,y\in\mathbf{R}\}$就表示平面直角坐标系中$x$轴和$y$轴;在平面直角坐标系中,集合$A=\{(x,y)\,|\,y=x\}$表示直线$y=x$,从这个角度启发学生"集合$B=\left\{(x,y)\left|\begin{cases}2x-y=1\\x+4y=5\end{cases}\right.\right\}$表示什么""集合$A$、$B$之间有什么关系";正方形的概念内涵我们可借助于"$\{$菱形$\}\bigcap\{$矩形$\}=\{$正方形$\}$"的过程予以解释;等等.

其次,使用集合语言引导学生描述和解决问题.用集合语言描述问题,可以帮助学生打开分析、解决问题的新思路.例如,学校开运动会,设$A=\{x\,|\,x$是参加100米赛跑的学生$\}$,$B=\{x\,|\,x$是参加200米赛跑的学生$\}$,$C=\{x\,|\,x$是参加400米赛跑的学生$\}$.学校规定,每个参加上述比赛的学生最多只能参加两项,我们就可以引导学生利用集合的运算来说明这项规定$(A\bigcap B\bigcap C=\varnothing)$,并解释"$A\bigcup B$""$A\bigcap C$"的实际含义.在上述背景下,高一(1)班进行了预赛,共有28名学生参加上述三项比赛,有15人参加100米赛跑,有14人参加200米赛跑,有8人参加400米赛跑,同时参加100米赛跑和200米赛跑的有3人,同时参加100米和400米赛跑的有3人,没有人同时参加三项比赛.我们就可以引导学生借助集合运算的文氏图,求得同时参加200米赛跑和400米赛跑的有多少人,只参加400米赛跑一项比赛的有多少人,等等.

以《课程标准》中最基本的核心知识为载体,利用学习过的数学知识分析和解释现实的、数学的、科学的情境中的问题,以蕴含数学知识之中的数学思想方法为指导解决问题,是培养数学学科核心素养的关键过程,数学学科核心素养就是在这样的日积月累中得以培养的.

总之,集合作为高中数学课程的起始单元,学生学习本单元的经历和成效,对其学习整个高中数学课程的学习心理、学习方式有重要影响.我们应该尽可能地以义务教育阶段数学课程内容为载体,组织合适的现实情境或数学情境,从中概括出集合、集合的关系和运算等数学对象的一般特征,用自然语言、图形语言、符号语言表达这些数学研究对象,并进行三种语言的转换,展现集合语言的魅力,用这样的数学方式促进学生数学抽象、逻辑推理等数学学科核心素养的发展.

第三节　实践案例——集合的含义与表示

学习集合的含义与表示是学习集合语言的开始.集合语言是现代数学语言的重要组成部分,学习使用集合的语言,可以准确、简洁地表示所要研究的对象,更好地描述研究对象之间的关系.集合语言的学习体现了数学抽象过程的主要特征:集合的含义是在学生学习积累了大量集合例证的基础上概括出来的,在获得集合含义后就有必要用数学语言表征这个数学研究对象,进而研究集合之间的关系,最后研究集合的应用.用集合语言简洁、准确和深刻地表达数学内容的过程,可以很好地发展数学抽象等素养.

【教学目标】

经历具体实例的概括过程,抽象集合的共同特征,了解集合的含义,理解元素与集合的从属关系;经历从用自然语言到用符号语言描述集合的过程,会用符号语言刻画集合;感受各种语言和方法表示集合的优点及适用对象,体会用集合语言表达数学研究对象的简明和深刻性,逐步发展数学抽象等素养.

【教学分析】

学习集合的含义和表示是学生进入高中阶段数学学习的起始.初中阶段数学知识相对具体,高中阶段数学知识相对抽象,集合恰恰是学生在高中阶段遇到的第一个抽象概念.

因此,开展集合教学,一是应以义务教育阶段学过的数学内容或学生熟悉的实例为载体创设教学情境,实例应丰富多彩.丰富和典型的例子是抽象概括集合含义不可或缺的素材.除了提供在小学和初中阶段学生已经接触过的一些集合的例子以外,还应包括现实的、科学的情境中的例子.这些实例可以帮助学生感悟到集合是从不同背景的研究对象中抽象而来的数学概念,体会到用集合语言表示这些研究对象更为精确、不容置疑.二是应充分结合学生已有的知识经验,设计符合学生思维过程的活动过程,引导学生对情境实例开展分析、思考、概括、辨析等思维活动,在形成集合概念的过程中逐渐习惯高中数学的学习方式,注重组织学生阅读教科书,自主学习、讨论、交流,注重初高中数学学习的过渡,逐步适应学习研究高中数学的"基本套路".

需要引起注意的是,用描述法表示集合时,学生容易把集合两字连同元素一起放在花括号内造成错误,如"所有三角形组成的集合"写成{所有三角形组成的集合},应当及时纠正.

【教学过程】

激活经验—感知操作—归纳概括—表示刻画—固化运用—结构图式—作业评价.

环节一　激活经验

教的过程	学的过程	说明
1. 呈现学生在小学和初中学习过的一些集合,如自然数、有理数的集合,不等式 $x-2<3$ 的解的集合,平面内到一个定点的距离等于定长的点的集合等.	学生说出: $0,1,2,3,\cdots$ 都是自然数,这些数组成了自然数集合; 整数、分数都是有理数,所有的整数、分数组成了有理数集合; 所有的小于 5 的实数组成了不等式 $x-2<3$ 的解的集合; 平面内到一个定点的距离等于定长的点组成了圆.	1. 引导学生说说这些集合中的研究对象分别是什么,这些对象相对于这些集合有怎样的关系. 2. 引导学生从研究对象及研究对象的全体的角度看待接触过的集合,一方面是激活学生原有的知识经验,另一方面为观察和分析新的集合作铺垫.

环节二　感知操作

教的过程	学的过程	说明
1. 呈现学生熟悉的数学的、现实的、科学的典型例子: (1) $1\sim10$ 之间的所有偶数; (2) 我们学校今年入学的全体高一学生; (3) 所有的正方形; (4) 平面内到直线 l 的距离等于定长 d 的所有点; (5) 方程 $x^2-3x+2=0$ 的所有实数根; (6) 组成北斗导航系统的所有人造卫星. 2. 对例(1)(2)进行分析引导.	学生思考:例(3)~(6)中的研究对象能否组成集合? 它们的元素分别是什么?	1. 引导学生分析例(1)(2)中的研究对象,把这些对象叫做元素,这些元素的全体组成一个集合. 2. 学生通过例(3)~(6)的思考分析,形成"研究对象—元素—元素的全体"的表象认识,丰富学生头脑中集合的具体例证.

环节三　归纳概括

教的过程	学的过程	说明
1. 抽象：一般地，我们把研究对象统称为元素，把一些元素组成的总体叫做集合（简称为集）. 2. 根据集合元素的确定性，解释规定集合中元素互异、无序的合理性. 3. 根据集合元素的确定性和互异性，解释两个集合相等的含义. 4. 规定集合与元素的记号. 5. 解释元素与集合从属关系及表示.	1. 辨析 1：例(1)构成一个集合，这个集合的元素是什么？$1,3,5,7,9,\cdots$ 是不是它的元素？ 2. 辨析 2："较小的数"能不能构成集合？ 3. 练习 1：判断下列元素的全体是否组成集合，并说明理由. (1) 与定点 A、B 等距离的点； (2) 高中学生中的游泳能手. 4. 练习 2：若例(1)组成的集合记作 A，则 4 ＿＿＿ A，3 ＿＿＿ A. 5. 阅读教科书，熟悉数学中一些常用的数集及其记法（$\mathbf{N}$、$\mathbf{N}^{*}$、$\mathbf{Z}$、$\mathbf{Q}$、$\mathbf{R}$），请用符号"$\in$"或"$\notin$"填空：0 ＿＿＿ $\mathbf{N}$；-3 ＿＿＿ $\mathbf{N}$；0.5 ＿＿＿ $\mathbf{Z}$；$\dfrac{1}{3}$ ＿＿＿ $\mathbf{Q}$；π ＿＿＿ $\mathbf{R}$.	1. 通过辨析 1，说明集合元素的确定性，也就是说，给定一个集合，那么一个元素在或不在这个集合中就确定了. 2. 通过辨析 2，从反面说明集合的元素必须是确定的. 3. 通过练习 1 与 2，帮助学生理解集合的元素确定性这一关键特征.

环节四　表示刻画

教的过程	学的过程	说明
1. 例(1)～(6)都是用自然语言描述的集合，如何用数学语言表示集合呢？ 2. (1) 你能用自然语言描述集合 $\{0,3,6,9\}$ 吗？ (2) 你能用列举法表示不等式 $x-2<3$ 的解集吗？ 3. 提炼描述法. (1) 如何用数学的方法表示不等式 $x-2<3$ 的解集？ (2) 整数集 $\mathbf{Z}$ 可以分为奇数集和偶数集，如何表示奇数集和偶数集？ (3) 你能提炼一下描述法表示集合的要点吗？ (4) 你能用描述法表示有理数集 $\mathbf{Q}$，以反映出有理数的共同特征吗？	1. 阅读教科书，概括表示集合的列举法要点. 2. 用列举法表示下列集合： (1) 小于 10 的所有自然数组成的集合 A； (2) 方程 $x^2=x$ 的所有实数根组成的集合 B. 3. 学生尝试. (1) 可以表示成 $\{x$ 是实数，且 $x<5\}$ 或 $\{x\in\mathbf{R}\mid x<5\}$； (2) $\{x\in\mathbf{Z}\mid x=2k+1,k\in\mathbf{Z}\}$ 与 $\{x\in\mathbf{Z}\mid x=2k,k\in\mathbf{Z}\}$； (3) $\{x\in A\mid P(x)\}$，其中 $P(x)$ 表述集合 A 中所有的元素 x 所具有的共同特征； (4) $\mathbf{Q}=\left\{x\in\mathbf{R}\,\middle|\,x=\dfrac{p}{q},p,q\in\mathbf{Z},q\neq0\right\}$.	1. 集合 B 可以表示成 $B=\{0,1\}$，也可以表示成 $B=\{1,0\}$，与所列举的元素的顺序无关. 2. 自然语言描述集合与列举法表示集合的转换，由不等式 $x-2<3$ 的解集无法用列举法表示引出描述法的必要性. 3. 通过具体例子的表示过程提炼描述法，逐步培养抽象概括能力. 4. 结合具体例子引导学生理解 $\{x\in A\mid P(x)\}$ 的含义：集合 A 中的元素都具有共同特征 $P(x)$，凡是具有共同特征 $P(x)$ 的元素 x 都属于 A，引导学生进行理性思考.

环节五 固化运用

教的过程	学的过程	说明
1. 试分别用描述法和列举法表示下列集合： (1) 方程 $x^2-2=0$ 的所有实数根组成的集合 A； (2) 由大于 10 且小于 20 的所有整数组成的集合 B. 2. 你能说说用自然语言、列举法和描述法表示集合的特点及适用对象吗？	1. 用适当的方法表示下列集合： (1) 由方程 $x^2-9=0$ 的所有实数根组成的集合； (2) 一次函数 $y=x+3$ 与 $y=-2x+6$ 图像的交点组成的集合； (3) 不等式 $4x-5<3$ 的解集. 2. 举例说明，用自然语言、列举法和描述法表示集合时各自的特点和适用范围.	1. 用描述法和列举法表示同一个集合有利于在比较中把握两种表示法的特点。 2. 以两个一次函数图像交点的集合为情境的问题有助于学生把握集合元素的特征。

环节六 结构图式

教的过程	学的过程	说明
1. 为什么要学习集合？ 2. 选择集合的表示法时应注意些什么？ 3. 你能就 $\{x\in A\,|\,P(x)\}$，用自然语言描述它的含义吗？	思考、整理、表述学习集合语言表示数学对象的必要性（为了简洁、准确地表述数学对象及研究范围等）.	总结用集合语言表示数学对象的方法，认识两种表示法的特点，体会集合语言的价值和思想内涵。

这节课我们经历了如下过程：

$$\left\{\begin{array}{l}\text{情境实例}\\1,2,3,4,6\end{array}\right. \xrightarrow{\text{概括共同特征}} \left\{\begin{array}{l}\text{元素}\\\text{元素的全体}\end{array}\right. \xrightarrow{\text{抽象}} \begin{array}{l}\text{集合含义}\\\text{有关规定}\end{array} \xrightarrow{\text{数学语言描述}} \left\{\begin{array}{l}\text{集合 }A\text{、}B\text{，元素 }a\text{、}b\\\text{从属关系：}a\in A,b\notin A\\\text{列举法：}A=\{a,b,c,d\}\\\text{描述法：}A=\{x\,|\,P(x)\}\end{array}\right.$$

环节七 作业评价

作业内容	设计意图	评价目标
1. 用符号"$\in$"或"$\notin$"填空： (1) 设 A 为所有亚洲国家组成的集合，则中国 ＿＿＿＿ A，美国 ＿＿＿＿ A，印度 ＿＿＿＿ A，英国 ＿＿＿＿ A； (2) 若 $A=\{x\,|\,x^2=x\}$，则 -1 ＿＿＿＿ A； (3) 若 $B=\{x\,|\,x^2+x-6=0\}$，则 3 ＿＿＿＿ B； (4) 若 $C=\{x\in\mathbf{N}\,|\,1\leqslant x\leqslant 10\}$，则 8 ＿＿＿＿ C，9.1 ＿＿＿＿ C.	复习巩固集合的含义、元素与集合的从属关系，帮助学生理解集合中元素的确定性。	能在熟悉的现实情境或数学情境中，理解集合的含义，判断元素与集合的关系。

作业内容	设计意图	评价目标
2. 用列举法表示下列集合： (1) 大于 1 且小于 6 的整数； (2) $A=\{x\mid(x-1)(x+2)=0\}$； (3) $B=\{x\in\mathbf{Z}\mid-3<2x-1<3\}$.	复习巩固列举法，帮助学生理解集合的含义.	能在熟悉的数学情境中，用列举法表示集合.
3. 把下列集合用另一种方法表示出来： (1) $\{2,4,6,8,10\}$； (2) 从 1、2、3 这三个数字中选出一部分或全部数字（没有重复）组成的一切自然数； (3) $\{x\in\mathbf{N}\mid3<x<7\}$； (4) 中国古代四大发明.	综合运用列举法与描述法，提高概括集合中元素一般特征的能力.	能在熟悉的现实情境或数学情境中，识别集合中元素的特征，会用列举法和描述法表示集合，并能在两者之间进行转换.
4. 用适当的方法表示下列集合： (1) 二次函数 $y=x^2-4$ 的函数值组成的集合； (2) 反比例函数 $y=\dfrac{2}{x}$ 的自变量组成的集合； (3) 不等式 $3x\geqslant4-2x$ 的解集.	综合运用列举法与描述法，提高概括集合中元素一般特征的能力，体会集合语言描述数学对象的简洁性.	能在熟悉的数学情境中，概括集合中元素的特征，并选择合适的方法表示集合.

说明：能正确地解答作业 4，说明学生能在熟悉的数学情境中概括集合中元素的特征，选择合适的方法表示数学对象，根据满意原则，可以认为达到数学抽象素养水平一的要求.

第二章
等式与不等式单元的育人价值与核心素养培养

第一节　本单元的育人价值

一、本单元的学科价值

数量关系是数学重要的研究对象,相等关系与不等关系是最基本的数量关系,而等式和不等式则是表示相应数量关系的基本语言与工具.

等式与不等式的基本性质之所以称为基本性质,其实质是反映了"运算中的不变性、规律性",它揭示了代数学的根源在于运算这一基本思想与方法,在代数研究中具有基础地位,也是发现"代数性质"的"引路人".

等式与不等式的知识在数学内部有广泛的运用.《课程标准》将本单元内容定性为高中数学的"预备知识",强调"为高中数学课程做好学习心理、学习方式和知识技能等方面的准备".几乎所有的高中数学教材的结构体系也都突出本单元在整个教材知识内容中的"工具地位".2019 年人民教育出版社出版的《普通高中教科书数学必修第一册》(以下简称人教 A 版《数学必修第一册》)的第二章(一元二次函数、方程和不等式),就安排了等式性质与不等式性质、基本不等式、二次函数与一元二次方程、不等式等内容,而这些内容在人教版 A 版实验教材中编排在必修第五册的位置,位置提前突出了其工具性的功能.其实,不等式在分析学中扮演着"妙手"的角色,正如项武义在《基础分析学之一——单元微积分学》所述:"欧多克斯的比较原则和逼近原理明确了实数系和有理数系之间的关系,以逼近法用有理数逼近非比数,从而提供了研讨实数系的有效途径."在具体的高中数学课程内容中,不等式发挥着工具性的作用.例如,处于高中数学课程核心地位的函数部分,不等式作为研究函数的工具,在刻画函数的一些性质(尤其是函数的单调性)中大显身手.

在现实生活中,普遍存在相等关系和不等关系,而且不等关系要远多于相等关系,等式与不等式是对客观事物基本数量关系的抽象,其相关知识和方法在数学外部有着广泛的应用.例如,在现实世界和日常生活中的多与少、大与小、长与短、高与矮、远与近、快与慢、涨与跌、轻与重、不超过或不少于等都可以用等式或不等式表示;又如,基本不等式在解决实际问题中有广泛的应用,是解决最大(小)值问题的有力工具.

因此,《课程标准》对本单元在学科中的定位是:相等关系、不等关系是数学中最基本的数量关系,是构建方程、不等式的基础.

二、本单元的教育价值

本单元的学习,有助于学生认识不等式有丰富的实际背景和广泛的应用,体会相等关系与不等关系是数学中两种基本的数量关系,逐步树立辩证思维和应用意识,重点提升数学抽象、逻辑推理和数学运算素养.

首先,本单元的学习有利于发展学生数学抽象素养.等式与不等式源于对客观事物的基本数量关系的抽象,通过学习描述相等关系和不等关系的数学方法,理解和表达现实世界中事物的本质、关系和规律,这个"现实问题数学化"的过程有利于数学抽象素养的形成.

其次,本单元的学习有利于发展学生逻辑推理素养.因为实数大小关系的基本事实是不等式性质的逻辑基础,所以本单元以实数大小关系的基本事实为基础,先通过类比,归纳猜想出不等式性质,再运用逻辑推理证明不等式性质.这个过程不仅可以使我们学习发现数学关系、规律的方法,而且可以培养我们借助直观理解数学内容和通过逻辑推理证明数学结论的思维习惯,这个"数学内部规律化"的过程有利于逻辑推理素养的形成.

再次,本单元的学习有利于发展学生数学运算素养.等式与不等式的性质,其本质是式的运算中的不变性、规律性,是数的运算的一般化.依据这些性质,在解决"两个式的值的大小比较""不等式的解集""现实问题的最值"等问题的过程中,可以提升数学运算素养.

最后,我们还可以挖掘不等式的知识所蕴含的促进学生直观想象素养发展的功能.例如,在北京召开的第 24 届国际数学家大会的会标是根据中国古代数学家赵爽的弦图设计,利用弦图我们可以探究一些相等关系和不等关系,进而得到重要的不等式 $a^2+b^2 \geqslant 2ab$;又如,不等式 $ab \leqslant \left(\dfrac{a+b}{2}\right)^2$ 的几何意义可解释为周长为定值的矩形中正方形面积最大;等等.直观想象依赖形与数联系的建立,或利用图形探索数量关系,或利用图形解释数量关系,在数形结合的过程中形成数学直观,理解事物本质.

第二节　本单元数学学科核心素养的培养

孔凡哲、史宁中认为,学生只有亲身经历数学化活动,才能真正形成数学核心素养,"数学化其实就是从(数学外部的)现实世界到数学内部,从数学内部发展再到现实世界中(以及应用于其他学科之中)的全过程,数学化的本质在于三个阶段,即现实问题数学化、数学内部规律化、数学内容现实化."现行各种高中数学教材对本单元内容的处理,大都呈现了"等式与不等式的获得—等式与不等式的性质—不等式的运用"等知识内容结构,这一结构较好地体现了数学化的三个过程,为实现本单元的育人价值提供了载体.如何在本单元的教学中发展学生数学学科核心素养,需要依托以下过程.

一、依托用等式与不等式表示数量关系的抽象过程

因为等式和不等式是表示数量关系的数学语言与工具,所以学生获得等式和不等式的活动是一个"现实问题数学化"的过程,主要表现在将现实世界中大量的相等和不等关系构建方程、不等式,这样的过程是发展数学抽象、建模能力,认识等式和不等式的意义与价值不可或缺的重要一环.

例如,用不等式或不等式组表示下列问题中的不等关系:(1)某路段限速 $40\,km/h$,通过车辆的车货总高度 h 从地面算起不能超过 $4\,m$;(2)某品牌酸奶的质量检查规定,酸奶中脂肪的含量 f 应不少于 2.5%,蛋白质的含量 p 应不少于 2.3%.又如,将实际问题转化为不等式问题:某市环保局为增加城市的绿地面积,提出两个投资方案:方案 A 为一次性投资 500 万元;方案 B 为第一年投资 100 万元,以后每年投资 10 万元.问经过多少年之后,方案 B 的投入不少于方案 A 的投入.再如,利用基本不等式解决现实中最大(小)值问题,首先要将实际问题转化为不等式问题,其关键是抽象出实际问题中的不等关系.

因此,我们不能只关注于数学内部不等式问题的运算求解,甚至追求不等式求解和证明的高难度技巧.不等式的实际意义、来龙去脉同样具有其教育价值,对大多数学生而言,其长远影响可能更为持久.

二、依托等式与不等式性质的类比归纳过程

项武义先生认为,"归纳乃是整个代数学的基本大法和基本功","归纳的含义是

归纳地去探索、发现,然后归纳地定义,再归纳地论证".对此,章建跃博士认为,这是培养数学学科核心素养的"数学方式".因此,在本单元的教学中,应引导学生通过类比学过的等式性质,探索等式与不等式的共性与差异,归纳并论证不等式的性质,并利用这些性质研究一类重要的不等式——基本不等式;在二次函数与一元二次方程、不等式的教学中,建立一元二次函数、一元二次方程和一元二次不等式的联系,进一步体会用函数观点统一方程和不等式的数学思想方法.这些数学活动的过程是实现本单元育人价值的重要依托.

首先,不等式与等式一样,都是对大小关系的刻画,所以我们可以从等式的性质及其研究方法中获得性质就是"运算中的不变性、规律性"的启发,从而获得不等式的如下性质(表 2 - 1).

表 2 - 1 等式性质与不等式性质类比表

性质	等式的基本性质	数学活动	不等式的基本性质
性质 1	如果 $a=b$,那么 $b=a$		$a>b \Leftrightarrow b<a$
性质 2	如果 $a=b$,$b=c$,那么 $a=c$	类比等式的基本性质,猜想不等式的基本性质	$a>b$,$b>c \Rightarrow a>c$
性质 3	如果 $a=b$,那么 $a+c=b+c$		$a>b \Leftrightarrow a+c>b+c$
性质 4	如果 $a=b$,那么 $ac=bc$		$a>b$,且 $c>0 \Rightarrow ac>bc$ $a>b$,且 $c<0 \Rightarrow ac<bc$
归纳	共性:性质 1、性质 2 反映了相等关系与不等关系自身的特性;性质 3、性质 4 反映了等式与不等式在运算中保持的不变性. 差异:不等式两边同乘一个正数,所得不等式与原不等式同向;不等式两边同乘一个负数,所得不等式与原不等式反向.		

其次,以这些基本性质的类比与猜想为经验,如果在不等式两边加、乘不同的数,我们还可以获得其他一些常用的不等式的性质.

性质 5:如果 $a>b$,$c>d$,那么 $a+c>b+d$.

性质 6:如果 $a>b>0$,$c>d>0$,那么 $ac>bd$.

再次,以上述不等式在加、乘运算中保持的不变性为基础,猜想其他的运算不变性.

性质 7:如果 $a>b>0$,那么 $a^n>b^n$,$\sqrt[n]{a}>\sqrt[n]{b}$ ($n \in \mathbf{N}$,$n \geqslant 2$).

以上不等式性质 1 至 7 的类比、归纳过程,以发现"运算中不变性、规律性"为思想指导,有助于学生学会有逻辑地思考问题,促进学生逻辑推理素养的发展.

三、依托不等式性质的论证过程

本单元知识内在的逻辑一致性,蕴含了发展数学学科核心素养(尤其是逻辑推理素养)的可能性.

在人教 A 版《数学必修第一册》的第二章教材中,我们看到关于实数大小关系的基本事实是解决等式、不等式问题的逻辑基础.依托这个逻辑基础可以论证不等式性质 2;依据性质 2、3 可以论证性质 5;利用性质 2 和性质 4 可以推出性质 6、7;等等.利用这些基本性质,我们还可以论证一些不等式的有关命题,进一步可以研究基本不等式,再由基本不等式出发推导和论证一些非常重要的不等式,开展运用不等式解决实际问题的数学活动.在上述逻辑连贯一致的思维活动中,体会到实数大小关系的基本事实和不等式的性质是解决不等式问题的基本依据,学生的逻辑推理素养就是在这样的过程中得以培养.

基本不等式可以看作是两个正数通过运算产生的奇妙变化结果.以此为基础,通过运算(代数变形)可以得出基本不等式的一些变式.事实上,如果 $a>0,b>0$,我们用 $\sqrt{a}$、$\sqrt{b}$ 分别代替 $a^2+b^2\geq 2ab$ 的 a、b,可得 $\sqrt{ab}\leq\dfrac{a+b}{2}$.这样的变式研究,同样有助于逻辑推理素养的培养.例如,我们可以由基本不等式出发,利用不等式的基本性质和换元等方法,通过推演论证可以得到许多不等式,加深对基本不等式之所以称为"基本"的理解:

(1) 利用不等式的基本性质,只需少步推演,可获得:①$ab\leq\dfrac{a^2+b^2}{2}$;②$a(a-b)\geq b(a-b)$;③$x^2\geq 2ax-a^2$;④$\dfrac{a}{b}+\dfrac{b}{a}\geq 2,ab>0$;等等.

(2) 利用换元的方法,可获得:①$a+b\geq 2\sqrt{ab}$,即 $\dfrac{a+b}{2}\geq\sqrt{ab}$,$a$、$b\in\mathbf{R}^+$;②$a^4+b^4\geq 2a^2b^2$;等等.

(3) 利用不等式的基本性质,进行多步推演,可获得:①$\left(\dfrac{a+b}{2}\right)^2\leq\dfrac{a^2+b^2}{2}$;②$\dfrac{1}{a}+\dfrac{1}{b}\geq\dfrac{4}{a+b}$,$a$、$b\in\mathbf{R}^+$;③$\left(\dfrac{1}{a}+\dfrac{1}{b}\right)^2\geq\dfrac{4}{ab}$,$a$、$b\in\mathbf{R}^+$;④$\dfrac{1}{a^2}+\dfrac{1}{b^2}\geq\dfrac{1}{2}\left(\dfrac{1}{a}+\dfrac{1}{b}\right)^2$,$ab\neq 0$;⑤$(a+b+c)^2\leq 3(a^2+b^2+c^2)$,当且仅当 $a=b=c$ 时等号成立.

(4) 更高层次地推演全新的不等式:①$ab\leq\dfrac{1}{2}\left(\lambda^2 a^2+\dfrac{b^2}{\lambda^2}\right)$,$\lambda\neq 0$;②$a^3+b^3\geq$

a^2b+ab^2，a、$b\in\mathbf{R}^+$；③$a+b+c\geqslant3\sqrt[3]{abc}$，$a$、$b$、$c\in\mathbf{R}^+$，或 $abc\leqslant\left(\dfrac{a+b+c}{3}\right)^3$，$a$、$b$、

$c\in\mathbf{R}^+$；④$\dfrac{a^2+b^2}{2}\geqslant\left(\dfrac{a+b}{2}\right)^2\to\dfrac{a^2}{2}+\dfrac{b^2}{2}\geqslant\dfrac{(a+b)^2}{4}\to\dfrac{a^2}{m}+\dfrac{b^2}{n}\geqslant\dfrac{(a+b)^2}{m+n}$，$m$、$n\in\mathbf{R}^+$，$a$、

$b\in\mathbf{R}$，当且仅当 $an=bm$ 时等号成立.从不等式④的类比创造过程,我们看到创造需要扎实的基础与想象力.

2011 年 11 月,上海市育才中学学生方佳敏在不等式的学习过程中有如下的创造:

"因为 a、b、$c\in\mathbf{R}^+$,所以有 $\dfrac{c^2}{a+b}+\dfrac{a+b}{4}\geqslant c$,

……

所以 $\dfrac{c^2}{a+b}+\dfrac{a^2}{b+c}+\dfrac{b^2}{c+a}\geqslant\dfrac{a+b+c}{2}$,当且仅当 $a=b=c$ 时等号成立."

从中,我们体会到,只要教师提供学生合适的机会,学生会给我们惊喜的表现.

四、依托不等式性质的运用过程

数学中的"等价变形"是解方程和不等式的基本要义.解方程时,往往要先将原先比较复杂的方程变形化为较简单的方程,再通过解这个比较简单的方程来求出原方程的解.同理,解不等式时,常常要通过等价变形,将原不等式化为较简单的不等式或不等式组,从而求得原不等式的解集.而"等价变形"的依据就是等式与不等式的基本性质,有理有据的变形过程是涵养数学运算素养的正道.

上海教育出版社出版的《普通高中教科书数学必修第一册》(以下简称沪教版《数学必修第一册》)的第 2 章"等式与不等式",为我们呈现了运用不等式性质求解各类不等式的内容,涉及一元一次不等式及一元一次不等式组的求解、一元二次不等式的求解、分式不等式的求解、含绝对值不等式的求解,以及基本不等式及其应用(含平均值不等式和三角不等式).这些内容的组织以不等式的基本性质为基础,以"等价变形"为指导,展现了"在明晰运算对象的基础上,依据运算法则解决数学问题"的数学过程,有利于数学运算素养的提升.

例如,一元二次不等式的求解片段:

"下面,我们来讨论如何求解一般的一元二次不等式 $ax^2+bx+c>0$ 与 $ax^2+bx+c<0$.不失一般性,我们总假设二次项系数 $a>0$.因为当 $a<0$ 时,只要在原不等式两边同乘 -1,并改变不等号的方向,就可以转化为 $a>0$ 的情形."

"事实上,当 $\Delta=b^2-4ac>0$ 时,二次方程 $ax^2+bx+c=0$ 有两个不同的实根,记

为 x_1、x_2,其中 $x_1<x_2$.利用因式分解,不等式 $ax^2+bx+c>0$ 等价于 $a(x-x_1)$ $(x-x_2)>0$,且由于 $a>0$,进一步地,等价于 $(x-x_1)(x-x_2)>0$.类似于例 3,易知其解集为 $(-\infty,x_1)\bigcup(x_2,+\infty)$.相应地,不等式 $ax^2+bx+c<0$ 等价于 $(x-x_1)$ $(x-x_2)<0$.类似于例 4,易知 $ax^2+bx+c<0$ 的解集为 (x_1,x_2).”

又如,分式不等式的求解片段:

“例题:解不等式 $\dfrac{x+3}{4-x}>0$.

解:原不等式等价于 $x+3$ 与 $4-x$ 同号,也就是 $(x+3)(4-x)>0$,即 $(x+3)$ $(x-4)<0$.所以,原不等式的解集为 $(-3,4)$.”

从上述不等式问题的运算求解过程中,我们看到,一元二次不等式、分式不等式的求解过程,就是把一个较复杂的不等式依据不等式的基本性质同解变形为一个较简单的不等式的过程,在这样的同解变形过程中,养成言必有理、理必有据的思维方式和品质.

五、依托数与形的联系过程

本单元知识所蕴含的促进学生直观想象素养发展的功能可以依托数与形的联系加以实现.

如图 2-1,把数轴上的两个点 A 与 B 同时沿相同方向移动相等的距离,得到另两个点 A_1 与 B_1,A 与 B 和 A_1 与 B_1 的左右位置关系不会改变.用不等式的语言表示,就是性质 $a>b\Leftrightarrow a+c>b+c$.

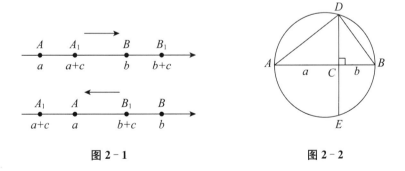

图 2-1　　　　　　　　　　　图 2-2

又如,如图 2-2,AB 是圆的直径,C 是 AB 上一点,$AC=a$,$BC=b$.过点 C 作垂直于 AB 的弦 DE,连接 AD、DB.利用这个图形,可以得到基本不等式的几何解释.

再如,由“不等式 $ab\leqslant\left(\dfrac{a+b}{2}\right)^2$,当且仅当 $a=b$ 时取等号”的几何解释的启发,我

们可以类比得到"不等式 $abc \leqslant \left(\dfrac{a+b+c}{3}\right)^3$，当且仅当 $a=b=c$ 时取等号"的几何意义为"棱长和一定的长方体中，以正方体的体积最大".进一步，对"不等式 $|ad-bc| \leqslant \sqrt{(a^2+b^2)(c^2+d^2)}$"，其几何意义为"平行四边形的面积不大于两邻边的乘积"；对"不等式 $|ad-bc| \leqslant \left(\dfrac{\sqrt{a^2+b^2}+\sqrt{c^2+d^2}}{2}\right)^2$，当且仅当 $ac+bd=0$ 且 $|b|=|c|$ 或 $|a|=|b|$ 时取等号"，其几何解释为"周长一定的平行四边形中，以正方形的面积最大".再进一步可提出更一般的数学命题，并数形结合地解决这些问题：

问题：周长为定值的四边形，其面积何时最大？

命题：具有一定长度的所有平面闭曲线中，以圆所围的面积最大；

命题：表面积一定的封闭几何体，以球的体积最大.

还如，《课程标准》要求通过本单元的学习，梳理初中数学的相关内容，理解函数、方程和不等式之间的联系，体会数学的整体性.而用一元二次函数认识一元二次方程和一元二次不等式的关键是"心中有图"(图 2 - 3).

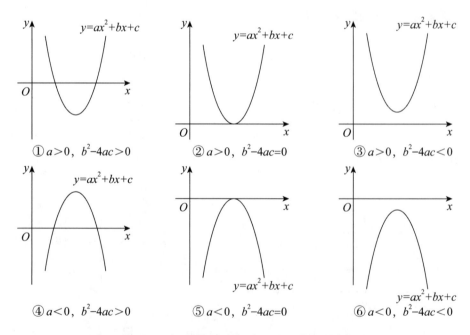

① $a>0$，$b^2-4ac>0$ ② $a>0$，$b^2-4ac=0$ ③ $a>0$，$b^2-4ac<0$

④ $a<0$，$b^2-4ac>0$ ⑤ $a<0$，$b^2-4ac=0$ ⑥ $a<0$，$b^2-4ac<0$

图 2 - 3 两种情况下的六类一元二次函数图像

在建立二次函数与一元二次方程、不等式的解的对应关系过程中，有如下数与形的对应过程：系数 a 的符号对应函数图像开口方向，一元二次方程 $ax^2+bx+c=0$ 根的判别式 b^2-4ac 的符号对应函数图像与 x 轴的位置，函数图像位于 x 轴上方或下方的所有点的横坐标的取值范围对应相应不等式的解集.正是借助这个直观模型，我们得到了求解一元二次不等式的通性通法,这样的方法通常称为函数方法,与求解一元二次不等式的代数方法相比较,它具有一般性的,可以用来讨论其他类型函数的相关求解问题.学生的数形结合能力、几何直观和空间想象能力就是在这样的数学活动中得以生长的.

总之,本单元作为高中数学课程的"预备知识",学生学习本单元的经历和成效,对其学习整个高中数学课程的学习心理、学习方式有重要影响.我们应该尽可能地以义务教育阶段数学课程内容为基础,组织合适的现实情境或数学情境,以研究运算中的不变性、规律性为思想指导,依托类比归纳、推理论证、形数联系等数学活动过程,探究并运用不等式的基本性质,建立数学知识之间的关联,用这样的数学方式促进学生的数学抽象、逻辑推理和数学运算等素养的发展.

第三节 实践案例——二次函数与一元二次方程、不等式

本节课以求解一元二次不等式为载体,引导学生从函数观点看一元二次方程和一元二次不等式,感受用函数理解方程和不等式是数学的基本思想方法.学习用函数统一理解初中学过的函数、方程与不等式,逐渐学会利用函数解决相关的数学问题,建立数学内容之间的联系,体会数学的整体性,提升直观想象与数学运算素养.

【教学目标】

经历从实际情境中抽象出一元二次不等式的过程,了解一元二次不等式的现实意义;会结合一元二次函数的图像,判断一元二次方程实根的存在性及实根的个数,了解函数的零点与方程根的关系;通过类比的方法建立一元二次函数、一元二次方程与一元二次不等式的联系,能借助一元二次函数的图像求解一元二次不等式,并能用集合表示其解集,体会数形结合的思想方法,提升数学运算和直观想象能力.

【教学分析】

从函数观点看一元二次方程和一元二次不等式,对高中生来说是思想方法上的一次转变.求解一元二次不等式通常有两种基本方法,一种是代数方法,先对二次三项式进行因式分解,把一元二次不等式转化为一元一次不等式组,通过求解一元一次不等式组,得到一元二次不等式的解集;另一种是函数方法,借助一元二次函数图像的直观,得到求解一元二次不等式的通性通法.后者是一种程序思想方法.

当一个问题有不同的解决方法时,需要对这些方法进行分析、比较,选择能

够体现数学本质的、适用范围更广的方法.上述两种方法的共性是都与一元二次方程的根有关,差异是函数方法考虑了函数的变化规律.因此,函数方法是具有一般性的,特别是,类比上述函数方法的思维过程,还可以讨论其他类型函数的相关求解问题.

对处于初高中过渡期的高中一年级学生来说,他们的思维方式正处于由具体思维向抽象思维的转折期,因此设计由具体到一般的思维活动,经历对具体操作方法进行归纳并加以推广的过程就非常必要.为此,可以先创设合适的情境,从情境中提出数学问题,引出一元二次不等式的概念;再基于情境中具体的一元二次不等式,给出相应的函数图像,分析图像与 x 轴交点横坐标(函数的零点)与方程根的关系,借助图像求解这个具体的一元二次不等式,从而获得实际问题的解;最后基于不等式 $ax^2+bx+c>0(a\neq0)$,给出相应函数图像,将上述方法推广,建立一元二次函数与一元二次方程、不等式的解的对应关系,借助图像求解一般的一元二次不等式,分析求解的程序.

本节课的难点是理解一元二次函数、一元二次方程与一元二次不等式解集的联系.突破的抓手是多次利用图像(特殊一元二次函数的图像、一般一元二次函数的图像),明确数与形的对应与联系:系数 a 的符号对应函数图像开口方向,一元二次方程 $ax^2+bx+c=0$ 的根的判别式 b^2-4ac 的符号对应函数图像与 x 轴的位置,函数图像位于 x 轴上方或下方的所有点的横坐标的取值范围对应相应不等式的解集.这个联系的过程对提升直观想象素养具有积极的意义.

【教学过程】

情境问题—形成概念—具体操作——一般归纳—固化运用—结构图式—作业评价.

环节一 情境问题

教的过程	学的过程	说明
1. 情境:园艺师打算在绿地上用栅栏围一个矩形区域种植花卉. 2. 问题:若栅栏的长度是 24 米,围成的矩形区域的面积要大于 20 平方米,则这个矩形的边长为多少米? 3. 如何寻找问题的答案?	1. 画示意图. 2. 设矩形的边长为 x 米,根据题意,建立关于 x 的不等式 $(12-x)x>20$,讨论 x 的范围,整理得: $x^2-12x+20<0, x\in\{0<x<12\}$. 3. 通过求得上述不等式的解集,并结合 x 的范围,得到问题的答案.	1. 从实际情境中抽象出不等关系,形成一元二次不等式模型. 2. 经历解决问题的全过程,体会学习一元二次不等式的现实意义.

环节二　形成概念

教的过程	学的过程	说明
1. 引导学生概括不等式 $x^2-12x+20<0$ 的特征. 2. 引导学生从类比一元一次不等式定义的角度理解一元二次不等式的定义:一般地,我们把只含有一个未知数,并且未知数的最高次数是 2 的不等式,称为一元二次不等式.	1. 类比一元一次不等式的特征,概括不等式 $x^2-12x+20<0$ 的特征. 2. 尝试写出一元二次不等式的一般形式,对照教科书规范数学表达: $ax^2+bx+c>0$ 或 $ax^2+bx+c<0$,其中 a、b、c 均为常数,$a\neq0$.	1. 引导学生把握不等关系特征,理解一元二次不等式的定义. 2. 注意文字语言与符号语言的转换.

环节三　具体操作

教的过程	学的过程	说明
1. 在初中,我们学习了从一次函数的观点看一元一次方程、一元一次不等式的思想方法.类似地,能否从一元二次函数的观点看一元二次不等式,进而得到一元二次不等式的求解方法呢? 2. 你能指出二次函数 $y=x^2-12x+20$ 的图像与 x 轴的交点坐标吗?两个交点的横坐标与一元二次方程 $x^2-12x+20=0$ 的根有什么联系呢? 3. 引出二次函数的零点概念. 4. 从函数的图像中我们可以看出函数的两个零点 $x_1=2$,$x_2=10$.我们还可以看出什么结论呢? 5. 你能根据上述结论,找到不等式 $x^2-12x+20<0$ 的解集吗? 6. 根据 $x^2-12x+20<0$ 的解集,你能找到园艺师围栏种花问题的答案吗?	1. 学生结合图像,以函数 $y=x-1$ 为例,说说与方程 $x-1=0$ 与不等式 $x-1>0$ 之间的联系. 2. 结合图像,交点的坐标分别为 $(2,0)$,$(10,0)$;两个交点的横坐标就是方程 $x^2-12x+20=0$ 的两个实数根 $x_1=2$,$x_2=10$. 3. 二次函数 $y=x^2-12x+20$ 的零点为 $x_1=2$,$x_2=10$. 4. 当 $x<2$ 或 $x>10$ 时,函数图像位于 x 轴上方,此时 $y>0$,即 $x^2-12x+20>0$;当 $2<x<10$ 时,函数图像位于 x 轴下方,此时 $y<0$,即 $x^2-12x+20<0$. 5. 一元二次不等式 $x^2-12x+20<0$ 的解集为 $\{x|2<x<10\}$. 6. 因为 $\{x|2<x<10\}\subseteq\{0<x<12\}$,所以当围成的矩形的一条边长满足 $2<x<10$ 时,围成的矩形区域的面积大于 20 平方米.	1. 充分利用学生原有的知识经验,引导学生从函数的观点看问题. 2. 借助一元二次函数的图像,先建立函数零点的概念,再以图像为中介,建立 x 的取值范围与函数值的正负的对应关系,在数与形的联系中获得一元二次不等式 $x^2-12x+20<0$ 的解集.

环节四 一般归纳

教的过程	学的过程	说明
1. 我们以一个具体的一元二次不等式为例,利用其对应的函数图像,得到了它的解集.这种方法可以推广到求一般的一元二次不等式的解集吗? 2. 当 $a>0$ 时,不等式 $ax^2+bx+c>0$(<0)对应的函数都是 $y=ax^2+bx+c(a>0)$,其图像是开口向上的抛物线.当 a、b、c 取不同的值时得到不同的抛物线,你能根据抛物线与 x 轴的位置关系,对图像进行分类吗? 你还可以对这种分类的依据作出其他解释吗? 3. 你能根据图像,在下表中写出 $ax^2+bx+c>0(a>0)$,$ax^2+bx+c<0(a>0)$ 的解集吗?	1. 探究 $ax^2+bx+c>0(a>0)$,$ax^2+bx+c<0(a>0)$ 的解集. 2. 根据问题引导,分别画出当 $a>0$ 时的三类抛物线,并找到利用方程的根的判别式进行分类的等价解释. 3. 利用图像和方程实数根存在的情况,得到不等式的解集.	在探究具体不等式解集的基础上,建立"三个二次"的联系,利用函数方法探究不等式的解集.

利用二次函数与一元二次方程、不等式的解的对应关系,探究不等式的解集

分类依据	$\Delta>0$	$\Delta=0$	$\Delta<0$
函数 $y=ax^2+bx+c(a>0)$ 的图像			
方程 $ax^2+bx+c=0$ 的根			
不等式 $ax^2+bx+c>0$ 的解集			
不等式 $ax^2+bx+c<0$ 的解集			

环节五　固化应用

教的过程	学的过程	说明
例1：求不等式 $x^2-5x+6>0$ 的解集. 分析：因为方程 $x^2-5x+6=0$ 的根是函数 $y=x^2-5x+6$ 的零点，所以先求出 $x^2-5x+6=0$ 的根，再根据函数图像得到 $x^2-5x+6>0$ 的解集. 例2：求不等式 $9x^2-6x+1>0$ 的解集. 例2可以先让学生尝试分析、交流，在此基础上规范书写表达. 例3：求不等式 $-x^2+2x-3>0$ 的解集. 例3也可以先让学生尝试分析、交流，突出化归思想方法的运用.	1. 对于方程 $x^2-5x+6=0$，因为 $\Delta>0$，所以它有两个实数根，解得 $x_1=2,x_2=3$.画出二次函数 $y=x^2-5x+6$ 的图像，结合图像得不等式 $x^2-5x+6>0$ 的解集为 $\{x\mid x<2$ 或 $x>3\}$. 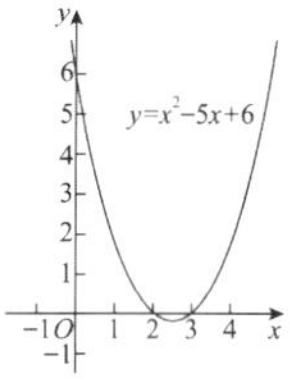 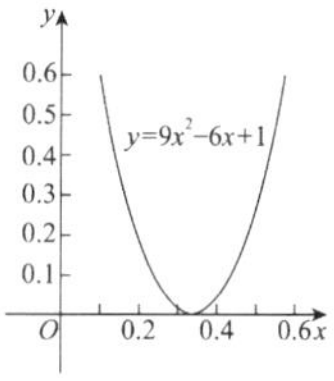 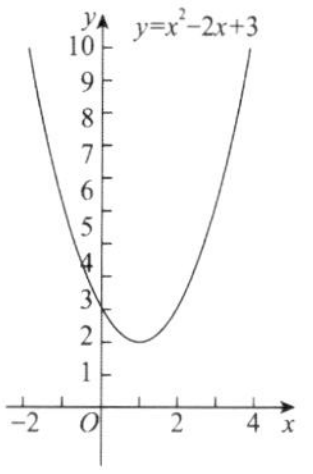 2. 对于方程 $9x^2-6x+1=0$，因为 $\Delta=0$，所以它有两个相等的实数根，解得 $x_1=x_2=\dfrac{1}{3}$.画出二次函数 $y=9x^2-6x+1$ 的图像，结合图像得不等式 $9x^2-6x+1>0$ 的解集为 $\left\{x\in\mathbf{R}\ \middle|\ x\neq\dfrac{1}{3}\right\}$. 3. 不等式 $-x^2+2x-3>0$ 可化为 $x^2-2x+3<0$.因为 $\Delta=-8<0$，所以方程 $x^2-2x+3=0$ 无实数根.画出二次函数 $y=x^2-2x+3$ 的图像，结合图像得不等式 $x^2-2x+3<0$ 的解集为 $\varnothing$.因此，原不等式的解集为 $\varnothing$.	1. 基于一般情形下解不等式的函数方法的指导，选择三个针对性的例题，在师生分析、交流的过程中，理解函数方法解不等式的操作流程，规范表达，起到对方法的运用的作用，培养数学运算、直观想象能力. 2. 归纳化归的思想方法：对于 $a<0$ 的不等式，可以先把二次项系数化成正数，再求解.

环节六　结构图式

教的过程	学的过程	说明
1. 本节课我们从函数观点认识了一元二次方程、不等式，感悟到一元二次函数、方程、不等式之间的关联，并用函数的方法解决一元二次不等式的求解问题.你能总结一下用函数方法求解一元二次不等式的程序吗？	1. 将原不等式化为 $ax^2+bx+c>0(a>0)$ 的形式. 2. 计算 b^2-4ac 的值，判断函数图像与 x 轴的位置关系. 3. 求解方程的根，结合图像得到不等式的解集.	形成如图2-4所示的求解流程图.

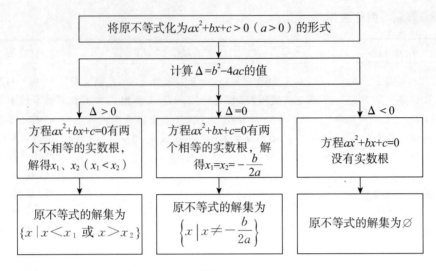

图 2－4

环节七　作业评价

作业内容	设计意图	评价目标
1. 求下列不等式的解集： (1) $(x+2)(x-3)>0$； (2) $3x^2-7x\leqslant10$； (3) $-x^2+4x-4<0$； (4) $x^2-x+\dfrac{1}{4}<0$； (5) $-2x^2+x\leqslant3$； (6) $x^2-3x+4>0$.	复习巩固利用函数方法求解一元二次不等式，并用集合表示解集. (1) $\Delta>0$； (2) $\Delta>0$； (3) $\Delta=0$； (4) $\Delta=0$； (5) $\Delta<0$； (6) $\Delta<0$.	能在熟悉的数学情境中用函数方法求不等式的解集.
2. 当自变量 x 在什么范围取值时，下列函数的值等于 0？大于 0？小于 0？ (1) $y=3x^2-6x+2$； (2) $y=25-x^2$； (3) $y=x^2+6x+10$； (4) $y=-3x^2+12x-12$.	复习巩固函数、方程、不等式的联系，借助函数图像求解自变量 x 的取值范围.	能在熟悉的数学情境中，借助函数、方程、不等式的联系，解决简单问题.
3. x 是什么实数时，下列各式有意义？ (1) $\sqrt{x^2-4x+9}$； (2) $\sqrt{-2x^2+12x-18}$.	运用解一元二次不等式的函数方法，求解使代数式有意义的变量的范围，体会不等式知识的初步应用.	能在熟悉的数学情境中利用函数方法解决简单问题.
说明：能正确地解答作业 3，说明学生能在熟悉的数学情境中识别问题中的求解对象，运用函数方法的运算步骤正确求解，解决问题. 根据满意原则，可以认为达到数学运算素养水平一的要求.		

第三章
函数的概念与性质单元的育人价值与核心素养培养

第一节　本单元的育人价值

一、本单元的学科价值

　　首先,函数思想是一种局域性数学思想.数学中的变量是对现实世界变化着的量的抽象模型,函数是一个变量对于另一个变量的依赖关系的抽象模型,是刻画世间万物之间联系的有力工具.所谓函数思想,就是面对大千世界的运动变化现象,运用运动和变化的观点,借助变量和函数等工具来思考,进而通过建立变量间的函数关系,利用函数的性质和方法来解决问题的思想.

　　函数及其思想为人们所普遍认同,函数作为描述、刻画客观世界各种变量之间的联系及其规律的一种工具,它拉开了人们用精确化观点研究客观事物运动变化过程中量的关系的序幕.借助函数,人们可以更好地掌握事物的发展规律,从而深化人们的认识;科学家运用函数思想可以化无限为有限,用短小而有限的公式去描述一个有着无限数据的事物,函数成为现代高科技领域必不可少的重要工具.

　　其次,在数学发展史上,函数概念的建立是人类认识史上从常量数学到变量数学的一个质的飞越,占据了现代数学发展的中心位置.在这个过程中,数学本身也经历了从常量到变量、从有限到无限的发展,从而逐步由初等数学走向高等数学.

　　第三,函数是高中数学课程的核心概念,是解决数学问题的基本工具,所以本单元在高中数学课程中具有基础性的地位.函数内容作为高中数学的一条核心主线,其概念及其蕴含的数学思想方法与数学的各个领域有实质性的联系,是学习其他数学知识的基础;函数知识的实际应用非常广泛,能为高中阶段其他学科的学习提供思想工具.

二、本单元的教育价值

本单元的内容特征表现为:高中阶段的函数的一般概念较初中阶段的函数概念描述更为抽象,函数的符号表示更简约,函数的具体类型更多且出现连续的、离散的等复杂形态,函数与集合、不等式、方程等相关知识的联系性增强,研究讨论函数性质的数学方法更多(代数运算、几何直观、导数、数学软件等),等等.这些特征印证了函数在高中数学课程中的核心地位.函数贯穿于中学数学始终,本身具有深刻的思想内涵,在数学和数学应用中发挥重要作用,承载着发展学生数学学科核心素养的重任.

F.克莱因有一句名言:"一般受教育者在数学课上应该学会的重要事情是使用变量和函数来思考."函数作为贯穿高中数学的主线,函数概念的抽象概括形成过程,函数的内涵、结构及蕴含的数学思想和方法,对高中数学学习将产生实质性影响,对学生养成从一般性、普遍性高度思考问题的习惯,形成抽象化、运用符号、建立模型、逻辑推理、分析计算,不断地改进、推广,更深入地洞察内在联系,在更大范围内进行概括,建立更为一般的统一理论等一整套严谨的、行之有效的数学思维方式具有重要意义,对学生形成理性思维等也有关键性影响.

因此,《课程标准》对本单元的定位是:"通过本单元的学习,可以帮助学生建立完整的函数概念,不仅把函数理解为刻画变量之间依赖关系的数学语言和工具,也把函数理解为实数集合之间的对应关系;能用代数运算和函数图像揭示函数的主要性质;在现实问题中,能利用函数构建模型,解决问题.重点提升数学抽象、数学建模、数学运算、直观想象和逻辑推理素养."

第二节　本单元数学学科核心素养的培养

学生只有亲身经历数学化活动,才能真正形成数学核心素养.数学化的本质在于三个过程,即现实问题数学化、数学内部规律化、数学内容现实化.考察现行的各版本高中数学教材,发现其对函数内容的处理都呈现了数学化的三个过程:把现实问题(函数的事实)数学化形成函数的概念和表示,研究函数的变化规律得到函数的一般性质,用函数的观点指导解决实际问题实现数学内容现实化.这样的安排为实现本单元的育人价值提供了有效的途径.

一、依托函数研究框架的构建过程

现行高中数学教材呈现的函数研究框架为"具体—一般—具体".这样的内容编排将整个函数主题看作一个整体,不仅有序地呈现相应的知识,还兼顾各知识之间的有机联系,并按照知识发生、发展的规律和学生学习的能力,"循序渐进""逐次展开".

以人教 A 版《数学必修第一册》为例,教材以初中已学的一次函数、反比例函数、二次函数,以及第二章中二次函数与一元二次方程、不等式的联系等具体知识为基础,借助几个函数事实的考察,从集合和对应的数学角度概括抽象出函数的一般概念,运用代数运算、几何直观等方法研究函数的性质,再将这些概念和性质应用到幂函数、指数函数、对数函数、三角函数的学习和实际问题的解决中.教材中函数的这一"从具体到一般再回到具体"研究框架,为学生提供了一个"认识函数知识—深化函数知识—应用函数知识"的数学化活动路径,从整体设计上为培养数学学科核心素养提供了可能.

同时,通过经历上述函数知识的学习过程,体会研究函数的基本框架、路径,学生在具体数学内容的学习过程中掌握研究数学的基本思路,对提升学生的自主学习能力非常关键,有助于学生形成学习的迁移能力.

二、依托函数概念的抽象概括过程

函数一般概念的建立是一个典型的抽象概括过程,表现为"情境问题—数学描述—概括共性—抽象定义".这个过程本质上是舍去事物的非本质属性,揭示事物本质的抽象思维过程,其充分性有助于学生把握函数概念的内涵要素,同时也是提升学生数学抽象能力不可多得的机会.

因此,函数概念的教学目标应聚焦于发展数学抽象素养,应该基于学生熟悉的情境问题,构建如下有层次的抽象概括过程.

(1) 提供若干典型的函数具体事实,分别进行数学化的描述.(第一次抽象)

问题 1：上海磁浮列车专线西起上海轨道交通 2 号线的龙阳路站,东至上海浦东国际机场,专线全长 29.863 km,设计运营速度为 430 km/h.列车从上海浦东国际机场出发至龙阳路站,离开上海浦东国际机场的路程 S(单位:km)与时间 t(单位:h)的关系可以表示为 $S=430t$.

数学的描述：t 的变化范围是数集 $A_1=\{t\,|\,0\leqslant t\leqslant 0.069\,4\}$,$S$ 的变化范围是数集 $B_1=\{S\,|\,0\leqslant S\leqslant 29.863\}$. 对于数集 A_1 中的任一时刻 t,按照对应关系 $S=430t$,在数集 B_1 中都有唯一确定的路程 S 和它对应.

问题 2:图 3-1 是上海市 2021 年 1 月 20 日的空气质量指数变化图.如何根据该图确定这一天内任一时刻 t 的空气质量指数的值 I？如何描述 I 与 t 的关系？

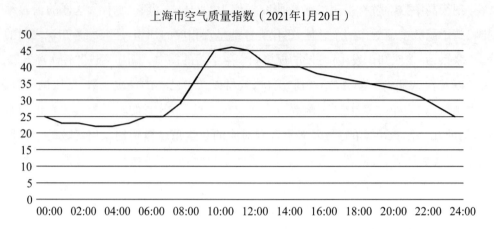

图 3-1

数学的描述：t 的变化范围是数集 $A_2 = \{t \mid 0 \leqslant t \leqslant 24\}$，空气质量指数的值 I 都在数集 $B_2 = \{I \mid 0 \leqslant I \leqslant 50\}$ 中.对于数集 A_2 中的任一时刻 t，按照图中曲线所给定的对应关系，在数集 B_2 中都有唯一确定的空气质量指数的值 I 与之对应.

问题 3:国际上常用恩格尔系数 $r\left(r = \dfrac{\text{食物支出金额}}{\text{总支出金额}}\right)$ 反映一个地区人民生活质量的高低,恩格尔系数越低,生活质量越高.表 3-1 是我国某省的城镇居民恩格尔系数变化情况,从中可以看出,该省城镇居民的生活质量越来越高.如何描述恩格尔系数 r 与年份 y 的关系？

表 3-1　我国某省城镇居民恩格尔系数变化情况表

年份 y	2006	2007	2008	2009	2010	2011	2012	2013	2014	2015
恩格尔系数 $r/\%$	36.69	36.81	38.17	35.69	35.15	33.53	33.87	29.89	29.35	28.57

数学的描述：y 的取值范围是数集 $A_3 = \{2006, 2007, 2008, 2009, 2010, 2011, 2012, 2013, 2014, 2015\}$；根据恩格尔系数的定义可知,$r$ 的取值范围是数集 $B_3 = \{r \mid 0 < r \leqslant 1\}$.对于数集 A_3 中的任意一个年份 y,根据表 3-1 所给定的对应关系,在数集 B_3 中都有唯一确定的恩格尔系数 r 与之对应.

(2) 对三个问题的共同特征进行归纳,从中概括出它们的共同属性.(第二次抽象)

① 都有两个非空数集,分别用 A_i、$B_i\ (i=1,2,3)$ 来表示；

② 都有一个对应关系；

③ 虽然三个问题中表示对应关系的方法各不相同,但它们都具有:对于数集 A_i 中的任意一个数 x,按照对应关系,在数集 B_i 中都有唯一确定的数 y 和它对应;

④ 表示对应关系有不同的方法,如解析式、图像、表格等,数学上为了表示方便,引进符号 f 统一表示对应关系.

（3）对上述共性进行再概括,通过抽象基础上的概括,给出函数的抽象定义及其符号表示,形成函数的一般概念.（第三次抽象）

一般地,设 A、B 是非空的实数集,如果对于集合 A 中的任意一个数 x,按照某种确定的对应关系 f,在集合 B 中都有唯一确定的数 y 和它对应,那么就称 $f:A \rightarrow B$ 为从集合 A 到集合 B 的一个函数,记作 $y=f(x),x \in A$.

其中,x 叫做自变量,x 的取值范围 A 叫做函数的定义域;与 x 的值相对应的 y 值叫做函数值,函数值的集合 $\{f(x)|x \in A\}$ 叫做函数的值域.

上述从认识一个数学对象的角度出发,为学生构建了函数概念的形成过程,体现了认识函数概念从函数事实—数学化描述——般定义的抽象过程.学生的数学抽象素养就是依托这样的过程中得以发展的.

三、依托函数概念的辨析理解过程

在通过抽象概括得到函数的定义后,需要通过对定义的辨析、函数的表示等过程形成对概念的非人为的实质性理解.根据认知心理学理论,概念的理解需要借助具体例子,通过概念辨析、用概念作判断以及概念的运用等环节来实现.

（1）概念辨析.抓住关键词的理解,特别是对"任意一个数"x、"对应关系"f、"唯一确定"等的理解.

例如,对一般符号 $y=f(x)$ 的意义的理解:可以将对应关系 f 比喻成一个"加工机",这个"加工机"可以是一个解析式,可以是一个图像,还可以是一个表格等,将集合 A 中的任意一个数 x 输入这个"加工机",输出的是"唯一确定"的数 y.赋予抽象的符号"$y=f(x),x \in A$"以生动的过程感,帮助学生形成对概念的本质理解.

又如,可以用图像来理解函数定义中的关键词"唯一确定":对于任意一个数 x,过点 $(x,0)$ 作平行于 y 轴的直线 l,l 与图像只有一个交点 (x,y),意味着通过图像这个对应关系 f,都有唯一确定的数 y 和 x 对应.

（2）用概念作判断.通过有针对性的问题解答,建立使用概念的基本步骤,形成"条件—操作"的联结.

一是用函数的抽象定义解释具体的函数,使函数的抽象定义回到具体概念.例如,一次函数 $y=ax+b(a \neq 0)$ 的定义域是 **R**,值域也是 **R**.对应关系 f 把 **R** 中的任意

一个数 x,对应到 **R** 中唯一确定的数 $ax+b(a\neq0)$.又如,二次函数 $y=ax^2+bx+c$ $(a\neq0)$ 的定义域是 **R**,值域是 B.当 $a>0$ 时,$B=\left\{y\left|y\geqslant\dfrac{4ac-b^2}{4a}\right.\right\}$;当 $a<0$ 时,$B=\left\{y\left|y\leqslant\dfrac{4ac-b^2}{4a}\right.\right\}$.对应关系 f 把 **R** 中的任意一个数 x,对应到 B 中唯一确定的数 $ax^2+bx+c(a\neq0)$.

二是回到函数的三个事实,发现对应关系 f 的表示方式可以是解析式,可以是表格的,也可以是图像的,进而帮助学生对 f 的理解.

三是通过判断"函数相等"的具体操作使学生理解对应关系的形式与实质.例如,讨论下列函数中哪个与函数 $y=x$ 相等:① $y=(\sqrt{x})^2$;② $u=\sqrt[3]{v^3}$;③ $y=\sqrt{x^2}$;④ $m=\dfrac{n^2}{n}$.通过具体函数的定义域、对应关系和值域的讨论,感受函数 $f(x)=x$ 的对应关系 f 的多种外在形式和实质,归纳得到函数的值域是由定义域和对应关系决定,由此理解两个函数相等的含义.

四是联想与解释符号语言表示的函数 $\left(如 y=x,y=\dfrac{1}{2}at^2 \text{等}\right)$ 所刻画的实际背景,经历从抽象回到具体的过程,加深对"函数作为描述、刻画客观世界各种变量之间的联系及其规律的一种工具"的理解.

(3)概念的运用.函数概念的直接运用表现在函数关系的建立,通过分析具体问题中的函数关系并用适当的方法表示,促进理解函数的内涵与外延.表示函数有解析法、列表法、图像法等多种方法,这些表示法其实承担着帮助学生理解函数实质的功能,为学生提供了从两个变量之间的依赖关系、两个实数集合之间的对应关系、函数图像的几何直观等多个角度认识函数概念的意义的机会,有利于学生在数学表达与抽象定义之间建立联系,全面理解 $y=f(x)$ 中"f"的意义.例如,通过把握具体问题的特点选择适当的表示法刻画变化规律的活动,特别是通过图像法或列表法表示对应关系的分析,开展分段函数是不是几个函数的讨论,由已知函数构建新函数(如 $M(x)=\max\{f(x),g(x)\},m(x)=\min\{f(x),g(x)\}$)等,使学生把握函数的不同表示法的不同特点(解析法是精确的,图像法是直观的,表格是直接的),理解对应关系的本质,消除"图像、表格表示的对应关系不是函数""凡是函数都有解析式""分段函数是由几个函数拼接而成"等错误理解.通过上述运用函数概念刻画现实问题、分析数学问题的实践,促进学生对函数概念的进一步内化和理解.

四、依托函数性质的研究过程

首先,帮助学生建立"什么是函数的性质"的"一般观念".可以从提炼初中增

（减）函数直观描述的思想蕴意出发,启发学生提升认识.如"y 随着自变量 x 的增大而增大",意味着自变量具有某种变化规律时,对应的函数值也跟着具有某种变化规律,这样的"变化中的不变性"就称为函数的性质.有了这样的关于函数性质的"一般观念",就可以引导学生展开独立自主的研究,旨在培养学生的创新意识、科学精神.

第二,经历研究函数性质"从定性到定量"的方法过渡.类似地,我们可以将初中增(减)函数的直观描述符号化,引导学生开展操作实践.例如,"自变量 x 增大""函数值 y 增大"如何用符号表示?"自变量 x 增大"意味着 x 从某个自变量 x_1 增大到 x_2,数学上用"$x_1 < x_2$"表示;"函数值 y 增大" 意味着自变量 x_1、x_2 对应的函数值 y_1、y_2 用"$y_1 < y_2$"表示.有了这个定性描述到定量刻画的突破,学生就掌握了精确研究函数性质的有力武器.在这个过程中,培养学生的数学抽象、数学运算、逻辑推理等素养.

第三,重点突破函数单调性的研究.函数单调性是函数最重要的性质,函数单调性与函数概念、函数最值、基本初等函数、数列、导数、不等式等内容有关,还与常用逻辑用语中的量词有关,函数单调性处于众多数学知识的交汇点.在众多的函数性质中,单调性既是重点,又是难点.学习函数单调性的难点表现在如何从图像升降的直观感受过渡到函数增减的数学符号语言表述,对定义中"任意"的理解.为此需要在函数性质一般观念的指导下,充分经历如下由具体到抽象,由语言描述、图形化符号到数学符号表达的数学抽象过程:

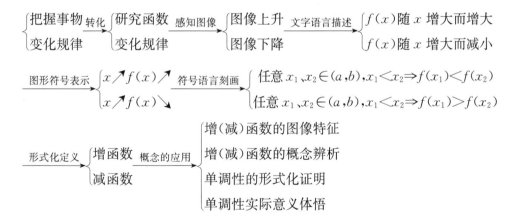

五、依托函数的初步应用过程

经历函数的初步应用过程,是完整的"认识函数知识—深化函数知识—应用函数知识"数学化过程不可缺少的重要环节,也有助于学生形成研究数学的"概念—表示—性质—应用"的基本套路.在函数的初步应用环节,主要引导学生利用函数概念及其蕴含的数学思想方法解决简单的实际问题,包括研究已知解析式或图像的函数性质及简单的建模问题.

　　研究已知解析式或图像的函数性质的过程,可以时时处处回到函数的概念.例如,函数的单调性其实就是反映着"对应关系" f 的特殊性:单调递增函数就是"较小"的自变量通过 f 对应着"较小"函数值,单调递减函数就是"较小"的自变量通过 f 对应着"较大"函数值;奇(偶)函数就是互为相反数的自变量通过 f 对应着互为相反数(相等)的函数值;等等.

　　研究简单的建模问题的过程,有助于学生感受函数是描述变量之间依赖关系的重要数学模型,感悟函数的思想方法在解决实际问题中的作用.从通过分析实际问题中变量间的依赖关系,到选择恰当的方法表示函数关系,进一步体会函数表示方法各自的特点,进而到利用函数的性质和方法来解决实际问题,解释函数的性质所反映的实际意义.这样的过程有助于数学建模素养的培养.

　　总之,函数作为贯穿高中数学课程的主线,承载着数学学科核心素养,本身具有深刻的思想内涵,在数学和数学应用中地位重要.本单元的数学内容对学生而言是一个具有挑战性的研究对象,因为函数的概念与性质呈现出抽象程度高的知识特征,理解它也需要较高的思维水平,也正是这些要求,使得学习函数的概念与性质成为培养学生数学核心素养的重要契机.因此,需要通过具体情境,让学生经历完整的抽象过程,概括出一类事物在数或形上的本质特征,并用精确的数学语言加以定义、表示和运用.函数的概念和性质更是后续函数主线学习的必备基础,如果函数概念的建构过程不充分,学生对函数概念的理解不透彻,那么后续学习就失去了依托.从这个意义来讲,"高中三年关键在高一,高一关键在一上"是非常有道理的.

第三节　实践案例——函数的概念

　　本节课以学习函数的概念为主题,引导学生从熟悉的客观世界中的运动变化现象入手,抽象出实例中的本质属性,概括它们共同特征,并用集合语言和对应关系加以刻画,形成函数的完整概念,提升数学抽象能力,发展数学抽象素养.

【教学目标】

　　在初中用变量之间的依赖关系描述函数的基础上,用集合语言和对应关系刻画函数,建立完整的函数概念,体会集合语言和对应关系在刻画函数概念中的作用.了解构成函数的要素、函数的符号表达 $y = f(x), x \in A$ 的含义,能求简单函数的定义域,会判定同一函数.从而促进学生的数学抽象和数学运算素养的发展.

【教学分析】

数学概念的学习是一个抽象的过程.数学概念的抽象依靠抽象思维(逻辑思维),是在对事物的数形属性进行分析、综合、比较的基础上,抽取出本质属性,舍弃其非本质属性,使认识从感性的具体进入抽象的规定,形成数学概念.

所以,函数概念的教学,应该以学生熟悉的客观世界中的运动变化现象及已经掌握的一次函数、二次函数、反比例函数为载体,构建问题情境,抽取具体问题的本质属性,概括它们的共同属性(都具有两个数集、数集中元素存在对应关系),在概括的基础上,给出函数的抽象定义及其符号 $f(x)$,这是抽象基础上的概括;再用函数的抽象定义解释具体的一次函数、二次函数、反比例函数以及常数函数,使函数的抽象定义回到具体概念.上述过程设计,符合概念学习的一般过程,同时,对发展学生的数学抽象素养具有重要意义.

函数概念的抽象及函数的符号表达是本节课的教学难点,为此,应该力求使函数概念内涵的揭示过程与学生思维的最近发展区相吻合.一方面,函数概念的认识立足于学生已有的知识经验:学生已经学过的一次函数、二次函数和反比例函数;初中的函数定义中的"x 的每一个值,y 都有唯一确定的值和它对应";高中数学中刚学的数的集合;作为感知操作的实例背景应该是学生的生活经历和熟悉的实际问题.这样能保证学生对概念的抽象过程顺利进行.另一方面,为使揭示函数概念的内涵与学生的思维活动的合拍一致,需要设计既能揭示函数概念内涵又能启发学生思维活动的教学问题.这样的问题,既是对函数概念内涵的条分缕析,又是对学生学习函数概念心理过程的呼应,成为本节课突破教学难点的关键.

【教学过程】

激活经验—感知操作—想象分化—归纳抽象—固化运用—结构图式—作业评价.

环节一 激活经验

教的过程	学的过程	说明
1. 请学生列举初中学过的函数,并回忆初中的函数定义.	1. 列举:一次函数 $y=ax+b(a\neq0)$,二次函数 $y=ax^2+bx+c(a\neq0)$,反比例函数 $y=\dfrac{k}{x}(k\neq0)$ 等. 2. 回顾初中的函数定义:在一个变化过程中,有两个变量 x 与 y,如果对于 x 的每一个值,y 都有唯一确定的值和它对应,那么就说 y 是 x 的函数,x 叫做自变量.	所列举的函数为后面解释函数的概念提供正确的示例.

环节二　感知操作

教的过程	学的过程	说明
1. 呈现实例1. 实例1:某"复兴号"高速列车加速到 350 km/h 后保持匀速运行半小时.这段时间内,列车行进的路程 S(单位:km)与运行时间 t(单位:h)的关系可以表示为 $S=350t$. 2. 问题引导. (1) 在实例中所包含的量分别有哪些?它们在什么范围内变化? (2) 量与量之间有什么联系?哪个量的变化决定了另一个量的变化? (3) 它们是哪种数学方式表示的(公式、图、表等)? 对实例1,从问题的实际意义可知: (1) 这段时间内,列车运行时间 t 的变化范围是数集 $A_1=\{t\mid 0\leqslant t\leqslant 0.5\}$; (2) 列车行进的路程 S 的变化范围是数集 $B_1=\{S\mid 0\leqslant S\leqslant 175\}$; (3) 对于数集 A_1 中的任意一个时间 t,按照对应关系 $S=350t$,在数集 B_1 中都有唯一确定的路程 S 和它对应.	1. 学生在问题的引导下感知 4 个典型实例,并作操作分析. 2. 分析实例2. 实例2:某电气维修公司要求工人每周工作至少 1 天,至多不超过 6 天.如果公司确定的工资标准是每人每天 350 元,而且每周付一次工资,那么你认为该怎样确定一个工人每周的工资?一个工人的工资 w(单位:元)是他工作天数 d 的函数吗? 对实例2,从问题的实际意义可知:工资 w 是一周工作天数 d 的函数,其对应关系是 $w=350d$. (1) 工作天数 d 的变化范围是数集 $A_2=\{1,2,3,4,5,6\}$; (2) 工资 w 的变化范围是数集 $B_2=\{350,700,1\,050,1\,400,1\,750,2\,100\}$; (3) 对于数集 A_2 中的任意一个工作天数 d,按照对应关系 $w=350d$,在数集 B_2 中都有唯一确定的工资 w 和它对应.	在问题(1)(2)(3)的引导下,学生对实例1、2进行感知操作,辨识出实例中的2个变量及其变化范围(数集)、2个数集的元素之间都有一种确定的对应关系,让学生形成对实例1、2的"共同性印象". 对实例1,教师可作适度示范;对实例2,可让学生自己尝试分析.学生通过对实例1、2的感知操作,积累了一定量的直观感知经验,为形成函数的三要素这一"共同性印象"奠定基础.

环节三 想象分化

教的过程	学的过程	说明
1. 呈现实例 3. 实例3:如图是上海市 2021 年 1 月 20 日的空气质量指数变化图. 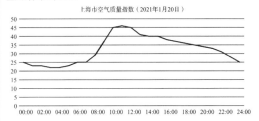 （1）如何根据该图确定这一天内任一时刻 t 的空气质量指数的值 I? （2）你认为这里的 I 是 t 的函数吗? 2. 呈现实例 4. 实例 4:国际上常用恩格尔系数 $r\left(r=\dfrac{食物支出金额}{总支出金额}\right)$ 反映一个地区人民生活质量的高低,恩格尔系数越低,生活质量越高.下表是我国某省城镇居民恩格尔系数变化情况,从中可以看出,该省城镇居民的生活质量越来越高.	1. 对实例 3,从图中的曲线可知: （1）t 的变化范围是数集 $A_3=\{t\mid 0\leqslant t\leqslant 24\}$; （2）空气质量指数的值 I 都在数集 $B_3=\{S\mid 0\leqslant I\leqslant 50\}$ 中; （3）对于数集 A_3 中的任一时刻 t,按照图中曲线所给定的对应关系,在数集 B_3 中都有唯一确定的空气质量指数的值 I 与之对应. 因此,这里的 I 是 t 的函数. 2. 对实例 4,从表中可知: （1）年份 y 的取值范围是数集 $A_4=\{2006,2007,2008,2009,2010,2011,2012,2013,2014,2015\}$;	1. 对实例3,可启发学生从具体的时刻入手,按图寻找 t 值所对应的 I 值.如,"你能按图找到中午 12 时的空气质量指数的值吗?" 2. 对实例4,可引导学生分别画出两个集合,一个是年份集合,一个是恩格尔系数集合,学生自己连线,看出表格中的对应关系. 3. 学生对实例3、4的"想象分化"是以对实例1、2的感知操作为基础的,想象分化的前提是实例1、2"共同性印象"的形成.环节三是对 4 个实例的感知内容进行压缩与内化,为环节四的顺利开展进行创造条件. 4. 4 个实例情境具有典型性,既对应了函数的三种表示法,为理解函数相同、学习函数的表示法埋下伏笔,又蕴含了环保意识、小康社会建设富有成效等价值取向.

年份 y	2006	2007	2008	2009	2010	2011	2012	2013	2014	2015
恩格尔系数 $r/\%$	36.69	36.81	38.17	35.69	35.15	33.53	33.87	29.89	29.35	28.57

你认为按表给出的对应关系,恩格尔系数 r 是年份 y 的函数吗? 如果是,你会用怎样的语言来刻画这个函数?

（2）根据恩格尔系数的定义可知,r 的取值范围是数集 $B_4=\{r\mid 0<r\leqslant 1\}$;
（3）对于数集 A_4 中的任意一个年份 y,根据表所给定的对应关系,在数集 B_4 中都有唯一确定的恩格尔系数 r 与之对应.所以,r 是 y 的函数.

环节四 归纳抽象

教的过程	学的过程	说明
1. 上述实例 1～实例 4 中的函数有哪些共同特征？由此你能概括出函数概念的本质特征吗？ 2. 我们看到可以用解析式、图像、表格等其他方法表示对应关系，为了表示方便，引进符号 f 统一表示对应关系. 3. 一般地，设 A,B 是非空的实数集，如果对于集合 A 中的任意一个数 x，按照某种确定的对应关系 f，在集合 B 中都有唯一确定的数 y 和它对应，那么就称 f：$A \to B$ 为从集合 A 到集合 B 的一个函数（function），记作 $y=f(x)$，$x \in A$. 其中，x 叫做自变量，x 的取值范围 A 叫做函数的定义域；与 x 的值相对应的 y 的值叫做函数值，函数值的集合 $\{f(x) \mid x \in A\}$ 叫做函数的值域.	1. 归纳共同特征： (1) 都包含两个非空数集，用 A、B 来表示； (2) 都有一个对应关系； (3) 尽管对应关系的表示方法不同，但它们都有如下特性：对于数集 A 中的任意一个数 x，按照对应关系，在数集 B 中都有唯一确定的数 y 和它对应. 2. 对照函数的定义，指出实例 1、2、3、4 中的定义域、对应关系 f、值域. 同时看到值域是集合 B 的子集.	1. 表示对应关系有不同的方法：实例 1、2 是用解析式刻画变量之间的对应关系，实例 3 是用图像刻画变量之间的对应关系，实例 4 是用表格刻画变量之间的对应关系. 为学习函数的表示法提供例证. 2. 本环节有两个抽象过程，首先是对实例 1、2、3、4 的共性的概括过程，其次是在学生概括的基础上，给出函数的抽象定义及其符号 $f(x)$ 等，这是抽象基础上的概括. 3. 环节二、三、四的实施，意在引导学生用数学的眼光观察实例，用数学的思维分析实例，用数学的语言表达实例. 让学生亲身经历函数概念的抽象过程，有利于培养学生的数学抽象素养.

环节五 固化运用

教的过程	学的过程	说明
1. 引导学生运用熟悉的"正例"分析解释函数概念. 2. 如何确定函数的定义域和求函数值： 例 1：已知函数 $f(x)=\sqrt{x+3}+\dfrac{1}{x+2}$. (1) 求函数的定义域； (2) 求 $f(-3)$，$f\left(\dfrac{2}{3}\right)$ 的值； (3) 当 $a>0$ 时，求 $f(a)$，$f(a-1)$ 的值. 3. 两个函数相等的含义： 实例 1 和实例 2 中的函数有相同的对应关系，你认为它们是同一个函数吗？为什么？	1. 用上述函数定义描述学过的一次函数、二次函数、反比例函数： 	函数	定义域	对应关系	值域
---	---	---	---
一次函数			
二次函数			
反比例函数			
常数函数					1. 以填表的活动形式，便于学生看出函数的构成要素；特别要重视以常数函数为例解释函数概念，可帮助学生理解进一步抽象函数的概念是必要的. 2. 通过具体例子，理解 $f(x)$，$x \in A$ 的含义. 3. 归纳函数的值域是由定义域和对应关系决定的，由此引出两个函数相等的含义.

（续表）

教的过程	学的过程	说明
例2:指出下列函数中与函数 $y=x$ 相等的函数? (1) $y=(\sqrt{x})^2$；(2) $u=\sqrt[3]{v^3}$； (3) $y=\sqrt{x^2}$；(4) $m=\dfrac{n^2}{n}$. 4. 课内练习: (1) 求下列函数的定义域: ① $f(x)=\dfrac{1}{4x+7}$； ② $f(x)=\sqrt{1-x}+\sqrt{x+3}-1$. (2) 已知函数 $f(x)=3x^3+2x$. ① 求 $f(2),f(-2),f(2)+f(-2)$ 的值; ② 求 $f(a),f(-a),f(a)+f(-a)$ 的值. (3) 判断下列函数是否相等,并说明理由: ① 表示炮弹飞行高度 h 与时间 t 关系的函数 $h=130t-5t^2$ 和二次函数 $y=130x-5x^2$； ② $f(x)=1$ 和 $g(x)=x^0$.	2.(1) 阅读教科书并归纳函数的定义域的确定依据. (2) 用自然语言说说 $f(-3)$, $f\left(\dfrac{2}{3}\right),f(a),f(a-1)$ 的含义. 3. 讨论、交流对"两个函数相等的含义"的思考,从函数的定义出发说说实例1、2中两个函数不是同一个函数的理由.并以此为基础判断例2中的哪个函数与函数 $y=x$ 相等. 4. 在课内完成练习,交流解决这些问题的具体依据.	4. 例1和练习(1)(2),帮助学生理解函数定义域的求法和记号 $f(a)$ 的含义,注意到 a 在函数的定义域内,$f(a)$ 才有意义.例2和练习(3),帮助学生判断两个函数是否相等,旨在理解函数"对应说"中的对应关系指的是对应的结果,而不是对应过程,有利于发展学生"透过不同表达形式看本质"的抽象素养.

环节六　结构图式

教的过程	学的过程	说明
1. 本节课,我们在初中学习的基础上,采用新的数学视角,分析具体的函数实例;概括出函数的三个构成要素,运用集合和对应的语言刻画了函数概念,函数反映了一个量随另一个量的变化而变化的规律,我们可以用简洁明了的数学符号:$y=f(x),x\in A$ 加以表示. 2. 上述过程反映了如何用数学的眼光观察世界,把握客观事物之间的联系,并用数学的方式表达事物之间的变化规律,是今后指导分析问题、解决问题的重要数学模型和思想方法.	1. 总结学习函数概念的研究方法,体会函数概念的学习价值和思想内涵. 2. 对照表达式 $y=f(x),x\in A$,用文字语言说说函数的定义.	1. 本环节旨在帮助学生以函数概念为例内化学习数学概念的基本套路. 2. 结构图式是指一个概念通过"感知""想象""运用"以及与相关概念、原理的联系所形成的一种在个体头脑中的认知框架."结构图式"既是一个静态的结果,也是一个动态的过程,需要在长期的学习活动不断丰富和完善.

环节七 作业评价

作业内容	设计意图	评价目标
1. 求下列函数的定义域: (1) $f(x)=\dfrac{3x}{x-4}$; (2) $f(x)=\sqrt{x^2}$; (3) $f(x)=\dfrac{6}{x^2-3x+2}$; (4) $f(x)=\dfrac{\sqrt{4-x}}{x-1}$.	理解函数的定义域是指能使函数的解析式有意义的实数的集合.	在熟悉的数学情境中,能求简单函数的定义域.
2. 下列哪一组中的函数 $f(x)$ 与 $g(x)$ 相等? (1) $f(x)=x-1,g(x)=\dfrac{x^2}{x}-1$; (2) $f(x)=x^2,g(x)=(\sqrt{x})^4$; (3) $f(x)=x^2,g(x)=\sqrt[3]{x^6}$.	理解函数的构成要素,函数的定义域与对应关系决定值域.	在熟悉的数学情境中,会判定同一函数.
3. 画出下列函数的图像,并说出函数的定义域、值域: (1) $y=3x$; (2) $y=\dfrac{8}{x}$; (3) $y=-4x+5$; (4) $y=x^2-6x+7$.	利用学过的具体函数图像理解函数的意义.	在熟悉的数学情境中,能够从图像的角度了解构成函数的要素,理解函数的意义.
4. 已知函数 $f(x)=3x^2-5x+2$,求 $f(-\sqrt{2})$,$f(-a)$,$f(a+3)$,$f(a)+f(3)$ 的值.	理解记号 $f(a)$ 的数学含义,会用代入法求函数值.	在熟悉的数学情境中,函数的符号表达 $y=f(x)$,$x\in A$ 的意义.
5. 思考:今天,我们在初中学习的基础上,运用集合和对应的语言刻画了函数概念,并引进了符号 $y=f(x)$,明确了函数的构成要素.请你比较两个函数定义,谈谈对函数有什么新的认识.	比较初高中两个函数的定义,促进对函数概念的理解.	体会集合语言和对应关系能更精准地刻画函数概念.
说明:能正确地解答作业 3,说明学生能够在熟悉的数学情境中借助图像直观认识函数的概念,用集合表示定义域和值域.根据满意原则,可以认为达到直观想象素养水平一的要求.		

第四章
幂、指数与对数单元的育人价值与核心素养培养

第一节　本单元的育人价值

一、本单元的学科价值

首先,在保持正整数指数幂的基本运算性质不变的要求下,将指数从正整数推广到整数,又从整数拓展到有理数,再引入无理数指数幂,最终将指数从有理数拓展到实数,为用幂函数、指数函数描述变量之间的对应关系奠定了逻辑基础.为此,我们可以这样来设计本单元的教学:先学习幂、指数、对数的概念性质与运算规则,再通过固定等式 $a^b = c$ 中的三个量 a、b、c 中的一个量,研究讨论另两个参数的相互关系和变化规律,定义幂函数、指数函数和对数函数,理清这三个函数的区别与联系,从而更有利于学生把握函数的概念.

其次,在科学发展的历史中,对数的发明无疑是人类认识史上一个极大的飞跃与革命,在人类文明的进程中起了划时代的作用.一方面由于对数不仅能将乘除运算化为加减运算,而且能将乘方、开方运算化为乘除运算,一下子将人们从繁复的计算中解放出来;另一方面对数从计算的有力工具向科学的重要方法的转化,在数学的发展史上留下了浓墨重彩的篇章,记录着人类不断走向文明进步的光辉历程.虽然随着计算机的飞速发展,对数在计算中无可替代的角色地位逐渐减弱,但是对数的概念及对数函数的种种性质在众多数学分支及科学领域中至今一直发挥着重要的作用,并且有增无减.例如,我们用对数定义声强级,用以刻画声强度的相对大小;面对地震时所散发出来的巨大相对能量,科学家借助对数定义以里氏震级来度量地震的强度.

二、本单元的教育价值

首先,从运算的角度,可以感悟到幂的拓展所蕴含的思想方法.对于幂"a^x",从最

原始的"自然数的自相乘"出发,先是随着数从自然数扩充到有理数、实数而把底数 a 扩充到实数,其意义是"实数 a 自相乘";然后,我们把指数 x 从自然数扩充到有理数再到实数.这个拓展与扩充的过程其中蕴含的数学思想是:引进一种新数,就要研究它的运算;定义一种运算,就要研究它的运算律.定义运算是数系扩充中的核心问题,其基本原则是"使算术运算的运算律保持不变",它反映了数学推广过程的一个重要特性:使得在原来范围内成立的规律在更大的范围内仍然成立.另外,将关于"新数"的运算化归为"旧数"之间的运算,也是一个重要策略.

其次,从更一般的角度,可以体悟到幂的拓展中充满着理性精神.数学概念的延伸与拓展中体现出数学思维的严谨性、数学思想方法的前后一致性和逻辑的连贯性,可以使学生体会到数学对象的内涵、结构、内容和方法的建构方式,领会数学地认识问题、解决问题的思想方法.这对发展学生的"四基""四能",理解数学概念的发生、发展过程,进而提升数学素养等都具有非常积极的意义.

第三,根据学生的已有经验,凭借现实情境和抽象出的数学问题"在 $a^x = N$ ($a>0$,且 $a \neq 1$)中,已知 a、N,则 $x = ?$",从而获得"对数"这一数学研究对象;再从"研究一个代数对象"的"基本套路"出发,发现和提出对数的研究内容,构建"现实背景—定义—性质—运算性质—应用"的研究路径,鼓励学生采用独立思考、自主探究、合作交流等方式展开学习,得出结论,并用于解决问题.上述过程对培养学生发现和提出问题的能力,对发展数学抽象素养都有作用,同时,对数概念的形成过程也反映了理性思维的作用.这样,就能充分发挥对数的育人功能.

第二节　本单元数学学科核心素养的培养

现行各种高中数学教材对本单元内容的处理,大都呈现了"初中幂的知识—幂指数推广—指数、对数定义—运算性质—应用"等知识内容结构,这一结构为实现本单元的育人价值提供了载体.如何在本单元的教学中发展学生数学学科核心素养,需要依托以下过程.

一、依托指数的拓展过程

指数 a^n 的拓展有两个过程,且遵循的扩充原则是"使幂的算术运算性质仍然成立".一是从最原始的"自然数自相乘"出发,先是随着数从自然数扩充到有理数、实数而把底数 a 扩充到正实数,其意义是"实数 a 自相乘";二是把指数从自然数扩充到有理数再到实数.前者的扩充"自然而然",容易理解,但后者的扩充过程会遇到一些不易跨越的"坎",而这些坎坷正是培养学生理性思考的契机.

首先,要重视并激发学生在"把指数范围从自然数推广到全体整数"过程中积累的思想方法和经验.在初中阶段,把指数范围从自然数推广到全体整数的指导思想是"使正整数指数幂的运算性质在整数范围内也成立";突破的关键是通过正整数指数幂的运算性质和除法运算,定义零指数幂,从而利用正整数指数幂定义负整数指数幂,即定义 $a^{-n}=\dfrac{1}{a^{n}}(n\in\mathbf{Z},a\neq0)$,完成推广.这里,为什么要规定"$a^{0}=1$"是一个关键的问题,因为如果"$a^{0}\neq1$",正整数指数幂的运算律将不再成立.这是"在已有基础上发展新理论",体现了理性精神,并且运算法则的抽象、运算律在有理数系中的表达等都有益于数学核心素养的培养.

其次,在高中阶段,对指数的扩充要体现三个过程.第一是引进新的数,在指数范围由整数扩展到有理数时引进分数指数,在指数范围由有理数扩展到实数范围时引进无理数指数;第二是定义关于新数的运算;第三是研究这些新数的运算律.这三个过程是发展学生运算素养的着力点.

引进分数指数幂 $a^{\frac{m}{n}}$ 的过程可以有效地培养思维的逻辑性.一是按照特殊到一般的认识过程归纳定义 $\sqrt[n]{a}$.具体表现为:将平方根、立方根的概念加以推广来定义 n 次根式,把使 $x^{n}=a$ 成立的 x 叫做 a 的 n 次方根,其中 $n>1$ 且 $n\in\mathbf{N}^{*}$.当 n 是奇数时,正数的 n 次方根是正数,负数的 n 次方根是负数,用符号 $\sqrt[n]{a}$ 表示;当 n 是偶数时,正数的 n 次方根是两个互为相反数的数,写成 $\pm\sqrt[n]{a}\,(a>0)$,负数没有偶次方根;0 的任何次方根都是 0,记作 $\sqrt[n]{0}=0$.上述得到根式 $\sqrt[n]{a}$ 意义的过程具有完备性,是培养学生理性思维的良好载体.二是根式都可以写成分数指数幂的形式.根据 n 次方根的意义,可得 $(\sqrt[n]{a})^{n}=a$.一脉相承地,希望整数指数幂的运算性质对分数指数幂也适用.由 $(\sqrt[n]{a})^{n}=a^{1}=(a^{\frac{1}{n}})^{n}$ 可见,规定 $\sqrt[n]{a}=a^{\frac{1}{n}}$ 是合理的,进而规定 $a^{\frac{m}{n}}=\sqrt[n]{a^{m}}\,(a>0,m\text{、}n\in\mathbf{N}^{*},n>1)$ 也是自然的.于是,在 $a>0,m\text{、}n\in\mathbf{N}^{*},n>1$ 条件下,根式都可以写成分数指数幂的形式;与负整数指数幂的意义相仿,可规定 $a^{-\frac{m}{n}}=\dfrac{1}{a^{\frac{m}{n}}}=\dfrac{1}{\sqrt[n]{a^{m}}}\,(a>0,m\text{、}n\in\mathbf{N}^{*},n>1)$;与 0 的整数指数幂的意义相仿,可规定 0 的正分数指数幂等于 0,0 的负分数指数幂没有意义.这样,指数幂 a^{x} 中指数 x 的取值范围就从整数拓展到了分数.在上述定义下,容易证明:当 $a>0,b>0$ 时,对于任意有理数 $r\text{、}s$,均有:$a^{r}a^{s}=a^{r+s}$,$(a^{r})^{s}=a^{rs}$,$(ab)^{r}=a^{r}b^{r}$.

如何认识无理数指数幂的意义,其方法是利用初中学习中借助有理数认识无理数的经验,通过有理数指数幂"逼近"无理指数幂,认识到当 x 是无理数时,a^x 是一个确定的数,它同样具有有理数指数幂的运算性质.

二、依托对数意义的获得过程

按照数学学习的认知过程与中学生的认知水平相适应的原则,对数的意义及其运算性质的获得过程可以这样来精心设计:先借鉴已有经验,抽象出"对数"这一数学研究对象;再从"研究一个代数对象"的"基本套路"出发,发现和提出对数的研究内容,构建研究路径,得出结论,并用于解决问题.只要让学生完整经历"问题情境—定义—性质—运算性质—应用"过程,鼓励学生采用独立思考、自主探究、合作交流等方式展开学习,就能充分发挥对数的育人功能.

1. 从数学内外的情境中提出数学问题

例如,$2^x=1$,则 $x=0$;$2^x=2$,则 $x=1$;$2^x=4$,则 $x=2$;一般地,$2^x=N(N>0)$,则 $x=$? 再如,从 2001 年开始,某地旅游景区游客人次后一年是前一年的 1.11 倍,如果设经过 x 年后的游客人次为 2001 年的 y 倍,那么 x 与 y 满足关系式 $y=1.11^x$,问:如果要求经过多少年游客人次是 2001 年的 2 倍、3 倍、4 倍⋯⋯那么该如何解决? 在此基础上抽象出数学问题:在 $a^x=N(a>0$,且 $a\neq1)$ 中,已知 a、N,则 $x=$?

这是一个从具体到抽象的过程,是培养学生发现和提出问题能力,发展数学抽象素养的良好机会.

2. 定义对数这一数学研究对象

类比为了解决"在 $x^n=a$ 中,已知 n、a,则 $x=$?"而引入符号 $\sqrt[n]{a}$,通过引入符号 $\log_a N$ 表示 $a^x=N(a>0$,且 $a\neq1)$ 中的 x,并把它叫做以 a 为底 N 的对数(相应地把 a 叫做对数的底数,N 叫做真数),从而得到所要研究的数学对象.

3. 对数概念的多角度理解

从运算角度看,乘方运算的一种逆运算是开方(在 $x^n=a$ 中,已知 n、a,求 x),另一种逆运算是对数运算(在 $a^x=N$ 中,已知 a、N,求 x).从这样的角度切入,学生较容易接受对数概念.另外,在实数范围内,就像方程 $10^x=100$ 存在唯一实数解 $x=2$ 一样,$10^x=3$ 也存在唯一实数解,我们把它记作 $\lg 3$,而且可以证明 $\lg 3$ 是无理数.从这个意义上讲,$\log_a N$ 是一个确定的数,没有什么运算的含义,就是表示数的一种方式,与用 -1 表示 1 的相反意义的量是类似的.再者,可以从对应关系的角度理解对数概念.$\log_a N$ 就是与 $a^x=N$ 中的 x 相对应的那个数,简称为"对数".此即理解对数概念的三个角度:"乘方运算的逆运算""数的表示"和"对应".

以上所述可见,引入对数概念的过程反映了理性思维的作用.

三、依托指数和对数性质的探究过程

项武义先生说,"归纳乃是整个代数学的基本大法和基本功.这里,归纳的含义是归纳地去探索、发现,然后归纳地定义,再归纳地论证."这段论述指明了代数研究中的"数学方式".指数和对数性质的探究需要按照"数学的方式"进行,对于拓展后的指数和定义的对数,就要归纳它们的性质,研究它们的运算有哪些性质.

1. 指数运算性质的探究

在"使已有的运算律保持不变"的思想指导下,指数拓展到了实数范围,而且知道当 x 是无理数时,a^x 是一个确定的数.接下来的任务是要探究它的运算性质.正因为有了"运算律保持不变"的思想指导,我们可以类比"整数指数幂的运算性质对于有理数指数幂同样适用",得到"整数指数幂的运算性质也适用于实数指数幂",即对于任意实数 r、s,均有:

(1) $a^r a^s = a^{r+s} (a>0, r, s \in \mathbf{R})$;

(2) $(a^r)^s = a^{rs} (a>0, r, s \in \mathbf{R})$;

(3) $(ab)^r = a^r b^r (a>0, b>0, r \in \mathbf{R})$.

这样,我们就自然得到了 a^x 的最重要的性质,为指数函数的运算奠定了逻辑基础,我们可以在实数范围内研究指数函数单调性、连续性等重要性质.

2. 对数及其运算性质的探究

依据"对数 $\log_a N$ 是与 $a^x = N$ 中的 x 相对应的那个数"的对数含义,以及按照"性质"是"变化中的不变性"的思想指导,由定义可得,$a^{\log_a N} = N$;又由 $a^0 = 1$ 和 $a^1 = a$ 可知,$\log_a 1 = 0$,$\log_a a = 1$ 对任意正数 a 都成立.这样我们就从对数的定义推出了对数的最基本性质.

在引入对数之后,以"引入一类新的数,就要研究它的运算性质"的"一般观念"为指导,自然应研究对数的运算性质.而对数就是指数的"反过来"这一关系,为我们利用指数幂运算性质得出相应的对数运算性质提供了一条探究路径,如表 4-1 所示.

表 4-1　指数运算性质与对数运算性质对应表

指数运算性质	$a^x = N \Leftrightarrow x = \log_a N$	对数运算性质
(1) $a^m a^n = a^{m+n}$	设 $M = a^m$, $N = a^n$, 则 $m = \log_a M$, $n = \log_a N$. 由 $a^m a^n = a^{m+n}$,得 $MN = a^{m+n}$, 即得 $m+n = \log_a (MN)$. 从而,$\log_a (MN) = \log_a M + \log_a N$.	(1) $\log_a (MN) = \log_a M + \log_a N$
(2) $\dfrac{a^m}{a^n} = a^{m-n}$		(2) $\log_a \dfrac{M}{N} = \log_a M - \log_a N$
(3) $(a^m)^n = a^{mn}$		(3) $\log_a M^n = n \log_a M$

指数的运算性质通过"$a^x = N \Leftrightarrow x = \log_a N$"这座桥梁"反演"得到对数的运算性质.而上述对数运算性质表明,利用对数可以把乘法、除法和乘方(含开方)运算分别转化为加法、减法和乘法,从而实现"简化运算",这是转化与化归思想的体现.

3. 对数换底公式的研究

对于对数换底公式的研究,可从实现"简化运算"的角度提出问题.由定义,任意不等于 1 的正数都可作为对数的底数.如果要针对每一个底数分别计算相应的对数,那么"简化运算"就难以实现.于是自然提出,能否把其他数为底的对数都转化为某个数为底的对数? 由于数系是十进制,因此以 10 为底的对数(常用对数)在数值计算上具有优越性,于是数学家制作了常用对数表,利用换底公式 $\log_a N = \dfrac{\lg N}{\lg a}$ 就可以求出以实数 a 为底的对数了.显然,这个过程对学生领会转化与化归思想、培养发现和提出问题的能力大有裨益.

四、依托指数和对数的应用过程

在信息技术迅速发展的情况下,教材上很难见到繁难偏旧、追求高难度技巧的运算问题,但利用指数和对数的有关知识建立数学模型解决实际问题则具有永久的生命力.

首先,我们可以设计若干问题情境,在运用指数运算性质"算一算"的过程中探究规律,建立指数模型.例如,人教 A 版《数学必修第一册》呈现了如下拓广探索的问题.

问题 1:从盛有 1 L 纯酒精的容器中倒出 $\dfrac{1}{3}$ L,然后用水填满;再倒出 $\dfrac{1}{3}$ L,又用水填满……

(1) 连续进行 5 次,容器中的纯酒精还剩下多少?

(2) 连续进行 n 次,容器中的纯酒精还剩下多少?

通过从特殊到一般的探索,学生可以从问题 1 中归纳出指数模型 $\left(\dfrac{1}{3}\right)^n$.

问题 2:(1)当 $n = 1, 2, 3, 10, 100, 1\,000, 10\,000, 100\,000, \cdots$ 时,用计算工具计算 $\left(1 + \dfrac{1}{n}\right)^n (n \in \mathbf{N}^*)$ 的值;(2)当 n 越来越大时,$\left(1 + \dfrac{1}{n}\right)^n$ 的底数越来越小,而指数越来越大,那么 $\left(1 + \dfrac{1}{n}\right)^n$ 是否也会越来越大? 有没有最大值?

从问题 2 中,学生可以归纳出 $\left(1 + \dfrac{1}{n}\right)^n$ 的变化规律:单调递增的;一开始,底数的递减"抵不过"指数的增长;随着指数越来越大,相应的底数越来越小,虽然底数的递减还是"抵不过"指数的增长.但是两者基本上可以"打个平手"了,亦即随着 n 的值逐渐增大, $\left(1+\dfrac{1}{n}\right)^n$ 的值逐步趋于稳定,稳定在某个"天花板"下面 $\left(\lim\limits_{n\to\infty}\left(1+\dfrac{1}{n}\right)^n=\mathrm{e}\right)$.

这样的探究,以指数运算为载体,可以激发兴趣,体会通过代数运算发现数学结论的魅力,同时积累数学活动经验,为后继学习打下基础.

其次,我们可以合理排列相关知识的顺序,揭示其内在逻辑关联.在本单元,我们可以在指数幂运算性质的基础上,归纳出"幂的基本不等式":

当 $a>1$ 和 $s>0$ 时, $a^s>1$.

并以此作为证明幂函数及指数函数的单调性的逻辑基础.

例如,幂函数 $y=x^a(a>0)$ 之所以在区间 $(0,+\infty)$ 上是增函数,这是因为当 $a>0$ 时,若 $x_2>x_1>0$,则 $\dfrac{x_2}{x_1}>1$,从而由幂的基本不等式,得

$$\left(\frac{x_2}{x_1}\right)^a>1,$$

即 $x_2^a>x_1^a$.

又如,指数函数 $y=a^x(a>1)$ 之所以在区间 $(-\infty,+\infty)$ 上是增函数,这是因为当 $a>1$ 时,若 $x_2>x_1$,则 $x_2-x_1>0$,从而由幂的基本不等式,得

$$a^{x_2-x_1}>1,$$

即 $a^{x_2}>a^{x_1}$.

这样的处理方式,贯彻"少而精""简而明"的原则,体现精心选择与组织教材内容,抓住本质,返璞归真,给学生以明快、清新的感受.此时,基于学生的已有经验,幂的基本不等式是显而易见成立的,但也有必要提供符合学生认知水平的说理过程.

其实,幂的基本不等式反映的是当 $a>1$ 和 $s>0$ 时, a^s 与 1 的大小关系.

(1) 若 s 是正整数,则 a^s 是 s 个 a 的乘积,因为 $a>1$,所以 $a^s>1$;

(2) 若 s 是正分数,设 $s=\dfrac{m}{n}$ (m 、 n 是正整数),则 $a^s=a^{\frac{m}{n}}=(a^{\frac{1}{n}})^m$.

若 $a^{\frac{1}{n}}>1$,由(1),得 $(a^{\frac{1}{n}})^m>1$,即 $a^s>1$.

下面证明 $a^{\frac{1}{n}}>1$.设 $a^{\frac{1}{n}}=b$,则 $a=b^n$.

若 $b\leqslant1$,则 $a=b^n\leqslant1$,这与 $a>1$ 矛盾.所以,若 s 是正分数,则 $a^s>1$;

(3) 若 s 是正无理数,设 $s=k.k_1k_2\cdots k_n\cdots(k,n\in\mathbf{N}^*,k_n=0,1,2,\cdots,9)$,则

$$a^s=a^{k.k_1k_2\cdots k_n\cdots}=a^{k+0.k_1+0.0k_2+\cdots+0.\underbrace{0\cdots0}_{n-1}k_n+\cdots}=a^k\cdot a^{0.k_1}\cdot a^{0.0k_2}\cdots\cdot a^{0.\underbrace{0\cdots0}_{n-1}k_n}\cdot\cdots.$$

此时，$k,0.k_1,0.0k_2,\cdots,0.\underbrace{0\cdots0}_{n-1}k_n,\cdots$ 均为有理数，由（2），可得 $a^k,a^{0.k_1}$，

$a^{0.0k_2},\cdots,a^{0.\underset{n-1}{0\cdots0}k_n},\cdots$ 均大于 1，所以 $a^s>1$.

至此，我们说明了幂的基本不等式：当 $a>1$ 和 $s>0$ 时，$a^s>1$ 恒成立.

上述过程，既展现了幂与指数的知识在数学内部的运用，更为重要的是体现了数学简单明了、环环相扣的特点，对培养学生的数学运算素养、逻辑推理素养大有裨益.

再次，我们可以选择典型的问题，突出对数这个概念在科学领域中的应用一直占据的重要位置.例如，在有声世界中，声强级是表示声强度相对大小的指标，其值 y［单位：分贝（dB）］定义为 $y=10\lg\dfrac{I}{I_0}$，其中，I 为声场中某点的声强度（单位：W/m^2），I_0 为基准值：$I_0=10^{-12}\ W/m^2$；又如，科学家以里氏震级来度量地震的强度，若设 I 为地震时所散发出来的相对能量程度，则里氏震级度量 r 可定义为 $r=\dfrac{2}{3}\lg I+2$；再如，虽然自然对数在日常生活中不常使用，但在高等数学和其他科学领域中却十分有用.

总之，本单元具有丰富的育人价值.一方面，我们可以展示指数的扩充与数系的扩充的内在一致性，以"算术运算的运算律保持不变"为思想武器跨越"无理数指数幂"这道坎，完善指数的知识体系；另一方面，通过问题"在 $a^x=N(a>0,a\neq1)$ 中，已知 a、N，求 x"引入，按照"定义—表示—性质—运算（法则）—应用"的路径研究对数，并通过桥梁"$a^x=N\Leftrightarrow x=\log_a N$"揭示指数与对数的内在本质联系，在理性思考中进一步丰富指数、对数的知识体系，培养数学抽象、逻辑推理、数学运算等核心素养.

第三节　实践案例——对数的概念

"对数的概念与运算"的教学内容能够体现研究一个数学对象的全过程，即如何获得对数的概念，如何研究对数的性质，如何将对数的性质用于解决问题，对提升学生的数学运算、数学抽象等素养有重要的价值.对数的概念是第 1 课时.

【教学目标】

理解对数的概念，会将指数式与对数式进行互相转化，掌握对数的基本性质，逐步发展数学运算等素养.

【教学分析】

对数是人类理性思维的产物,为此特别要关注数学活动过程的充分性,发挥学生原有知识经验的作用,设计认识对数含义的多个角度,通过类比、联想等途径理解对数概念与符号表示.

在对数概念的引入环节,可以选用适当的素材创设情境,认识引进对数的必要性,从而调动学习对数的兴趣;根据学生熟悉的底数、指数与幂之间的关系,从运算和表示数的方法的角度入手,引导学生分析问题中幂指数的存在性,从而引出对数概念.

在理解对数概念环节,可以通过表格填写、图示连线,对指数式与对数式中各字母进行对比分析,引导学生从对应关系的角度认识对数与指数的相互关系;利用指数式与对数式的互化,帮助学生理解对数概念,体会转化思想在对数计算中的作用.

通过多角度理解对数的过程,帮助学生建立对数的结构图式:$a^x=N \Leftrightarrow x=\log_a N$,在与"$x^n=a \Leftrightarrow x=\sqrt[n]{a}$"的区分和联系中,丰富数学的抽象结构,助力发展学生的数学抽象素养.

【教学过程】

情境问题—概括定义—固化运用—归纳性质—运用性质—结构图式—作业评价.

环节一 情境问题

教的过程	学的过程	说明
从数学内外的情境中提出数学问题. (1) 我们知道,$2^x=1$,则 $x=0$;$2^x=2$,则 $x=1$;$2^x=4$,则 $x=2$.一般地,$2^x=N(N>0)$,则 $x=?$ (2) 从 2001 年开始,某地旅游景区游客人次后一年是前一年的 1.11 倍,如果设经过 x 年后的游客人次为 2001 年的 y 倍,那么 x 与 y 满足关系式 $y=1.11^x$,问:如果要求经过多少年游客人次是 2001 年的 2 倍,3 倍,4 倍……那么该如何解决? (3) 你能从(1)(2)中提出什么样的数学问题?	感知、分析问题情境,交流对问题的认识,形成共识: 已知底数和幂的值,求指数.即在 $a^x=N(a>0,$ 且 $a\neq1)$ 中,已知 a、N,则 $x=?$	这是一个从具体到抽象的过程,是培养学生发现和提出问题能力,发展数学抽象素养的良好机会.同时体会引入对数概念的必要性.

环节二 概括定义

教的过程	学的过程	说明
1. 类比开方运算引入对数. (1) 我们知道,在 $x^n=a$ 中,已知 n,a,通过开方运算,可以求得 x,记作 $x=$_____. (2) 像方程 $2^x=4$ 存在唯一实数解 $x=2$ 一样,$2^x=3$ 也存在唯一实数解,我们把它记作_____. 2. 一般地,如果 $a^x=N(a>0$,且 $a\neq1)$,那么数 x 叫做以 a 为底 N 的对数(logarithm),记作 $x=\log_a N$,其中 a 叫做对数的底数,N 叫做真数. 3. 介绍两类特殊的对数:常用对数和自然对数.布置课外学习任务:通过查询互联网,进一步了解无理数 e、常用对数和自然对数.	1. 填空: (1) 由于 $2=1.11^x$,因此 x 就是以_____为底_____的对数,记作 $x=$_____; (2) 由于 $4^2=16$,因此以_____为底_____的对数是_____,记作_____. 2. 完成下表并用连线表示两个式中字母的对应关系: 	式子	名称			 		a	x	N	 	$a^x=N$				 	$x=\log_a N$				 3. 阅读教科书,说说常用对数和自然对数的特殊性.	1. 用具体的例子说明定义,帮助理解定义. 2. 引导学生从运算的角度、数的表示方法的角度理解对数. 3. 通过填表和连线的方法,明确指数式和对数式中 a、x、N 三个量之间的同一关系,从对应关系的角度理解对数定义.

环节三 固化运用

教的过程	学的过程	说明
1. 例 1:把下列指数式写成对数式,对数式写成指数式: (1) $3^4=625$; (2) $2^{-6}=\dfrac{1}{64}$; (3) $\left(\dfrac{1}{3}\right)^m=5.73$; (4) $\log_{\frac{1}{2}}16=-4$; (5) $\lg 0.01=-2$; (6) $\ln 10=2.303$. 2. 练习 1:把下列指数式写成对数式,对数式写成指数式: (1) $2^3=8$; (2) $e^{\sqrt{3}}=m$; (3) $27^{-\frac{1}{3}}=\dfrac{1}{3}$; (4) $\log_3 9=2$; (5) $\lg n=2.3$; (6) $\log_3\dfrac{1}{81}=-4$.	1. 动手操作与阅读教科书相结合,说说指数式与对数式互化的依据. 2. 独立练习,并思考指数式与对数式互化的依据.	通过一定量的例题与练习,熟悉指数式与对数式的相互转化,加深理解对数概念.

环节四 归纳性质

教的过程	学的过程	说明
1. 根据对数的定义以及指数式与对数式相互转化的具体操作,你能得到对数与指数之间的关系吗? 2. 关于指数,有一些特殊的结论.你能由指数式与对数式的等价关系,得到关于对数的特殊的结论吗?	1. 当 $a>0$,且 $a\neq1$ 时, $a^x=N\Leftrightarrow x=\log_a N$. 2. 当 $a>0$,且 $a\neq1$ 时, 由 $a^0=1$,得到 $\log_a 1=0$; 由 $a^1=a$,得到 $\log_a a=1$; 由 $a^x=N>0$,得到负数和 0 没有对数.	可以用"是不是所有的实数都有对数"这样的问题引导学生,并用具体的式子 $2^x=-3$,$2^x=0$感受负数和 0 没有对数的理由.

环节五 运用性质

教的过程	学的过程	说明
1. 例2:求下列各式中 x 的值: (1) $\log_{64}x=-\frac{2}{3}$; (2) $\log_x 8=6$; (3) $\lg100=x$; (4) $-\ln e^2=x$. 2. 练习2:求下列对数的值: (1) $\log_5 25$; (2) $\log_{0.4}1$; (3) $\ln\frac{1}{e}$; (4) $\lg0.001$.	1. 说说例2中求 x 的基本依据是什么. 2. 独立解决练习2,交流、评价各自的解题过程,归纳在指数式与对数式互化的过程中要注意哪些问题.	在运用指数式与对数式的等价关系的过程中进一步理解对数的概念,培养运算能力.

环节六 结构图式

教的过程	学的过程	说明
1. 为什么要引入对数?指数与对数有什么关系? 2. 你已经知道对数的哪些性质?	学生自己归纳总结所学知识,讨论、交流、分享.	对知识进行归纳概括,体会等价转化思想在对数计算中的作用.

对数的结构图式:$a^x=N\Leftrightarrow x=\log_a N$.即 $\log_a N$ 就是与 $a^x=N$ 中的 x 相对应的那个数,简称为"对数".

环节七 作业评价

作业内容	设计意图	评价目标
1. 把下列指数式写成对数式,对数式写成指数式: (1) $3^x=1$; (2) $4^x=\frac{1}{6}$; (3) $10^x=6$; (4) $e^x=25$; (5) $x=\log_5 27$; (6) $x=\log_7\frac{1}{3}$; (7) $x=\lg0.3$; (8) $x=\ln\sqrt{3}$.	复习巩固指数式与对数式的相互转化,加深理解对数的定义.	在熟悉的数学情境中,能够将指数式与对数式进行互化.

（续表）

作业内容	设计意图	评价目标
2. 求下列各式中 x 的值： (1) $\log_{\frac{1}{3}} x = -3$；　(2) $\log_x 49 = 4$； (3) $\lg 0.000\,01 = x$；　(4) $\ln \sqrt{e} = -x$.	复习巩固对数式与指数式的关系，并运用指数的运算性质化简求解.	在熟悉的数学情境中，能将对数式化为指数式，并利用指数运算性质求解未知量.
3. 使式子 $\log_{(2x-1)}(2-x)$ 有意义的 x 的取值范围是(　　). (A) $x > 2$；　(B) $x < 2$； (C) $\frac{1}{2} < x < 2$；(D) $\frac{1}{2} < x < 2$, 且 $x \neq 1$.	复习巩固对数的基本性质，为求解对数函数的定义域积累经验.	在熟悉的数学情境中，能运用对数的基本性质判断结论的真假或求解.

说明：能正确地解答作业 3，说明学生能在熟悉的数学情境中了解运算对象，形成合适的运算思路，能够运用运算验证简单的数学结论. 根据满意原则，可以认为达到数学运算素养水平一的要求.

第五章
幂函数、指数函数与对数函数单元的育人价值与核心素养培养

第一节　本单元的育人价值

一、本单元的学科价值

　　幂函数、指数函数与对数函数是高中数学的传统内容,历来在高中数学课程中占有重要地位.随着指数幂沿着"指数由正整数推广到整数,整数拓展到有理数,再用有理数指数幂逼近无理数指数幂"的路径,最终将指数从有理数拓展到实数,为用幂函数、指数函数描述变量之间的对应关系奠定了逻辑基础.有了这个基础,我们可以从整体上认识"等式 $a^b=c$"所蕴含的奥秘:当指数 b 固定(记为 α),则等式 $c=a^b$ 确定了变量 c 随变量 a 变化的规律,由此我们可以定义形如 $y=x^{\alpha}$(α 为常数,$\alpha\in\mathbf{R}$)的函数为幂函数;当底数 a 固定,则等式 $c=a^b$ 确定了变量 c 随变量 b 变化的规律,由此我们可以定义形如 $y=a^x$(a 为常数,$a>0,a\neq1$)的函数为指数函数;当底数 a 固定,则等式 $b=\log_a c$ 确定了变量 b 随变量 c 变化的规律,由此我们可以定义形如 $y=\log_a x$(a 为常数,$a>0,a\neq1$)的函数为对数函数.从这样的视角审视幂函数、指数函数与对数函数,我们可以体悟到数学具有"高度概括、表达准确、结论一般、有序多级"的鲜明特征.

二、本单元的教育价值

　　函数是贯穿高中数学课程的主线.本单元涉及的幂函数、指数函数与对数函数是三类基本的、应用广泛的初等函数,是进一步学习数学的基础.将它们组合成一个单元,有利于从整体上把握函数内容,凸显函数变化规律,贯通函数研究方法,实现其教育价值.通过本单元的学习,帮助学生学会用函数图像和代数运算的方法研究它们的性质;理解三类函数中蕴含的运算规律;运用它们建立模型,解决简单的实际问题,体

会它们在解决实际问题中的作用.

幂函数的教育价值,表现在通过幂函数的学习,经历在函数概念指导下如何研究一类函数的基本套路,体会利用函数模型解决实际问题的过程与方法.通常可以先分析问题情境中量与量之间的关系,建立函数解析式,求出函数的定义域,画出函数的图像;再利用图像和解析式,讨论函数的值域、单调性、奇偶性等问题.用函数图像和代数运算的方法研究一类函数的过程和方法将贯穿函数教学的始终.

数学的育人价值蕴含于内容之中,解析数学内容的本质与挖掘内容的育人价值是相辅相成的.指数函数的教育价值,一方面在于这类函数刻画了基于乘法的变化规律,即自变量增量相同,函数值增量的比例不变.把握这种变化规律可以帮助我们定量刻画现实世界中诸如人口增长、温度变化、放射性物质衰减等某种增长率(衰减率)的变化现象,从而我们更好地认识这类变化现象;另一方面在于使指数函数的学习进一步成为学生研究函数一般方法与过程的典型案例,成为学生经历数学建模过程的有效载体,让学生在指数函数的学习过程中体验用数学语言表达世界,感悟数学与自然的紧密联系.

因为对数概念揭示了对数与指数之间的内在关联,所以对数函数的教育价值在于利用知识间的联系获得新的知识.例如,我们可以这样来展示对数函数概念的抽象过程:根据指数与对数的关系,由 $y=a^x(a>0,a\neq1)$,可以得:$x=\log_a y(a>0,a\neq1)$.根据习惯,将表达式写成:$y=\log_a x(a>0,a\neq1)$,$x\in(0,+\infty)$,这样就得到了对数函数的定义.这种与众不同的抽象研究对象的过程与方法展示了数学理性思考的力量.

幂函数、指数函数与对数函数作为最基本的、应用最广泛的函数,让我们看到了函数是描述客观世界中变量关系和规律的最为基本的数学语言和工具.通过本单元的学习,学生了解了这些函数的来源,经历了这些函数的抽象过程,明确了这些函数分别描述了现实世界中哪一类变量关系和规律,理解了这些函数的本质,从而为学生在面对具体问题时能正确选择函数类型、建立适当的数学模型解决实际问题打下坚实基础.这个过程也是有效落实数学建模素养的不可或缺的过程.

第二节　本单元数学学科核心素养的培养

现行各种高中数学教材对本单元内容的处理,大都呈现了"一类运动变化现象—抽象出变化规律—获得幂函数、指数函数、对数函数的概念—研究函数的图像与性质—函数应用"等知识内容结构,这一结构为实现本单元的育人价值提供了载体.如何在本单元的教学中发展学生数学学科核心素养,需要依托以下过程.

一、依托幂函数、指数函数、对数函数模型的建立过程

在研究函数概念一般方法指引下,利用研究一次函数、二次函数的经验,开展幂函数、指数函数、对数函数模型的建立过程.一般而言,定义一类函数应该明确如下四个要点:

(1) 这类函数的现实背景是什么? 它刻画了哪类运动变化现象?

(2) 决定这类运动变化现象的要素是什么?

(3) 要素之间的相互关系如何?

(4) 可以用怎样的数学模型来刻画?

其中,(1)是弄清楚这类运动变化现象的基本特征,这是明确研究对象的过程;(2)(3)是对这类运动变化现象的深入分析,从中析出常量、变量及其依赖关系,这里的"依赖关系"常常要借助运算建立对应关系;(4)是以"依赖关系"为导向,利用代数、几何中可以表示这些关系的数学式子(中学阶段主要是多项式、指数式、对数式、三角式等)、表格、图形等加以明确.

1. 幂函数模型的建立过程

通常可以先提供丰富的实例,在函数概念的指导下建立实例中的函数解析式,概括出它们的共同特征,定义幂函数.

(1) 观察函数实例.

例如,观察下列①～⑤中的函数解析式,它们有什么共同特征?

① 如果张红以 1 元/kg 的价格购买了某种蔬菜 w kg,那么她需要支付 $p=w$ 元,这里 p 是 w 的函数;

② 如果正方形的边长为 a,那么正方形的面积 $S=a^2$,这里 S 是 a 的函数;

③ 如果立方体的棱长为 b,那么立方体的体积 $V=b^3$,这里 V 是 b 的函数;

④ 如果一个正方形场地的面积为 S,那么这个正方形的边长 $c=\sqrt{S}$($\sqrt{S}$ 也可以表示为 $S^{\frac{1}{2}}$),这里 c 是 S 的函数;

⑤ 如果某人 t s 内骑车行进了 1 km,那么他骑车的平均速度 $v=\dfrac{1}{t}$ km/s,即 $v=t^{-1}$,这里 v 是 t 的函数.

(2) 归纳共同特征.

①～⑤中的函数解析式的共同特征:这些函数的解析式都具有幂的形式,而且都

是以幂的底数为自变量;幂的指数都是常数,分别是 $1,2,3,\frac{1}{2},-1$;它们都是形如 $y=x^\alpha$ 的函数.

(3) 抽象函数概念.

幂函数定义:一般地,函数 $y=x^\alpha$ 叫做幂函数,其中 x 是自变量,α 是常数.

2. 指数函数模型的建立过程

为了使学生明确指数函数反映了现实世界中哪类事物的变化规律,我们应该精心创设问题情境,让学生通过对具体实例中包含的各种量(常量、变量)及其关系的分析,发现并归纳它们的共性,在此基础上概括出指数函数定义并给出符号表示.为了使学生能顺利地展开抽象活动,我们可以设计不同类型的变化现象,为指数函数提供可类比的对象,使学生获得抽象指数函数概念的路径与方法的启发,在比较不同类型函数变化差异的过程中得出指数函数的定义.

(1) 创设问题情境.

问题 1:随着中国经济高速增长,人民生活水平不断提高,旅游成了越来越多家庭的重要生活方式.由于旅游人数不断增加,A、B 两地景区自 2001 年起采取了不同的应对措施,A 地提高了景区门票价格,而 B 地则取消了景区门票.表 5 - 1 是 A、B 两地景区 2001 年至 2015 年的游客人次的逐年增加量.比较两地景区游客人次的变化情况,你发现了怎样的变化规律?

表 5 - 1　2001—2015 年 A、B 两地景区旅客人次的逐年增加量

时间/年	A 地景区		B 地景区	
	游客数量/万人次	年增加量/万人次	游客数量/万人次	年增加量/万人次
2001	600	…	278	…
2002	609	9	309	31
2003	620	11	344	35
2004	631	11	383	39
2005	641	10	427	44
2006	650	9	475	48
2007	661	11	528	53
2008	671	10	588	60
2009	681	10	655	67
2010	691	10	729	74

（续表）

时间/年	A 地景区		B 地景区	
	游客数量/万人次	年增加量/万人次	游客数量/万人次	年增加量/万人次
2011	702	11	811	82
2012	711	9	903	92
2013	721	10	1 005	102
2014	732	11	1 118	113
2015	743	11	1 244	126

问题 2:当生物死亡后,它机体内原有的碳 14 含量会按确定的衰减比率(简称为衰减率)衰减,大约每经过 5 730 年衰减为原来的一半,这个时间称为"半衰期".按照上述变化规律,生物体内碳 14 含量与死亡年数之间有怎样的关系?

（2）分析变化规律.

对于问题 1,如何帮助学生发现数据中蕴含的变化规律? 可以先通过画散点图的方法直观感受 A、B 两地游客人次的变化规律:A 地近似于直线上升,上升幅度相同;B 地曲线上升,上升幅度越来越快.再尝试定量刻画:通过加(减)法运算发现 A 地游客人次的"年增加量"近乎相等,稳定在 10 万人次;B 地游客人次变化规律看不出来,可启发学生通过 A 地数据"增长量不变"(通过加(减)法运算)的类比和迁移,发现 B 地数据"增长率不变"的规律,即通过乘(除)法运算发现 B 地的游客人次"年增长率"约为 1.11,是一个常数.

对于问题 2,设死亡生物体内碳 14 含量的年衰减率为 p,如果把刚死亡的生物体内碳 14 含量看成 1 个单位,那么:

死亡 1 年后,生物体内碳 14 含量为 $1-1\times p=1-p$;

死亡 2 年后,生物体内碳含量为 $(1-p)-(1-p)p=(1-p)^2$;

死亡 3 年后,生物体内碳 14 含量为 $(1-p)^2-(1-p)^2p=(1-p)^3$;

……

死亡 5 730 年后,生物体内碳 14 含量为 $(1-p)^{5730}=\dfrac{1}{2}$.

（3）表示变化规律.

对于问题 1,设经过 x 年后 A、B 两地游客数量为 y 万人次,则 $y=10x+600$.

而对于 B 地来说:

1 年后,游客数量是 2001 年的 1.11 倍,即 278×1.11 万人次;

2 年后,游客数量是 2001 年的1.11^2 倍,即 $278×1.11^2$ 万人次;

3 年后,游客数量是 2001 年的1.11^3 倍,即 $278×1.11^3$ 万人次;

……

x 年后,游客数量为 2001 年的1.11^x 倍,即

$$y=278×1.11^x,x\in[0,+\infty). \hspace{3em} ①$$

对于问题 2,设生物死亡年数为 x,死亡生物体内碳 14 含量为 y,则

$$y=(1-p)^x.$$

由于$(1-p)^{5\,730}=\dfrac{1}{2}$,因此 $1-p=\left(\dfrac{1}{2}\right)^{\frac{1}{5\,730}}$,即 $p=1-\left(\dfrac{1}{2}\right)^{\frac{1}{5\,730}}$.

从而

$$y=\left[\left(\dfrac{1}{2}\right)^{\frac{1}{5\,730}}\right]^x,x\in[0,+\infty). \hspace{3em} ②$$

(4) 归纳抽象概念.

归纳①②的共性,如果用字母 a 代替上述①②两式中的底数 1.11 和$\left(\dfrac{1}{2}\right)^{\frac{1}{5\,730}}$,那么①②中都具有 a^x 的形式,我们就可以获得形如 $y=a^x$ 的函数.

一般地,函数 $y=a^x(a>0$ 且 $a\neq1)$叫做指数函数,其中指数 x 是自变量,定义域是 **R**.

上述指数函数模型的建立,通过"(表格)数据$\xrightarrow{\text{直观、分析}}$图像$\xrightarrow{\text{运算、推理}}$(有规律的)数据(增长率)$\xrightarrow{\text{建模、抽象}}$(用代数式表达的)指数函数"这一路径,渗透六大核心素养,重点引领学生经历数学抽象的过程,认识、表达、理解指数函数的概念,体会从特殊到一般、具体到抽象的思想.

3. 对数函数模型的建立过程

(1) 创设问题情境.

指数函数:$y=\left[\left(\dfrac{1}{2}\right)^{\frac{1}{5\,730}}\right]^x=\left(\sqrt[5\,730]{\dfrac{1}{2}}\right)^x,x\in[0,+\infty)$ 给出了死亡生物体内碳 14 的含量 y 随死亡时间 x 的变化而衰减的规律,一个自然的问题是:已知死亡生物体内碳 14 的含量,如何判断它的死亡时间呢? 进一步地,死亡时间 x 是碳 14 含量 y 的函数吗? 根据指数与对数的关系可得 $x=\log_{\sqrt[5\,730]{\frac{1}{2}}}y(0<y\leqslant1)$,根据指数函数的性质可知,对于任意一个 $y\in(0,1]$,通过对应关系 $x=\log_{\sqrt[5\,730]{\frac{1}{2}}}y$,在区间$[0,+\infty)$上都有唯一确定的数 x 和它对应,所以 x 也是 y 的函数. 也就是说,函数 $x=\log_{\sqrt[5\,730]{\frac{1}{2}}}y$,$x\in(0,1]$刻画了时间 x 随碳 14 含量 y 的衰减而变化的规律.根据习惯,将解析式写

成：$y=\log_{5730\sqrt{\frac{1}{2}}}x$，$x\in[0,+\infty)$.这样就得到了一个具体的对数函数.

（2）归纳抽象概念.

同样地，根据指数与对数的关系，由 $y=a^x$（$a>0$ 且 $a\neq1$），可以得到 $x=\log_a y$（$a>0$ 且 $a\neq1$），x 也是 y 的函数.通常，我们用 x 表示自变量，y 表示函数.为此，将 $x=\log_a y$（$a>0$ 且 $a\neq1$）中的字母 x 和 y 对调，写成 $y=\log_a x$（$a>0$ 且 $a\neq1$）.

一般地，函数 $y=\log_a x$（$a>0$ 且 $a\neq1$）叫做对数函数，其中 x 是自变量，定义域是 $(0,+\infty)$.

二、依托幂函数、指数函数、对数函数性质的研究过程

研究指定对象的性质，往往从研究对象的某些具体的典型例子入手，概括出一般的共性，然后进行普适性检验，最后进行推理论证，证明是否对这类对象的所有个体都适用.按照这样的路径，研究一类函数的性质通常选取这类函数的代表函数，根据函数解析式求出函数的定义域，画出函数的图像；再利用图像和解析式，讨论函数的值域、单调性、奇偶性等问题.

1. 幂函数的性质研究

幂函数的研究可以按照下列程序进行：

（1）选取幂函数的代表函数 $y=x$，$y=x^2$，$y=x^3$，$y=x^{\frac{1}{2}}$，$y=x^{-1}$，并根据它们的解析式求出函数的定义域.

（2）在同一坐标系中画出它们的图像（图 5-1）.

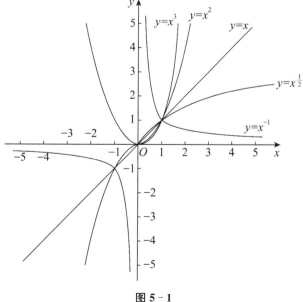

图 5-1

（3）观察函数图像并结合函数解析式，探究有关结论并填表 5-2.

表 5-2   几个具体幂函数的性质

幂函数	$y=x$	$y=x^2$	$y=x^3$	$y=x^{\frac{1}{2}}$	$y=x^{-1}$
定义域					
值域					
奇偶性					
单调性					

（4）结合图像和表格探究规律，如：这些函数图像有公共点吗？图像的分布有什么规律吗？图像的变化有什么趋势吗？

（5）你能用代数运算的方法证明函数 $y=x^{\frac{1}{2}}$ 的单调性吗？

（6）拓展：探究函数 $y=x+\dfrac{1}{x}$ 的图像与性质.

对于幂函数 $y=x^\alpha$，虽然《课程标准》只要求研究 $\alpha=1,2,3,\dfrac{1}{2},-1$ 时的图像与性质，但教学的立意应该在于通过对幂函数的研究，形成较为清晰的研究一类函数的基本套路，积累研究一类函数的活动经验，为指数函数、对数函数的研究提供思想方法基础，帮助降低指数函数、对数函数的学习难度.

2. 指数函数的性质研究

指数函数的研究可以按照"特殊的函数—两类函数—任意指数函数"的程序.

（1）用描点法画出函数 $y=2^x$ 的图像；

（2）选取底数 $a(a>0$，且 $a\neq1)$ 的若干个不同的值，在同一直角坐标系内画出相应的指数函数的图像（可以用信息技术画图）；

（3）观察这些图像的位置、公共点和变化趋势，它们的共性和不同点（发现指数函数的图像按底数 a 的取值，可分为 $0<a<1$ 和 $a>1$ 两种类型）；

（4）结合图像，概括和抽象指数函数 $y=a^x(a>0$，且 $a\neq1)$ 的图像与性质（表 5-3）.

表 5 - 3　指数函数的图像与性质

$y=a^x$	特殊函数	两类函数	
		$0<a<1$	$a>1$
图像	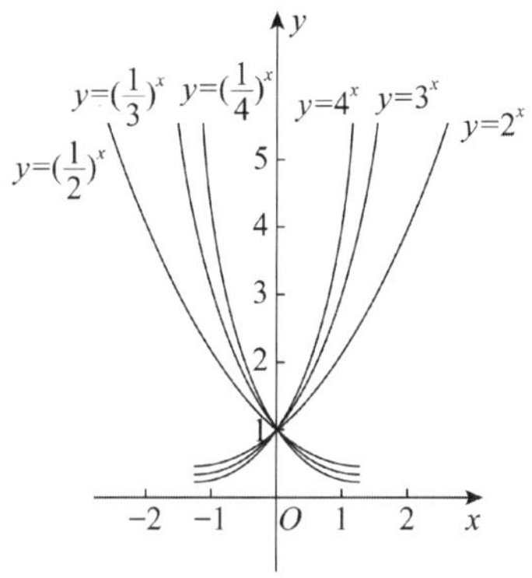	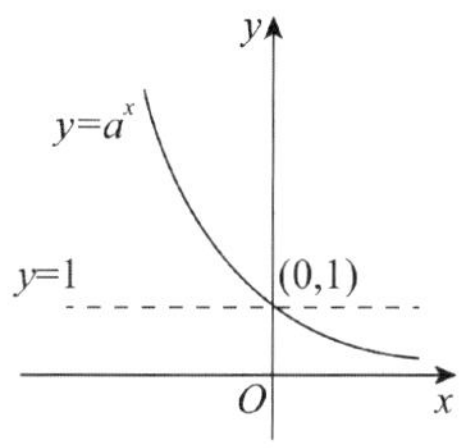	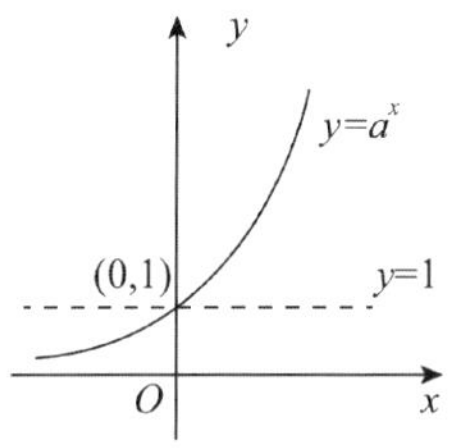
定义域	$(-\infty,+\infty)$		
值域	$(0,+\infty)$		
性质	图像过定点$(0,1)$,即 $x=0$ 时,$y=1$		
		减函数	增函数

　　这样,在指数函数的教学过程中,不仅让学生学会了指数函数的图像与性质,而且有意识地渗透了研究一般函数性质的方法,又一次为学生研究一般函数性质的方法提供了实践经历.

　　3. 对数函数的性质研究

　　与研究指数函数一样,我们可以放手让学生类比指数函数图像与性质的研究过程,自主探索对数函数的性质:选取底数 $a(a>0,$且 $a\neq1)$ 的若干个不同的值,在同一直角坐标系内画出相应的对数函数的图像.观察这些图像的位置、公共点和变化趋势,它们有哪些共性? 由此你能概括出对数函数 $y=\log_a x(a>0,$且 $a\neq1)$ 的值域和性质吗?

　　先画出函数 $y=\log_2 x,y=\log_3 x,y=\log_4 x,y=\log_{\frac{1}{2}} x,y=\log_{\frac{1}{3}} x,y=\log_{\frac{1}{4}} x$ 的图像,发现并归纳出对数函数的图像按底数 a 的取值,可分为 $0<a<1$ 和 $a>1$ 两种类型,然后借助图像研究其性质.

　　一般地,对数函数的图像和性质如表 5 - 4 所示.

表 5-4   对数函数的图像和性质

$y=\log_a x$	特殊函数	两类函数	
		$0<a<1$	$a>1$
图像	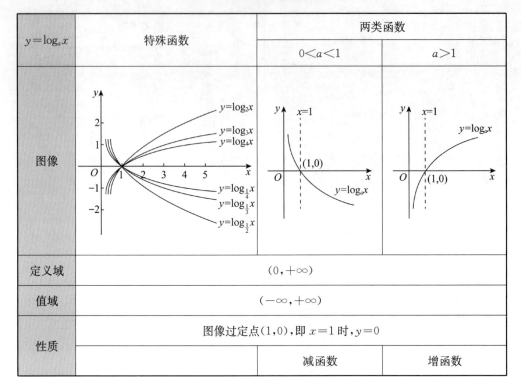		
定义域	$(0,+\infty)$		
值域	$(-\infty,+\infty)$		
性质	图像过定点$(1,0)$,即 $x=1$ 时,$y=0$		
		减函数	增函数

三、依托幂函数、指数函数、对数函数增长差异的认识过程

《课程标准》在必修课程的主题二"函数"的"函数与数学模型"中,提出如下的内容和要求:

(1) 理解函数模型是描述客观世界中变量关系和规律的重要数学语言和工具,在实际情境中,会选择合适的函数类型刻画现实问题的变化规律.

(2) 结合现实情境中的具体问题,利用计算工具,比较对数函数、一元一次函数、指数函数增长速度的差异,理解"对数增长""直线上升""指数爆炸"等术语的现实含义.

(3) 收集、阅读一些现实生活、生产实际或者经济领域中的数学模型,体会人们是如何借助函数刻画实际问题的,感悟数学模型中参数的现实意义.

显然,内容和要求(1)需要在应用函数建立模型的过程中来实现,内容和要求(3)要通过一定量的数学阅读来实现.而在面对实际问题时,能否选择合适的函数类型对其变化规律加以刻画,基础是对各类函数的特征有准确把握,对每类函数到底刻画了哪类现实问题的变化规律有深入了解;同时,对各类函数的增长差异要做到心中

有数.因此,加强对不同函数类型的增长差异的认识过程非常必要.

由于学生对线性函数已经有了认知基础,其变化规律非常直观:从线性函数的图像来看,表现为"直线上升(下降)";从运算的角度来看,线性函数的变化本质是基于加法的,即自变量增量相同,函数值增量不变;从运动变化的角度来看,它在整个定义域上的变化速度恒定,即 $\frac{\Delta y}{\Delta x}$ 为定值.因此,我们可以用线性函数作为一把尺子,来"度量"指数函数和对数函数的增长差异,从而帮助学生理解直线上升、指数爆炸和对数增长的含义.为此,可以设计如下探索过程.

探索 1:选取适当的指数函数与一次函数,探索它们在区间 $[0,+\infty)$ 上的增长差异,你能描述一下指数函数增长的特点吗?

探索 2:选取适当的对数函数与一次函数,探索它们在区间 $(0,+\infty)$ 上的增长差异,你能描述一下对数函数增长的特点吗?

探索 3:(1)画出一次函数 $y=2x$,对数函数 $y=\lg x$ 和指数函数 $y=2^x$ 的图像,并比较它们的增长差异;(2)试着概括一次函数 $y=kx(k>0)$,对数函数 $y=\log_a x$ $(a>1)$ 和指数函数 $y=a^x(a>1)$ 的增长差异;(3)讨论交流"直线上升""对数增长""指数爆炸"的含义.

从函数性质的角度看,增长差异是对函数单调性的进一步深化,不同函数增长差异刻画了它们的增长方式以及变化速度的差异.

四、依托利用幂函数、指数函数、对数函数建立数学模型解决实际问题的实践过程

本单元是全过程培养数学建模素养的极好载体.在建立幂函数、指数函数与对数函数的过程中,之所以加强背景,既是为了使学生了解这些函数的来源,有效地经历概念的抽象过程,更深刻地理解这些函数的本质,也是为了使学生明确这些函数分别描述了现实世界中哪一类变量关系和规律,从而为学生在面对具体问题时能正确选择函数类型、建立适当的数学模型解决实际问题打下坚实基础.在研究了这些函数的图像和性质以后,更应该注重它们的应用,加强用函数建立数学模型解决实际问题的实践.

事实上,为了实际应用的需要来学习数学已成为一些教材的编写理念.例如,在美国影响较大的普伦蒂斯·霍尔出版社(Prentice Hall)出版的教材《代数 2》(2008 年版)中,每一单元开头都会给出本节内容学习的必要性,几乎所有的原因都是源于现实问题的需要,如"研究指数模型是为了研究车的损耗情况""学习对数函数

是为了比较牛奶和柠檬汁的酸度"等.又如,德国巴伐利亚州最新的数学课程大纲强调来自自然、技术以及经济领域的丰富例子会使学生认识到增长以及衰变过程的重大意义,建议选择人口增长或者放射性衰变等例子来认识如何用指数函数来模拟增长或者衰变过程,并在其配套教材中呈现了这样的例子:目前一片森林的木材储存量是 40 000 立方米,年增长率是 3%.如果储存量按指数增长,那么,4.5 年内会增加多少储存量?(假设树木没有被砍伐,同时生长状况没有明显的改变)

人教 A 版《数学必修第一册》的第四章指数函数与对数函数中对指数函数、对数函数的现实背景与应用给予了充分关注,为全过程培养数学建模素养提供了范例.

首先,教科书在章引言中指出:在自然条件下,细胞的分裂、人口的增长、放射性物质的衰减等问题,都可以用指数函数构建数学模型来描述它们的变化规律.

接着在指数函数概念的建立过程中,教科书以现实中的真实事例为背景,通过与"线性增长"的比较得出"指数增长"的规律,进而引入指数函数的定义与表示.

在研究指数函数、对数函数的图像与性质之后,教科书加强了运用函数图像与性质解决实际问题的内容.

最后,教科书通过具体实例对不同函数的增长差异(直线上升、指数爆炸、对数增长)进行比较,并专门安排了"函数的应用"一节,在介绍了运用函数性质求方程近似解的基本方法(二分法)的基础上,安排了典型而丰富的实例,引导学生更深入地理解用函数构建数学模型的基本过程,学习运用模型思想发现和提出问题、分析和解决问题的方法.

教科书在本章共安排了近 40 个实际问题,涉及游客人次与旅游收入的指数增长,"碳 14 考古",人口增长模型,产品、产量增长率,储蓄利率(复利),地震释放的能量与震级的关系,GDP 增长率,血液中酒精含量或药物含量的指数衰减,物价的增长率,溶液酸碱度,火箭飞行的运动规律,鲑鱼游速与耗氧量的关系,声强级别,动物或植物自然繁殖的规律,投资方案的选择,数量的爆炸式增长,特定人群身高与体重的关系,汽车耗油量,废气减排,物体冷却模型等各种各样的现实问题.

典型而丰富的现实问题为开展数学建模活动提供了有效载体,而数学建模活动为落实数学建模素养提供了有力支撑.首先,建模意识和能力是在有价值的问题情境及数学应用情境中得到激发和培育的,问题情境让学生感悟到数学来自现实世界,通过数学的方式构建数学模型,再回到现实世界中去.这样,既有助于增强学生的创新意识,又有助于增强学生的实践意识.其次,注重数学建模活动过程,在过程中培养学生对现实问题进行数学的抽象,用数学的思维分析、用数学的语言表达、用数学的方法构建模型解决问题的素养.

　　总之,对于本单元内容,我们按"背景—概念—图像和性质—应用"的路径安排学习过程,体现了研究函数的一般套路,有利于学生形成系统性、普适性的数学思维模式,凸显数学育人的内在力量.通过经历从具体的现实情境中抽象一般规律和结构的过程,有利于培养学生透过现象看本质的能力,学会以简驭繁,养成一般性思考问题的好习惯,从而发展数学抽象、直观想象素养,使学生逐渐学会用数学的眼光观察世界.通过数学运算、函数图像发现指数函数、对数函数所刻画的运动变化现象的规律,研究指数函数和对数函数的性质,比较不同函数的增长差异,有利于学生把握相关数学内容的本质,提升数学运算、逻辑推理素养,使学生逐步学会用数学的思维思考世界.运用指数函数和对数函数建立数学模型解决实际问题,可以帮助学生切实感受数学与现实世界的联系,认识数学在科学、社会、工程技术等领域的作用,积累数学活动经验,发展数学建模素养,提高实践能力和创新意识,进而逐步学会用数学的语言表达世界.

第三节　实践案例——指数函数的概念

　　在实数指数幂 $a^x(a>0)$ 及其运算性质等知识的基础上,结合研究幂函数的知识与经验,学习指数函数的概念、图像和性质及初步应用,理解这类函数中所蕴含的运算规律,进一步体会用函数图像和代数运算研究函数性质的方法.指数函数及其性质的教学设计为 3 课时,本节课为第 1 课时,主要涉及指数函数的概念.

　　【教学目标】

　　第 1 课时,通过问题情境分析其中的变化规律(指数增长、衰减),归纳并抽象指数函数模型,理解指数函数的概念,了解指数函数的实际背景;逐步发展数学建模、数学运算和直观想象等素养.

　　第 2 课时,通过用描点法画出具体指数函数的图像,探索并理解指数函数的单调性与特殊点,体会研究函数的方法(具体到一般、数形结合);逐步发展数学抽象、数学运算和直观想象等素养.

　　第 3 课时,通过人口增长、复利储蓄等现实问题的探究,能运用指数函数模型解决简单的问题,逐步发展数学建模、数学运算等素养.

　　【教学分析】

　　指数函数是高中数学课程中重要的一类基本初等函数.基本初等函数都有现实

背景,每一类函数都对应着现实世界中一类运动变化现象,是对这类现象变化规律的数学表达.指数函数其本质特征表现在所刻画的变化规律是"增长率为常数",发现规律的方法是除法运算.

通过幂函数的学习,学生已经初步体验了研究一类函数的过程和方法,但要从实际问题中发现各种量(常量、变量)的关系,特别是通过运算发现具体数据中蕴含的"增长率为常数"这一变化规律,在此基础上抽象出指数函数概念及其表示,通过数形结合的方法从具体到一般地探索、概括指数函数的性质,这些任务,对学生来说具有相当的难度.

基于以上分析,要达成教学目标,需要依托从具体问题中发现运算规律,抽象指数函数概念,利用具体函数的图像归纳概括指数函数的图像与性质的完整过程.具体而言,可以借助研究方法和途径的多样性,注重对"利用运算来发现代数规律"这一研究方法的引导,通过运算来发现数的变化规律,从增长率和衰减率为常数这一规律中抽象出指数函数的概念;类比幂函数的研究方法,借助图像研究指数函数性质.因此,指数函数的教学应该成为学生体悟研究函数一般方法与过程的典型案例,成为学生经历数学建模过程的有效载体.

这里,可以发挥信息技术的优势,如利用画图工具画出散点图,直观地观察变化规律;利用信息技术开展相应的探究活动:选取底数 a 的若干个不同的值,在同一直角坐标系内画出相应的指数函数的图像.观察这些图像的位置、公共点和变化趋势,归纳它们的共性,概括指数函数的图像与性质.

【教学过程】

先行组织—指数增长情境—指数衰减情境—抽象概括—固化运用—结构图式—作业评价.

环节一 先行组织

教的过程	学的过程	说明
呈现概括性引导语: 对于幂 $a^x(a>0)$,我们已经把指数 x 的范围拓展到了实数.上一章学习了函数的概念和基本性质,通过对幂函数的研究,进一步了解了研究一类函数的过程和方法.下面继续研究其他类型的基本初等函数.	回顾"幂的运算"中指数的范围已从"整数指数幂"拓展到了"实数"; 回顾函数的定义研究幂函数的基本套路.	函数的一般概念和性质,是研究指数函数的上位知识;幂的指数范围的拓展是指数函数定义域为 **R** 的理论基础;研究幂函数的基本套路是研究指数函数的思想方法基础.

环节二　指数增长情境

教的过程	学的过程	说明
情境1:随着我国经济高速增长,人民生活水平不断提高,旅游成了越来越多家庭的重要生活方式.由于旅游人数不断增加,A、B两地景区自2001年起采取了不同的应对措施,A地提高了景区门票价格,而B地则取消了景区门票.表5-1给出了A、B两地景区2001年至2015年的游客数量以及逐年增加量. 问题1:比较两地景区游客数量的变化情况,你发现了怎样的变化规律? 问题2:为了便于观察,有利于直观感知规律,我们可以采取什么方法?(为了便于观察,可以通过画散点图直观感受数据中蕴含的变化规律) 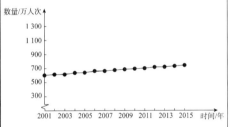 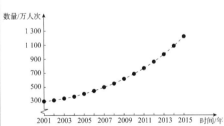 追问:年增加量是对相邻两年的游客数量做减法得到的.能否通过对B地景区每年的游客数量做其他运算发现游客数量的变化规律呢? 问题3:我们把增长率为常数的变化方式称为指数增长.因此,B地景区的游客数量近似于指数增长.如果设经过 x 年后的游客数量为2001年的 y 倍,你能描述B地景区游客数量的变化规律吗?	1. 结合图、表可以发现,A地游客数量近似于直线上升(线性增长),年增加量基本稳定在10万人次;B地游客数量年增加量越来越大,比A地的年增加量大,但从图像和年增加量都难以看出变化规律(非线性增长). 2. 尝试用除法得到B地游客数量的"年增长率": 因为, $\dfrac{2002年游客数量}{2001年游客数量}=\dfrac{309}{278}\approx1.11,$ $\dfrac{2003年游客数量}{2002年游客数量}=\dfrac{344}{309}\approx1.11,$ …… $\dfrac{2015年游客数量}{2014年游客数量}=\dfrac{1\,244}{1\,118}\approx1.11.$ 所以,B地景区的游客数量的年增长率都约为 $1.11-1=0.11$,是一个常数. 3. 学生探究 x 与 y 的关系: 1年后,游客数量是2001年的 1.11^1 倍; 2年后,游客数量是2001年的 1.11^2 倍; 3年后,游客数量是2001年的 1.11^3 倍; …… x 年后,游客数量是2001年的 1.11^x 倍. 所以, $y=1.11^x(x\in[0,+\infty).$ 这是一个函数,其中指数 x 是自变量.	1. 在"利用运算来发现代数规律"这一研究方法的引导下,做减法可以得到游客数量的年增加量,做除法可以得到游客数量的年增长率.增加量、增长率是刻画事物变化规律的两个很重要的量.体会代数运算是发现数据中蕴含规律性的基本方法. 2. 经历指数模型(指数增长)的建立过程,积累数学建模的经验.

环节三 指数衰减情境

教的过程	学的过程	说明
情境2:当生物死亡后,它机体内原有的碳14含量会按确定的比率衰减(称为衰减率),大约每经过5 730年衰减为原来的一半,这个时间称为"半衰期". 问题1:按照上述变化规律,生物体内碳14含量与死亡年数之间有怎样的关系? 说明:死亡生物体内碳14含量每年都以 $1-\left(\frac{1}{2}\right)^{\frac{1}{5\,730}}$ 的衰减率衰减.像这样,衰减率为常数的变化方式,我们称为指数衰减.	学生探究变化关系: 设死亡生物体内碳14含量的年衰减率为p,如果把刚死亡的生物体内碳14含量看成1个单位,那么: 死亡1年后,生物体内碳14含量为$(1-p)^1$; 死亡3年后,生物体内碳14含量为$(1-p)^2$; 死亡3年后,生物体内碳14含量为$(1-p)^3$; …… 死亡5 730年后,生物体内碳14含量为$(1-p)^{5\,730}$. 根据已知条件,$(1-p)^{5\,730}=\frac{1}{2}$,从而 $1-p=\left(\frac{1}{2}\right)^{\frac{1}{5\,730}}$,所以 $p=1-\left(\frac{1}{2}\right)^{\frac{1}{5\,730}}$. 如果设生物死亡年数为$x$,死亡生物体内碳14含量为$y$,那么$y=(1-p)^x$,即 $$y=\left[\left(\frac{1}{2}\right)^{\frac{1}{5\,730}}\right]^x \ (x\in[0,+\infty)).$$ 这也是一个函数,指数x是自变量.	经历指数模型(指数衰减)的建立过程,积累数学建模的经验.

环节四 抽象概括

教的过程	学的过程	说明
问题1:如果用字母a代替上述①②两式中的底数,我们可以得到怎样形式表示的函数? 问题2:阅读教科书,指数函数是如何定义的?说说底数约束条件($a>0,a\neq1$)的合理性以及定义域为**R**的可行性.	1. 用字母a代替上述①②两式中的底数,函数$y=1.11^x$ 和 $y=\left[\left(\frac{1}{2}\right)^{\frac{1}{5\,730}}\right]^x$ 都可以表示为$y=a^x$的形式,其中指数x是自变量,底数a是一个大于0且不等于1的常量. 2. 一般地,函数$y=a^x$($a>0$,且$a\neq1$)叫做指数函数,其中指数x是自变量,定义域是**R**.	1. 基于指数模型(指数增长和指数衰减)的建立过程,指数函数定义的抽象概括水到渠成. 2. 底数约束条件以及定义域为**R**的可行性的讨论呼应幂的指数范围的扩充.

环节五 **固化运用**

教的过程	学的过程	说明
例1:已知指数函数 $f(x)=a^x(a>0,$ 且 $a\neq1)$,且 $f(3)=\pi$,求 $f(0),f(1),$ $f(-3)$ 的值. 分析:要求 $f(0),f(1),$ $f(-3)$ 的值,应先求出 $f(x)=a^x$ 的解析式,即先求 a 的值. 例2:(1) 在指数增长情境中,如果平均每位游客出游一次可给当地带来 1 000 元门票之外的收入,A 地景区的门票价格为 150 元,比较这 15 年间 A、B 两地旅游收入变化情况. (2) 在指数衰减情境中,某生物死亡 10 000 年后,它体内碳 14 的含量衰减为原来的百分之几?	1. 解:因为 $f(x)=a^x$,且 $f(3)=\pi$,所以 $a^3=\pi$,解得 $a=\pi^{\frac{1}{3}}$,于是 $f(x)=\pi^{\frac{x}{3}}$.所以,$f(0)=\pi^0=1,$ $f(1)=\pi^{\frac{1}{3}}=\sqrt[3]{\pi}$,$f(-3)=\pi^{-1}$ $=\frac{1}{\pi}$. 2. 阅读教科书,评价解决问题(1)的思路和方法,并说说自己还有什么不同的解决问题的想法(例如用计算工具求得 15 年间 A、B 两地的旅游收入,并列表比较). 3. 分析(2) 就是求 $f(10\ 000)$,其中 $f(x)=\left[\left(\frac{1}{2}\right)^{\frac{1}{5\ 730}}\right]^x$.	1. 例1 帮助学生熟悉指数函数的表达式,通过指数运算理解指数函数中的对应关系. 2. 例2(1)帮助学生体会线性增长和指数增长的差异,加深对指数模型的认识;感悟函数图像在寻找解决问题的思路中的作用,发展直观想象素养. 3. 例2(2)帮助学生体会指数函数模型的简单运用.

环节六 **结构图式**

教的过程	学的过程	说明
1. 指数函数刻画了哪一类变化规律? 2. 发现这种变化规律采用了哪些手段与方法? 3. 指数增长(指数衰减)与线性增长相比较,你能说出最显著的差异吗?	学生自己归纳总结所学知识、方法,并讨论、交流、分享.	对知识进行归纳概括,加深对指数函数本质的理解,体会指数增长(指数衰减)模型的建构过程,积累数学建模的经验.
类似于例2(1),在实际问题中,经常会遇到这样的指数增长模型:设原有量为 N,每次的增长率为 p,经过 x 次增长,该量增长到 y,则 $y=N(1+p)^x(x\in\mathbf{N})$.形如 $y=ka^x(k\in\mathbf{R}$,且 $k\neq0;a>0,$ 且 $a\neq1)$ 的函数是刻画指数增长或指数衰减变化规律的非常有用的函数模型.			

环节七   作业评价

作业内容	设计意图	评价目标
1. 下列图像中,有可能表示指数函数的是( ).　(A)　　　(B)　　　(C)　　　(D)	从图像的角度理解指数函数的定义,有助于提升直观想象素养.	在熟悉的数学情境中,能运用指数函数的定义判断结论.
2. 已知函数 $y=f(x)$,$x\in\mathbf{R}$,且 $f(0)=3$,$\dfrac{f(0.5)}{f(0)}=2$,$\dfrac{f(1)}{f(0.5)}=2$,$\cdots$,$\dfrac{f(0.5n)}{f(0.5(n-1))}=2$,$n\in\mathbf{N}^{*}$,求函数 $y=f(x)$ 的一个解析式.	从运算的角度理解指数函数蕴含的变化规律,有助于提升数学运算素养.	在熟悉(与教材类似)的数学情境中,能用从具体到一般的方法归纳数学结论,并正确表达.
3. 在某个时期,某湖泊中的蓝藻每天以 6.25% 的增长率呈指数增长,那么经过 30 天,该湖泊的蓝藻会变为原来的多少倍?(可以使用计算工具)	复习巩固指数函数表达式的建立和简单运用,体会指数函数在刻画现实问题中的作用.	在熟悉的现实情境中,能直接运用指数函数解析式表达实际问题中的变化规律,并运用规律正确求解.
4. 一种产品原来的年产量是 a 件,今后 m 年内,计划使产量平均每年比上一年增加 $p\%$,写出年产量 y(单位:件)关于经过的年数 x 的函数解析式.	尝试建立形如 $y=ka^{x}$ 的指数增长模型,理解指数增长的实际意义.	在熟悉的现实情境中,能迁移运用指数函数模型刻画实际问题中的变化规律.

说明:能正确地解答作业 3,说明学生能在熟悉的现实情境中,运用指数函数模型刻画实际问题中的变化规律,并运用规律正确求解.根据满意原则,可以认为达到数学建模和运算素养水平一的要求.

第六章
三角函数单元的育人价值与数学学科核心素养培养

第一节　本单元的育人价值

一、本单元的学科价值

　　三角学是数学的一门分科,以研究平面三角形和球面三角形的边角关系为基础,达到测量应用为目的一门学科;同时,三角学还研究三角函数的性质以及它们的应用,属于分析学的一个分支.三角学最初并不是独立发展的,它是人们在早期的天文、航海应用中逐渐形成的.正是由于众多数学家的努力,16 世纪三角学从天文学中分离出来,成为数学的一个独立分支.三角学在高等数学、天文学、物理学、测量学以及航海等方面都有广泛的应用.

　　本单元是高中数学的传统内容,一直在高中数学课程中占有重要地位.本单元主要研究三角函数式的恒等变换、解三角形以及三角函数的性质和图像,这些知识是研究解析几何、立体几何的重要工具.三角函数是刻画周期现象最典型的数学模型.根据 19 世纪法国数学家傅里叶建立的傅里叶级数理论,一般的周期函数都可以用正弦函数和余弦函数构成的无穷级数表示,它确认了正弦函数和余弦函数在周期现象研究中重要而本质的作用,使三角函数成为分析和解决周期问题的基本工具.

二、本单元的教育价值

　　总的来讲,本单元的教育价值表现在以函数的一般概念为指导,迁移研究指数函数、对数函数的过程和方法,借鉴如何用某类函数刻画相应现实问题的变化规律的经验,学会如何利用三角函数模型刻画各种周期性变化现象,进一步体会函数是描述客观世界中变量关系和规律的语言和工具.学生通过本单元的学习,重点提升数学抽象、数学建模、数学运算、直观想象和逻辑推理素养.

　　具体来讲,通过本单元的学习,可以帮助学生在用锐角三角函数刻画直角三角形中边角关系的基础上,借助单位圆建立一般三角函数的概念,体会引入弧度制的必要性;用几何直观和代数运算的方法研究三角函数的周期性、奇偶性(对称性)、单调性和最大(小)值等性质,进一步体会研究函数的基本方法;探索和研究三角函数之间的一些恒等关系,体会三角恒等变换在化简三角表达式,有效解决有关实际问题中的作用;利用三角函数构建数学模型,解决实际问题,进一步积累数学建模活动的经验.

　　需特别注意的是,要凸显三角函数是一类最典型的周期函数,是刻画现实世界中周期性变化规律最有力的工具.周期性变化的特征是循环往复、周而复始.例如,地球自转引起的昼夜交替变化和公转引起的四季交替变化,月亮圆缺,潮汐变化,物体做匀速圆周运动时的位置变化,物体做简谐运动时的位移变化,交变电流变化等.这些现象都可以用三角函数刻画.

第二节　本单元数学学科核心素养的培养

　　依据《课程标准》的指导要求,应在数学整体观指导下,对三角函数的研究对象、内容、过程和方法进行系统设计.本单元的结构体系及研究路径可以是:背景(周而复始的运动现象)—预备知识(任意角和弧度制)—定义—图像与(基本)性质—诱导公式、圆的旋转对称性与三角恒等变换(这是三角函数区别于其他函数的重要特性)—应用(函数$y=A\sin(\omega x+\varphi)$、三角函数的其他应用).概括起来就是研究一个数学对象的基本"套路":背景—概念—性质—特殊性质—应用.这一结构体现了"数学的方式",能使学生"既见树木又见森林",对学生学会"数学地思考"有重要意义,为实现本单元的育人价值提供了载体.

　　在本单元的教学中可以依托以下过程发展学生的数学学科核心素养.

一、依托角的概念的推广过程

　　"任意角"作为一个数学对象,是一个"既有大小又有方向的量",应按照"背景—定义—度量—运算—性质"的研究路径,使学生经历完整的角的概念的推广过程,认识任意角概念在刻画周期现象中的作用,为三角函数的学习奠定坚实的基础.从"角"到"任意角"与从"线段"到"有向线段"是类似的.

　　1. 引入任意角概念的必要性

　　引入任意角概念是为了研究周而复始的变化现象.在周而复始的现象中,圆周运动具有典型性,并可归结为圆上一点的旋转,可与圆心角的变化联系起来.实际问题和圆上点的旋转都表明,要准确地描述圆上一点的旋转,不仅要知道旋转的度数,还要知道旋转的方向.所以,角的范围限于0°～360°已难以回答面临的问题,需要推广角的范围.问题归结为如何刻画角的方向和大小.

2. 用类比的方法定义任意角

一条射线绕端点旋转,因为旋转的方向分顺时针和逆时针,可以类比用正负数表示具有相反意义的量的做法,引进正角、负角来表示"具有相反意义的旋转量",而角的大小可在已有的角度制基础上进行推广.当然,如果一条射线没有作任何旋转(即旋转量为0),那么说它形成了一个零角,零角无正负,就像0无正负一样.这样,我们就完成了任意角的定义.这里要特别强调两点:①角是转出来的;②用符号代表方向非常重要,它奠定了角的数量化的基础,由此就可以实现用实数表示角的大小,而且能给运算带来极大方便.

3. 类比熟悉的度量制,引入弧度制

在义务教育阶段学生学过用不同的单位制来度量同一个量的问题.因此,可以通过类比长度、质量的不同度量制,引导学生体会一个量可以用不同的单位制来度量,而且不同的单位制各有优点.在高中阶段之前学过几何图形的度量有两类,一是线段、平面图形和空间图形的大小度量,是十进制,其中线段的长度是基础;二是"用角量角"的角度制,是六十进制.这里把角的范围从0°～360°(不超过一个周角)扩展到任意角$x°$,$x∈\mathbf{R}$.为了定义三角函数的需要,我们还需要引入"用长度量角"的弧度制.

弧度制的本质是用线段长度度量角的大小,具体而言就是在单位圆中用弧长度量圆心角的大小.学生在初中学过弧长公式,探索圆心角、所对弧长与半径之间的关系,发现圆心角$α$所对的弧长与半径的比值随$α$的确定而唯一确定,这就是在高中引入弧度制的契机.由此,在使学生体会利用圆的弧长与半径的关系度量圆心角的合理性的基础上,给出定义、几何表示和代数表示.

弧度制的建构过程是:背景(引入弧度制的必要性、如何定义是合理的)—定义—表示.其中,必要性只能有限涉及;合理性从"如此度量角的大小是唯一确定的"给出,要提示学生注意数学中定义一个量的大小的度量方法;"表示"应从数和形两方面给出,即借助单位圆给出1弧度角的大小示意图,半径为r的圆中弧长为l的弧所对的圆心角为$α$弧度,则$|α|=\dfrac{l}{r}$,$α$的正负由角$α$的终边的旋转方向决定.

理解1弧度的含义,即把握弧度制的单位,是了解弧度制,并能进行弧度与角度换算的关键.引进弧度制后,可以引导学生利用单位圆中的圆心角与所对弧的关系理解弧度制的本质.角的范围推广后,圆心角与弧的概念也随之推广:圆心角有正角、零角、负角;相应地,弧也就有正弧、零弧、负弧;圆心角、弧的正负与角的终边的旋转方向相对应,逆时针旋转为正,顺时针旋转为负.在直角坐标系中,如果以单位圆与 x 轴的交点 $A(1,0)$ 为起点,圆心角 α 的终边与单位圆的交点 P 为终点,那么圆心角 α 与弧 $\overset{\frown}{AP}$ 一一对应.这样,单位圆中,用圆心角对应的弧的大小(取值范围是 **R**)刻画角的大小就是一个非常好的选择.

引入弧度制后,应与角度制进行对比,使学生明确:①弧度制以线段长度来度量角,角度制是"以角量角";②弧度制是十进制,角度制是六十进制;③1 弧度是等于半径长的弧所对的圆心角的大小,而 $1°$ 的角是周角的 $\dfrac{1}{360}$;④无论是以"弧度"还是以"度"为单位,角的大小都是一个与半径大小无关的定值,由此借助单位圆理解角的度量制很方便;等等.

现在我们已经有了两种角的度量制,一个自然的问题是"如何换算".实际上,同一个数学对象从不同角度去研究,所得结论一定有内在联系.发现这种内在联系是数学研究的一个基本任务.因此,探究换算公式是必须的.这里的关键是找到联系两种度量制的桥梁,教学时应引导学生思考并独立解决这个问题.

4. 任意角的运算

引入一种新的量,就要定义它的运算.任意角的运算该如何定义呢? 初中学过角的和、差和倍角,但两角差只能"大角减小角".角的范围扩充后,不仅可以"小角减大角",而且对两角和也赋予了全新的意义:设 α、β 是两个任意角,把角 α 的终边旋转角 β,这时终边所对应的角是 $\alpha+\beta$.这是关于任意角加法的定义,它的合理性体现在:既符合人的直觉,也与实数的运算法则一致.下面我们进行具体分析.

就像用字母 a、b 表示数一样,字母 α、β 表示任意角,它们带有符号,符号的正、负与射线旋转方向的逆时针、顺时针相对应.为了方便,我们用 $|\alpha|$、$|\beta|$ 表示相应的旋转量.角$(\alpha+\beta)$对应于射线的两次连续旋转,可分如下几种情况:

当 $\alpha>0,\beta>0$ 时,将一条射线逆时针旋转角 α 后再逆时针旋转角 β 而得 $\alpha+\beta$,整体上是:旋转方向为逆时针,旋转量为 $|\alpha|+|\beta|$.

当 $\alpha>0,\beta<0$ 时,将一条射线逆时针旋转角 α 后再顺时针旋转角 β 而得 $\alpha+\beta$,整体上是:如果 $|\alpha|>|\beta|$,那么角$(\alpha+\beta)$的旋转方向为逆时针,旋转量为 $|\alpha|-|\beta|$;如果 $|\alpha|<|\beta|$,那么角$(\alpha+\beta)$的旋转方向为顺时针,旋转量为 $|\beta|-|\alpha|$.

当 $\alpha<0,\beta>0$ 时,将一条射线顺时针旋转角 α 后再逆时针旋转角 β 得 $\alpha+\beta$,整体上是:如果 $|\alpha|<|\beta|$,那么角$(\alpha+\beta)$的旋转方向为逆时针,旋转量为 $|\beta|-|\alpha|$;如果

$|\alpha|>|\beta|$,那么角$(\alpha+\beta)$的旋转方向为顺时针,旋转量为$|\alpha|-|\beta|$.

当$\alpha<0,\beta<0$时,将一条射线顺时针旋转角α后再顺时针旋转角β而得$\alpha+\beta$,整体上是:旋转方向为顺时针,旋转量为$|\alpha|+|\beta|$.

于是,同号两角相加,取相同的方向,并把"绝对值"相加;"绝对值"不相等的异号两角相加,取"绝对值"较大的角的方向,并用较大的"绝对值"减去较小的"绝对值".

显然,互为相反角的两个角相加得零角,一个角与零角相加仍得这个角.

综上可知,两角和的运算与实数的加法运算完全一致;同时,像实数减法的"减去一个数等于加上这个数的相反数"一样,我们有$\alpha-\beta=\alpha+(-\beta)$,即"减去一个角等于加上这个角的相反角".这样,角的减法可以转化为加法.

5. 象限角及其性质

象限角概念的引入,使角放在同一个参照系下进行讨论,并进而可以利用任意角、直角坐标系刻画周期变化现象.我们以直角坐标系为工具,使角的顶点与原点重合,角的始边与x轴的非负半轴重合,这样就实现了在同一参照系下表示角,从而使我们在讨论角的关系时可以只看角的终边的位置关系,由此还能用数量关系表示角的终边位置"周而复始"的变化规律.

终边相同的角是具有特殊关系的象限角,是角的终边周期性变化规律的代数表示,可以看成是象限角的性质.终边相同的角有无数个,是"终边旋转整数周回到原来的位置"而形成的,用数量关系表示,就是"终边相同的角相差360°的整数倍",用符号形式表示就是:所有与角α终边相同的角,连同角α在内,可组成一个集合$S=\{\beta|\beta=\alpha+k\cdot360°,k\in\mathbf{Z}\}$.

二、依托三角函数概念的建立过程

传统上,人们习惯把三角函数看成是锐角三角函数的推广,利用象限角终边上点的坐标比定义三角函数.因为这一定义方法由欧拉提出,因此更有它的权威性.然而,锐角三角函数的研究对象是三角形,而任意角三角函数的研究对象是周期变化现象,如果以锐角三角函数为基础进行推广,那么将破坏三角函数概念发生、发展过程的完整性.因此,整体上,我们应关注从抽象研究对象(即定义三角函数概念)到研究它的图像、性质再到实际应用的过程.

1. 遵循概念教学的一般路径

概念教学一般按"事实—概念"的路径,即学生经历"背景—研究对象—对应关系的本质—定义"的过程,在获得三角函数定义的同时,"顺便"就可得到值域、函数值的符号、诱导公式以及同角三角函数的基本关系等性质.

2. 借助事实情境, 明确研究对象

呈现一个周期现象(事实), 让学生明确第一个研究任务是分析这一现象中各种量及其相互关系, 然后是建立一个函数来描述这种关系(概念). 因为周期现象中, 匀速圆周运动具有典型性, 而单位圆上点的匀速运动具有典型性(其实也不失一般性). 因此, "周期现象—圆周运动—单位圆上点的旋转运动"是构建三角函数概念的第一次抽象活动, 给出的"事实"是单位圆 $\odot O$ 上点 P 以 A 为起点做旋转运动, 建立一个数学模型, 刻画点 P 的位置变化情况. 这是使研究对象简单化、本质化的过程, 是培养数学抽象素养的过程.

3. 事实情境数学化, 获得对应关系, 进而建立概念

通过分析单位圆上点的旋转中涉及的量及其相互关系, 获得对应关系并抽象出三角函数概念, 这是一个数学化的过程, 也是一个典型的数学建模过程, 要调动已有的研究函数的经验. 为此, 可以在直角坐标系中对问题进行重新叙述, 把问题归结为点 P 的坐标与旋转角 α 之间对应关系的探索. 然后引导学生从特殊到一般地展开研究, 先得出"点 P 的横、纵坐标 x、y 都是角 α 的函数"的结论, 再给出三角函数定义. 这是一个在一般函数概念指导下的探究活动, 其思路是先确认"这样的对应关系是函数", 然后给出形式化定义.

为什么这样处理呢? 显然, 理解三角函数的定义, 关键是明确它的对应关系. 用单位圆上点的坐标表示三角函数, 与学生已有的函数学习经验差异较大. 前面学习的函数的解析式都有明确的运算含义, 而三角函数对应关系则不以"代数运算"为媒介, 是"α 与 x、y 直接对应", 无须计算. 虽然 α、x、y 都是实数, 但实际上是"几何元素间的对应". 所以, 在"对应关系"的认识上必须采取措施破除定势, 帮助学生搞清三角函数的"三要素", 特别是要先明确"给定一个角, 如何得到对应的函数值"的操作过程, 再给定义. 这是在一般函数概念引导下的"下位学习", 不仅使三角函数定义的引入更自然, 而且由三角函数对应关系的独特性, 可以使学生再一次认识函数的本质.

4. 设置操作性任务, 化解难点

为了化解难点, 可让学生先完成"给定一个角, 求出它的终边与单位圆的交点坐标"的任务. 例如, "当 $\alpha = \dfrac{\pi}{6}$ 时, 找出相应点 P 的坐标", 并让学生明确点 P 的坐标是唯一确定的, 这实际上就是理解三角函数对应关系的过程. 然后可借助信息技术, 让学生观察"任意给定一个角 $\alpha \in \mathbf{R}$, 它的终边与单位圆的交点坐标是否唯一", 为理解三角函数的对应关系奠定基础.

5. 以一般函数概念为引导,理解三角函数

对于定义"设 α 是一个任意角,它的终边与单位圆交于点 $P(x,y)$,那么 y 叫做 α 的正弦函数,记作 $\sin\alpha$,即 $y=\sin\alpha$；x 叫做 α 的余弦函数,记作 $\cos\alpha$,即 $x=\cos\alpha$",应该以一般函数概念为依托,引导学生理解三角函数的实质.为此,要明确如下三点：

第一,α 是一个任意角,同时也是一个实数(弧度数),所以"设 α 是一个任意角"的意义实际上是"对于 **R** 中的任意一个数 α".

第二,"它的终边与单位圆交于点 $P(x,y)$",实际上给出了两个对应关系,即

$$\text{实数 } \alpha\text{(弧度)对应于点 } P \text{ 的纵坐标 } y, \qquad ①$$

$$\text{实数 } \alpha\text{(弧度)对应于点 } P \text{ 的横坐标 } x. \qquad ②$$

其中 y、$x\in[-1,1]$.因为对于 **R** 中的任意一个数 α,它的终边唯一确定,所以交点 $P(x,y)$ 也唯一确定,也就是纵坐标 y 和横坐标 x 都由 α 唯一确定,所以对应关系 ①②分别确定了一个函数,这是理解三角函数定义的关键.

第三,就像引进符号 $\log_a x$ 一样,我们引进符号 $\sin\alpha$、$\cos\alpha$ 分别表示"α 的终边与单位圆交点的纵坐标""α 的终边与单位圆交点的横坐标".于是,对于任意一个实数 α,按对应关系①,在集合 $B=\{z\,|\,-1\leqslant z\leqslant 1\}$ 中都有唯一确定的数 $\sin\alpha$ 与之对应；按对应关系②,在集合 $B=\{z\,|\,-1\leqslant z\leqslant 1\}$ 中都有唯一确定的数 $\cos\alpha$ 与之对应.所以,$\sin\alpha$、$\cos\alpha$ 都是一个由 α 唯一确定的实数.通过这样的过程,可以化解学生对于符号 $\sin\alpha$、$\cos\alpha$ 和 $\tan\alpha$ 的认知难点.

总之,在三角函数概念的教学中,要强调三角函数是刻画周期现象的数学模型,要以"如何描述周期现象"为出发点,引导学生经历"周期现象—圆周运动—单位圆上的点的旋转运动"的抽象过程而明确研究对象；再从特殊到一般,让学生完成"给定一个角 α,求它的终边与单位圆的交点坐标 $P(x,y)$"的任务,是学生在一般函数概念的指导下认识这样可以确定两个函数；然后给出定义并辨析符号 $\sin\alpha$、$\cos\alpha$ 的意义.这样既有利于学生把握三角函数的研究对象及其本质,又能更自然地借助单位圆抽象三角函数的定义,确定三角函数的研究内容,探寻研究方法.特别是,可以借助单位圆,从圆的性质(特别是对称性)中得到三角函数研究内容的启发,引导学生通过数形结合的方法展开研究,并借助单位圆记忆三角函数的性质和众多三角公式,从而发展学生的数学抽象、直观想象等核心素养.

三、依托三角函数关系的探究过程

根据三角函数的定义可知,在单位圆上,如果动点 $P(x,y)$ 以 $A(1,0)$ 为起点作逆时针方向的单位速率旋转,其横坐标 x、纵坐标 y 都是时间 t 的函数,分别为余弦函

数 $\cos t$ 和正弦函数 $\sin t$,那么由此可以想象,因为 $\cos t$ 和 $\sin t$ 是单位圆上同一点的横、纵坐标,所以它们一定有内在联系;因为点 $P(\cos t,\sin t)$ 随 t 的变化而在单位圆上旋转,所以余弦函数、正弦函数的性质一定与圆的性质有关,甚至可以设想,利用圆的性质可以得出三角函数的性质.这里的"想象""设想"与发现和提出问题有关.因此,在具体展开三角函数性质的研究之前,先引导学生设想三角函数的性质与圆的几何性质之间可能的关系,再让他们借助圆的几何性质猜想三角函数的性质,有利于培养学生的直观想象、数学推理(归纳推理、类比推理)等核心素养,实现诱导公式的育人价值.

(1) 在建立两个函数内在联系的想法指引下,过 $P(\cos t,\sin t)$ 作 $PM\perp Ox$,M 为垂足,则 $\triangle OMP$ 是直角三角形.由坐标的定义有 $OM=\cos t$,$MP=\sin t$,$OP=1$,于是 $\cos^2 t+\sin^2 t=1$.

(2) 设单位圆上的动点从 $A(1,0)$ 出发作逆时针旋转,经过时刻 t 到达点 $P(\cos t,\sin t)$,然后继续逆时针旋转一周到达点 $T_1(\cos t_1,\sin t_1)$.显然,单位圆上任意一点按任意方向旋转一周都回到原来位置,所以点 P 与点 T_1 重合,即 $\cos t=\cos t_1$,$\sin t=\sin t_1$.由单位圆周长为 2π,可知" $t_1=2\pi+t$,于是 $\cos t_1=\cos(2\pi+t)$,$\sin t_1=\sin(2\pi+t)$.所以 $\cos(2\pi+t)=\cos t$,$\sin(2\pi+t)=\sin t$.

进一步地,"单位圆上任意一点旋转整数周都回到原来位置"也是显然的,将它翻译为三角函数的性质,就是诱导公式一:

$$\cos(2k\pi+t)=\cos t,\sin(2k\pi+t)=\sin t,\text{这里 } k\in\mathbf{Z}.$$

(3) 圆是最为完美对称的,它既是关于圆心成中心对称的图形,也是关于任意直径成轴对称的图形.将这些对称性翻译成三角函数的符号表示,就可以得到许多三角函数的性质.例如,单位圆上的动点从 $A(1,0)$ 出发,作逆时针旋转,经过时刻 t 到达点 $P(\cos t,\sin t)$;作顺时针旋转,经过时刻 t 到达 $T_2(\cos(-t),\sin(-t))$.则 P 和 T_2 关于 x 轴对称,于是有:

$$\cos(-t)=\cos t,\sin(-t)=-\sin t.$$

我们也可以这样来得到三角函数的性质:设任意角 α 的终边交单位圆于点 $P(\cos\alpha,\sin\alpha)$,如图 6-1 所示.

① 作点 P 关于 x 轴的对称点 P_1,则射线 OP_1 是角 $-\alpha$ 的终边,所以点 P_1 的坐标是 $P_1(\cos(-\alpha),\sin(-\alpha))$.由对称性,易知 $\cos(-\alpha)=\cos\alpha$,$\sin(-\alpha)=-\sin\alpha$.

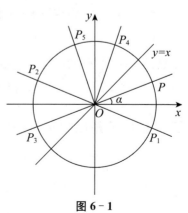

图 6-1

② 作点 P 关于 y 轴的对称点 P_2，则射线 OP_2 是角 $\pi-\alpha$ 的终边，所以点 P_2 的坐标是 $P_2(\cos(\pi-\alpha), \sin(\pi-\alpha))$. 由对称性，易知 $\cos(\pi-\alpha)=-\cos\alpha$，$\sin(\pi-\alpha)=\sin\alpha$.

③ 作点 P 关于原点的对称点 P_3，则射线 OP_3 是角 $\pi+\alpha$ 的终边，所以点 P_3 的坐标是 $P_3(\cos(\pi+\alpha), \sin(\pi+\alpha))$. 由对称性，易知 $\cos(\pi+\alpha)=-\cos\alpha$，$\sin(\pi+\alpha)=-\sin\alpha$.

④ 作点 P 关于直线 $y=x$ 的对称点 P_4，则射线 OP_4 是角 $\dfrac{\pi}{2}-\alpha$ 的终边，所以点 P_4 的坐标是 $P_4\left(\cos\left(\dfrac{\pi}{2}-\alpha\right), \sin\left(\dfrac{\pi}{2}-\alpha\right)\right)$. 另一方面，$P(\cos\alpha, \sin\alpha)$ 关于直线 $y=x$ 的对称点是 $Q_1(\sin\alpha, \cos\alpha)$，所以 $\cos\left(\dfrac{\pi}{2}-\alpha\right)=\sin\alpha$，$\sin\left(\dfrac{\pi}{2}-\alpha\right)=\cos\alpha$.

⑤ 作点 $P_4\left(\cos\left(\dfrac{\pi}{2}-\alpha\right), \sin\left(\dfrac{\pi}{2}-\alpha\right)\right)$ 关于 y 轴的对称点 P_5，则射线 OP_5 是角 $\pi-\left(\dfrac{\pi}{2}-\alpha\right)=\dfrac{\pi}{2}+\alpha$ 的终边，所以点 P_5 的坐标是 $\left(\cos\left(\dfrac{\pi}{2}+\alpha\right), \sin\left(\dfrac{\pi}{2}+\alpha\right)\right)$. 另一方面，点 $Q_1(\sin\alpha, \cos\alpha)$ 关于直线 y 轴的的对称点是 $Q_2(-\sin\alpha, \cos\alpha)$，所以 $\cos\left(\dfrac{\pi}{2}+\alpha\right)=-\sin\alpha$，$\sin\left(\dfrac{\pi}{2}+\alpha\right)=\cos\alpha$.

上述性质可以结合图像表示如下：

由诱导公式立即能得到正弦函数、余弦函数的奇偶性. 如果把诱导公式所体现的代数性质与图像的对称性（几何性质）联系起来，就可以发现更加丰富的对称性. 例如，由 $\cos(2k\pi+t)=\cos t$，$\sin(2k\pi+t)=\sin t$，$k\in\mathbf{Z}$，可得直线 $x=2k\pi$ 都是余弦函数图像的对称轴，点 $(2k\pi,0)$ 都是正弦函数图像的对称中心；又由 $\cos\left(\dfrac{\pi}{2}-\alpha\right)=\sin\alpha$，$\sin\left(\dfrac{\pi}{2}-\alpha\right)=\cos\alpha$，可得直线 $x=2k\pi+\dfrac{\pi}{2}$ 都是正弦函数图像的对称轴，点 $\left(2k\pi+\dfrac{\pi}{2},0\right)$ 都是余弦函数图像的对称中心；……

上述研究，不仅使学生获得了诱导公式，而且自然地把对称、变换等现代数学的核心思想渗透其中，诱导公式的整体性也得到了充分体现. 这样处理，可以让学生体验研究一个数学问题的"味道"，从中体会发现和提出问题的方法，更好地培养学生的系统思维，落实逻辑思维、理性精神的培养，从而也就更充分地发挥了诱导公式的育人价值.

四、依托三角函数图像与性质的研究过程

从三角函数的定义出发研究它的图像和性质,可以类比研究幂函数、指数函数和对数函数的方法,借鉴已有的数学活动经验,选取这类函数的代表函数,画出它的图像,观察图像的特征,获得函数的单调性、奇偶性等性质.由于单位圆上任意一点在圆周上旋转一周就回到原来的位置,并且这一现象可以用公式 $\cos(2k\pi+t)=\cos t$, $\sin(2k\pi+t)=\sin t(k\in \mathbf{Z})$ 来表示,从而说明自变量每增加(减少)2π,正弦函数值、余弦函数值将重复出现.利用这一特性,就可以简化正弦函数、余弦函数的图像与性质的研究过程.

以研究函数 $y=\sin x,x\in \mathbf{R},y=\cos x,x\in \mathbf{R}$ 的图像和性质为例,可以设计如下的研究过程:

(1) 研究函数 $y=\sin x,x\in \mathbf{R}$ 的图像,从画函数 $y=\sin x,x\in[0,2\pi]$ 图像开始;

(2) 画函数 $y=\sin x,x\in[0,2\pi]$ 图像,从画点 $(x_0,\sin x_0)(x_0\in[0,2\pi])$ 开始.可以启发学生思考:在区间 $[0,2\pi]$ 上任取一个值 x_0,如何利用正弦函数的定义,确定正弦函数值 $\sin x_0$,并画出点 $(x_0,\sin x_0)$;

(3) 根据函数 $y=\sin x,x\in[0,2\pi]$ 的图像,想象函数 $y=\sin x,x\in \mathbf{R}$ 的图像;

(4) 观察正弦曲线的形状特征,发现确定正弦曲线形状的关键点,概括画正弦函数简图的"五点法";

(5) 利用正弦函数和余弦函数的关系,通过图形变换,获得余弦函数的图像(余弦曲线);

(6) 观察正(余)弦曲线,类比以往对函数性质的研究,研究正弦函数、余弦函数的性质.

五、依托三角恒等变换的过程

三角恒等变换是以和(差)角公式、倍角公式等为工具,对三角函数式进行的恒等变形.三角恒等变换承载着预测变换目标、选择变换公式、设计变换途径等数学基本能力的发展功能,对培养学生观察、分析、比较、联想等良好的思维习惯,发展学生逻辑推理、数学运算、直观想象等数学素养具有积极的促进作用.

1. 设计合适的情境,自然引出公式 $C_{(\alpha-\beta)}$

余弦公式 $C_{(\alpha-\beta)}$ 是三角变换之始,它的教学应该自然、朴实、流畅.设计合适的情境,自然引出公式 $C_{(\alpha-\beta)}$ 有利于化解学生学习中的突兀与茫然.

(1) 创设生活中的情境.现实生活中工人加固暖气管道时,他们常常把墙上的小

支架(图 6-2)焊接改造成大支架(图 6-3),其中改造的关键是确定焊点 E.

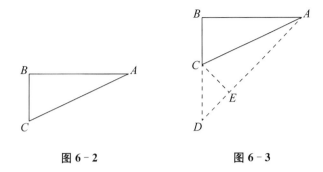

图 6-2　　　　　　　　　图 6-3

这个实际问题可以转化成的数学问题是:如图 6-3,在 Rt△ABD 中,已知 $\angle ABC = 90°$,$\angle AEC = 90°$,$\angle DAB = \alpha$,$\angle CAB = \beta$,$AC = 1$.求 AE 的长.

如果学生在 Rt△ACE 中迅速得出 $AE = \cos(\alpha - \beta)$,教师可进一步提出"用 α、β 的三角函数表示 AE"的要求,于是,把问题的解决引导到"$AE = AD - DE$"的方向.

学生利用解直角三角形的知识,可以探究得到如下解法:

$$AE = AD - DE = \frac{AB}{\cos \alpha} - CD\cos\left(\frac{\pi}{2} - \alpha\right)$$

$$= \frac{AB}{\cos \alpha} - (BD - BC)\sin \alpha$$

$$= \frac{\cos \beta}{\cos \alpha} - (\cos \beta \tan \alpha - \sin \beta)\sin \alpha$$

$$= \frac{\cos \beta}{\cos \alpha} - \frac{\cos \beta \sin^2 \alpha}{\cos \alpha} + \sin \alpha \sin \beta$$

$$= \frac{\cos \beta}{\cos \alpha}(1 - \sin^2 \alpha) + \sin \alpha \sin \beta$$

$$= \cos \alpha \cos \beta + \sin \alpha \sin \beta.$$

又 $AE = \cos(\alpha - \beta)$,所以,

$$AE = \cos(\alpha - \beta) = \cos \alpha \cos \beta + \sin \alpha \sin \beta\left(0 < \beta < \alpha < \frac{\pi}{2}\right).$$

(2) 设计一组追问,自然地体现知识发展走向,完成一般化证明.

问题 1:α、β 为锐角且 $\alpha \leqslant \beta$ 时,公式还成立吗? α、β 为钝角呢?

对于问题 1,我们可以引导学生取 α、β 的一些特殊值验证,或取非特殊值利用计算器计算验证,从心理上加深对公式的结构的感知和公式正确性的认同.但取特殊值不能穷尽所有情况,自然提出问题 2.

问题 2:α、β 取任意角时,公式是否成立? 如何严格地推理论证?

对于问题 2,我们可以引导学生仔细观察公式 "$\cos(\alpha-\beta)=\cos\alpha\cos\beta+\sin\alpha\sin\beta$" 的结构特征,看看从中会得到什么样的启发,产生怎样的联想,或有什么新的发现.联想三角函数的单位圆定义为我们提供了一个动点 $(\cos\alpha,\sin\alpha)$ 在单位圆上的几何模型,α、β 终边与单位圆的交点分别为 $A(\cos\alpha,\sin\alpha)$、$B(\cos\beta,\sin\beta)$,同时发现 "$\cos\alpha\cos\beta+\sin\alpha\sin\beta$" 与向量数量积公式 $\boldsymbol{a}\cdot\boldsymbol{b}=x_1x_2+y_1y_2$ 形式相近,进而得到 $\overrightarrow{OA}\cdot\overrightarrow{OB}=\cos\theta=\cos\alpha\cos\beta+\sin\alpha\sin\beta$ (θ 是向量 $\overrightarrow{OA}$ 与 $\overrightarrow{OB}$ 的夹角).

问题 3:如何证明 $\cos(\alpha-\beta)=\cos\theta$ (θ 是向量 $\overrightarrow{OA}$ 与 $\overrightarrow{OB}$ 的夹角)?

对于问题 3,我们可以引导学生关注两个向量 $\overrightarrow{OA}$、$\overrightarrow{OB}$ 的夹角与 $\alpha-\beta$ 的联系与区别,通过 $\alpha-\beta=2k\pi\pm\theta(k\in\mathbf{Z})$ 得证结论,感受数学思维的严谨性.

2. 利用三角恒等变换公式的内在逻辑,构建公式的逻辑框图

和(差)角公式、倍角公式等反映了三角函数之间的内在联系,也是圆的几何性质的代数表示.其中,和(差)角公式具有一般意义,诱导公式、倍角公式等都可以看作它的特例,而两角差的余弦公式 $C_{(\alpha-\beta)}$ 不仅是和(差)角公式的基础,也可以看成是诱导公式的一般化.我们可以充分利用这种联系性,在推导这些公式的过程中形成公式之间的"逻辑框图",体会蕴含其中的数学思想方法,避免对公式的死记硬背.

为此,我们可以设计如下的一系列的探究问题:

(1) 由公式 $C_{(\alpha-\beta)}$ 出发,你能推导出两角和与差的三角函数的其他公式吗?(这里用到的是加法和减法的联系,也可用换元的观点来考虑:由于公式 $C_{(\alpha-\beta)}$ 对于任意 α、β 都成立,那么把其中的 β 换成 $-\beta$ 后也一定成立.由此可推得公式 $C_{(\alpha+\beta)}$.)

(2) 我们已经得到了两角和与差的余弦公式.我们知道,用诱导公式 $\sin\left(\dfrac{\pi}{2}\pm\alpha\right)=\cos\alpha$,$\cos\left(\dfrac{\pi}{2}\pm\alpha\right)=\mp\sin\alpha$,可以实现正弦、余弦的互化.你能根据 $C_{(\alpha+\beta)}$、$C_{(\alpha-\beta)}$ 及诱导公式 $\sin\left(\dfrac{\pi}{2}\pm\alpha\right)=\cos\alpha$,$\cos\left(\dfrac{\pi}{2}\pm\alpha\right)=\mp\sin\alpha$,推导出用任意角 α、β 的正弦、余弦表示 $\sin(\alpha+\beta)$、$\sin(\alpha-\beta)$ 的公式吗?

(3) 你能根据正切函数与正弦函数、余弦函数的关系,从 $C_{(\alpha\pm\beta)}$、$S_{(\alpha\pm\beta)}$ 出发,推导出用任意角 α、β 的正切表示 $\tan(\alpha+\beta)$、$\tan(\alpha-\beta)$ 的公式吗?

(4) 和(差)角公式中,α、β 都是任意角.如果令 α 为某些特殊角,就能得到许多有用的公式.你能从和(差)角公式出发推导出诱导公式吗?你还能得到哪些等式?

(5) 你能利用 $S_{(\alpha\pm\beta)}$、$C_{(\alpha\pm\beta)}$、$T_{(\alpha\pm\beta)}$ 推导出 $\sin 2\alpha$、$\cos 2\alpha$、$\tan 2\alpha$ 的公式吗?

通过以上综合性、开放性的数学任务的探究,自然形成公式之间的"逻辑框图"

(图 6-4),同时学生的逻辑推理、数学运算等数学素养得到充分培养.

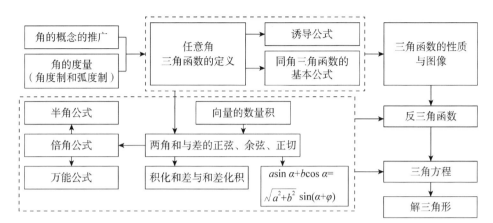

图 6-4

3. 通过三角恒等变换公式的运用,形成解决问题的思维策略

三角恒等变换与代数变换一样,本质是"变其形不变其质".三角恒等变换的对象是三角函数式,变换的实质是恒等变换.高中阶段利用三角恒等变换解决的问题主要包括:(1)求值(角)(给角求值,给值求值,给值求角);(2)三角函数的图像与性质(定义域、值域、单调性、周期性、最值、对称轴、对称中心、函数图像等);(3)解三角形(求边、角、最值及证明).

要解决上述问题,关键在于对问题中的三角函数式进行合理的变换.从思维层面上说,首先明确观察的对象(三角函数式)、观察的角度(角的差别、三角函数名称差别、次数差别、结构差别),重点是分析所求问题与已知之间的差别,然后以三角恒等变换公式为基础,灵活运用三角恒等变换的常用思维策略解决问题,其思维流程如图 6-5 所示:

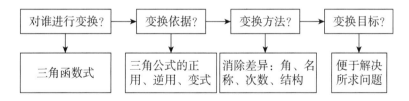

图 6-5

具体来讲,通过三角恒等变换解决问题的实践,形成如下思维策略:

(1) 变元、换元的策略.三角恒等变换公式的内在逻辑和其中蕴含的换元思想对学生思维发展和准确应用公式都有重要作用.学习三角恒等变换较有效的方法是教师让学生从最基础的公式 $\cos(\alpha-\beta)=\cos\alpha\cos\beta+\sin\alpha\sin\beta$ 开始推导,由学生自己

推出后面的公式,然后让学生分析这些公式间的关系,建构公式体系.再通过换元的例子,让学生理解公式中的 α、β 可以用任意有意义的实数代替,不妨就用"□"和"△"代替. 比如:$\cos (27°-□) \cos (33°+△) - \sin (27°-□) \sin (33°+△) = $ ＿＿＿＿＿；$\cos□\cos△-\sin□\sin△= $ ＿＿＿＿＿＿＿.

（2）解决主要矛盾的策略.三角变换的"主角"是角,从函数概念角度来看,三角函数的自变量是角,角就成为分析变换的第一个要点.对于一个角,我们要分析它的范围;对于不同的角,我们就要分析它们之间的关系.这是数学研究的基本思维.我们关注角的几个角度:已知角与所求角之间的互补、互余关系;角之间进行和、差、乘积运算后能否得到所求角;角与特殊角进行运算得到什么角.

（3）化异构为同构的策略.三角函数式总是由一定结构呈现的,要从三角函数式的结构特征出发,观察式子的结构,联想所学公式,根据要解决的问题选择变换的方向.结构和目标决定变换的方向和方法,类似几何直观,这是一种代数直观能力,就像我们看到一个函数解析式就能够联想到函数的性质(对称性、过定点、函数值正负区间、单调性等)一样.

六、依托利用三角函数建立数学模型解决实际问题的实践过程

本单元是全过程培养数学建模素养的极好载体.在引入任意角、三角函数概念的过程中,之所以加强背景,既是为了使学生理解任意角引入的必要性,了解三角函数的来源,有效地经历概念的抽象过程,也是为了使学生认识任意角及三角函数概念在刻画周期现象中的作用,从而为学生在面对具体问题时能正确选择函数类型,建立适当的数学模型解决实际问题打下坚实基础.在研究了三角函数的图像和性质以后,更应该注重它们的应用,加强用三角函数建立数学模型解决实际问题的实践.

事实上,注重数学与现实生活的联系已成为教材编写的重要理念.人教 A 版《数学必修第一册》的第五章三角函数中,对知识的现实背景与应用给予了充分关注,为全过程培养数学建模素养提供了范例.

例如,在引入任意角时,呈现了这样的过程:周期性变化现象—圆周运动—借助角 α 的大小变化刻画圆周上点 P 的位置变化—需要先扩大角的范围—任意角.通过这个过程,既能使学生体会到引入任意角概念的必要性,又让学生经历了从事实到概念的抽象过程.

又如,在三角函数概念的获得阶段,强调从事实到概念,注重数学化的过程,通过数学抽象,使学生经历从匀速圆周运动到单位圆上点以单位速率运动时运动规律的

刻画过程;注重认知过程的完整性,理清了如下问题:①三角函数的现实背景是什么? 刻画了哪类运动变化现象? ②决定这类运动变化现象的要素是什么? ③要素之间的依赖关系是什么? ④可以用什么数学模型来刻画? 通过对运动过程涉及的量及其关系的分析,找到点的坐标随任意角的变化而变化的规律,并用数与形的方式表示出来.

再如,在学习函数 $y=A\sin(\omega x+\varphi)$ 的图像与性质时,以建立匀速圆周运动的数学模型为背景引入.在"5.7 三角函数的应用"中,呈现了问题1——简谐运动问题(如弹簧振子的运动、钟摆的摆动、水中浮标的上下浮动、琴弦的振动等),问题2——某次实验的电流变化与时间关系问题,又配置了例1——某地一天从 6～14 时的温度变化与时间的关系问题,例 2——某港口某天海水涨落时港口的水深与时间的关系问题.这些问题的研究,使学生体会到三角函数是描述现实世界中周期现象的一种数学模型,可以用来研究很多问题,尤其是在刻画周期变化规律、预测其未来等方面都发挥着十分重要的作用.

综上所述,利用三角函数建立数学模型解决实际问题的实践过程,是一个不断探寻周期现象的本质,简化问题,从而有效构建三角函数模型的过程.通过这样的过程,可以使数学抽象、直观想象、数学建模等核心素养得到有效落实.

总之,数学核心素养的形成是以数学知识为载体、以数学活动为路径而逐步实现的.如何在本单元的教学中落实数学核心素养,一方面要挖掘本单元知识内在的育人价值,另一方面要设计和规划与凸显其育人价值相配套的数学活动过程.具体而言,就是依托六个过程:角的概念的推广过程、三角函数概念的建立过程、三角函数关系的探究过程、三角函数图像与性质的研究过程、三角恒等变换的过程、利用三角函数建立数学模型解决实际问题的实践过程.在这些过程中,要体现数学知识发生、发展过程的内在逻辑一致性,体现研究一个数学对象的"基本套路",要发挥核心概念及其蕴含的数学思想方法的纽带作用,使数学活动过程保持思想方法的一致性,使学生的理性思维不断走向成熟.

第三节　实践案例——诱导公式的探究

类型众多的诱导公式,在可以使用功能强大的现代计算工具的背景下,与三角函数表一起在解决实际计算问题中的工具作用已成为历史,正如对数与对数表用于简化计算的功能已完成历史使命一样.但借助单位圆可以"看出"诱导公式的数学活动过程,以及利用诱导公式求任意角的三角函数值所蕴含的转化思想,为发展学生的直观想象和逻辑推理素养提供了适切的平台.

【教学目标】

借助单位圆对称性的几何直观,探索并利用定义推导三角函数的诱导公式($-\alpha$,$\pi\pm\alpha$ 的正弦、余弦、正切),提升直观想象和逻辑推理素养.能正确运用诱导公式求任意角的三角函数值,以及进行简单三角函数式的化简与恒等式证明,并从中体会未知到已知、复杂到简单的转化过程,提升数学运算素养.

【教学分析】

根据三角函数的定义可知,如果角 α 的终边与单位圆的交点为 $P(x,y)$,那么由三角函数的定义可知,$\cos\alpha=x$,$\sin\alpha=y$,所以 P 的坐标为$(\cos\alpha,\sin\alpha)$.由此可以想象:因为 $\cos\alpha$ 和 $\sin\alpha$ 是单位圆上同一点的横、纵坐标,所以它们一定有内在联系;因为点 $P(\cos\alpha,\sin\alpha)$ 随 α 的变化而在单位圆上旋转,所以余弦函数、正弦函数的性质一定与圆的性质有关.甚至可以设想:利用圆的性质可以得出三角函数的性质.这里的"想象""设想"指向了发现和提出问题的能力.因此,在具体展开三角函数性质研究之前,先引导学生设想三角函数的性质与圆的几何性质之间可能的关系,再让他们借助圆的几何性质猜想三角函数的性质,有利于培养学生的直观想象、逻辑推理(归纳推理、类比推理)等核心素养,实现诱导公式的育人价值.

重要的数学结论往往都是"看"出来的,会"看"需要直观想象素养.对高一学生来讲,用联系的观点,从单位圆的对称性与任意角终边的对称性中,发现相关的坐标关系,尝试建立数学公式,并验证公式的正确性,体会把未知问题化归为已知问题的思想方法,具有一定的挑战.而这种挑战,对于提升学生结合直观背景用清晰的数学语言表达数学结论、揭示数学结论的本质的能力,发展学生的直观想象和逻辑推理素养具有积极的促进作用.

基于上述分析,为突破教学难点,达成教学目标,需要设计三个连贯一致、思维递进的数学活动过程:第一,激活诱导公式 $\cos(2k\pi+\alpha)=\cos\alpha$,$\sin(2k\pi+\alpha)=\sin t$,$k\in\mathbf{Z}$(诱导公式一)的学习经验,建立圆的性质(单位圆上任意一点旋转整数周都回到原来位置)与三角函数的性质(诱导公式一)的联系;第二,利用单位圆关于 x 轴对称探索并验证诱导公式 $\cos(-\alpha)=\cos\alpha$,$\sin(-\alpha)=-\sin\alpha$;第三,引导学生通过类比,利用单位圆其他形式的对称性以及相关的坐标关系,尝试建立数学公式,并验证公式的正确性.

【教学过程】

激活经验—思考探究—归纳概括—固化运用—作业评价—自主拓展.

环节一　激活经验

教的过程	学的过程	说明
由三角函数的定义可知:在下图的单位圆中,角 α 的终边与单位圆的交点记为 P,则 P 的坐标为 $(\cos\alpha,\sin\alpha)$;将角 α 的终边旋转整数周都回到原来位置,此时,P 的坐标也可以表示为 $(\cos(2k\pi+\alpha),\sin(2k\pi+\alpha))$.由此,你可以想到所学的哪个公式? 这个公式有什么作用? 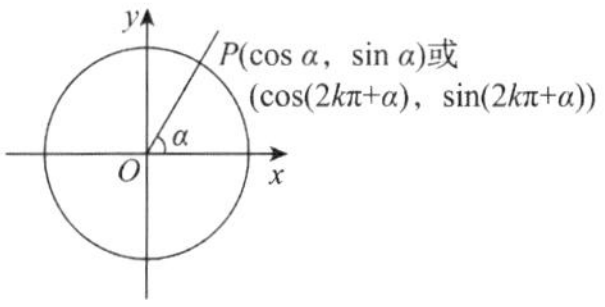 	回顾三角函数的定义,从几何直观的视角看待诱导公式: $\cos(2k\pi+\alpha)=\cos\alpha$,$\sin(2k\pi+\alpha)=\sin\alpha$,$k\in\mathbf{Z}$.(诱导公式一)利用这个公式,可以把求任意角的三角函数值,转化为求 0 到 2π 的角的三角函数值.	激活原有的知识经验,通过坐标建立圆的性质与三角函数的性质(诱导公式一)的联系.

环节二　思考探究

教的过程	学的过程	说明
先行组织者:我们利用单位圆将角 α 的终边旋转整数周都回到原来位置解释了三角函数的性质(诱导公式一),这是一个利用单位圆探究数学结论的好方法.如果角 α 的终边旋转后没有回到原来位置会有什么结论? 我们知道,圆具有独特的对称性,能否利用圆的这种对称性来研究类似于诱导公式一的其他数学结论呢? 追问:将单位圆放置在平面直角坐标系中,由圆的对称性,我们可以研究什么问题? 用什么方法研究问题? 1. 操作:如图,能否从单位圆关于 x 轴、y 轴、直线 $y=x$ 的对称性以及关于原点 O 的中心对称出发,获得一些结论呢? 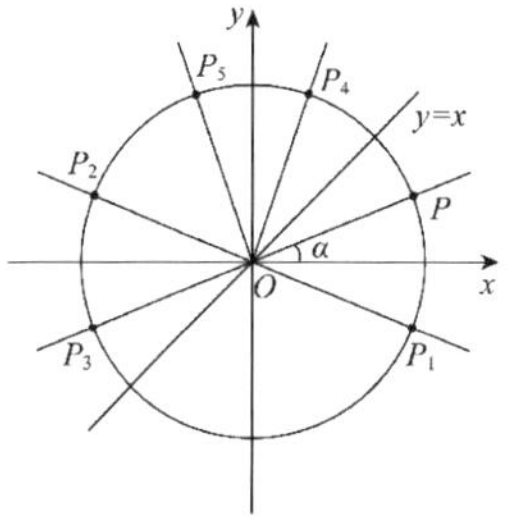 	1. 利用圆的对称性,在下图的单位圆上分别画出点 P 关于 x 轴、y 轴、直线 $y=x$ 对称的点 P_1、P_2、P_4 以及关于原点(圆心)O 的对称点 P_3,找出相应的坐标关系. 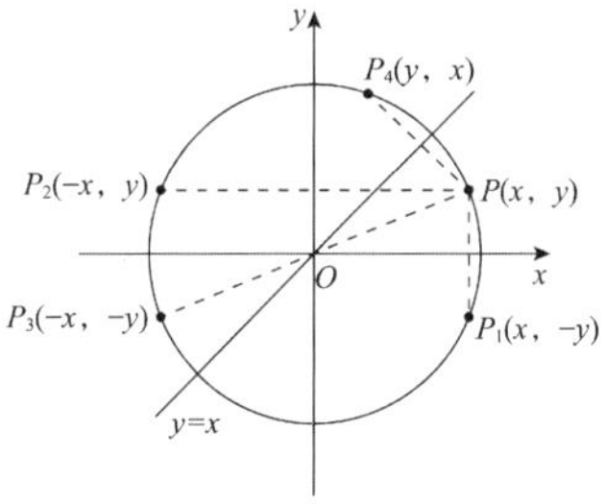 	1. 圆的对称性的具体化,明确相应对称点之间的坐标关系,作为验证公式准确性的理论依据.

（续表）

教的过程	学的过程	说明
2. 探究：给定一个角 α. (1) 角 $-\alpha$ 的终边与角 α 的终边有什么关系？它们的三角函数之间有什么关系？ (2) 角 $\pi+\alpha$ 的终边与角 α 的终边有什么关系？它们的三角函数之间有什么关系？ (3) 类比上述研究方法，能否发现其他形式的对称性以及相关的坐标关系？尝试建立三角函数之间的关系，并验证公式的正确性.	2.（1）在下图所示的单位圆中，设任意角 α 的终边与单位圆的交点坐标为 $P(x,y)$. 由于角 $-\alpha$ 的终边与角 α 的终边关于 x 轴对称，因此角 $-\alpha$ 的终边与单位圆的交点 P' 的坐标为 $(x,-y)$. 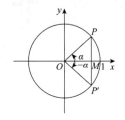 由三角函数的定义得： $\cos\alpha=x$，$\sin\alpha=y$，$\tan\alpha=\dfrac{y}{x}$； $\cos(-\alpha)=x$，$\sin(-\alpha)=-y$， $\tan(-\alpha)=-\dfrac{y}{x}$. 从而得：$\cos(-\alpha)=\cos\alpha$，$\sin(-\alpha)=-\sin\alpha$，$\tan(-\alpha)=-\tan\alpha$.（诱导公式二） （2）在下图所示的单位圆中，由角 $\pi+\alpha$ 的终边与角 α 的终边关于原点中心对称，"看"出结论：$\cos(\pi+\alpha)=-\cos\alpha$，$\sin(\pi+\alpha)=-\sin\alpha$，$\tan(\pi+\alpha)=\tan\alpha$.（诱导公式三） 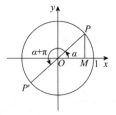 （3）由角 $\pi-\alpha$ 的终边与角 α 的终边关于 y 轴对称，"看"出结论（图略）：$\cos(\pi-\alpha)=-\cos\alpha$，$\sin(\pi-\alpha)=\sin\alpha$，$\tan(\pi-\alpha)=-\tan\alpha$.（诱导公式四）	2. 角 $-\alpha$ 的终边与角 α 的终边关于 x 轴对称相对直观，更易发现相关坐标的数量关系. 3. 探究活动中的（2）和（3）可以根据学生自主探究进展情况，在顺序上灵活调整，（3）的探索途径和结论是开放的，可以组织学生交流分享.

环节三　归纳概括

教的过程	学的过程	说明
1. 你能概括一下探究诱导公式二、三、四的思想方法吗? 2. 你能用简洁的语言概括一下诱导公式一、二、三、四的特点及其作用吗?	1. 教师引导学生概括得出: 圆的对称性 → 角的终边的对称性 对称点的数量关系 ← 角之间的数量关系 诱导公式 2. 教师引导学生观察公式两边的异同点,学生讨论并做出概括和说明.("函数名不变,符号看象限")	1. 及时概括思想方法,提高学习活动中的思想性. 2. 深化对公式的理解(公式特征的把握).

环节四　固化运用

教的过程	学的过程	说明
练习1:将下列三角函数转化为锐角三角函数,并填空: (1) $\sin\left(-\dfrac{\pi}{5}\right)=$_____; (2) $\sin(1+\pi)=$_____; (3) $\cos\dfrac{13}{9}\pi=$_____; (4) $\cos(-70°6')=$_____. 例1:利用公式求下列三角函数值: (1) $\cos 225°$;　(2) $\sin\dfrac{11\pi}{3}$; (3) $\sin\left(-\dfrac{16\pi}{3}\right)$;(4) $\cos(-2\,040°)$. 例2:化简 $\dfrac{\cos(180°+\alpha)\sin(\alpha+360°)}{\sin(-\alpha-180°)\cos(-180°-\alpha)}$. 练习2:利用公式求下列三角函数值: (1) $\cos(-420°)$;(2) $\sin\left(-\dfrac{7\pi}{6}\right)$; (3) $\sin(-1\,300°)$;(4) $\cos\left(-\dfrac{79\pi}{6}\right)$. 练习3:化简: (1) $\sin(\alpha+180°)\cos(-\alpha)\sin(-180°-\alpha)$; (2) $\sin^3(-\alpha)\cos(2\pi+\alpha)\tan(-\alpha-\pi)$.	1. 练习1由学生自主完成,教师点拨. 2. 例1、例2由师生共同完成,注意表达规范. 3. 练习2、练习3是在学生自主完成的基础上,交流分享.	引导学生进一步认识公式的作用,归纳把任意角的三角函数转化为锐角三角函数的步骤,体会其中的化归思想: 任意负角的三角函数 用公式一或二 任意正角的三角函数 用公式一 0~2π的角的三角函数 用公式三或四 锐角的三角函数

环节五　作业评价

作业内容	设计意图	评价目标
1. 将下列三角函数转化为锐角三角函数,并填空: (1) $\cos 210°=$ _____ ; (2) $\sin 263°42'=$ _____ ; (3) $\cos\left(-\dfrac{\pi}{6}\right)=$ _____ ; (4) $\sin\left(-\dfrac{5}{3}\pi\right)=$ _____ ; (5) $\cos\left(-\dfrac{11}{9}\pi\right)=$ _____ ; (6) $\cos\left(-104°26'\right)=$ _____ ; (7) $\tan\dfrac{17\pi}{6}=$ _____ ; (8) $\tan 632°24'=$ _____ .	(1)~(4)仅运用1个相关诱导公式转化为锐角三角函数,(5)~(7)运用2个,(8)运用3个相关诱导公式转化为锐角三角函数,复习巩固诱导公式一~四.	在熟悉的数学情境中,能运用诱导公式一~四将三角函数转化为锐角三角函数.
2. 用诱导公式求下列三角函数值: (1) $\cos\left(-\dfrac{17}{4}\pi\right)$;(2) $\sin\left(-1\,574°\right)$; (3) $\sin\left(-2\,160°52'\right)$;(4) $\cos\left(-1\,751°36'\right)$; (5) $\cos 1\,615°8'$;(6) $\sin\left(-\dfrac{26}{3}\pi\right)$.	复习巩固诱导公式,选择运算步骤,先将三角函数转化为锐角三角函数的基础上,再利用计算工具求三角函数值,有助于提升数学运算素养.	在熟悉的数学情境中,能用2个以上诱导公式,结合计算工具正确求解.
3. 化简: (1) $\sin\left(-1\,071°\right)\sin 99°+\sin\left(-171°\right)\sin\left(-261°\right)$; (2) $1+\sin(\alpha-2\pi)\sin(\pi+\alpha)-2\cos^2(-\alpha)$.	复习巩固诱导公式,通过公式的运用,体会诱导公式在化简三角函数式中的作用.	在具有一定变化的数学情境中,能结合诱导公式一~四正确化简.
4. 求证: (1) $\sin(360°-\alpha)=-\sin\alpha$; (2) $\cos(360°-\alpha)=\cos\alpha$; (3) $\tan(360°-\alpha)=-\tan\alpha$.	可以借助单位圆的对称性和三角函数定义或利用诱导公式一、二进行论证,促进直观想象和逻辑推理素养发展.	在熟悉的数学情境中,能迁移运用几何直观的方法或转化的方法进行数学推理论证.

说明:能正确完成作业4,说明学生能在熟悉的数学情境中,运用单位圆对称性的几何直观,并结合三角函数定义进行推理论证,或能依据已有的诱导公式通过转化的方法证明新的结论.根据满意原则,可以认为达到直观想象和逻辑推理水平一的要求.

环节六 自主拓展

作业内容	设计意图	评价目标
你能从单位圆关于直线 $y=x$ 的对称性出发,结合本节课积累的经验和方法,探究一些新的三角函数的性质吗? 这些性质与本课探究的结论有哪些异同?	激发学生自主探究的欲望,进一步体会利用单位圆对称性的几何直观建立数学公式的过程,加深理解探索诱导公式的思想方法,促进直观想象和逻辑推理素养的发展.	在熟悉的数学情境中,能利用单位圆对称性的几何直观探索数学结论.

第七章

数列单元的育人价值与核心素养培养

第一节　本单元的育人价值

一、本单元的学科价值

数列是数学重要的研究对象,表现在它是刻画离散过程的重要数学模型.数列是一类特殊的函数,可以看成定义在正整数集或其有限子集上的函数,是研究其他类型函数的基本工具;数列与其他知识(如函数、不等式、方程、算法、微积分)有密切的联系,数列的知识是学习高等数学的基础.

数列作为一类特殊的函数,其特殊性在于它的定义域:一是它是离散的,是可列可数的;二是它是"均匀分布的",相邻两个元素之间总是相差1;三是它有特定的起点1或n_0).定义域"从特定的起点开始,连续均匀分布"揭示了比离散更本质、更重要的特征,这个特征源自自然数系的本质——一个顺序排列的体系.而自然数系最原始根本的结构就是"+1"运算,加法是"+1"的复合,乘法是自相加的缩写,乘方是自相乘的缩写;自然数系的加、乘和乘方运算都是由最原始的"+1"运算逐步复合得到的.这种逐步复合过程的实质是递推.因此,与一般函数的最大区别在于,数列是用来刻画现实世界中一类具有递推规律事物的数学模型,递推才是数列的本质属性.

数列在日常生活中也有着广泛的应用.对数列的研究是基于现实生产、生活的需要.在若干离散的时间节点,记录某种数量的变化,并按时间先后顺序排列起来就得到一个数列.例如,大至一个国家每年的国内生产总值(GDP),小到一个人每年的身高或体重,都可以用数列这个重要的数学概念来表示.

二、本单元的教育价值

《课程标准》要求,本单元的学习,可以帮助学生通过对日常生活中实际问题的分析,了解数列的概念;探索并掌握等差数列和等比数列的变化规律,建立通项公式和

前 n 项和公式;能运用等差数列、等比数列解决简单的实际问题和数学问题,感受数学模型的现实意义与应用;了解等差数列与一元一次函数、等比数列与指数函数的联系,感受数列与函数的共性与差异,体会数学的整体性.在此基础上重点提升数学抽象、数学运算、直观想象、数学建模和逻辑推理素养.

数列内容中蕴含着丰富的数学思想方法,如类比、归纳(特殊到一般)、递推、数形结合、方程的思想方法等.这些思想方法将本单元内容串联成一个有机的整体,如图7-1所示.其中,类比、归纳、递推思想在本单元中得到了集中体现.

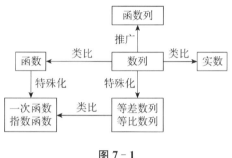

图 7-1

类比思想具体表现在诸如数列与函数、等差数列与一次函数、等比数列与指数函数以及等差数列与等比数列之间概念与性质的类比.类比实数的加、减、乘、除运算,可以研究等差数列、等比数列等一些特殊数列的项之间的关系;类比等差数列的通项、性质、前 n 项和,可以得出对等比数列相应问题的研究;类比函数概念、性质、表达式、图像,可以得出对数列、等差数列、等比数列相应问题的研究.

归纳思想具体表现在通过观察、猜想、概括,从特殊到一般,发现数列的变化规律,归纳数列的通项公式,得出等差(比)数列的概念及其通项公式、前 n 项和公式等.

递推思想的实质是把一个复杂的庞大的运算过程转化为简单过程的多次重复.例如,在这个思想指引下,我们通过递推的方法按照一定的规律来计算序列中的每个项.我们研究数列就是研究决定数列的项与项之间存在着某种内在的、确定的联系.而这种内在的、确定的联系决定了我们能用递推的方法解决数列问题.递推思想也是计算机算法的基础,借助递推关系式编制计算机算法,发挥计算机运算速度快、适合做重复性操作的特点,可以解决复杂的问题.因此,增强从递推视角思考和处理数列问题的意识,领会数列中的递推思想是实现本单元育人价值的最重要体现.

数形结合的思想表现在数列概念的引入及其表示,以及借助通项的背景开展等差(比)数列中有关问题的研究等方面.方程思想则运用于与数列有关的涉及数量关系问题的探究.

第二节　本单元数学学科核心素养的培养

为实现数列的育人价值,我们应特别注重从"数学地"研究问题的一般思路出发,以"研究一个数学对象的基本套路"为导向,建立数列的研究结构:"现实情境—数学模型—应用于现实问题".选择并引用丰富、典型的现实情境,从中抽象出数列模型,既有利于培养学生数学抽象能力,又有利于学生体会数列的广泛应用;而对等差数列、等比数列等重要数列模型的研究则有助于学生提升逻辑推理、数学运算和直观想象等素养;最后,选择或建立合适的数列模型解决现实问题,是培养数学建模素养的良好契机.

在本单元的教学中,可以依托以下过程发展学生的数学学科核心素养.

一、依托数列概念的抽象过程

数列概念的抽象过程为"情境—归纳—定义—分类—联系—表示".

1. 呈现丰富而典型的情境

①(数学史料):传说古希腊毕达哥拉斯学派数学家经常在沙滩上研究数学问题,他们在沙滩上画点或用小石子表示数.比如,他们研究过 $1,3,6,10,\cdots$;$1,4,9,16,\cdots$.由于这些数可以用图 7 - 2 中所示的三角形、正方形点阵表示,他们就将其分别称为三角形数、正方形数.

图 7 - 2

②(现实的背景)目前通用的第五套人民币面额按照从大到小的顺序依次为

$$100,50,20,10,5,2,1,0.5,0.1.$$

③(数学的背景)$\sqrt{2}$ 的不足近似值按小数位数从少到多的顺序依次为

$$1,1.4,1.41,1.414,1.4142,1.41421,\cdots.$$

④(科学的背景)医生要对病人的体温进行 24 小时监控,某天从 0 点开始记录,每隔 4 小时记录一次,共记录 7 次,监测到病人的体温(单位:℃)依次为

$$39.2,38.3,37.6,37.0,36.8,37.2,37.6.$$

2. 归纳

这些不同背景中的每一列数都按照一定顺序排列.

3. 定义

按照一定顺序排列的一列数统称为一个数列.

数列中的每一个数叫做这个数列的项.数列中的每一项都与它的序号有关,排在第一位的数称为这个数列的第 1 项(通常叫做首项),排在第二位的数称为这个数列的第 2 项,……,排在第 n 位的数称为这个数列的第 n 项.

由数列的定义,我们可以将数列的一般形式写成

$$a_1, a_2, a_3, \cdots, a_n, \cdots,$$

简记为 $\{a_n\}$.

4. 分类

项数有限的数列叫做有穷数列(如②④),项数无限的数列叫做无穷数列(如①③).

从第 2 项起,每一项都大于它的前一项的数列叫做递增数列(如①③);从第 2 项起,每一项都小于它的前一项的数列叫做递减数列(如②);各项均相等的数列叫做常数列;从第 2 项起,有些项大于它的前一项,有些项小于它的前一项的数列叫做摆动数列(如④).

5. 联系

数列是特殊的函数,可以看成以正整数集(或它的有限子集 $\{1, 2, \cdots, n\}$)为定义域的离散型函数 $a_n = f(n)$.当自变量按照从小到大的顺序依次取值时,所对应的一列函数值如表 7-1 所示.

表 7-1

自变量 n(序号 n)	1	2	3	$\cdots$	n	$\cdots$
函数值 $f(n)$(项 a_n)	a_1	a_2	a_3	$\cdots$	a_n	$\cdots$

思考:函数 $y = 7x + 9$ 与 $y = 3^x$,当 x 依次取 $1, 2, 3, \cdots$ 时,其函数值构成的数列各有什么特点?

一般地,对于函数 $y = f(x)$,如果 $f(i)(i = 1, 2, 3, \cdots)$ 有意义,那么我们可以得到一个数列

$$f(1), f(2), f(3), \cdots, f(n), \cdots.$$

6. 表示

如果数列 $\{a_n\}$ 的第 n 项与序号 n 之间的关系可以用一个式子来表示,那么这个

公式就叫做这个数列的通项公式.我们可以根据数列的通项公式算出数列的各项.通项公式可以看成数列的函数解析式.

　　与函数一样,数列也可以用列表、图像等方法来表示.数列的图像是一系列孤立的点,如数列④列表(表7-2)、图像(图7-3)表示.

表 7-2

n	1	2	3	4	5	6	7
A_n	39.2	38.3	37.6	37.0	36.8	37.2	37.6

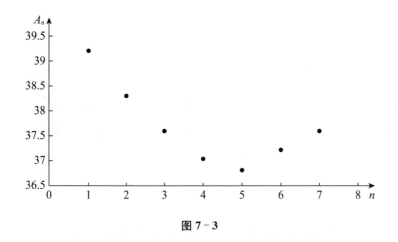

图 7-3

　　但数列还可以用递推关系表示,这是数列的本质属性的反映.如斐波那契数列$\{F_n\}$:

$$1,1,2,3,5,8,13,21,34,55,89,144,233,\cdots.$$

可以用递推关系$\begin{cases} F_1=1, \\ F_2=1, \\ F_n=F_{n-1}+F_{n-2}(n>2) \end{cases}$　　　表示.

二、依托等差数列模型的构建过程

1. 认识等差数列模型

（1）先行组织者

从特殊入手,研究数学对象的性质,再逐步扩大到一般,这是数学常用的研究方法.

（2）观察下列数列,发现其共同特征

① 自然数中 5 的倍数由小到大组成的数列.

$$0,5,10,15,20,25,\cdots.$$

② 全国统一的鞋号中,常见的成年女鞋的尺寸(单位:cm)由小至大排列得到的数列:

$$22.5,23,23.5,24,24.4,25,25.5,26.$$

③ 某种活期存款年利率为 0.72%,存入银行 10 000 元,按照单利结息〔单利本利和公式:本利和＝本金×(1＋利率×存期)〕,5 年内各年年末的本利和组成的数列:

$$10\ 072,10\ 144,10\ 216,10\ 288,10\ 360.$$

④ 按一定规律堆放在一起的食品罐头,共堆放 7 层,从下到上各层的罐头数组成的数列:

$$21,18,15,12,9,6,3.$$

（3）概括共同特征,抽象出等差数列定义

数列①②③④有一个共同特征:从第 2 项起,每一项与它的前一项的差都等于同一个常数.

一般地,如果一个数列 $\{a_n\}$ 从第 2 项起,每一项与它前一项的差等于同一个常数,这个数列就叫做等差数列,而这个表示每一项与其前一项的差的常数叫做等差数列的公差.公差通常用小写字母 d 表示.

用符号语言表示:$\{a_n\}$ 是等差数列 $\Leftrightarrow a_n-a_{n-1}=d(n\geqslant 2)$.

（4）讨论等差数列的分类

$d>0$,等差数列是递增数列;

$d=0$,等差数列是常数数列;

$d<0$,等差数列是递减数列.

等差数列也可以根据项数有限与无限分为有穷数列、无穷数列.特别地,当项数只有三项时,即由三个数 a,A,b 组成等差数列,此时 A 叫做 a 与 b 的等差中项.

（5）探究等差数列的通项公式

探究具体问题:我们从前面的学习中看到,能否确定一个数列的通项公式对研究这个数列有重要的意义.那么,数列①②③④的通项公式存在吗? 如果存在,分别是什么?

探究一般结论:如果等差数列 $\{a_n\}$ 的首项是 a_1,公差是 d,从等差数列的定义出发,能否用 a_1 与 d 表示数列的任意一项?

由等差数列的定义 $a_n-a_{n-1}=d(n\geqslant 2)$,可以得到

$$a_2-a_1=d,a_3-a_2=d,a_4-a_3=d,\cdots.$$

从而

$$a_2 = a_1 + d,$$

$$a_3 = a_2 + d = (a_1 + d) + d = a_1 + 2d,$$

$$a_4 = a_3 + d = (a_1 + 2d) + d = a_1 + 3d,$$

$$\cdots\cdots$$

$$a_n = a_1 + (n-1)d.$$

即等差数列的通项公式为 $a_n = a_1 + (n-1)d$.

上述过程从形式上看是一个归纳的过程,但其本质却是一个迭代的过程,即根据所给的递推关系式,不断用变量的旧值递推新值的过程.我们也可以用叠加的方式呈现:

$$a_n = a_1 + \underbrace{(a_2 - a_1) + (a_3 - a_2) + \cdots + (a_n - a_{n-1})}_{n-1 \text{个}}.$$

从而,$a_n = a_1 + (n-1)d$.

(6) 理解等差数列的通项公式

① 求某等差数列的某一项,如等差数列 $8,5,2,\cdots$ 的第 20 项.

② 判断某数是不是某等差数列的项,如 -401 是不是等差数列 $-5,-9,-13,\cdots$ 的项? 如果是,是第几项?

③ 证明某数列是等差数列,如已知数列 $\{a_n\}$ 的通项公式为 $a_n = pn + q$,其中 p、q 为常数,那么这个数列一定是等差数列吗?

④ 探究等差数列的图像与一次函数的图像之间的关系:在直角坐标系中,画出通项公式为 $a_n = 3n - 5$ 的数列的图像.这个图像有什么特点? 在同一直角坐标系中,画出函数 $y = 3x - 5$ 的图像,你有什么发现? 据此,想一想等差数列 $a_n = pn + q$ 的图像与一次函数 $y = px + q$ 的图像之间的关系.

2. 探究等差数列的前 n 项和

(1) 欣赏数学家高斯的算法

200 多年前,"数学王子"高斯的算术老师提出了下面的问题:

$$1 + 2 + 3 + \cdots + 100 = ?$$

据说当其他同学忙于把 100 个数逐项相加时,才 10 岁的高斯却用下面的方法迅速算出了正确的答案:$(1+100) + (2+99) + \cdots + (50+51) = 101 \times 50 = 5\,050$.

高斯的算法实际上解决了求等差数列

$$1, 2, 3, \cdots, n, \cdots$$

前 100 项和的问题.

我们能否从这个算法中得到启发,设计一个方法计算数列 $1,2,3,\cdots,n,\cdots$ 的前 n 项和?

由

$$
\begin{array}{ccccccc}
 & 1 & + & 2 & +\cdots+ & n-1 & + & n \\
+ & n & + & n-1 & +\cdots+ & 2 & + & 1 \\
\hline
 & (n+1) & + & (n+1) & +\cdots+ & (n+1) & + & (n+1) \\
\end{array},
$$

可知

$$1+2+3+\cdots+n=\frac{(n+1)n}{2}.$$

(2) 迁移高斯的算法

探究:高斯的算法妙处在哪里? 这种方法能够推广到求一般等差数列的前 n 项和吗?

一般地,我们称

$$a_1+a_2+a_3+\cdots+a_n$$

为数列 $\{A_n\}$ 的前 n 项和,用 S_n 表示,即

$$S_n=a_1+a_2+a_3+\cdots+a_n.$$

受高斯的算法的启示,对于公差为 d 的等差数列 $\{a_n\}$,我们用两种方式表示 S_n:

$$S_n=a_1+(a_1+d)+(a_1+2d)+\cdots+[a_1+(n-1)d], \qquad ①$$

$$S_n=a_n+(a_n-d)+(a_n-2d)+\cdots+[a_n-(n-1)d]. \qquad ②$$

由①+②,得

$$2S_n=\underbrace{(a_1+a_n)+(a_1+a_n)+(a_1+a_n)+\cdots+(a_1+a_n)}_{n个}$$

$$=n(a_1+a_n).$$

由此得到等差数列 $\{a_n\}$ 的前 n 项和的公式

$$S_n=\frac{n(a_1+a_n)}{2}.$$

再由等差数列的通项公式 $a_n=a_1+(n-1)d$,S_n 也可以用首项 a_1,公差 d 表示,即

$$S_n=na_1+\frac{n(n-1)}{2}d.$$

思考:比较这两个公式,你能说说它们分别从哪些角度反映了等差数列的性质? 你还有什么方法推导等差数列 $\{a_n\}$ 的前 n 项和的公式?

例如,可以利用 $1+2+3+\cdots+n=\dfrac{(n+1)n}{2}$ 推导等差数列 $\{a_n\}$ 的前 n 项和的

公式：

$$S_n = a_1 + a_2 + a_3 + \cdots + a_n$$

$$= a_1 + (a_1 + d) + (a_1 + 2d) + \cdots + [a_1 + (n-1)d]$$

$$= na_1 + [1 + 2 + 3 + \cdots + (n-1)]d$$

$$= na_1 + \frac{[(n-1)+1](n-1)}{2}d$$

$$= na_1 + \frac{n(n-1)}{2}d.$$

（3）等差数列前 n 项和公式的运用

① 应用等差数列模型求简单的现实背景中有关总量的问题，如历年来某工程的总投入.

② 已知等差数列的相关量 a_1、a_n、d、n、S_n 中的三个，确定其他量的问题.例如，已知等差数列 $S_{10} = 310$，$S_{20} = 1\ 220$，能否确定 S_n 的公式？

③ 已知 S_n 的公式，确定这个等差数列的通项公式的问题.例如，已知数列 $\{a_n\}$ 的 $S_n = n^2 + \frac{1}{2}n$，这个数列是等差数列吗？ 如果是，是一个怎样的等差数列？

3. 归纳等差数列的性质

（1）等差数列的基本性质

问题 1：已知 $\{a_n\}$ 是等差数列.

① $2a_5 = a_3 + a_7$ 是否成立？ $2a_5 = a_1 + a_9$ 呢？ 为什么？

② $2a_n = a_{n-1} + a_{n+1}(n > 1)$ 是否成立？据此你能得出什么结论？

③ $2a_n = a_{n-k} + a_{n+k}(n > k > 0)$ 是否成立？你又能得出什么结论？

④ 计算 $a_7 + a_{10}$ 和 $a_8 + a_9$，$a_{10} + a_{40}$ 和 $a_{20} + a_{30}$，你发现了什么规律，能把你发现的规律作进一步的推广吗？ 从等差数列和函数之间的联系角度来分析这个问题.

等差数列 $\{a_n\}$ 的基本性质：若 $p + q = m + n$，则 $a_p + a_q = a_m + a_n$.

（2）等差数列的图像特征

问题 2：已知等差数列的 $\{a_n\}$ 的公差为 d，求证：$\frac{a_m - a_n}{m - n} = d$.你能解释这个结论的含义吗？

（3）等差数列的等价定义

问题 3：已知数列 $\{a_n\}$ 满足 $a_n = \frac{a_{n-1} + a_{n+1}}{2}(n \geqslant 2)$，$\{a_n\}$ 是不是等差数列？ 为

什么?

等差数列的等价定义:$\{a_n\}$是等差数列$\Leftrightarrow a_n=a_{n-1}+d(n\geqslant 2)\Leftrightarrow 2a_n=a_{n-1}+a_{n+1}(n\geqslant 2)\Leftrightarrow a_n=an+b\Leftrightarrow S_n=An^2+Bn$.

三、依托等比数列模型的构建过程

1. 类比等差数列认识过程,探究等比数列模型

(1) 先行组织者

类似于等差数列的研究,我们还是先从下面另外一类特殊数列入手,看看这一类数列有什么不一样的特征.

(2) 观察下列数列,发现其共同特征

① 某种细胞分裂个数组成的数列:

$$1,2,4,8,\cdots.$$

② 我国古代一些学者提出:"一尺之棰,日取其半,万世不竭."如果将"一尺之棰"看成单位"1",那么每日剩余部分组成的数列:

$$1,\frac{1}{2},\frac{1}{4},\frac{1}{8},\cdots.$$

③ 某种定期存款年利率为 1.98%,存入银行 10 000 元,按照复利结息〔复利本利和公式:本利和=本金×(1+利率)^存期〕,5 年内各年年末的本利和组成的数列:

$$10\ 000\times 1.019\ 8,10\ 000\times 1.019\ 8^2,10\ 000\times 1.019\ 8^3,10\ 000\times 1.019\ 8^4,10\ 000\times 1.019\ 8^5.$$

④ 某种计算机病毒传播,假设每一轮每一台计算机都感染 20 台计算机,那么在不重复的情况下,这种病毒每一轮感染的计算机数构成的数列:

$$1,20,20^2,20^3,\cdots.$$

(3) 概括共同特征,抽象出等比数列定义

问题 1:你能发现数列①②③④有什么共同特征?(从第 2 项起,每一项与它的前一项的比都等于同一个常数.)

问题 2:你能类比等差数列,对这一类数列下一个定义吗?(一般地,如果一个数列$\{a_n\}$从第 2 项起,每一项与它前一项的比等于同一个常数,这个数列就叫做等比数列,而这个表示每一项与其前一项的比的常数叫做等比数列的公比.公比通常用小写字母 q 表示.)

问题 3:你能用符号语言表示吗?$\left[\{a_n\}$是等比数列$\Leftrightarrow \dfrac{a_n}{a_{n-1}}=q(n\geqslant 2).\right]$

问题 4:上述表达式中出现了分式,联想到分式的限制条件,你觉得等比数列的定

义中需要有什么特别的说明吗?($a_n \neq 0, q \neq 0$)

(4) 讨论等比数列的分类

① 等差数列的一种分类是依据其公差的符号进行的,类似地,你觉得等比数列的分类依据什么进行? 如何分类?

$q < 0$,等比数列是摆动数列;

$q = 1$,等比数列是常数数列;

$0 < q < 1$,首项大于 0 的等比数列是递减数列,首项小于 0 的等比数列是递增数列;

$q > 1$,首项大于 0 的等比数列是递增数列,首项小于 0 的等比数列是递减数列.

② 与等差数列一样,等比数列可以根据项数有限与无限分为有穷数列、无穷数列.

③ 与等差中项的概念类似,由三个数 a, G, b 组成等比数列,此时,G 叫做 a 与 b 的等比中项.特别地,想一想:这时 a、b 的符号有什么特点? 你能用 a 与 b 表示 G 吗?

④ 再思考一下与等差数列的联系:根据等差、等比数列的分类,等差、等比数列都有可能是常数数列,那么,常数数列是否既是等差数列又是等比数列? 既是等差数列又是等比数列的数列是怎样的数列?

(5) 探究等比数列的通项公式

探究具体问题:写出数列①②③④的通项公式.

探究一般结论:类比等差数列的通项公式的推导过程,推导首项为 a_1、公比为 q 的等比数列 $\{a_n\}$ 的通项公式.

由等比数列的定义 $\frac{a_n}{a_{n-1}} = q (n \geqslant 2)$,可以得到

$$a_2 = a_1 q, a_3 = a_2 q, a_4 = a_3 q, \cdots.$$

从而

$$a_2 = a_1 q,$$
$$a_3 = a_2 q = (a_1 q) q = a_1 q^2,$$
$$a_4 = a_3 q = (a_1 q^2) q = a_1 q^3,$$
$$\cdots\cdots$$
$$a_n = a_1 q^{(n-1)}.$$

即等比数列的通项公式为 $a_n = a_1 q^{(n-1)}$.

与等差数列一样,我们也可以用叠乘的方式呈现:

$$a_n = a_1 \cdot \underbrace{\frac{a_2}{a_1} \cdot \frac{a_3}{a_2} \cdot \cdots \cdot \frac{a_n}{a_{n-1}}}_{n-1\text{个}}.$$

从而，$a_n = a_1 \cdot q^{n-1}$.

（6）理解等比数列的通项公式

① 求某等比数列的某一项，如等比数列 $8,4,2,\cdots$ 的第 20 项；

② 已知等比数列的某两项，求这个等比数列的其他项，如等比数列中 $a_3 = 12$，$a_4 = 18$，求 a_1, a_2.

③ 已知数列的递推公式，求数列的前几项，如已知数列 $\{a_n\}$ 满足 $\begin{cases} a_1 = 1, \\ a_n = \dfrac{1}{2} a_{n-1}(n > 1), \end{cases}$ 求 a_1, a_2, a_3, a_4, a_5.

④ 证明某数列是等比数列，如已知数列 $\{a_n\}$ 的通项公式为 $a_n = pq^n$，其中 p、q 为不等于零的常数，那么这个数列一定是等比数列吗？

⑤ 探究等比数列的图像与指数函数的图像之间的关系：在直角坐标系中，画出通项公式为 $a_n = 2^{n-1}$ 的数列的图像和函数 $y = 2^{x-1}$ 的图像，你有什么发现？据此，想一想等比数列 $a_n = a_1 q^{n-1}$ 的图像与哪一个函数的图像有关系.

2. 探究等比数列的前 n 项和

（1）情境与问题

情境：国际象棋起源于古代印度，发明者将棋盘划分为 8 行 8 列，构成 64 方格. 相传国王要奖励该发明者，问他有什么要求. 发明者说："请在棋盘的第 1 个格子里放上 1 颗麦粒，在第 2 个格子里放上 2 颗麦粒，在第 3 个格子里放上 4 颗麦粒，依此类推，每个格子里放的麦粒数都是前一个格子里放的麦粒数的 2 倍，直到放完 64 个格子为止. 请给我足够的麦粒以实现上述要求."这位发明者要了多少颗麦粒？国王能实现他的要求吗？

问题：求以 1 为首项、2 为公比的等比数列的前 64 项的和：

$$S_{64} = 1 + 2 + 2^2 + 2^3 + \cdots + 2^{63}.$$

这个问题实际上是一个求首项为 1，公比为 q 的等比数列

$$1, q, q^2, \cdots, q^n, \cdots$$

当 $q = 2$ 时的前 64 项和的问题.

我们可以借鉴求 $S_n = 1 + 2 + 3 + \cdots + n$ 整体思考的经验，从等比数列中项与项之间的关系（乘法运算的结果）入手，探究 $S_n = 1 + q + q^2 + \cdots + q^{n-1}$ 的结果.

由

$$\begin{array}{rl} S_n &= 1+q+q^2+\cdots+q^{n-1} \\ - \quad qS_n &= q+q^2+\cdots+q^{n-1}+q^n \\ \hline S_n-qS_n &= \qquad\qquad\qquad 1-q^n \end{array},$$

可得

$$S_n(1-q)=1-q^n.$$

从而当 $q\neq 1$ 时，

$$S_n=\frac{1-q^n}{1-q};$$

当 $q=1$ 时，显然有

$$S_n=n.$$

（2）方法的迁移

探究： 上述方法的妙处在哪里？这种方法能够推广到求一般等比数列 $\{a_n\}$ 的前 n 项和吗？

方法 1：

$$S_n=a_1+a_2+a_3+\cdots+a_n, \qquad\qquad ①$$

$$qS_n=a_1q+a_2q+a_3q+\cdots+a_{n-1}q+a_nq=a_2+a_3+a_4+\cdots+a_n+a_nq, \qquad ②$$

由①－②，得

$$S_n(1-q)=a_1-a_nq.$$

由此，当 $q\neq 1$ 时，等比数列 $\{a_n\}$ 的前 n 项和的公式为

$$S_n=\frac{a_1-a_nq}{1-q},$$

当 $q=1$ 时，显然有

$$S_n=na_1.$$

再由等比数列的通项公式 $a_n=a_1q^{n-1}$，S_n 也可以用首项是 a_1，公比是 q 表示，即

$$S_n=\frac{a_1(1-q^n)}{1-q}(q\neq 1).$$

思考：比较这两个公式，你能说说它们分别从哪些角度反映了等比数列的性质？你还有什么方法推导等比数列 $\{a_n\}$ 的前 n 项和的公式？

如，可以利用 $1+q+q^2+\cdots+q^{n-1}=\dfrac{1-q^n}{1-q}(q\neq 1)$，推导等比数列 $\{a_n\}$ 的前 n 项和的公式：

$$S_n=a_1+a_2+a_3+\cdots+a_n$$

$$=a_1+a_1q+a_1q^2+\cdots+a_1q^{n-1}$$
$$=a_1(1+q+q^2+\cdots+q^{n-1})$$
$$=\frac{a_1(1-q^n)}{1-q}(q\neq1).$$

（3）等比数列前 n 项和的公式的运用

① 应用等比数列模型求简单的现实背景中有关总量的问题.例如,国际象棋发明者要了多少颗麦粒?

② 已知等比数列的相关量 a_1、a_n、d、n、S_n 中的三个,确定其他量的问题.例如,已知等比数列 $a_1=27$,$a_9=\dfrac{1}{243}$,$q<0$,求等比数列的前 8 项和 S_8.

③ 等比数列前 n 和公式推导方法应用的问题.例如,求证:如果 $a\neq b$,且 a、b 都不为 0,那么

$$a^n+a^{n-1}b+a^{n-2}b^2+\cdots+ab^{n-1}+b^n=\frac{a^{n+1}-b^{n+1}}{a-b}(n\ \text{为正整数}).$$

分析:记 $S_n=a^n+a^{n-1}b+a^{n-2}b^2+\cdots+ab^{n-1}+b^n$,则有

$$aS_n=a^{n+1}+a^nb+a^{n-1}b^2+\cdots+a^2b^{n-1}+ab^n,\qquad ①$$
$$bS_n=a^nb+a^{n-1}b^2+a^{n-2}b^3+\cdots+ab^n+b^{n+1}.\qquad ②$$

由①-②,得

$$(a-b)S_n=a^{n+1}-b^{n+1}.$$

由于 $a\neq b$,因此

$$S_n=\frac{a^{n+1}-b^{n+1}}{a-b},$$

即

$$a^n+a^{n-1}b+a^{n-2}b^2+\cdots+ab^{n-1}+b^n=\frac{a^{n+1}-b^{n+1}}{a-b}.$$

3. 归纳等比数列的性质

（1）等比数列的基本性质

问题 1:已知 $\{a_n\}$ 是等比数列.

① $a_5^2=a_3\cdot a_7$ 是否成立? $a_5^2=a_1\cdot a_9$ 呢? 为什么?

② $a_n^2=a_{n-1}\cdot a_{n+1}(n>1)$是否成立? 据此你能得出什么结论?

③ $a_n^2=a_{n-k}\cdot a_{n+k}(n>k>0)$是否成立? 你又能得出什么结论?

④ 计算 $a_7\cdot a_{10}$ 和 $a_8\cdot a_9$,$a_{10}\cdot a_{40}$ 和 $a_{20}\cdot a_{30}$,你发现了什么规律,能把你发现的规律作进一步的推广吗?

等比数列 $\{a_n\}$ 的基本性质:若 $p+q=m+n$,则 $a_p \cdot a_q = a_m \cdot a_n$.

(2) 等比数列的等价定义

问题 2:已知数列 $\{a_n\}$ 满足 $a_n^2 = a_{n-1}a_{n+1}(n \geqslant 2)$,$\{a_n\}$ 是不是等比数列? 为什么?

等比数列的等价定义:$\{a_n\}$ 是等比数列 $\Leftrightarrow a_n = a_{n-1} \cdot q(n \geqslant 2) \Leftrightarrow a_n^2 = a_{n-1}a_{n+1}$ $(n \geqslant 2) \Leftrightarrow a_n = aq^{n-1} \Leftrightarrow S_n = Aq^n + B(A+B=0)$,如前 n 项和为 $S_n = 3^n - 1$ 的数列是等比数列.

四、依托数列模型的应用过程

1. 利用等差、等比数列的类比关系构造新的问题

(1) 由已知的等差、等比数列构造新数列

问题 1:已知 $\{a_n\}$,$\{b_n\}$ 是等差数列,有一数列 $\{d_n\}$ 满足:$d_n = a_n + b_n (n=1,$ $2,\cdots)$.问:$\{d_n\}$ 是等差数列吗? 为什么?

问题 2:已知 $\{a_n\}$,$\{b_n\}$ 是等差数列,还可以得到什么样的新数列,使其为等差数列?

① $\{a_n + b_n\}$,$\{ma_n\}$,$\{Aa_n + B\}$,$\{Aa_n + Bb_n\}$ 等是等差数列;

② $\{a_{2n}\}$,$\{a_{2n-1}\}$,$\{a_{b_k}\}$($\{b_k\}$ 是等差数列)是等差数列,数列:a_n,a_{n-1}, a_{n-2},$\cdots$,a_1 是等差数列;

③ $\{m^{a_n}\}(m>0)$ 是等比数列.

问题 3:类似地,已知 $\{a_n\}$,$\{b_n\}$ 是等比数列,可以得到什么样的结论?

① $\{a_n \cdot b_n\}$,$\left\{\dfrac{a_n}{b_n}\right\}$,$\{ma_n\}(m \neq 0)$,$\{a_n^m\}(a_n>0)$ 是等比数列;

② $\{a_{2n}\}$,$\{a_{2n-1}\}$,$\{a_{c_k}\}$(c_k 是等差数列),$\{a_n \cdot a_{n-1}\}$,以及数列 a_n,a_{n-1}, a_{n-2},$\cdots$,a_1 都是等比数列;

③ $\{\log_m a_n\}(a_n>0,m>0,m \neq 1)$ 是等差数列.

(2) 等比数列与等差数列的问题类比

问题 1:对于等差数列 $\{a_n\}$,其公差为 d,则有 $\dfrac{a_m - a_n}{m-n} = d$.对等比数列,你能提出类似的结论吗?

类比上述结论,对于等比数列 $\{a_n\}$,其公比为 q,则有 $\left(\dfrac{a_m}{a_n}\right)^{\frac{1}{m-n}} = q(m>n,q>0)$.

问题 2:设等差数列 $\{a_n\}$ 的前 n 项和为 S_n,问:S_4,$S_8 - S_4$,$S_{12} - S_8$,$S_{16} - S_{12}$ 是

等差数列吗?

类比以上结论有:对于等比数列,通过类比,有等比数列$\{b_n\}$的前n项积为T_n,则$T_4,\dfrac{T_8}{T_4},\dfrac{T_{12}}{T_8},\dfrac{T_{16}}{T_{12}}$成等比数列.

(3) 等比数列与等差数列的前n项和S_n

根据数列$\{a_n\}$的前n项和S_n的定义,有

$$S_1=a_1,$$
$$S_2=a_1+a_2,$$
$$S_3=a_1+a_2+a_3,$$
$$\cdots\cdots$$
$$S_n=a_1+a_2+a_3+\cdots+a_n.$$

这样,就得到一个新的数列$\{S_n\}$,这是一个很重要的数列,由数列$\{a_n\}$产生,我们可以用递推关系加以刻画:

$$\begin{cases}S_1=a_1,\\ S_n=S_{n-1}+a_n\,(n>1).\end{cases}$$

我们也可以用下面的表达式来表示a_n与S_n的关系:

$$a_n=\begin{cases}S_1\,(n=1),\\ S_n-S_{n-1}\,(n>1).\end{cases} \qquad (*)$$

对$(*)$而言,它不仅仅是在"已知数列的前n项和,求数列的通项公式"时发挥作用,更重要的是其蕴含的递推关系.

2. 利用等差、等比数列模型解决问题

(1) 现实情境的问题

① 某商场今年销售计算机 5 000 台.如果平均每年的销售量比上一年的销售量增加 10%,那么从今年起,大约几年可使总销售量达到 30 000 台?(结果保留到个位)

② 某饮料厂搞促销,公开承诺:凡购买本厂某种饮料的顾客可用 3 个空罐换一罐饮料.

若购买 10 罐饮料,实际饮用多少罐饮料? 购买 20 罐呢? 购买 100 罐呢?

若需饮用 10 罐,应购买多少罐? 需饮用 20 罐呢? 需饮用 100 罐呢? (注:不能借他人的空罐)

(2) 数学情境的问题

① 在平面上画 n 条直线,假设任何两条直线都相交,且任何 3 条直线都不共点.设这 n 条直线将平面分成了 a_n 个部分.可以利用数列$\{a_n\}$的一个递推公式求出数

列$\{a_n\}$的通项公式.

② 如图 7-4,如何估计由抛物线 $y=x^2$、x 轴以及直线 $x=1$ 所围成的区域的面积 S?

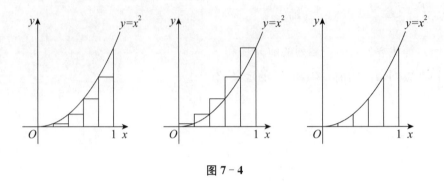

图 7-4

(3) 科学情境的问题

① 一个球从 100 米高处自由落下,假设每次着地后又跳回到原高度的一半再落下.当它第 10 次着地时,经过的路程共多少米? 它可能在某次着地时,经过的总路程超过 300 米吗? 如果可能,请说明是第几次着地首次超过 300 米;如果不可能,请说明理由.

② 放射性元素在 $t=0$ 时的原子核总数为 N_0,经过一年原子核总数衰变为 $N_0 q$,常数称为衰变率.考古学中常利用死亡的生物体中碳 14 元素稳定持续衰变现象测定遗址的年代.已知碳 14 的半衰期为 5 730 年,那么碳 14 的年衰变率为多少(精确到 1×10^{-6})? 某动物标本中碳 14 的含量为正常大气中碳 14 的含量的 60%(即衰变了 40%),该动物大约在距今多少年前死亡?

总之,数列模型源于丰富的现实情境,等差(等比)数列是数列模型中特殊而重要的基本模型,数列的这一内容特征,有助于引导学生"会用数学的眼光观察世界".等差(等比)数列模型的研究从项与项之间的加减、乘除运算中发现的等差(等比)关系入手,继而将这种关系用代数递推关系式加以刻画〔递推关系:$a_n = a_{n-1} + d(n \geq 2)$ 与 $a_n = a_{n-1} \cdot q(n \geq 2)$ 可以统一成 $a_n = k a_{n-1} + b(n \geq 2)$〕;然后在研究其通项公式与前 n 项和的过程中领会递推关系的重要作用,体会递推的实质是用简单过程的重复替代复杂的庞大的运算过程.这样的研究过程,有助于学生"会用数学的思维思考世界".最后,我们回到运用数列模型解决现实的、数学的、科学的各种情境下的问题,这个过程对帮助学生"会用数学的语言表达世界"具有积极的意义.上述数学活动过程包括等差数列与等差数列的类比学习过程,将情境与问题、知识与技能、思维与表达、反思与交流融为一体,既承载着帮助学生获得数列的"四基",提高"四能",又担负着培养学生数学抽象、数学运算和数学建模等素养的重任,进而为实现"三会"的终极数学课程目标贡献数列独特的内在力量.

第三节　实践案例——等比数列的概念

数列是一类特殊的函数,等比数列是继等差数列之后又一类重要的数列,与指数函数联系密切.因此,既可以用函数的观点指导等比数列的学习,又可以用类比学习等差数列的方法研究等比数列,促进学生数学核心素养的发展.

【教学目标】

探索实例中的等比关系,概括并理解等比数列的定义;类比等差数列通项公式的推导过程,探索等比数列的通项公式,理解其意义;类比从图像的角度认识等差数列,体会等比数列与指数函数的关系.通过上述过程促进数学抽象、逻辑推理、数学运算、直观想象等素养的提升.

【教学分析】

与等差数列一样,等比数列是刻画现实世界中一类具有递推规律事物的数学模型,在现实生活中也有着广泛的应用,因此等比数列的教学可以选择丰富的有现实背景的例子,进一步培养学生从实际问题中抽象出数列模型的能力和利用数学知识解决实际问题的能力.

等比数列与等差数列之间存在着很多类似的地方,但也有本质的不同,学生容易把二者混淆.因此,一方面,在教学中要始终强调等比数列的定义和体现等比数列本质的公比 q;另一方面,本节课有利于培养学生的类比推理能力,如等比数列的定义、通项公式等都可以通过类比等差数列的过程学生自主探究,还可以利用列表的方式从定义、通项公式、与函数的关系等角度类比两类数列的有关知识.

等比数列与指数函数、方程等数学知识有着密切的联系,所以学习等比数列还要注意有关数学知识之间的横向联系.

为此,在设计等比数列的数学活动过程时,一要通过迁移建立等差数列模型、指数函数模型等的知识经验,从丰富的实例中抽象出等比数列模型,经历发现几个具体数列的等比关系,归纳出等比数列的定义的过程,理解等比数列的概念;二要通过与等差数列通项公式的推导过程的类比,探索等比数列的通项公式,通过与指数函数的图像类比,探索等比数列的通项公式的图像特征及与指数函数之间的联系,理解等比数列通项公式的意义.通过"建模"和"类比"的过程,落实等比数列的定义和通项公式这两个教学重点,突破等比数列与指数函数的联系这一教学难点.

【教学过程】

实例抽象—类比概括—类比探究—固化运用—结构图式—作业评价.

环节一 实例抽象

教的过程	学的过程	说明
实例任务:引导学生观察、分析呈现的实例,抽象其中的数列. 实例1:细胞分裂模型. 实例2:《庄子》中"一尺之棰"的论述. 实例3:计算机病毒的传播. 实例4:储蓄中复利的计算.	在观察、分析实例的基础上,抽象出数列模型. (1) 归纳出细胞分裂的规律,用数列模型刻画,细胞分裂个数组成的数列为: $$1,2,4,8,\cdots. \qquad ①$$ (2) 如果把"一尺之棰"看成单位"1",由"日取其半"中发现等比关系,获得每日剩余部分组成的数列为: $$1,\underline{\quad},\underline{\quad},\underline{\quad},\cdots. \qquad ②$$ (3) 发现"每一轮感染 20 台计算机"的等比关系,获得这种计算机病毒每一轮感染的计算机数构成的数列为: $$1,20,20^2,20^3,\cdots. \qquad ③$$ (4) 根据本利和的含义,计算出 5 年内各年末的本利和,获得各年末的本利和(单位:元)组成的数列: $10\,000\times1.019\,8,10\,000\times1.019\,8^2,10\,000\times1.019\,8^3,$ $10\,000\times1.019\,8^4,10\,000\times1.019\,8^5. \qquad ④$	以生命科学、计算机科学、日常经济生活以及我国古代学者的极限思想为背景的实例,有助于学生感受到等比数列也是现实生活中大量存在的数列模型,同时经历由实际问题中抽象出数列模型的过程,促进数学抽象素养的发展.

环节二 类比概括

教的过程	学的过程	说明
1. 问题1:回忆一下数列的等差关系和等差数列的定义,观察上面的数列①②③④,说说它们有什么共同特点. 2. 问题2:类比等差数列的定义过程,你能对上述这些数列下一个定义吗? 追问:你能与等差数列一样,用递推关系描述等比数列的定义吗? 3. 等差数列中有等差中项的概念,你能对等比中项下一个定义吗? 追问:想一想,a、b 的符号有什么特点? 你能用 a 和 b 表示 G 吗? 4. 既是等差数列又是等比数列的数列存在吗? 如果存在,请举出例子.	1. 类比利用减法运算发现等差关系,通过除法运算发现上述数列的等比关系:对于数列①②③④,从第 2 项起,每一项与前一项的比都是常数,分别为_____,_____,_____,_____. 或者:首项逐次分别乘常数_____,_____,_____,_____. 2. 等比数列的定义:_____. 或者:$a_1=a,a_{n+1}=a_nq(n=1,2,\cdots)$. 3. 如果在 a 和 b 中间插入一个数 G,使 a,G,b 成_____数列,那么 G 叫做 a 和 b 的_____. 4. 非零常数列.	1. 从"运算"的角度,发现、归纳等比数列的共同特征,通过类比、概括,形成等比数列的定义. 2. 类比等差中项的概念,研究等比中项. 3. 通过特例,建立等差数列与等比数列的联系.

环节三 类比探究

教的过程	学的过程	说明
任务 1:写出上面 4 个等比数列的通项公式. 任务 2:类比等差数列的通项公式的推导过程,请你补全首项是 a_1,公比 q 是的等比数列 $\{a_n\}$ 的通项公式. 任务 3:已知 $\{a_n\}$ 是一个等比数列,在下表中填入适当的数. 任务 4:在直角坐标系中,画出通项公式为 $a_n = 2^{n-1}$ 的数列的图像;在此基础上,你还可以得到什么?你还能发现什么? 类似地,数列 $a_n = \left(\dfrac{1}{2}\right)^{n-1}$ 与函数 $y = \left(\dfrac{1}{2}\right)^{x-1}$ 之间有什么关系?	1. ① $a_n = 2^{n-1}$; ② $a_n = \left(\dfrac{1}{2}\right)^{n-1}$; ③ $a_n = 20^{n-1}$; ④ $a_n = 10\,000 \times 1.019\,8^n$. 2. $a_n = a_1 q^{n-1}$. 3. (1) $a_3 = 4, a_7 = 64, q = \pm 2, a_n = (\pm 2)^{n-1}$; (2) $a_1 = 1, a_5 = \dfrac{1}{16}, a_7 = \dfrac{1}{64}, a_n = \left(\dfrac{1}{2}\right)^{n-1}$. 4. 在下图中,用描点作图的方法或借助信息技术作出数列的图像,联想到用描点法作函数的图像,交流、讨论、归纳出数列与函数之间的关系. 	1. 以任务 1 为基础,在特殊到一般和类比的思想方法指导下归纳出等比数列的通项公式. 2. 任务 3 是等比数列通项公式的简单运用,同时讨论确定一个等比数列的条件. 3. 联想到列表可以表示函数,利用任务 3 中数列的通项公式提出任务 4,探究数列与函数之间的关系.

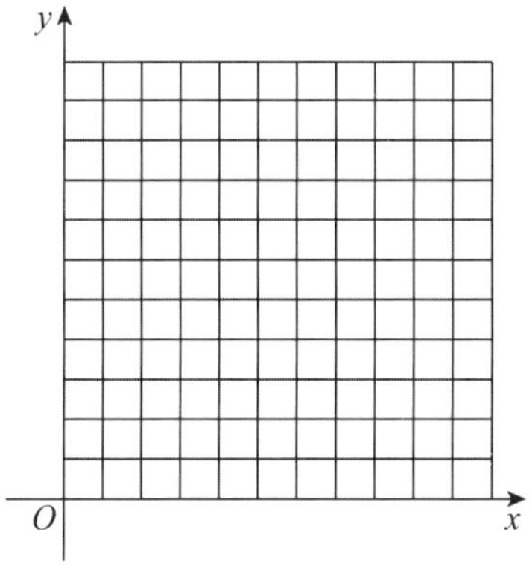

任务 3 表格:

a_1	a_3	a_5	a_7	q	a_n
1		16			
		$\dfrac{1}{4}$		$\dfrac{1}{2}$	

环节四 固化运用

教的过程	学的过程	说明
1. 在利用电子邮件传播病毒的例子中,如果第一轮感染的计算机数是 80 台,并且从第一轮起,以后各轮的每台计算机都可以感染下一轮的 20 台计算机,第 5 轮可以感染到多少台计算机?	由题意可知,每一轮被感染的计算机数台数构成一个首项 $a_1 = 80$,公比 $q = 20$ 的等比数列,所以第 5 轮被感染到的计算机台数 $a_5 = a_1 q^4 = 80 \times 20^4 = 1.28 \times 10^7$.	等比数列模型在现实生活中的简单应用.从计算结果中发现计算机病毒的惊人的感染速度,体会到"指数爆炸"的现实含义.

（续表）

教的过程	学的过程	说明
2. 已知$\{a_n\}$是一个无穷等比数列,公比为q. (1) 将数列$\{a_n\}$中的前k项去掉,剩余各项组成一个新的数列,这个新数列是等比数列吗? 如果是,它的首项与公比分别是多少? (2) 取出数列$\{a_n\}$中的所有奇数项,组成一个新的数列,这个新数列是等比数列吗? 如果是,它的首项与公比分别是多少? (3) 在数列$\{a_n\}$中,每隔10项取出一项,组成一个新的数列,这个新数列是等比数列吗? 如果是,它的公比是多少? 追问:你能根据得到的结论作出一个猜想吗?	令由数列$\{a_n\}$中满足相应要求取出的项组成的新数列为$\{b_i\}$. (1) $b_i=a_{k+i}$, $i=1,2,\cdots$. 因为 $\dfrac{b_{i+1}}{b_i}=\dfrac{a_{k+i+1}}{a_{k+i}}=q$, 所以$\{b_i\}$是等比数列,首项为$b_1=a_{k+1}$,公比为$q$. (2) $b_i=a_{2i-1}$, $i=1,2,\cdots$. 因为 $\dfrac{b_{i+1}}{b_i}=\dfrac{a_{2(i+1)-1}}{a_{2i-1}}=\dfrac{a_1q^{2i}}{a_1q^{2i-2}}=q^2$, 所以,$\{b_i\}$是等比数列,首项为$b_1=a_1$,公比为$q^2$. (3) $b_i=a_{11i-10}$, $i=1,2,\cdots$. $\{b_i\}$是等比数列,首项为$b_1=a_1$,公比为q^{11}. 猜想:在数列$\{a_n\}$中,每隔$m(m\geqslant1)$项取出一项,组成的新数列是公比为q^{m+1}的等比数列,等等.	1. 用类比的方法引导学生构造新的数列,作出猜想并用等比数列定义加以证明;新数列的构造和证明有助于提升数学抽象和逻辑推理素养. 2. 与等差数列建立联系:等比数列中下标为等差数列的子列也构成等比数列.
3. (1) 已知$\{a_n\}$是等比数列.$a_5^2=a_3\cdot a_7$是否成立? $a_5^2=a_1\cdot a_9$成立吗? 为什么? 追问:据此你能得到什么结论? 你能将这个结论推广吗? (2) 对于等差数列来说,与数列中任一项a_n等距离的两项之和等于该项的2倍,即$a_{n-1}+a_{n+1}=2a_n$.对于等比数列来说,有什么类似的性质呢? 追问:你能将结论推广到一般情形吗?	(1) 设$\{a_n\}$的公比为q,则$a_5^2=(a_1q^4)^2=a_1^2q^8$. 而$a_3\cdot a_7=a_1q^2a_1q^6=a_1^2q^8$,所以$a_5^2=a_3\cdot a_7$. 同理,$a_5^2=a_1\cdot a_9$. 从而得$a_3\cdot a_7=a_1\cdot a_9$. 进而推广得$a_m\cdot a_n=a_p\cdot a_q(m+n=p+q)$. (2) 类比猜想:若$\{a_n\}$是等比数列,则 $$a_n^2=a_{n-1}\cdot a_{n+1}(n>1),$$ $$a_n^2=a_{n-k}\cdot a_{n+k}(n>k>0).$$ 证明:同(1)的方法可证猜想成立.即得a_n分别是a_{n-1}与a_{n+1}, a_{n-k}与a_{n+k}的等比中项.	1. 可与等差数列的有关性质作类比联想. 2. 用类比的方法引导学生猜想等比数列的性质,并用等比数列定义加以证明,感受等比数列与等差数列一样具有一定的对称性.

环节五　结构图式

可以从定义、通项公式、与函数的联系 3 个角度类比等差数列和等比数列		
定义	等差数列	等比数列
首项、公差(公比)取值有无限制		
通项公式		
相应图像的特点		

环节六　作业评价

作业内容	设计意图	评价目标
1. 某人买了一辆价值 13.5 万元的新车. 专家预测这种车每年按 10% 的速度折旧. (1) 用一个式子表示 $n(n \in \mathbf{N}^*)$ 年后这辆车的价值. (2) 如果他打算用满 4 年时卖掉这辆车,他大概能得到多少钱?	复习等比数列模型,体会等比数列在刻画现实生活问题中的工具作用,促进数学建模素养发展.	在熟悉的现实情境中,能辨识等比数列模型,建立通项公式并能正确求解特定项的值.
2. 在等比数列 $\{a_n\}$ 中, (1) $a_4 = 27, q = -3,$ 求 a_7; (2) $a_2 = 18, a_4 = 8,$ 求 a_1 与 q; (3) $a_5 = 4, a_7 = 6,$ 求 a_9; (4) $a_5 - a_1 = 15, a_4 - a_2 = 6,$ 求 a_3.	复习等比数列的通项公式,根据已知条件,运用解方程的方法或等比数列的性质求解数列的特定项或公比,体会方程的思想,促进数学运算素养发展.	在简单的数学情境中,能运用等比数列的通项公式(或性质),结合解方程的方法正确求解.
3. 求下列各组数的等比中项: (1) $7 + 3\sqrt{5}$ 与 $7 - 3\sqrt{5}$; (2) $a^4 + a^2 b^2$ 与 $b^4 + a^2 b^2 (a \neq 0, b \neq 0)$.	复习等比中项的概念,促进数学运算素养发展.	在简单的数学情境中,能运用等比中项的概念正确求解.
4. 假设能将一张厚度为 0.05 mm 的报纸对折,再对折,再对折……,对折 50 次后,报纸的厚度是多少? 你相信这时报纸的厚度超过了地球和月球之间的距离吗?	复习等比数列模型,体会等比数列在刻画现实生活问题中的工具作用,进一步感受"指数爆炸"的含义,促进数学建模素养发展.	在熟悉的现实情境中,能辨识等比数列模型,利用通项公式求得结论并作出合乎实际的判断.
5. 已知 $\{a_n\}$ 是各项均为正数的等比数列,$\{\sqrt{a_n}\}$ 是等比数列吗? 为什么? 根据上述经验,你还可以在等比数列 $\{a_n\}$ 的基础上得到其他新的等比数列吗?	复习等比数列的定义,促进学生从"运算"的角度构造新的数列,探索新的结论,提升数学运算和数学抽象素养.	在简单的数学情境中,能运用等比数列的定义作出猜想、判断和证明.
说明:能正确地解答作业 1、4,说明学生能在熟悉的现实情境中辨识等比数列模型,建立通项公式求得结论并作出合乎实际的判断.根据满意原则,可以认为达到数学建模素养水平一的要求.		

第八章
一元函数的导函数及其应用单元的
育人价值与核心素养培养

第一节　本单元的育人价值

一、本单元的学科价值

　　伽利略曾说："自然界伟大的书是用数学语言写成的,其特征为三角形、圆形和其他几何图形,没有这些几何图形,人们只能在黑暗的迷宫中做毫无结果的游荡。"这是从"形"的角度展示了数学的力量.为了描述现实世界中静态的现象和运动变化着的现象,在数学中分别引入了数与函数.随着对函数的研究的不断深化,产生了微积分,它是数学发展史上继欧氏几何后的又一个具有划时代意义的伟大创造,被誉为数学发展史上的里程碑,它的发展和广泛应用开创了向近代数学过渡的新时期,为研究变量和函数提供了重要的方法和手段.

　　导数是微积分的核心内容之一,是现代数学的基本概念,蕴含微积分的基本思想.导数定量地刻画了函数的局部变化,是研究函数性质的基本工具.导数具有极其丰富的实际背景和广泛应用.初等数学可以帮助我们对匀速运动进行描述分析,也能够顺利解决形状规则物体的测量问题.但面对诸如运动中速度在不断变化,图形的边界不再是规则等更为复杂的问题,需要用到高等数学特别是微积分的知识,导数恰恰是处理这种复杂变化和变化中的瞬时状态的有力工具.

二、本单元的教育价值

　　《课程标准》要求,利用一元函数的导函数及其应用重点提升数学抽象、数学运算、直观想象、数学建模和逻辑推理素养.这本质上揭示了一元函数的导函数及其应用的独特育人价值.

　　首先,从创立微积分的问题背景来看,微积分的创立与处理四类科学问题直接相关.一是已知物体运动的路程作为时间的函数,求物体在任意时刻的速度与加速度,反之,已知物体的加速度作为时间的函数,求速度与路程;二是求曲线的切线;三是求函数的最大值与最小值;四是求长度、面积和重心等.科学家对这些问题的兴趣和孜孜不倦的研究催生了微积分的创立,以这些问题为背景学习微积分是发展学生数学学科核心素养的重要平台.

其次,从本单元的学习过程来看,学生将通过大量实例(主要是已知物体运动的路程作为时间的函数,求物体在任意时刻的速度与加速度问题,求曲线的切线问题),经历由平均变化率到瞬时变化率刻画现实问题的过程,建立和理解导数概念,了解导数在研究函数的单调性、极值等性质中的作用,体会导数的思想及其丰富内涵,感受导数在解决实际问题中的作用.这些过程是发展数学抽象、数学运算、直观想象、数学建模和逻辑推理等素养的重要途径.

第二节　本单元数学学科核心素养的培养

为实现一元函数的导函数及其应用的育人价值,我们应特别注重从"数学地"研究问题的一般思路出发,以"研究一个数学对象的基本套路"为导向,建立一元函数的导函数及其应用的研究结构:"问题情境—变化率—导数概念—导数运用".从中体会导数的思想,理解导数的含义,体会导数在研究函数的单调性、极值等性质解决数学问题、实际问题中的广泛应用和强大力量.这样的研究结构有利于落实一元函数的导函数及其应用的育人价值.

在本单元的教学中,可以依托以下过程发展学生数学学科核心素养.

一、依托导数概念及其意义的建立过程

1. 导数概念的建立过程

导数概念的建立过程可以设计为:典型实际问题—平均变化率及其表示(膨胀率、速度变化率)—瞬时变化率及其表示—导数概念及其实际含义.在这个过程中培养抽象概括、推理运算等能力,体会极限思想,领会导数的内涵,发展数学学科核心素养.

(1) 问题情境

丰富多彩的变化率问题随处可见,如气球膨胀、高台跳水、高铁信息显示屏上的"速度 307 km/h"等.我们以气球膨胀、高台跳水这两个问题为例,研究其中的变化率.

气球膨胀率:回忆吹气球的过程,可以发现,随着气球内空气容量的增加,气球的半径增加得越来越慢.从数学的角度,如何描述这种现象呢?

高台跳水:你看过高台跳水吗? 照片中锁定了运动员比赛瞬间(图略).已知起跳 t s后,运动员相对于水面的高度 h(单位:m)可用函数 $h(t)=-4.9t^2+6.5t+10$ 表示.如何求他在某一时刻的速度? 他距水面的最大高度是多少?

(2) 探究变化率

① 气球膨胀率.

由 $V(r)=\dfrac{4}{3}\pi r^3$(单位:L),可得 $r(V)=\sqrt[3]{\dfrac{3V}{4\pi}}$(单位:dm).

表 8 - 1

体积变化	半径变化	平均膨胀率
从 0 L 增加到 1 L	$r(1)-r(0)\approx0.62$(dm)	$\dfrac{r(1)-r(0)}{1-0}\approx0.62$(dm/L)
从 1 L 增加到 2 L	$r(2)-r(1)\approx0.16$(dm)	$\dfrac{r(2)-r(1)}{2-1}\approx0.16$(dm/L)
从 2 L 增加到 3 L	$r(3)-r(2)\approx0.11$(dm)	$\dfrac{r(3)-r(2)}{3-2}\approx0.11$(dm/L)
从 3 L 增加到 4 L	$r(4)-r(3)\approx0.09$(dm)	$\dfrac{r(4)-r(3)}{4-3}\approx0.09$(dm/L)
……	……	……
从 V_1 增加到 V_2	$r(V_2)-r(V_1)=\sqrt[3]{\dfrac{3V_2}{4\pi}}-\sqrt[3]{\dfrac{3V_1}{4\pi}}$	$\dfrac{r(V_2)-r(V_1)}{V_2-V_1}$ $=\sqrt[3]{\dfrac{3}{4\pi}}\dfrac{1}{\sqrt[3]{V_1^2}+\sqrt[3]{V_1V_2}+\sqrt[3]{V_2^2}}$

从表 8 - 1 中看出,随着气球体积逐渐变大,它的平均膨胀率逐渐变小.

一般地,当空气容量从 V_1 增加到 V_2 时,气球的平均膨胀率为

$$\sqrt[3]{\dfrac{3}{4\pi}}\dfrac{1}{\sqrt[3]{V_1^2}+\sqrt[3]{V_1V_2}+\sqrt[3]{V_2^2}}.$$

② 高台跳水中的速度变化率.

高台跳水运动员相对于水面的高度 h(单位:m)可用函数 $h(t)=-4.9t^2+6.5t+10$表示.

表 8-2

时间变化	高度变化	平均速度
从 0 s 到 0.5 s	$h(0.5)-h(0)\approx 2.025(\mathrm{m})$	$\bar{v}=\dfrac{h(0.5)-h(0)}{0.5-0}\approx 4.05(\mathrm{m/s})$
从 0.5 s 到 1 s	$h(1)-h(0.5)\approx -0.425(\mathrm{m})$	$\bar{v}=\dfrac{h(1)-h(0.5)}{1-0.5}\approx -0.85(\mathrm{m/s})$
从 1 s 到 2 s	$h(2)-h(1)\approx -8.2(\mathrm{m})$	$\bar{v}=\dfrac{h(2)-h(1)}{2-1}\approx -8.2(\mathrm{m/s})$
······	······	······
从 0 s 到 $\dfrac{65}{49}$ s	$h\left(\dfrac{65}{49}\right)-h(0)\approx 0(\mathrm{m})$	$\bar{v}=\dfrac{h\left(\dfrac{65}{49}\right)-h(0)}{\dfrac{65}{49}-0}\approx 0(\mathrm{m/s})$
从 t_1 s 到 t_2 s	$h(t_2)-h(t_1)$	$\bar{v}=\dfrac{h(t_2)-h(t_1)}{t_2-t_1}$

问题 1:如表 8-2 所示,在 0 s 到 0.5 s 这段时间里,平均速度为 4.05 m/s,而在 0.5 s 到 1 s 这段时间里,平均速度为 -0.85 m/s.你能解释运动员的速度为什么有这种变化?

问题 2:在 0 s 到 $\dfrac{65}{49}$ s 这段时间里,平均速度为 0 m/s,运动员在这段时间里是静止的吗?

问题 3:在 0 s 到 $\dfrac{65}{49}$ s 这段时间里,用平均速度描述运动员的运动状态有什么问题吗?

(3) 平均变化率的数学表示

① 符号表示.

如果将上述两个问题中的函数 $r(V)$、$h(t)$ 用函数 $y=f(x)$ 表示,那么问题中的变化率可以用式子

$$\frac{f(x_2)-f(x_1)}{x_2-x_1}$$

表示,我们把这个式子称为函数 $y=f(x)$ 从 x_1 到 x_2 的平均变化率.

记 $\Delta x=x_2-x_1$,$\Delta y=f(x_2)-f(x_1)$,则平均变化率可以表示为 $\dfrac{\Delta y}{\Delta x}$.

② 图形表示.

观察函数 $y=f(x)$ 的图像(图 8-1),平均变化率 $\dfrac{\Delta y}{\Delta x}=\dfrac{f(x_2)-f(x_1)}{x_2-x_1}$ 表示什么?

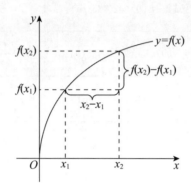

图 8-1

(4) 瞬时变化率

① 先行组织者.

在高台跳水运动中,运动员在不同时刻的速度是不同的.一般地,我们把物体在某一时刻的速度称为瞬时速度.

通过上述高台跳水问题的探究,我们知道运动员的平均速度难以准确地描述运动员的运动状态.这样我们就有需求知道运动员在不同时刻的速度.那么,如何求运动员的瞬时速度呢?

② 探求运动员在 $t=2$ s 时的瞬时速度.

既然平均速度难以准确地描述一个变速运动过程,一个自然的想法是把整个运动时间分割成若干个时间段,求每个时间段的平均速度.可以想象,随着时间的分割越来越精细,分段的平均速度对整个运动的描述会越来越精确.

在这个思想指导下,我们来考察 $t=2$ 附近的平均速度情况.

表 8-3

在 $t=2$ 之前		在 $t=2$ 之后	
当 $\Delta t<0,2+\Delta t$ 在 2 之前		当 $\Delta t>0,2+\Delta t$ 在 2 之后	
在 $[2+\Delta t,2]$ 这段时间内, $\bar{v}=\dfrac{h(2)-h(2+\Delta t)}{2-(2+\Delta t)}=-4.9\Delta t-13.1$		在 $[2,2+\Delta t]$ 这段时间内, $\bar{v}=\dfrac{h(2+\Delta t)-h(2)}{(2+\Delta t)-2}=-4.9\Delta t-13.1$	
$\Delta t=-0.01$	$\bar{v}=-13.051$	$\Delta t=0.01$	$\bar{v}=-13.149$

（续表）

在 $t=2$ 之前		在 $t=2$ 之后	
$\Delta t=-0.001$	$\bar{v}=-13.095\,1$	$\Delta t=0.001$	$\bar{v}=-13.104\,9$
$\Delta t=-0.000\,1$	$\bar{v}=-13.099\,51$	$\Delta t=0.000\,1$	$\bar{v}=-13.100\,49$
$\Delta t=-0.000\,01$	$\bar{v}=-13.099\,951$	$\Delta t=0.000\,01$	$\bar{v}=-13.100\,049$
$\Delta t=-0.000\,001$	$\bar{v}=-13.099\,995\,1$	$\Delta t=0.000\,001$	$\bar{v}=-13.100\,004\,9$
……	……	……	……

问题: 观察表 8-3,当 $\Delta t\rightarrow 0$ 时,平均速度 $\bar{v}$ 有什么样的变化趋势?

当 $\Delta t\rightarrow 0$ 时,平均速度 $\bar{v}$ 的变化如表 8-4 中所示.

表 8-4

变化趋势	当 $\Delta t\rightarrow 0$ 时,$\bar{v}\rightarrow -13.1$
物理意义	当 $\Delta t\rightarrow 0$ 时,$t\rightarrow 2$,运动员在 $t=2$ 时的瞬时速度为 -13.1 m/s
数学表示	$\lim\limits_{\Delta t\rightarrow 0}\dfrac{h(2+\Delta t)-h(2)}{\Delta t}=-13.1$

③ 获得瞬时变化率(表 8-5).

表 8-5

问题 1:一般地,运动员在某一时刻 t_0 的瞬时速度怎样表示?	运动员在某一时刻 t_0 的瞬时速度 $$\lim\limits_{\Delta t\rightarrow 0}\dfrac{h(t_0+\Delta t)-h(t_0)}{\Delta t}$$
问题 2:一般地,函数 $y=f(x)$ 在 $x=x_0$ 处的瞬时变化率怎样表示?	函数 $y=f(x)$ 在 $x=x_0$ 处的瞬时变化率 $$\lim\limits_{\Delta x\rightarrow 0}\dfrac{\Delta y}{\Delta x}=\lim\limits_{\Delta x\rightarrow 0}\dfrac{f(x_0+\Delta x)-f(x_0)}{\Delta x}$$

（5）导数的定义

一般地,我们把函数 $y=f(x)$ 在 $x=x_0$ 处的瞬时变化率

$$\lim\limits_{\Delta x\rightarrow 0}\frac{\Delta y}{\Delta x}=\lim\limits_{\Delta x\rightarrow 0}\frac{f(x_0+\Delta x)-f(x_0)}{\Delta x}$$

称为函数 $y=f(x)$ 在 $x=x_0$ 处的导数,记作 $f'(x_0)$ 或 $y'|_{x=x_0}$,即

$$f'(x_0)=\lim\limits_{\Delta x\rightarrow 0}\frac{\Delta y}{\Delta x}=\lim\limits_{\Delta x\rightarrow 0}\frac{f(x_0+\Delta x)-f(x_0)}{\Delta x}.$$

（6）导数的实际含义

在高台跳水问题中，高度 h 关于时间 t 的导数就是运动员的瞬时速度，如 $h'(2)=\lim\limits_{\Delta t \to 0}\dfrac{h(2+\Delta t)-h(2)}{\Delta t}=-13.1$ 的实际含义是运动员在 2 s 时的瞬时速度为 $-13.1\ \text{m/s}$.

气球半径 r 关于体积 V 的导数就是气球的瞬时膨胀率.实际上，导数可以描述任何事物的瞬时变化率，如效率、国内生产总值（GDP）的增长率等.因此，导数是处理这种复杂变化和变化中的瞬时状态的有力工具.

问题：将原油精炼为汽油、柴油、塑胶等各种不同产品，需要对原油进行冷却和加热.如果在第 x h 时，原油的温度（单位：℃）为 $f(x)=x^2-7x+15(0\leqslant x\leqslant 8)$.计算第 2 h 与第 6 h 时，原油温度的瞬时变化率，并说明它们的实际含义.

分析：在第 2 h 与第 6 h 时，原油温度的瞬时变化率就是 $f'(2)$ 和 $f'(6)$.

$$
\begin{aligned}
f'(2)&=\lim_{\Delta x \to 0}\frac{f(2+\Delta x)-f(2)}{\Delta x}\\
&=\lim_{\Delta x \to 0}\frac{\left[(2+\Delta x)^2-7(2+\Delta x)+15\right]-(2^2-7\times 2+15)}{\Delta x}\\
&=\lim_{\Delta x \to 0}\frac{(\Delta x)^2-3\Delta x}{\Delta x}\\
&=\lim_{\Delta x \to 0}(\Delta x-3)\\
&=-3.
\end{aligned}
$$

同理可求得，

$$f'(6)=5.$$

所以，第 2 h 与第 6 h 时，原油温度的瞬时变化率分别为 $-3,5$.

含义：在第 2 h 与第 6 h 时，原油温度的瞬时变化率分别为 -3 与 5.说明在第 2 h 附近，原油温度大约以 3℃/h 的速度下降，在第 6 h 附近，原油温度大约以 5℃/h 的速度上升.一般地，$f'(x)=2x-7$ 刻画了原油温度在时刻 x 附近的变化情况.

2. 导数几何意义的直观理解过程

问题 1：导数 $f'(x_0)$ 表示函数 $y=f(x)$ 在 $x=x_0$ 处的瞬时变化率，反映了函数 $f(x)$ 在 $x=x_0$ 附近的变化情况.那么，导数 $f'(x_0)$ 的几何意义是什么呢？

问题 2：观察图 8-2，当点 $P_n(x_n,f(x_n))(n=1,2,3,4)$ 沿着曲线 $f(x)$ 趋近于点 $P(x_0,f(x_0))$ 时，割线 PP_n 的变化趋势是什么？

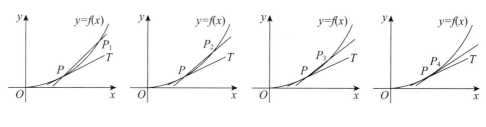

图 8 - 2

通过观察图形的变化(可利用信息技术工具,展示割线 PP_n 趋近切线 PT 的过程),我们可以归纳图形变化中的数量变化规律(表 8 - 6).

表 8 - 6

	图形变化	数量变化
点 $P_n \rightarrow P$	割线 PP_n 趋近于确定的位置,这个确定位置的直线 PT 称为点 P 处的切线	割线 PP_n 的斜率 $$k_n = \frac{f(x_n) - f(x_0)}{x_n - x_0} = \frac{f(x_0 + \Delta x_n) - f(x_0)}{\Delta x_n}$$
	割线 $PP_n \rightarrow$ 切线 PT	$k_n \rightarrow k_{PT}$,即 $$k = \lim_{\Delta x \to 0} \frac{f(x_0 + \Delta x) - f(x_0)}{\Delta x} = f'(x_0)$$
	在点 P 附近,PP_2 比 PP_1 更贴近曲线 $f(x)$,PP_3 比 PP_2 更贴近曲线 $f(x)$,……	在点 P 附近,曲线 $f(x)$ 就可以用过点 P 的切线 PT 近似代替

分析:数学上,常用简单的对象刻画复杂的对象.例如,用有理数 3.141 6 近似代替无理数 π.这里,我们用曲线上某点处的切线近似代替这一点附近的曲线,这是微积分中重要的思想方法——以直代曲.

问题 3:图 8 - 3 表示跳水运动中高度随时间变化的函数 $h(t) = -4.9t^2 + 6.5t + 10$ 的图像.根据图像,请描述、比较曲线 $h(t)$ 在 t_0、t_1、t_2 附近的变化情况.

分析:我们用曲线 $h(t)$ 在 t_0、t_1、t_2 处的切线刻画曲线 $h(t)$ 在 t_0、t_1、t_2 这三个时刻附近的变化情况.从图中我们看到:

当 $t = t_0$ 时,曲线 $h(t)$ 在 t_0 处的切线 l_0 平行

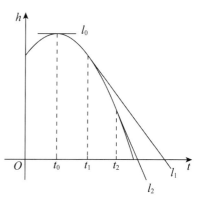

图 8 - 3

于 t 轴,所以,在 $t=t_0$ 附近曲线比较平坦,几乎没有升降;

当 $t=t_1$ 时,曲线 $h(t)$ 在 t_1 处的切线 l_1 的斜率 $h'(t_1)<0$,所以,在 $t=t_1$ 附近曲线下降,即函数 $h(t)$ 在 $t=t_1$ 附近单调递减;

当 $t=t_2$ 时,曲线 $h(t)$ 在 t_2 处的切线 l_2 的斜率 $h'(t_2)<0$,所以,在 $t=t_2$ 附近曲线下降,即函数 $h(t)$ 在 $t=t_2$ 附近也单调递减.

比较 l_1、l_2 倾斜程度,发现 l_1 的倾斜程度小于 l_2 的倾斜程度,这说明曲线在 t_1 附近比在 t_2 附近下降得缓慢,这与我们观看跳水比赛时对运动员的运动过程"起跳—越来越快—静止—下降—越来越快—入水"的直观感知是一致的.

问题 4:图 8-4 表示人体血管中药物浓度 $c=f(t)$ (t 的单位:min,c 的单位:mg/mL)随时间 t 变化的函数图像.根据图像,估计 $t=0.2,0.4,0.6,0.8$ min 时,血管中药物浓度的瞬时变化率.(精确到 0.1)

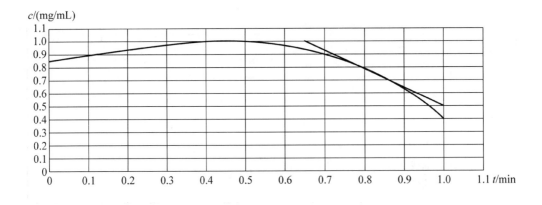

图 8-4

分析:血管中某一时刻 t 药物浓度的瞬时变化率,就是 $f'(t)$,就是点 $(t,f(t))$ 处的切线的斜率.

画出曲线上点 $(t,f(t))$ 处的切线,利用网格估计这条切线的斜率,就可以得到时刻 t 药物浓度瞬时变化率的近似值.

例如,作 $t=0.8$ 处的切线,利用网格在切线上取两点 $(0.7,0.91)$、$(1.0,0.48)$,则该切线的斜率约为 $k=\dfrac{0.48-0.91}{1.0-0.7}\approx-1.4$,所以 $f'(0.8)\approx-1.4$.从而血管中 0.8 min 时药物浓度的瞬时变化率约为 -1.4.

同理可估计其他时刻药物浓度的瞬时变化率,列表 8-7 如下:

表 8-7

t	0.2	0.4	0.6	0.8
药物浓度的瞬时变化率 $f'(t)$	0.4	0	-0.7	-1.4

问题 2、3、4 的价值在于通过函数图像帮助学生直观理解导数的几何意义. 用导数的几何意义来直观解释运动变化的规律, 有利于发展学生的直观想象能力, 感悟导数在处理这种复杂变化现象中的强大工具作用.

3. 导函数概念的建立过程

从问题 4 中, 我们还看到, 对于每一个时刻 $t=t_0$ (如 $t_0=0.2, 0.4, 0.6, 0.8$), 其对应的药物浓度的瞬时变化率 $f'(t_0)$ 是一个确定的数. 这样, 当 t 变化时, $f'(t)$ 便是 t 的函数.

一般地, 在导数存在的前提下, 对于不同的 x_0, 总有一个确定的导数值 $f'(x_0)$ 与之对应. 换句话说, 如果用 x 表示自变量, 那么 $f'(x)$ 是一个关于 x 的函数, 我们称它为 $f(x)$ 的导函数(简称导数). $y=f(x)$ 的导函数有时也记作 y', 即

$$y'=f'(x)=\lim_{\Delta x \to 0}\frac{f(x+\Delta x)-f(x)}{\Delta x}.$$

例如, 原油温度的瞬时变化率问题, 我们可以这样来求 $f'(2)$ 和 $f'(6)$:
因为导函数

$$
\begin{aligned}
f'(x) &=\lim_{\Delta x \to 0}\frac{f(x+\Delta x)-f(x)}{\Delta x} \\
&=\lim_{\Delta x \to 0}\frac{\left[(x+\Delta x)^2-7(x+\Delta x)+15\right]-(x^2-7x+15)}{\Delta x} \\
&=\lim_{\Delta x \to 0}\frac{(\Delta x)^2+2x\Delta x-7\Delta x}{\Delta x} \\
&=\lim_{\Delta x \to 0}(\Delta x+2x-7) \\
&=2x-7,
\end{aligned}
$$

所以

$$f'(2)=2\times 2-7=-3,$$
$$f'(6)=2\times 6-7=5.$$

二、依托导数的运算过程

1. 先行组织者

我们知道, 函数是描述客观世界中变量关系和规律的最为基本的数学语言和工

具.函数在某一点的导数反映了函数在这一点所具有的性质(其物理意义是运动物体在某一时刻的瞬时速度,其几何意义是曲线在某点处的切线的斜率),并是刻画这一性质的数量,所以导数是处理复杂变化过程的有力工具.对于函数 $y=f(x)$,要获得它的性质,自然需要求它的导数.

那么,如何求函数的导数呢? 根据导数的定义,求函数 $y=f(x)$ 的导数,就是求当 $\Delta x \to 0$ 时,$\dfrac{\Delta y}{\Delta x}$ 所趋于的那个定值,即

$$\lim_{\Delta x \to 0} \frac{\Delta y}{\Delta x} = \lim_{\Delta x \to 0} \frac{f(x+\Delta x)-f(x)}{\Delta x}.$$

2. 几个常用函数导数公式的推导

问题 1:求常数函数 $y=f(x)=C$ 的导数.

分析:因为

$$\frac{\Delta y}{\Delta x} = \frac{f(x_0+\Delta x)-f(x_0)}{\Delta x} = \frac{C-C}{\Delta x} = 0,$$

所以

$$y' = \lim_{\Delta x \to 0} \frac{\Delta y}{\Delta x} = \lim_{\Delta x \to 0} 0 = 0.$$

追问:常数函数的导数为 0,你能解释它的几何意义和物理意义吗?

问题 2:求函数 $y=f(x)=x$ 的导数.

分析:因为

$$\frac{\Delta y}{\Delta x} = \frac{f(x+\Delta x)-f(x)}{\Delta x} = \frac{(x+\Delta x)-x}{\Delta x} = 1,$$

所以

$$y' = \lim_{\Delta x \to 0} \frac{\Delta y}{\Delta x} = \lim_{\Delta x \to 0} 1 = 1.$$

追问:函数 $y=x$ 的导数为 1,你能解释它的几何意义和物理意义吗?

问题 3:求函数 $y=f(x)=x^2$ 的导数.

分析:因为

$$\frac{\Delta y}{\Delta x} = \frac{f(x+\Delta x)-f(x)}{\Delta x} = \frac{(x+\Delta x)^2-x^2}{\Delta x} = 2x+\Delta x,$$

所以

$$y' = \lim_{\Delta x \to 0} \frac{\Delta y}{\Delta x} = \lim_{\Delta x \to 0} (2x+\Delta x) = 2x.$$

追问:$y'=(x^2)'=2x$,你能解释它的几何意义和物理意义吗?

问题 4：求函数 $y=f(x)=x^3$ 的导数.

分析：因为

$$\frac{\Delta y}{\Delta x}=\frac{f(x+\Delta x)-f(x)}{\Delta x}=\frac{(x+\Delta x)^3-x^3}{\Delta x}=3x^2+3x\Delta x+(\Delta x)^2,$$

所以

$$y'=\lim_{\Delta x\to 0}\frac{\Delta y}{\Delta x}=\lim_{\Delta x\to 0}\left[3x^2+3x\Delta x+(\Delta x)^2\right]=3x^2.$$

追问 1：$y'=(x^3)'=3x^2$，你能解释它的几何意义吗？

追问 2：由 $y'=(x)'=1$，$y'=(x^2)'=2x$，$y'=(x^3)'=3x^2$，……你能归纳出函数 $y=f(x)=x^n(n\in \mathbf{N}^*)$ 的求导公式吗？

问题 5：求函数 $y=f(x)=\dfrac{1}{x}$ 的导数.

分析：因为

$$\frac{\Delta y}{\Delta x}=\frac{f(x+\Delta x)-f(x)}{\Delta x}=\frac{\frac{1}{x+\Delta x}-\frac{1}{x}}{\Delta x}=\frac{-1}{x(x+\Delta x)}=-\frac{1}{x^2+x\Delta x},$$

所以

$$y'=\lim_{\Delta x\to 0}\frac{\Delta y}{\Delta x}=\lim_{\Delta x\to 0}\left(-\frac{1}{x^2+x\Delta x}\right)=-\frac{1}{x^2}=-x^{-2}.$$

追问：画出函数 $y=\dfrac{1}{x}$ 的图像，根据图像并结合它的导数，你能描述它的变化情况，并求出曲线在点 $(1,1)$ 处的切线方程吗？

问题 6：求函数 $y=f(x)=\sqrt{x}$ 的导数.

分析：因为

$$\frac{\Delta y}{\Delta x}=\frac{f(x+\Delta x)-f(x)}{\Delta x}=\frac{\sqrt{x+\Delta x}-\sqrt{x}}{\Delta x}=\frac{(x+\Delta x)-x}{\Delta x(\sqrt{x+\Delta x}+\sqrt{x})}=\frac{1}{\sqrt{x+\Delta x}+\sqrt{x}},$$

所以

$$y'=\lim_{\Delta x\to 0}\frac{\Delta y}{\Delta x}=\lim_{\Delta x\to 0}\frac{1}{\sqrt{x+\Delta x}+\sqrt{x}}=\frac{1}{2\sqrt{x}}=\frac{1}{2}x^{-\frac{1}{2}}.$$

追问：由 $y'=\left(\dfrac{1}{x}\right)'=(x^{-1})'=-x^{-2}$，$y'=(\sqrt{x})'=(x^{\frac{1}{2}})'=\dfrac{1}{2}x^{-\frac{1}{2}}$，你能对函数 $y=f(x)=x^n(n\in \mathbf{N}^*)$ 的求导公式 $y'=(x^n)'=nx^{n-1}$ 的适用范围做什么扩充吗？

3. 基本初等函数的导数公式及简单应用

我们已经推导了常数函数以及几个幂函数的求导公式.为了方便，我们直接使用下面的基本初等函数的导数公式(表 8-8).

表 8-8　基本初等函数导数公式

函数 $y=f(x)$	导数
1. $f(x)=C$(C 为常数)	$f'(x)=0$
2. $f(x)=x^a$($\alpha\in\mathbf{Q}$)	$f'(x)=\alpha x^{\alpha-1}$
3. $f(x)=\sin x$	$f'(x)=\cos x$
4. $f(x)=\cos x$	$f'(x)=-\sin x$
5. $f(x)=a^x$	$f'(x)=a^x\ln a$
6. $f(x)=\mathrm{e}^x$	$f'(x)=\mathrm{e}^x$
7. $f(x)=\log_a x$	$f'(x)=\dfrac{1}{x\ln a}$
8. $f(x)=\ln x$	$f'(x)=\dfrac{1}{x}$

　　我们已经推导了公式 1 以及公式 2 的一些特殊情况.如果对这些公式的完整推导过程感兴趣,可参阅高等数学的教科书.

　　有了这些导数公式,我们就可以解决下列问题.

　　问题 1:已知函数 $f(x)=\dfrac{1}{x^2}$,求 $f'(2)$.

　　分析:因为 $f(x)=\dfrac{1}{x^2}=x^{-2}$,所以 $f'(x)=-2x^{-2-1}=-2x^{-3}$,从而 $f'(2)=-2\times 2^{-3}=-\dfrac{1}{4}$.

　　问题 2:假设某国家在 20 年间的年通货膨胀率为 5%,物价 p(单位:元)与时间 t(单位:年)有如下函数关系

$$p(t)=p_0(1+5\%)^t,$$

其中 p_0 为 $t=0$ 时的物价.

　　假定某种商品的物价 $p_0=1$,那么在第 10 个年头,这种商品的价格上涨的速度大约是多少?（精确到 0.01)

　　分析:这种商品在第 10 个年头的价格上涨的速度就是 $p'(10)$.

　　因为

$$p'(t)=(1.05)^t\ln(1.05),$$

所以,$p'(10)=(1.05)^{10}\ln(1.05)\approx 0.08$(元/年),即在第 10 个年头,这种商品的价格

约以 0.08 元/年的速度上涨.

4.导数的四则运算法则

我们可以直接利用基本初等函数的导数公式,解决由基本初等函数刻画的问题.但有些复杂的问题是由若干基本初等函数复合而成的,如在上述问题中,某种商品的物价 $p_0=5$,此时 $p(t)=5\times1.05^t$,求 p 关于 t 的导数,就是求 $f(t) \cdot g(t)$ 的导数,其中 $f(t)=5,g(t)=1.05^t$.这就需要研究导数的运算法则.同时,这也符合"研究一种运算,就是研究这种运算的规律"的"数学方式".

下面的"导数运算法则"可以帮助我们解决两个函数加、减、乘、除的求导问题(表 8 - 9).

表 8 - 9 导数运算法则

1. $[f(x)\pm g(x)]'=f'(x)\pm g'(x)$
2. $[f(x) \cdot g(x)]'=f'(x) \cdot g(x)+f(x) \cdot g'(x)$
3. $\left[\dfrac{f(x)}{g(x)}\right]'=\dfrac{f'(x) \cdot g(x)-f(x) \cdot g'(x)}{[g(x)]^2}(g(x)\neq0)$

例如,我们从法则 2 可以得出
$$[Cf(x)]'=C' \cdot f(x)+C \cdot f'(x)=Cf'(x),$$
这样上述问题就迎刃而解了.

因为
$$p'(t)=(5\times1.05^t)'=5\times(1.05^t)'=5\times(1.05)^t\times\ln(1.05),$$
所以 $p'(10)=5\times\ln(1.05)\times(1.05)^{10}\approx0.4(元/年)$,即在第 10 个年头,这种商品的价格约以 0.4 元/年的速度上涨.

基本初等函数通过四则运算可以"产生"新的初等函数.这类初等函数的求导可以通过"导数四则运算法则"归结为基本初等函数的求导.

问题 1:根据基本初等函数的导数公式和导数运算法则,求函数 $y=x^2-2x+3$ 的导数.

分析:$y'=(x^2-2x+3)'=(x^2)'-(2x)'=2x-2.$

问题 2:求函数 $y=\dfrac{1}{x}$ 的导数.

分析:$y'=\left(\dfrac{1}{x}\right)'=\dfrac{1'\times x-1\times x'}{x^2}=\dfrac{0\times x-1\times1}{x^2}=-\dfrac{1}{x^2}.$

问题 3：日常生活中的饮用水通常是经过净化的.随着纯净度的提高,所需净化费用不断增加.已知将 $1t$ 水净化到纯净度为 $x\%$ 时所需费用(单位:元)为

$$c(x)=\frac{5\,284}{100-x}(80<x<100),$$

求净化到 90% 和 98% 纯净度时,所需净化费用的瞬时变化率.

分析：净化费用的瞬时变化率就是净化费用函数的导数.

因为

$$
\begin{aligned}
c'(x)&=\left(\frac{5\,284}{100-x}\right)'\\
&=\frac{5\,284'\times(100-x)-5\,284\times(100-x)'}{(100-x)^2}\\
&=\frac{0\times(100-x)-5\,284\times(-1)}{(100-x)^2}\\
&=\frac{5\,284}{(100-x)^2},
\end{aligned}
$$

所以 $c'(90)=\dfrac{5\,284}{(100-90)^2}=\dfrac{5\,284}{100}=52.84$,即纯净度为 90% 时,净化费用的瞬时变化率是 52.84 元/吨;$c'(98)=\dfrac{5\,284}{(100-98)^2}=\dfrac{5\,284}{4}=1\,321$,即纯净度为 98% 时,净化费用的瞬时变化率是 $1\,321$ 元/吨.

由上述计算过程可知,$c'(98)=25c'(90)$.它表示纯净度为 98% 左右时的净化费用变化率,大约是纯净度为 90% 左右时的净化费用变化率的 25 倍.它的实际含义是水的纯净度越高,需要的净化费用就越多,而且净化费用增加的速度也越快.

5. 简单的复合函数的求导

问题 1：如何求函数 $y=\ln(x+2)$ 的导数呢?

我们无法用现有的方法求函数 $y=\ln(x+2)$ 的导数.观察这个函数的结构,我们发现有如下特点:

若设 $u=x+2(x>-2)$,则 $y=\ln u$.从而 $y=\ln(x+2)$ 可以看成由 $y=\ln u$ 和 $u=x+2(x>-2)$ 经过"复合"得到的,即 y 可以通过中间变量 u 表示为自变量 x 的函数.

一般地,如果 y 与 u 的关系记作 $y=f(u)$,u 与 x 的关系记作 $u=g(x)$,那么这个"复合"的过程可以表示为

$$y=f(u)=f(g(x)).$$

并称这个函数为两个函数 $y=f(u)$ 和 $u=g(x)$ 的复合函数,记作 $y=f(g(x))$.

复合函数 $y=f(g(x))$ 的导数与函数 $y=f(u)$,$u=g(x)$ 的导数间的关系为

$$y'_x=y'_u \cdot u'_x.$$

即 y 对 x 的导数等于 y 对 u 的导数与 u 对 x 的导数的乘积.

这样,我们就可以求函数 $y=\ln(x+2)$ 的导数:

$$
\begin{aligned}
y'_x &= y'_u \cdot u'_x \\
&= (\ln u)' \cdot (x+2)' \\
&= \frac{1}{u} \cdot 1 \\
&= \frac{1}{x+2}.
\end{aligned}
$$

问题 2: 分别求函数 $y=(2x+3)^2$,$y=\mathrm{e}^{-0.05x+1}$,$y=\sin(\pi x+\varphi)$(其中,π、φ 均为常数)的导数.

分析: 函数 $y=(2x+3)^2$ 可以看作函数 $y=u^2$ 和 $u=2x+3$ 的复合函数.这样,根据复合函数求导法则有

$$
\begin{aligned}
y'_x &= y'_u \cdot u'_x \\
&= (u^2)' \cdot (2x+3)' \\
&= 4u \\
&= 8x+12.
\end{aligned}
$$

函数 $y=\mathrm{e}^{-0.05x+1}$ 可以看作函数 $y=\mathrm{e}^u$ 和 $u=-0.05x+1$ 的复合函数.这样,根据复合函数求导法则有

$$
\begin{aligned}
y'_x &= y'_u \cdot u'_x \\
&= (\mathrm{e}^u)' \cdot (-0.05x+1)' \\
&= -0.05\,\mathrm{e}^u \\
&= -0.05\,\mathrm{e}^{-0.05x+1}.
\end{aligned}
$$

函数 $y=\sin(\pi x+\varphi)$ 可以看作函数 $y=\sin u$ 和 $u=\pi x+\varphi$ 的复合函数.这样,根据复合函数求导法则有

$$
\begin{aligned}
y'_x &= y'_u \cdot u'_x \\
&= (\sin u)' \cdot (\pi x+\varphi)' \\
&= \pi\cos u \\
&= \pi\cos(\pi x+\varphi).
\end{aligned}
$$

注:《课程标准》关于复合函数的内容要求——会使用导数公式表,能求简单的复合函数〔限于形如 $f(ax+b)$ 的〕的导数.

三、依托导数在研究函数中的运用过程

1. 先行组织者

函数是描述客观世界变化规律的重要数学模型.函数的增与减,增减的快与慢,以及函数的最大值或最小值等性质刻画了函数在数量上的变化规律,利用这些变化规律我们就能解释客观世界的变化规律.导数是研究函数变化规律的有力工具,通过运用导数研究函数的性质的过程,有助于我们体会导数在研究函数中的作用.

2. 运用导数研究函数的单调性

(1) 问题引导

问题 1:观察函数及其导函数的图像,你能发现它们各自的变化规律之间有什么联系?(可以切入的具体问题如:运动员从起跳到最高点,以及从最高点到入水这两段时间的运动状态有什么区别?)

表 8-10

函数	函数的导函数	联系
高台跳水运动员的高度 h 随时间 t 变化的函数 $h(t)=-4.9t^2+6.5t+10$.	高台跳水运动员的速度 v 随时间 t 变化的函数 $h'(t)=-9.8t+6.5$.	高台跳水运动员的高度 h 随时间 t 变化的函数 $h(t)$ 关于时间 t 的导函数,就是跳水运动员的速度 v 随时间 t 变化的函数,即 $v(t)=h'(t)$.
（h-t 图像）	（v-t 图像）	函数 $h(t)$ 在区间 $[0,a]$ 以及区间 $[a,b]$ 上的图像,分别对应函数 $v(t)$（即 $h'(t)$）在区间 $[0,a]$ 以及区间 $[a,b]$ 上的图像.
运动员从起跳到最高点,离水面的高度 h 随时间 t 的增加而增加,即 $h(t)$ 在区间 $(0,a)$ 上是增函数.	在区间 $(0,a)$ 上,运动员的速度 $v(t)>0$,即 $h'(t)>0$.	在区间 $(0,a)$ 上,$h(t)$ 是增函数,相应地,$h'(t)>0$.
从最高点到入水,运动员离水面的高度 h 随时间 t 的增加而减小,即 $h(t)$ 在区间 (a,b) 上是减函数.	在区间 (a,b) 上,运动员的速度 $v(t)<0$,即 $h'(t)<0$.	在区间 (a,b) 上,$h(t)$ 是减函数,相应地,$h'(t)<0$.

问题 2:从问题 1 中,我们发现导数的正负与函数的单调性具有相应的关系.这种关系是否具有一般性呢?

表 8 - 11

函数及其图像	导函数及其正负	函数的单调性
	$y'=1>0.$	函数 $y=x$ 在区间$(-\infty,+\infty)$上是增函数.
	$y'=2x,$ 当 $x\in(-\infty,0)$时,$y'<0$; 当 $x\in(0,+\infty)$时,$y'>0.$	函数 $y=x^2$ 在区间$(-\infty,0)$上是减函数;在区间$(0,+\infty)$上是增函数.
	$y'=3x^2,$ 当 $x\in(-\infty,0)$时,$y'>0$; 当 $x\in(0,+\infty)$时,$y'>0.$	函数 $y=x^3$ 在区间$(-\infty,+\infty)$上是增函数.
	$y'=-x^{-2},$ 当 $x\in(-\infty,0)$时,$y'<0$; 当 $x\in(0,+\infty)$时,$y'<0.$	函数 $y=x^{-1}$在区间$(-\infty,0)$上及$(0,+\infty)$上都是减函数.

（2）归纳抽象

一般地，函数的单调性与其导函数的正负有如下关系：

在某个区间 (a,b) 上，如果 $f'(x)>0$，那么函数 $y=f(x)$ 在这个区间上单调递增；如果 $f'(x)<0$，那么函数 $y=f(x)$ 在这个区间上单调递减.

追问：如果在某个区间上，恒有 $f'(x)=0$，那么函数 $y=f(x)$ 有什么特性？

（3）纵向联系

回顾函数单调性的定义，思考某个区间上函数 $y=f(x)$ 的平均变化率的几何意义与其导数正负的关系（表 8 - 12）.

表 8 - 12

函数单调性	平均变化率的几何意义	导数正负
增函数：设 x_1、$x_2 \in I$，若 $\dfrac{f(x_1)-f(x_2)}{x_1-x_2}>0$，则函数 $y=f(x)$ 在区间 I 上是增函数.	割线 P_1P_2 的斜率 $$\frac{f(x_1)-f(x_2)}{x_1-x_2}>0.$$	在区间 I 上 $f'(x)>0$.
减函数：设 x_1、$x_2 \in I$，若 $\dfrac{f(x_1)-f(x_2)}{x_1-x_2}<0$，则函数 $y=f(x)$ 在区间 I 上是减函数.	割线 P_1P_2 的斜率 $$\frac{f(x_1)-f(x_2)}{x_1-x_2}<0.$$	在区间 I 上 $f'(x)<0$.

（4）应用内化

问题 1：根据导函数 $y=f'(x)$ 的若干信息，获得函数 $y=f(x)$ 的大致形状.例如，已知导函数 $y=f'(x)$ 的下列信息：当 $1<x<4$ 时，$f'(x)>0$；当 $x>4$ 或 $x<1$ 时，$f'(x)<0$；当 $x=4,x=1$ 时，$f'(x)=0$.试画出函数 $y=f(x)$ 的大致形状.

问题 2：根据导函数判断函数的单调性，并求单调区间.例如，$f(x)=x^3+3x$；$f(x)=x^2-2x-3$；$f(x)=\sin x-x,x\in(0,\pi)$；$f(x)=2x^3+3x^2-24x+1$.

分析：如果不用导数的方法，解决上述问题仅依据单调性的定义，运算过程比较烦琐.从中可体会到导数工具的力量.

问题 3：根据导数值的大小，刻画函数增减的快慢.如图 8 - 5，水以恒速（即单位时间内注入水的体积相同）注入下面四种底面积相同的容器中.请分别找出与各容器对应的水的高度 h 与时间 t 的函数关系的图像.

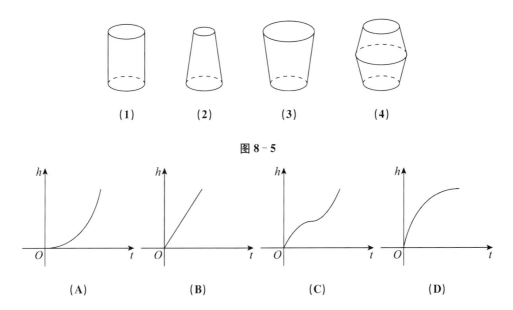

图 8 - 5

追问：上述问题表明，通过函数图像，不仅可以看出函数的增与减，还可以看出其增减的快慢.结合图像，你能从导数的角度解释增减快慢的情况吗？

考察函数 $f(x)=\ln x$，其导函数为 $f'(x)=\dfrac{1}{x}$.从导数的角度解释增减快慢的情况，如表 8 - 13 所示.

表 8 - 13

x 的范围	$(0,1)$	$(1,2)$	$(2,3)$	……	$(10,100)$	……
$\lvert f'(x) \rvert$ 的范围	$(1,+\infty)$	$\left(\dfrac{1}{2},1\right)$	$\left(\dfrac{1}{3},\dfrac{1}{2}\right)$	……	$\left(\dfrac{1}{100},\dfrac{1}{10}\right)$	……
图像的变化趋势	最"陡峭"	次"陡峭"	趋"平缓"	……	比较平缓	……

如图 8 - 6，函数 $y=f(x)$ 在区间 $(0,a)$ 上的图像"陡峭"，在区间 $(a,+\infty)$ 上的图像"平缓".

一般地，如果一个函数在某一范围内导数的绝对值较大，那么函数在这个范围内变化得快，这时，函数的图像就比较"陡峭"（向上或向下）；反之，函数的图像就"平缓"一些.

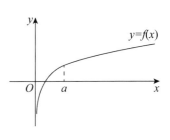

图 8 - 6

3. 运用导数研究函数的极值和最值

（1）问题引导

问题：观察高台跳水函数的图像（图 8 - 7），当 $t=a$ 时，运动员距水面的高度最大.那么,函数 $h(t)$ 在此点的导数是多少? 此点附近的图像有什么特点? 相应地,导数的符号有什么变化规律?

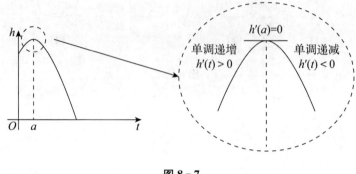

图 8-7

通过观察,我们看到(表 8-14):在 $t=a$ 附近,函数值先增($t<a$ 时,$h'(t)>0$)后减($t>a$ 时,$h'(t)<0$).这样,当 t 在 a 附近从小到大经过 a 时,$h'(t)$ 先正后负,且 $h'(t)$ 连续变化,于是有 $h'(a)=0$.

表 8-14

t	$t<a$	$t=a$	$t>a$
导数 $h'(t)$	$h'(t)>0$	$h'(a)=0$	$h'(t)<0$
函数 $h(t)$	单调递增	点 a 叫做极大值点, $h(a)$ 叫做函数 $h(t)$ 的极大值	单调递减

(2) 一般归纳

问题:对于一般的函数 $y=f(x)$,是否也有同样的性质呢?

通过观察函数 $y=f_1(x)$ 和 $y=f_2(x)$ 的图像(图 8-8),探究函数 $y=f_1(x)$ 在 a、b,和函数 $y=f_2(x)$ 在 c、d、e、f、g、h 等点的函数值与这些点附近的函数值有什么关系? 以及在这些点的导数是多少? 在这些点附近,导数的符号有什么规律?

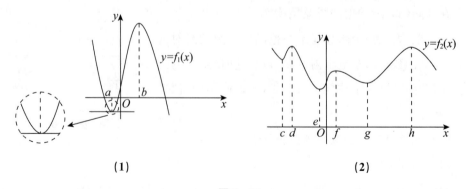

(1)   (2)

图 8-8

以 a、b 两点附近为例,如表 8 - 15 所示.

表 8 - 15

x	$x<a$	$x=a$	$x>a$	$x<b$	$x=b$	$x>b$
$f'(x)$	—	0	+	+	0	—
$f(x)$	↘	$f(a)$	↗	↗	$f(b)$	↘

我们把点 a 叫做极小值点,$f(a)$ 叫做函数 $f(x)$ 的极小值;点 b 叫做极大值点,$f(b)$ 叫做函数 $f(x)$ 的极大值.极小值点、极大值点统称为极值点,极小值、极大值统称为极值.

（3）应用内化

问题:直接利用极值理论求函数的极值.例如,求函数 $f(x)=\dfrac{1}{3}x^3-4x+4$ 的极值.

分析:$f'(x)=x^2-4=(x-2)(x+2)\geqslant0\Leftrightarrow x\geqslant2$ 或 $x\leqslant-2$,这样,当 x 变化时,$f'(x)$、$f(x)$ 的变化情况如表 8 - 16 所示.

表 8 - 16

x	$(-\infty,-2)$	$x=-2$	$(-2,2)$	$x=2$	$(2,+\infty)$
$f'(x)$	+	0	—	0	+
$f(x)$	↗	$f(-2)$	↘	$f(2)$	↗

从而,当 $x=-2$ 时,函数 $f(x)$ 有极大值 $f(-2)=\dfrac{28}{3}$;当 $x=2$ 时,函数 $f(x)$ 有极小值 $f(2)=-\dfrac{4}{3}$.

根据上述信息,我们可以画出它的大致图像(图 8 - 9).

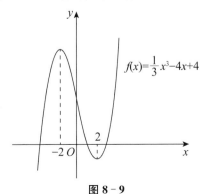

图 8 - 9

追问 1:函数的极大值一定大于极小值吗？（反例：可画图说明）

追问 2:导数值为 0 的点一定是函数的极值点吗？（反例：$y=x^3$）

归纳：一般地，函数 $y=f(x)$ 在一点的导数值为 0 是函数 $y=f(x)$ 在这点取极值的必要条件，而非充分条件.

（4）方法归纳

一般地，求函数 $y=f(x)$ 的极值的方法是：

解方程 $f'(x)=0$，当 $f'(x_0)=0$ 时：

如果在 x_0 附近的左侧 $f'(x)>0$，右侧 $f'(x)<0$，那么 $f(x_0)$ 是极大值；

如果在 x_0 附近的左侧 $f'(x)<0$，右侧 $f'(x)>0$，那么 $f(x_0)$ 是极小值.

极值反映了函数在某一点附近的大小情况，刻画的是函数的局部性质.

（5）以函数的极值为基础求函数的最值

函数的极值反映的是函数在某一点附近的局部性质，而不是函数在某个定义域内的性质.简要地说，极值是在极大（小）值点 x_0 附近，找不到比 $f(x_0)$ 更大（小）的函数值.但是，在解决实际问题或研究函数的性质时，我们往往更关心函数在某个区间上哪个值最大，哪个值最小.

与极大（小）值点类似，如果 x_0 是函数 $y=f(x)$ 的最大（小）值点，那么 $f(x_0)$ 在相应的区间上不小于（不大于）函数 $y=f(x)$ 的所有函数值.

问题 1:结合函数的图像（图 8-10），找出它的极值.例如，观察区间 $[a,b]$ 上函数 $y=f(x)$ 的图像，你能找出它的极大值、极小值吗？

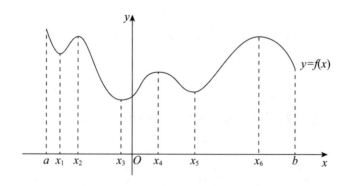

图 8-10

问题 2:结合函数的图像，找出它的最值（表 8-17）.你能找出函数 $y=f(x)$ 在区间 $[a,b]$ 上的最值吗？

表 8 - 17

图像	最大值	最小值	分析
	$f(a)$	$f(x_3)$	因为 $f(a)$ 不小于所有的极大值,所以最大值在端点 a 取到;最小值 $f(x_3)$ 是极小值中最小的.
	$f(b)$	$f(a)$	最大值和最小值都在端点取到.
	$f(x_3)$	$f(x_4)$	最大值 $f(x_3)$ 是极大值中最大的;最小值 $f(x_4)$ 是极小值中最小的.

归纳:一般地,如果在区间 $[a,b]$ 上函数 $y=f(x)$ 的图像是一条连续不断的曲线,那么它必有最大值和最小值.最值在所有的极值和区间端点的函数值中比较产生.

问题 3:如图 8 - 11,求函数 $f(x)=\dfrac{1}{3}x^3-4x+4$ 在区间 $[0,3]$ 上的最大值与最小值.

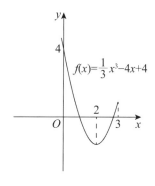

$f(x)=\dfrac{1}{3}x^3-4x+4$

图 8 - 11

总结：一般地，求函数 $y=f(x)$ 在区间 $[a,b]$ 上的最大值和最小值的步骤如下：

第一步：求函数 $y=f(x)$ 在区间 (a,b) 上的极值；

第二步：将函数 $y=f(x)$ 的各极值与端点处的函数值 $f(a)$、$f(b)$ 进行比较，其中最大的一个是最大值，最小的一个是最小值.

研究函数时，单调性与极大（小）值、最大（小）值是重要的主题，但限于初等数学所能提供的工具，在很多常见函数面前，我们还是常常束手无策.而导数则为我们研究函数的这些性质提供了通用和便捷的手段.

4. 运用导数解决实际问题

通过前面的学习，我们体会到导数是求函数最大（小）值的有力工具.现实生活中经常会遇到求利润最大、用料最省、效率最高等问题，这些问题通常称为优化问题，解决优化问题时导数将大显身手.

问题 1：海报版面尺寸的设计

学校或班级举行活动，通常需要张贴海报进行宣传.现请你设计一张如图 8－12 所示的竖向张贴的海报，要求版心面积为 128 dm²，上、下两边各空 2 dm，左、右两边各空 1 dm.如何设计海报的尺寸，才能使四周空白面积最小？

图 8－12

分析：若设版心的高为 x dm，则版心的宽为 $\dfrac{128}{x}$ dm.此时四周空白面积为

$$S(x)=(x+4)\left(\frac{128}{x}+2\right)-128=2x+\frac{512}{x}+8(x>0).$$

$$S'(x)=2-\frac{512}{x^2}.$$

令 $S'(x)=0$，则 $2-\dfrac{512}{x^2}=0$.解得 $x=16,x=-16$（舍去）.

这样，当 $x\in(0,16)$ 时，$S'(x)<0$；$x=16$ 时，$S'(x)=0$；当 $x\in(16,+\infty)$ 时，$S'(x)>0$.

于是，$x=16$ 是函数 $S(x)$ 的极小值点，也是最小值点.

所以，当版心高为 16 dm，宽为 8 dm 时，海报四周空白面积最小.

问题 2：饮料瓶大小对饮料公司利润的影响

你是否注意过，市场上等量的小包装的物品一般比大包装的要贵些？你想从数学上知道它的道理吗？你是否这么认为：饮料瓶越大，饮料公司的利润越大？

例如，某制造商制造并出售球形瓶装的某种饮料.瓶子的制造成本是 $0.8\pi r^2$ 分，其

中 r(单位:cm)是瓶子的半径.已知每出售 1 mL 的饮料,制造商可获利 0.2 分,且制造商能制作的瓶子的最大半径为 6 cm.问:瓶子半径多大时,能使每瓶饮料的利润最大或最小?

分析:每瓶饮料的利润 $y=f(r)=0.2\times\dfrac{4}{3}\pi r^3-0.8\pi r^2=0.8\pi\left(\dfrac{r^3}{3}-r^2\right)(0<r\leqslant 6)$.

令 $f'(r)=0.8\pi(r^2-2r)=0$,得 $r=2,r=0$(舍去).

这样就有:当 $r=2$ 时,有 $f'(r)=0$;当 $r\in(0,2)$ 时,有 $f'(r)<0$,函数 $f(r)$ 递减,即半径越大,利润越小;当 $r\in(2,6)$ 时,有 $f'(r)>0$,函数 $f(r)$ 递增,即半径越大,利润越大.

所以,当半径为 2 cm 时,利润最小为 $f(2)=-\dfrac{16}{15}\pi$.此时,$f(2)<0$,说明此种规格的瓶装饮料的利润不够瓶子的成本,利润是负的.

当 $r\in(2,6)$ 时,随着半径从 2 增大到 6,利润也从负的逐渐增大到 $f(6)\approx 90.5$ 分,因此,半径为 6 cm 时,利润最大.

注意到 $f(2)<0,f(6)>0$,且函数 $f(r)$ 在区间 $(2,6)$ 上是连续不断的,因此函数 $f(r)$ 在 $(2,6)$ 内存在零点.令 $f(r)=0.8\pi\left(\dfrac{r^3}{3}-r^2\right)=0$,得 $r=3$.

这样就有 $f(3)=0$,即瓶子的半径为 3 cm 时,饮料的利润与饮料瓶的成本恰好相等;只有当瓶子的半径大于 3 时,利润才是正的.

通过上述分析,就可以解释等量的小包装的物品一般比大包装的要贵些,否则制造商就没有利润可赚;而饮料瓶越大,饮料公司的利润确实越大.

其实,根据上述分析得到的信息,可以画出利润函数 $y=f(r)$ 的简图(图 8-13).根据简图,就可以解释饮料瓶大小对饮料公司利润的影响.

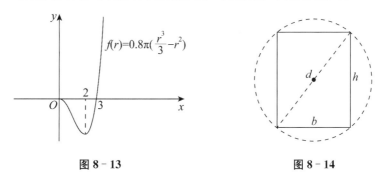

图 8-13　　　　　　　　　图 8-14

问题 3:抗弯强度问题

如图 8-14,将一根直径为 d 的圆木锯成截面为矩形的梁.问:矩形的高 h 和宽 b 应如何选择,才能使梁的抗弯强度 $W=\dfrac{1}{6}bh^2$ 最大?

　　分析： 根据题意，可知 $h^2 = d^2 - b^2$，所以 $W = f(b) = \dfrac{1}{6}b(d^2 - b^2)\,(0 < b < d)$.

　　令 $f'(b) = \dfrac{1}{6}d^2 - \dfrac{1}{2}b^2 = \dfrac{1}{6}(d - \sqrt{3}\,b)(d + \sqrt{3}\,b) = 0$，得 $b = \dfrac{\sqrt{3}}{3}d$.

　　这样就有：当 $b = \dfrac{\sqrt{3}}{3}d$ 时，有 $f'(b) = 0$；当 $b \in \left(0, \dfrac{\sqrt{3}}{3}d\right)$ 时，有 $f'(b) > 0$，函数 $f(b)$ 递增，即矩形越宽，抗弯强度越大；当 $b \in \left(\dfrac{\sqrt{3}}{3}d, d\right)$ 时，有 $f'(b) < 0$，函数 $f(b)$ 递减，即矩形越宽，抗弯强度越小.

　　所以，当高 $h = \dfrac{\sqrt{6}}{3}d$，宽 $b = \dfrac{\sqrt{3}}{3}d$ 时，即高是宽的 $\sqrt{2}$ 倍时，抗弯强度最大.

　　概括上述三个问题的解决过程，一般地，解决优化问题的过程和思路可以用图 8-15 表示.

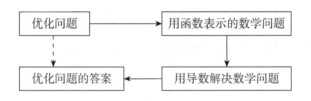

图 8-15

　　上述过程其实就是一个典型的数学建模过程：首先把实际问题转化为用函数表示的数学问题，再利用导数解决数学问题（可以用导数刻画函数的变化情况，也可以结合导数运算结果得到函数图像的变化规律，再利用图像的变化规律解释实际问题），最后得到优化问题的答案.这个过程对培养和发展学生的数学建模、数学运算、直观想象等素养具有非常重要的作用.

　　总之，要充分重视导数概念的建立过程，从典型实际问题出发，研究平均变化率及其表示，再过渡到瞬时变化率及其表示，最后形成导数的概念，这个过程对发展和提升学生的数学抽象、数学运算和直观想象具有重要的价值；而获得基本初等函数的导数公式和利用导数运算法则求简单函数的导数的过程，则是发展学生数学运算和逻辑推理能力的重要时机；借助几何直观建立函数的单调性与导数的关系，进而解决现实中的优化问题的过程，是一个不可多得的发展学生数学建模素养的契机.

第三节 实践案例——导数的概念

导数的概念形成需要充分的过程.从考察实际问题的变化率开始,利用原有的知识经验研究它们的平均变化率,发现平均变化率在刻画事物变化状态上的不足,进而在逼近思想指导下用平均变化率探究瞬时变化率,然后在一般化思想指导下抽象出函数的瞬时变化率(即导数),在数形结合思想指导下认识导数的几何意义,最后在现实的、数学的情境中进行简单应用.因此,导数概念的教学需要 4 课时,具体内容与目标可以安排成如表 8-18 所示,本节课为第 2 课时.

表 8-18

课时	内容	目标	内容与要求(课程标准)
1	变化率问题 平均变化率 割线斜率	通过实例分析,经历由具体问题的平均变化率到平均变化率的抽象过程,了解平均变化率的数学表达和几何意义.	帮助学生通过丰富的实际背景理解导数的概念,解决一些简单问题. ① 通过实例分析,经历由平均变化率过渡到瞬时变化率的过程,了解导数概念的实际背景,知道导数是关于瞬时变化率的数学表达,体会导数的内涵与思想. ② 体会极限思想. ③ 通过函数图像直观理解导数的几何意义.
2	瞬时变化率与导数 某点处的导数及其几何意义	借助实际问题,经历由平均变化率过渡到瞬时变化率的过程,抽象瞬时变化率,形成导数的概念,体会特殊到一般和极限的思想方法;通过求解曲线上特殊点处的导数及其几何意义的解释,掌握求导步骤,从形的直观中体会极限思想.	
3	导数的几何意义	通过函数图像直观理解导数的几何意义,体会"以直代曲"的思想方法.	
4	导数的简单应用	利用导数的实际意义、数值意义、几何意义解决简单的实际问题.	

通过 4 课时的学习,结合具体内容开展抽象、运算和直观想象等数学活动,从导数的实际意义、数值意义、几何意义等方面理解导数内涵与思想,建构导数概念,促进学生数学核心素养的发展.

【教学目标】

借助高台跳水和原油温度变化等问题,经历由平均速度到瞬时速度的过渡,抽象瞬时变化率,形成导数的概念,体会特殊到一般和极限的思想方法;通过求解曲线上特殊点处的导数及其几何意义的解释,掌握求导步骤,从形的直观中体会极限思想.通过上述过程促进数学抽象、数学运算、直观想象等素养的发展.

【教学分析】

导数是微积分的核心概念之一,也是支撑高中数学知识框架的基本概念之一,在高中数学体系中有着举足轻重的作用.导数是处理复杂变化和变化中的瞬时状态的有力工具,它定量地刻画了函数的局部变化,是研究函数性质的基本工具.

《课程标准》考虑到高中学生的认知水平,没有采用数学分析中"数列—数列的极限—函数的极限—导数"的概念呈现方式,而是从变化率入手,用直观形象的"逼近"定义导数.这样的编排,一方面,化解了极限形式化定义的认知困难对理解导数本质的干扰,将更多的精力放在对导数本质与内涵的理解上;另一方面,学生对"逼近"的思想有了丰富的直观认知基础和一定的理解,有利于大学学习严格的极限定义.

学生已经具备的认知基础:在高中一年级的物理课程中学习过瞬时速度;在之前学习函数零点的过程中,已有利用"二分法"逼近函数零点的经验."逼近"的思想对于学生而言,并不陌生.

学习中可能存在的困难:一是学生难以想象在时间间隔越来越小时,运动的物体在某一时刻附近的平均速度逐渐趋近于一个确定的值(即瞬时速度);二是将具体的"从平均速度过渡到瞬时速度的过程"抽象迁移到一般的"从平均变化率过渡到瞬时变化率的过程".

基于以上分析,第 1 课时的教学,应通过几个典型问题变化率的分析,了解平均变化率的实际意义和数学表达;通过对具体问题平均变化率的抽象,形成平均变化率的数学表达;通过数形结合,理解平均变化率的几何意义,为第 2 课时的目标达成做好数学知识、数学方法上的准备.

本课时的教学基于第 1 课时,注重逼近方法的引导和变化率表达形式的一般化.通过复习回顾,引发学习瞬时速度的必要性;通过测速原理的引导,迁移逼近方法;通过数值逼近的运算操作,充分感知当 $|\Delta t|$ 趋近于 0 时,$\frac{\Delta h}{\Delta t}$ 趋近于一个定值,体会由平均变化率过渡到瞬时变化率中的极限思想;通过确定点的瞬时变化率表达形式到任意点的瞬时变化率表达形式的抽象,形成导数定义;通过求解具体函数在具体点处的导数,从抽象回到具体,理解导数这个对象的"过程性"含义,展现其几何意义,为第 3 课时的目标达成积累经验.

源于导数对象的"过程性",借助信息技术,通过计算操作、几何画板软件展示等方法,可以实现"逼近"过程和特殊点到任意点的可视化,帮助学生领悟导数的思想实质.

【教学过程】

回顾引思—操作探究—概括抽象—固化运用—结构图式—作业评价.

环节一 回顾引思

教的过程	学的过程	说明
问题1:上节课我们计算了高台跳水运动员跳水过程中的平均速度(教师呈现计算结果,如表8-2所示),运动员在 $0\leqslant t\leqslant\frac{65}{49}$ 这段时间内是静止的吗? 问题2:你认为用平均速度描述运动员的运动状态有什么问题吗? 追问:高台跳水运动员需要在跳水过程中做出各种不同的动作,为了设计不同时刻的不同动作,需要准确把握运动员在每一时刻的速度.据此,你能提出一个值得研究的具体问题吗?	1. 回顾典型实际问题中的平均变化率:平均速度只能粗略地描述某段时间内的运动状态,并不能精确刻画运动员在每一时刻的运动状态. 2. 提出要研究的问题:在一次跳水运动中,某高台跳水运动员相对于水面的高度 h(单位:m)与起跳后的时间 t(单位:s)存在函数关系 $h(t)=-4.9t^2+6.5t+10$.计算运动员在 $t=1$ 时的瞬时速度.	回顾上节课计算、交流的结果,引发学生的认知冲突,明确本节课学习的必要性.

环节二 操作探究

教的过程	学的过程	说明
测速原理引导:结合交警测速现场的小视频,讲解激光测速仪的工作原理:利用激光反射,测出汽车在给定时间内的移动距离,从而得出这段时间的平均速度. 问题1:采用激光测速仪的取证结果来判断汽车是否超速,受到全世界广泛的认可和推广.你能解释它的合理性吗?	1. 因为光速极大,所以激光测速仪接收激光光束的反射波所得的时间差极短,从而所得的平均速度近似于汽车这一时刻的瞬时速度. 进一步,设汽车在 t_0 时刻附近某一时间段内的平均速度是 $\bar{v}$,可以想象,如果不断缩短这一时间段的长度,那么 $\bar{v}$ 将越来越趋近于汽车在 t_0 时刻的瞬时速度.	1. 数学源于生活,用于生活.由生活实例中的测速原理,引导学生从平均速度入手,寻求解决瞬时速度的思路,明确研究方法的合理性.

（续表）

教的过程	学的过程	说明
问题2：运用同样的原理方法，你能用数学的方法来研究高台跳水运动员在 $t=1$ 时刻的瞬时速度吗？（教师先示范一次计算平均速度，引导学生明确计算公式） 问题3：观察 $t=1$ 附近的平均速度的变化情况，你猜想出的 $t=1$ 处的瞬时速度是多少？为什么？ 问题4：平均速度趋近于一个确定的值 -3.3，与哪个量的变化有关呢？ 问题5："当 Δt 趋近于 0 时，平均速度 $\bar{v}$ 趋近于确定的值 -3.3。"你能解释它的实际含义吗？ 问题6：我们用逼近的方法得到了在时刻 $t=1$ 高台跳水运动员的瞬时速度。你能用同样的方法获得在 $t=2$ 时刻跳水运动员的瞬时速度吗？ 问题7：你能将上述过程用数学符号表示吗？	2. 分组合作，计算 $t=1$ 附近的平均速度，观察它的变化情况，见下表。 （见下表） 3. 猜想：$t=1$ 秒处的瞬时速度是 -3.3，并交流猜想的依据。 4. 结合计算过程，思考、交流得出：当 Δt 趋近于 0 时，平均速度趋近于一个确定的值 -3.3。 5. 根据物理知识，当 Δt 趋近于 0 时，平均速度趋近于瞬时速度。从而得出，当 $t=1$，Δt 趋近于 0 时，平均速度 $\bar{v}$ 所趋近的那个定值，就是跳水运动员在 $t=1$ 时的瞬时速度。 6. 学生独立完成运算操作，获得跳水运动员在时刻 $t=2$ 的瞬时速度为 -13.1 m/s。 7.（1）在 $t=1$ 时，当 $\Delta t \to 0$ 时，$\bar{v} \to -3.3$，即 $$\lim_{\Delta t \to 0}\frac{h(1+\Delta t)-h(1)}{\Delta t}=-3.3.$$ （2）在 $t=2$ 时，当 $\Delta t \to 0$ 时，$\bar{v} \to -13.1$，即 $$\lim_{\Delta t \to 0}\frac{h(2+\Delta t)-h(2)}{\Delta t}=-13.1.$$	2. 通过迁移测速原理和方法引导对具体任务的探究；通过数学运算操作，感受平均速度的变化趋势。 3. 更多的数值有利于学生发现其中蕴含的规律。 4. 将变化规律用简约的符号来表达，为抽象导数定义提供具体例证。

学生过程中表格：

在 $t=1$ 时刻之前		在 $t=1$ 时刻之后	
当 $\Delta t<0, 1+\Delta t<1$		当 $\Delta t>0, 1+\Delta t>1$	
在 $[1+\Delta t, 1]$ 这段时间内，$\bar{v}=\dfrac{h(1)-h(1+\Delta t)}{1-(1+\Delta t)}=-4.9\Delta t-3.3$		在 $[1, 1+\Delta t]$ 这段时间内，$\bar{v}=\dfrac{h(1+\Delta t)-h(1)}{(1+\Delta t)-1}=-4.9\Delta t-3.3$	
$\Delta t=-0.01$	$\bar{v}=-3.349$	$\Delta t=0.01$	$\bar{v}=-3.251$
$\Delta t=-0.001$	$\bar{v}=-3.304\,9$	$\Delta t=0.001$	$\bar{v}=-3.295\,1$
$\Delta t=-0.000\,1$	$\bar{v}=-3.300\,49$	$\Delta t=-0.000\,1$	$\bar{v}=-3.299\,51$
$\Delta t=0.000\,01$	$\bar{v}=-3.300\,049$	$\Delta t=-0.000\,01$	$\bar{v}=-3.299\,951$
$\Delta t=0.000\,001$	$\bar{v}=-3.300\,004\,9$	$\Delta t=-0.000\,001$	$\bar{v}=-3.299\,995\,1$
...	...	...	...

环节三　概括抽象

教的过程	学的过程	说明
问题 1：一般地，运动员在某一时刻 t_0 的瞬时速度怎样表示？ 问题 2：一般地，函数 $y=f(x)$ 在 $x=x_0$ 处的瞬时变化率怎样表示？ 一般地，我们把函数 $y=f(x)$ 在 $x=x_0$ 处的瞬时变化率，叫做函数 $y=f(x)$ 在 $x=x_0$ 处的导数。	1. 运动员在某一时刻 t_0 的瞬时速度 $$\lim_{\Delta t \to 0}\frac{h(t_0+\Delta t)-h(t_0)}{\Delta t}.$$ 2. 函数 $y=f(x)$ 在 $x=x_0$ 处的瞬时变化率 $$\lim_{\Delta x \to 0}\frac{\Delta y}{\Delta x}=\lim_{\Delta x \to 0}\frac{f(x_0+\Delta x)-f(x_0)}{\Delta x}.$$ 3. 学生阅读教材，理解导数的定义和符号表达：一般地，函数 $y=f(x)$ 在 $x=x_0$ 处的瞬时变化率是 $$\lim_{\Delta x \to 0}\frac{\Delta y}{\Delta x}=\lim_{\Delta x \to 0}\frac{f(x_0+\Delta x)-f(x_0)}{\Delta x}.$$ 我们称它为函数 $y=f(x)$ 在 $x=x_0$ 处的导数，记作 $f'(x_0)$ 或 $y'\vert_{x=x_0}$，即 $$f'(x_0)=\lim_{\Delta x \to 0}\frac{\Delta y}{\Delta x}=\lim_{\Delta x \to 0}\frac{f(x_0+\Delta x)-f(x_0)}{\Delta x}.$$	引导学生从特殊到一般，获得 $t=t_0$ 时的瞬时速度的形式化表示，舍弃变化率问题的实际意义，抽象为数学问题，定义导数。

环节四　固化运用

教的过程	学的过程	说明
例 1：求 $f(x)=x^2$ 在 $x=2$ 处的导数。 练习：求 $f(x)=x^2$ 在 $x=0$ 处的导数。 分析： $f'(0)=\lim\limits_{\Delta x \to 0}\dfrac{f(0+\Delta x)-f(0)}{\Delta x}$ $=\lim\limits_{\Delta x \to 0}\dfrac{(0+\Delta x)^2-0^2}{\Delta x}$ $=\lim\limits_{\Delta x \to 0}\Delta x=0.$	解：因为平均变化率 $$\frac{\Delta y}{\Delta x}=\frac{f(2+\Delta x)-f(2)}{\Delta x}=\frac{(2+\Delta x)^2-2^2}{\Delta x}$$ $$=\frac{(\Delta x)^2+4\Delta x}{\Delta x}=\Delta x+4,$$ 所以 $$f'(2)=\lim_{\Delta x \to 0}\frac{f(2+\Delta x)-f(2)}{\Delta x}$$ $$=\lim_{\Delta x \to 0}(4\Delta x+4)=4.$$	熟悉导数的定义，掌握求导步骤，了解导数的内涵；求 $f'(0)$ 为探究导数的几何意义作铺垫。
观察：借助几何画板软件，在点 A 趋近于原点 O 的过程中，割线 OA 趋近于确定的位置（点 O 处的切线），割线 OA 的斜率趋近于切线的斜率。 问题：曲线 $f(x)=x^2$ 在 $x=0$ 处的切线的斜率是多少？据此你能猜想曲线 $f(x)=x^2$ 在 $x=0$ 处的导数的几何意义吗？	 几何意义：曲线 $f(x)=x^2$ 在 $x=0$ 处的导数（瞬时变化率）就是原点 O 处的切线的斜率。	通过数形结合的方法，运用技术直观感知抛物线的割线和切线的位置关系，积累理解导数几何意义的经验，体会极限思想。

环节五 结构图式

教的过程	学的过程	说明
引导学生对导数概念的发生发展过程进行概括小结.	数学知识 平均速度→瞬时速度 平均变化率→瞬时变化率 } →导数的定义 数学思想方法 逼近思想:平均速度 $\xrightarrow{逼近}$ 瞬时速度 由特殊到一般,由具体到抽象: 瞬时速度 $\xrightarrow{抽象}$ 瞬时变化率	对知识形成过程及其蕴含的思想方法进行提炼,体会极限思想在解决问题中的作用.

	具体(实际意义)		抽象(数值意义)	几何意义
特殊	平均速度 $\bar{v}=\dfrac{h(1+\Delta t)-h(1)}{\Delta t}$ ↓逼近	抽象	$f(x)$平均变化率$\dfrac{\Delta y}{\Delta x}=\dfrac{f(x_2)-f(x_1)}{x_2-x_1}$ ↓逼近	割线的斜率
	瞬时速度$\lim\limits_{\Delta t\to 0}\dfrac{h(1+\Delta t)-h(1)}{\Delta t}$ ↓一般化	抽象	$f(x)$瞬时变化率$\lim\limits_{\Delta x\to 0}\dfrac{f(0+\Delta x)-f(0)}{\Delta x}$ ↓一般化	$x=0$ 处的切线的斜率
一般	在时刻 t_0 处的瞬时速度 $\lim\limits_{\Delta t\to 0}\dfrac{h(t_0+\Delta t)-h(t_0)}{\Delta t}$	抽象	$f(x)$在 x_0 处的导数 $\lim\limits_{\Delta x\to 0}\dfrac{f(x_0+\Delta x)-f(x_0)}{\Delta x}$	x_0 处的切线的斜率

环节六 作业评价

作业内容	设计意图	评价目标
1. 求函数 $f(x)=2x$ 在 $x=1,x=2$ 处的导数,并指出其几何意义.	复习求导步骤,感悟导数的几何意义.	在熟悉的数学情境中,能运用求导步骤正确求解.
2. 计算原油温度变化问题中第 3 小时和第 5 小时原油温度的瞬时变化率,并说明它们的意义.	复习瞬时变化率,理解其实际意义.	在熟悉的现实情境中,能运用求导步骤正确求解并理解结论的现实含义.
3. 函数的平均变化率其几何意义就是割线的斜率,结合本节课所用的逼近方法,试探究导数的几何意义.	复习运用逼近方法,自主探究导数的几何意义,为后继学习作准备.	在熟悉的数学情境中,能运用逼近方法尝试探究问题.
说明:能正确地解答作业1,说明学生能在熟悉的数学情境中了解运算对象,形成合适的运算思路,能够正确求解,并作出直观解释.根据满意原则,可以认为达到数学运算素养水平一、直观想象水平一的要求.		

第九章

复数单元的育人价值与核心素养培养

第一节　本单元的育人价值

一、本单元的学科价值

经过许多数学家长期不懈的努力,深刻探讨并发展了复数理论,才使得在数学领域游荡了 200 年的"幽灵"——虚数,揭去了神秘的面纱,显现出它的本来面目,原来虚数不虚.虚数成为数系大家庭中一员,从而实数集才扩充到复数集.

复数 $a+bi$ 不是形如 $2+3$ 意义上的和,加号的使用是历史的偶然,而 bi 不能加到 a 上去.复数应理解为一有序实数对 (a,b),是客观存在的,不是虚构的、想象的,没有丝毫的神秘感.给定某一复数其同时给出两个实数,该复数同时描述了两个独立的自由变化量.因此,当数学或物理的问题可以由两个自由变化量来刻画时,原则上都可以用复变函数作为工具来解.实数域是复数域的一个子集,相对复数而言,实数就是单一实数,它只给出了一个实数,只能描述一个独立的自由变化量,在某一时刻只能在一个自由度来刻画数学或物理的问题.所以,复数相对于实数而言,被广泛应用于许多领域,可以解决许多用实数解决不了的问题.

复数具有十分重要的学科价值,是复变函数论、解析数论、傅里叶分析、分形、流体力学、相对论、量子力学等学科中最基础的对象和工具.随着科学和技术的进步,复数理论已越来越显出它的重要性,它不但对于数学本身的发展有着极其重要的意义,而且被广泛应用于理论研究和工程实践等领域.在复数的基础上,英国数学家哈密顿构造了四元数模型,并促进了物理学中著名的麦克斯韦方程的产生.

二、本单元的教育价值

在数学史上,虚数以及复数概念的引入经历了一个曲折的过程,其中充满着数学家的想象力、创造力和不屈不挠、精益求精的精神.由此,在复数概念的教学中,通过适当介绍历史发生发展过程,揭示复数概念建立过程中所蕴含的类比思想,一方面可以让学生感受数学的文化和精神,激发数学学习的兴趣,另一方面也有助于学生理解复数的概念和意义,体会理性思维的力量,培养学生的数学抽象素养、推理素养.

以复数知识为载体可以很好地训练学生的数学的思维方式.所谓数学的思维方式,首先,其目标取向是"追求最大限度的一般性模式特别是一般性算法",而研究的起点是对面临的具体事物进行数学抽象;其次,数学的思考结构具有系统性、普适性,其"基本套路"大致可以概括为"抽象研究对象—探索数学性质—构建知识体系";再次,数学的思考方式具有结构性、一致性、连贯性,包括抽象化、运用符号、建立模型、逻辑分析、推理、计算,不断地改进、推广,更深入地洞察内在的联系,在更大范围内进行概括,建立更为一般的统一理论等,这是一套严谨的、行之有效的科学方法,是在获得数学结论、建立数学知识体系的过程中必须使用的思维方式;最后,数学的表达方式具有统一性,使用一套世界通用的符号形式进行交流.

如何在本单元的教学中凸显复数的育人价值,就是要以数系扩充过程中体现的"数学的思维方式"为依据,创设与学生认知特点相吻合的教学情境(如选择合适的情境冲突,提出使负数可以开方的解决数学内部问题的需求),在学生思维最近发展区内提出具有数学含金量的问题(如"如何构造新数系以满足解决现实问题和数学问题的需要"),启发学生以数系扩充的基本思想(如"数系扩充的内容和过程是怎样的")为指导开展引入新数(i)、扩充数系、定义运算(如"要使在原来范围内成立的规律在推广的范围中仍然成立")、研究运算律的系列化数学活动(如"为什么$(-1)\times(-1)\neq-1$""为什么不能定义$(a+bi)(c+di)=ac+bdi$").在获得"四基"、提高"四能"的同时,学习"用数学眼光的观察世界,用数学思维的思考世界,用数学语言的表达世界"的方式方法,培养敢于质疑、善于思考、严谨求实的科学精神,体验数学的科学价值、应用价值、文化价值和审美价值.

第二节　本单元数学学科核心素养的培养

为实现复数的育人价值,我们应特别注重从"数学地"研究问题的一般思路出发,以"研究一个数学对象的基本套路"为导向,建立复数的研究结构.本单元的研究路径应该是:数学史料背景引入—复数的概念与表示(符号表示、几何表示)—复数的四则运算与运算性质—联系与应用.从数学地研究一个事物的过程看,就是:抽象研究对象—运算和运算律—联系与应用.

　　具体而言,在本单元的教学中,需要依托以下过程发展学生的数学学科核心素养.

一、依托复数概念的引入过程

　　通过设置自然简明的问题情境,把握复数概念产生的逻辑起点,借助数学史料帮助学生理解复数引入的必要性,了解实际需求和数学内部的矛盾在数系扩充中的作用,激发学生学习复数的欲望.通过回顾从自然数集逐步扩充到实数系的过程,讨论数系扩充原则,寻求实数系扩充的类比对象和方法,明确如何扩充数系的方向;根据数系扩充原则,就实数和新引入的虚数单位在"运算"思想方法的指导下进行探索、发现和归纳,尝试构建复数的一般形式并命名.通过类比实数的数轴表示,探索复数的几何意义,通过几何直观认识复数,揭开复数神秘、不可思议的"面纱".这样的复数概念的产生过程,对培养学生数学运算、逻辑推理和直观想象等素养是非常有益的.

　　具体可以设计为:

　　1. 呈现先行组织者

　　在解决求判别式小于 0 的实系数一元二次方程的根的问题时,一个自然的想法是,能否像引进无理数而把有理数集扩充到实数集那样,通过引进新的数而使实数集得到扩充,从而使方程变得可解呢?

　　2. 提出思考性问题

　　从方程的角度看,负实数能不能开平方,就是方程 $x^2+a=0(a>0)$ 有没有解,进而可以归结为方程 $x^2+1=0$ 有没有解.为什么?

　　3. 设置探究性问题

　　我们知道,方程 $x^2+1=0$ 在实数集中无解,联系从自然数集到实数集的扩充过程,你能给出一种方法,适当扩充实数集,使这个方程有解吗?

　　引进一个新数"$x=$＿＿＿"是方程 $x^2+1=0$ 的解,也就是 ＿＿＿$^2+1=0$,即使得 ＿＿＿$^2=-1$ 的那个数.我们把这个新的数记为"i".这个数也可以理解为 $x=\sqrt{-1}$,因为 $(\sqrt{-1})^2+1=-1+1=0$.

　　4. 再提思考性问题

　　把新引进的数 i 与实数集合并,我们希望数 i 和实数之间仍然能像实数那样进行加法和乘法运算,如加法和乘法都满足交换律、结合律,以及乘法对加法满足分配律.那么,实数集经过扩充后,得到的新数系由哪些数组成呢? 具体来讲,规定虚数 i 后,通过实数与 i 进行四则运算可以产生哪些新的形式的数? 这些新的数一般形式可能是什么?

新数集可能有这样一些形式的数,如 $1+i$、$1-i$、$2i$ 等,所以新数的一般形式归纳为 $a+bi(a,b\in\mathbf{R})$. 把集合 $\mathbf{C}=\{a+bi\,|\,a,b\in\mathbf{R}\}$ 中的数,即形如 $a+bi(a,b\in\mathbf{R})$ 的数叫做复数,其中 i 叫做虚数单位.全体复数组成的集合 $\mathbf{C}$ 叫做复数集.用字母 z 表示,即 $z=a+bi(a,b\in\mathbf{R})$,这一表示形式叫做复数的代数形式.其中,a 与 b 分别叫做复数的实部和虚部.

5. 追问反思性问题

复数集 $\mathbf{C}$ 与实数集 $\mathbf{R}$ 之间有什么联系?

6. 设置类比性问题

类比"实数与数轴上的点一一对应,实数可以用数轴上的点来表示",复数有什么几何意义呢? 具体的操作性思考:根据复数相等的定义,任何一个复数 $z=a+bi$ ($a,b\in\mathbf{R}$)都可以由一个有序实数对 (a,b) 唯一确定;反之也成立.由此你能想到复数的几何表示方法吗?

7. 追问联想性问题

在平面直角坐标系中,每一个平面向量都可以用一个有序实数对来表示,而有序实数对与复数是一一对应的,你能用平面向量来表示复数吗?

8. 再问联系性问题

由复数 $z=a+bi$、有序实数对 (a,b)、复平面内的点 $Z(a,b)$、平面向量 $\overrightarrow{OZ}$ 的一一对应关系,结合 $|\overrightarrow{OZ}|=|OZ|=\sqrt{a^2+b^2}$ 的几何解释,我们可以类似地得到 $|z|=|a+bi|=\sqrt{a^2+b^2}$.

上述有内在逻辑关联的问题体现了"两个过程"的合理性,即数学知识发生、发展过程的合理性,学生认知过程的合理性,这两个合理性正是落实数学学科核心素养的关键所在.

二、依托复数运算律的探究过程

按照数系扩充的基本套路,在把实数集扩充到复数集后,自然地提出研究复数集中的数之间的运算.研究的过程同样需要依托数学活动过程的设计.

1. 根据已知运算法则思考新的运算法则

复数 $z=a+bi$ 与平面向量 $\overrightarrow{OZ}$ 具有一一对应关系,由平面向量加法运算的坐标表示,即若 $\overrightarrow{OZ_1}=(a,b)$,$\overrightarrow{OZ_2}=(c,d)$,则 $\overrightarrow{OZ_1}+\overrightarrow{OZ_2}=(a,b)+(c,d)=(a+c,b+d)$,你认为如何规定复数 $z_1=a+bi$,$z_2=c+di$ 的加法法则是合理的?

2. 根据已知运算律思考新的运算律

复数的加法满足交换律、结合律吗?

3. 类比探究复数加法的几何意义

我们知道,复数与复平面内以原点为起点的向量一一对应.而我们讨论过向量加法的几何意义,你能由此出发讨论复数加法的几何意义吗?

4. 类比思考复数的减法法则

我们知道,实数的减法是加法的逆运算.类比实数减法的意义,你认为如何定义复数的减法?

5. 类比探究复数减法的几何意义

类比复数加法的几何意义,你能得出复数减法的几何意义吗?

6. 探究复数乘法法则的合理性

由复数的加法法则,我们可以发现,两个复数相加,类似于两个多项式相加.受此启发,你能类比复数的加法运算,规定两个复数 $z_1=a+bi$,$z_2=c+di$ 的乘法法则吗? 你能举例说明为什么定义"$(a+bi)(c+di)=ac+bdi$"是不合理的?

7. 类比思考复数乘法的运算律

复数的乘法是否满足交换律、结合律? 乘法对加法满足分配律吗?

8. 类比探究复数的除法法则

类比实数的除法是乘法的逆运算,我们感到复数的除法是乘法的逆运算.请探求复数除法的法则.

9. 类比思考数集扩充的合理性

根据复数的加法法则、乘法法则,你能说明实数系经过扩充后得到的新数集就是复数集 C 吗?

"思考5:复数集 C 与实数集 R 之间有什么联系"可以促进学生对数系扩充的某些重要特征的感悟:首先,从实数系 R 扩充到复数系 C,满足 R⊂C;其次,复数系中的四则运算与实数系中的四则运算保持一致,也就是两个复数相加减、相乘除(除数不为零),所得的和差、积商都是一个确定的复数,即:$\forall z_1$、$z_2\in C$,有 $z_1\pm z_2\in C$,$z_1\cdot z_2\in C$,$\frac{z_1}{z_2}\in C$;第三,实数系中不是永远可行的开方运算,在复数系中永远可行;第四,实数系扩充到复数系后,解决了诸如方程 $x^2+1=0$ 在实数集中无解的矛盾,随之应用范围扩大了.但是,实数系扩充到复数系后,实数系的顺序性质就不复存在,即两个复数不能比较大小,等等.

项武义先生说,"归纳乃是整个代数学的基本大法和基本功.这里,归纳的含义是归纳地去探索、发现,然后归纳地定义,再归纳地论证."这段论述揭示了代数研究中的"数学的思维方式",而这样的"数学的思维方式"是培养数学学科核心素养的依托.

三、依托复数与其他知识的联系及应用过程

要充分发挥复数的育人功能,一个不可或缺的重要环节是加强复数与其他数学知识的联系,而这种联系也可以看作复数在数学内部的应用.《课程标准》把几何与代数列为高中数学课程的主线之一,强调要突出几何直观与代数运算之间的融合,即通过形与数的结合,感悟数学知识之间的关联,加强对数学整体性的理解.

之所以要加强知识之间的联系,原因在于知识之间的实质性联系可使知识内容结构化、网络化.以核心知识(基本概念、基本原理)为支撑和联结点,内化而成的重点突出、体系简约的结构化知识是记忆的支柱,是联想的线索和桥梁,具有迁移和应用的活力,能在创造性解决问题中发挥作用.

如何加强联系性,采用的策略是纵横结合.在纵向维度上从当前的内容出发,通过推广获得更一般的结论,通过特殊化获得它的特例;在横向维度上则采用类比的方法,获得新的结论.就本单元而言,既要注意复数与实数、有理数的联系,又要注意复数及其代数形式的加法、减法、乘法运算与多项式及其加法、减法、乘法运算的联系,还要注意复数及其代数形式的加、减法运算与平面向量及其加、减运算的联系,学有余力的学生还应关注复数的三角表示以及复数的乘、除运算与平面向量、三角函数的联系.具体联系如图 9 - 1 所示.

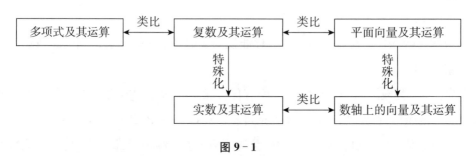

图 9 - 1

为加强本单元数学知识的联系,还需要用前后一致的由内容反映的数学思想方法加以贯通,复数的教学需要"用图形表示复数"的思想加以引领.数学史上,复数源于解方程.在发表于 1545 年的《重要的艺术》一书中,卡当解决了"把 10 分为两部分,使其乘积为 40"的问题,列出的方程为 $x(x-10)=40$,求得的根是 $5\pm\sqrt{-15}$.人们质疑,负数怎能开平方? $\sqrt{-15}$ 是"虚构的数".想要接受人们就想给出几何解释,让大家实实在在"看到"它,达到"虚数不虚"的目的.三个世纪后,高斯等人给出了"复平面",给出了复数及其运算的几何意义,再加上在物理学中得到应用,人们终于承认了复数.进一步地,数学家把复数与三角、向量等联系起来,开辟了一片充满生机的数学新

天地.显然,"用图形表示复数"的思想,不仅使"虚数"渡过了"虚假"的危机,而且推动了数学的发展.

为加强数学知识联系,还需要用具体的数学问题实现数学概念的"多元联系表示",为"化归思想"在解决问题中的应用奠定基础,实现问题表征的改变,这对解决问题具有根本的重要性.如图 9-2,既可以把直角坐标平面 xOy 看作复平面,也可以看作极坐标平面.这样,有序实数对 (a,b) 就与复数 $z=a+bi$、直角坐标平面的点 $P(a,b)$、平面向量 $\overrightarrow{OP}$、点 P 的极坐标 (r,α) 建立一一对应的实质性联系.以这样的联系为基础,我们就可以实现诸如 $a\sin\theta+b\cos\theta$ 的变形:$a\sin\theta+b\cos\theta=r\cos\alpha\sin\theta+r\sin\alpha\cos\theta=\sqrt{a^2+b^2}\sin(\theta+\alpha)$.建立了这样的知识联系,面对如下问题时,解决问题的思路油然而生.

问题: 如图 9-3,已知平面内并列的三个全等的正方形,证明 $\angle 1+\angle 2+\angle 3=\dfrac{\pi}{2}$.

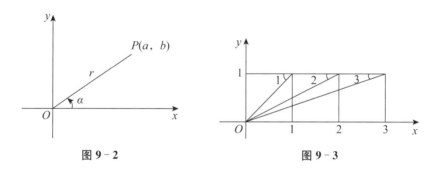

图 9-2　　　　　　　　　　　　图 9-3

分析: $\angle 1$、$\angle 2$、$\angle 3$ 的顶点对应的复数分别为 $1+i$、$2+i$、$3+i$.由两条平行线被第三条直线所截得到的内错角相等,可知 $\angle 1$、$\angle 2$、$\angle 3$ 分别为复数 $1+i$、$2+i$、$3+i$ 的辐角的主值.而 $(1+i)(2+i)(3+i)=10i$.再由复数乘法运算的几何意义(两个复数相乘,积的辐角等于各复数的辐角的和)及复数 $10i$ 的辐角的主值为 $\dfrac{\pi}{2}$,可知 $\angle 1+\angle 2+\angle 3=\dfrac{\pi}{2}$.

从上述解决问题的过程中,我们看到,加强知识的联系,形成结构功能良好、迁移能力强的认知结构,为提高从数学角度发现和提出问题的能力、分析和解决问题的能力奠定了扎实的基础.

总之,复数是一类重要的运算对象,它是数学家的想象力、创造力的产物,也是映照数学理性精神不可多得的载体,具有独特的育人价值.本单元的教学,通过复数概念的引入、复数运算律的探究、复数与其他知识的联系及应用等过程,学生既可以了解数系的扩充,掌握复数的表示、运算及其几何意义,又可以体会数系扩充过程中理性思维的作用,从而有效提升直观想象、逻辑推理、数学运算和数学抽象素养.

第三节　实践案例——复数的概念

　　复数单元的学习路径一般设计为:数学史料背景引入—复数的概念与表示(符号表示、几何表示)—复数的四则运算与运算性质—联系与应用.其中,复数的概念涉及复数的定义、代数表示、复数相等及几何意义,一般安排 2 课时完成,本节课为第 1 课时.对数学史料背景引入复数的处理有许多探索,本课时是通过方程求解,帮助学生理解引入复数的必要性,了解复数系的扩充过程,这样的做法直奔主题、简洁明了,有助于学生体会理性思维的作用.

　　【教学目标】

　　通过方程的解,认识复数,了解引入复数的必要性,体会理性思维的作用;通过回顾数系扩充原则、运算操作构建复数的一般形式得到复数的定义,理解复数的代数表示及两个复数相等的含义,提升逻辑推理、数学运算素养;通过类比实数的数轴表示,理解复数的几何意义,提升直观想象素养.

　　【教学分析】

　　复数的引入与解方程密切相关,复数本身也应用于解方程中.在高中阶段侧重讨论实系数一元二次方程 $ax^2+bx+c=0$ 的求解问题.为此从讨论实系数一元二次方程 $ax^2+bx+c=0(\Delta=b^2-4ac<0)$ 出发,可将其化归为方程 $x^2+1=0$,进而扩大实数集,引入复数,使得方程有解,体现数系扩充的必要性;进而在研究复数的四则运算、完成复数系扩充后,限于已有的复数基础,采用"混而不错"的方式,默认"一元二次方程及其一般形式的根不超过两个"这一个直观事实,在复数范围内"解"实系数一元二次方程,给出求根公式:当 $\Delta\geqslant0$ 时,$x=\dfrac{-b\pm\sqrt{b^2-4ac}}{2a}$;当 $\Delta<0$ 时,$x=-\dfrac{b}{2a}\pm\dfrac{\sqrt{-(b^2-4ac)}}{2a}$i.从而"彻底地"解决了实系数一元二次方程的求解问题.通过"完整地"介绍解方程的过程,帮助学生从一个侧面对复数的来龙去脉有初步了解,有助于他们加深对引入复数的必要性和重要性的理解,也提升了学生学习复数的兴趣.

　　在义务教育阶段,学生经历了将数系从自然数系逐步扩充到实数系的系列过程,但当时考虑到学生在义务教育阶段的认知基础和认知能力,并未强调数系扩充中的一些"规则",因而他们对数系扩充"规则"的认识比较肤浅,甚至不甚了解.因此,要特别注意引导学生梳理已学的从自然数系逐步扩充到实数系的过程和方法,尤其要注重梳理从有理数系扩充到实数系时体现的规则,即:数集扩充后,在实数集中规定的加法运算、乘法运算与原来在有理数集中规定的加法运算、乘法运算协调一致.并且加法和乘法都满足交换律和结合律,乘法对加法满足分配律;进而类比从有理数系扩充到实数系的过程和方法.从使得方程 $x^2+1=0$ 有解的想法出发,利用这些"规则"对实数系进行进一步扩充,引入复数及其四则运算,将实数系扩充到复数系.通过这个过程体现数系扩充过程中理性思维的作用,提升学生的逻辑推理素养.

基于以上分析,复数概念的教学应该重视以下数学活动过程:将实系数一元二次方程 $ax^2+bx+c=0(\Delta=b^2-4ac<0)$ 的求解问题化归为方程 $x^2+1=0$ 求解问题的过程;回顾从自然数集逐步扩充到实数系的过程并梳理数系扩充原则,引入"新"数,"新"数是方程 $x^2+1=0$ 的根;根据数系扩充原则,通过"运算"探究复数的一般形式,引入复数,理清实数、虚数、纯虚数之间的关系;类比实数的数轴表示,探索复数的几何意义,直观认识复数.通过上述四个活动过程,落实复数的概念、代数形式和几何意义,体会复数的扩充过程,培养学生的数学运算、逻辑推理和直观想象等素养.

【教学过程】

回顾引思—操作探究—练习内化—类比探究—练习内化—结构图式—作业评价.

环节一　回顾引思

教的过程	学的过程	说明
问题1:当 $\Delta=b^2-4ac\geqslant0$ 时,实系数一元二次方程 $ax^2+bx+c=0$ 的根表示为 _____;回顾一下,它是使用什么方法求得的? 本质上化归为哪个方程的求解? 追问1:当 $\Delta=b^2-4ac<0$ 时,实系数一元二次方程 $ax^2+bx+c=0$ 的求解问题化归为哪个方程的求解问题? 追问2:一个自然的想法是,能否像引进无理数而把有理数集扩充到实数集那样(如引进无理数 $\sqrt{2}$,使方程 $x^2-2=0$ 变得可解),通过引进新的数而使实数集得到扩充,从而使方程 $x^2+1=0$ 变得可解呢? 追问3:从自然数集逐步扩充到实数系集,哪些运算及运算律保持不变?	(1) 当 $\Delta\geqslant0$ 时,先对方程进行配方变形得: $\left(x+\dfrac{b}{2a}\right)^2=\dfrac{b^2-4ac}{4a^2}$,再进行开方运算即可得: $x=\dfrac{-b\pm\sqrt{b^2-4ac}}{2a}$;本质上化归为方程 $x^2-m=0(m>0)$,进一步化归为方程 $x^2-1=0$ 的求解. (2) 化归为方程 $x^2+1=0$ 求解问题. (3) 引进一个新数" $x=$ ___"是方程 $x^2+1=0$ 的解,也就是 ___$^2+1=0$,即使得 ___$^2=-1$ 的那个数.我们把这个新的数记为"i",就有 $i^2=-1$.〔这个数也可以理解为 $x=\sqrt{-1}$,因为 $(\sqrt{-1})^2+1=-1+1=0$〕 (4) 加法和乘法运算,并且加法和乘法都满足交换律、结合律,乘法对加法满足分配律.	(1) 通过设置自然简明的问题情境,把握复数概念产生的逻辑起点,体会复数引入的必要性; (2) 了解实际需求和数学内部的矛盾在数系扩充中的作用,激发学生学习复数的兴趣; (3) 回顾从自然数集逐步扩充到实数系的过程,梳理数系扩充的"规则",寻求实数系扩充的类比对象和方法,明确如何扩充数系的方向.

环节二　操作探究

教的过程	学的过程	说明
问题2:把新引进的数 i 添加到实数集中,我们希望数 i 和实数之间仍然能像实数那样进行加法和乘法运算,并希望加法和乘法都满足交换律、结合律,以及乘法对加法满足分配律.那么,实数集经过扩充后,得到的新数系由哪些数组成呢? 具体来讲,规定虚数 i 后,通过实数与 i 进行四则运算可以产生哪些新的形式的数? 这些新的数一般形式可能是什么? 追问1:方程 $x^2+1=0$ 在复数集 **C** 中有怎样的解了? 追问2:复数 $z=a+bi(a、b\in\mathbf{R})$ 为 0 的充要条件是什么? 追问3:复数集 **C** 与实数集 **R** 之间有什么联系?	(1) 新数集可能有这样一些形式的数,$1+i$、$1-i$、$2i$ 等,所以新数的一般形式归纳为 $a+bi(a、b\in\mathbf{R})$. (2) 阅读教科书: ① 把形如 $a+bi(a、b\in\mathbf{R})$ 的数叫做复数,其中 i 叫做虚数单位.用字母 z 表示,即 $z=a+bi(a、b\in\mathbf{R})$,这一表示形式叫做复数的代数形式.其中,a 与 b 分别叫做复数的实部和虚部. ② 全体复数组成的集合 **C** 叫做复数集,即 $\mathbf{C}=\{a+bi\mid a、b\in\mathbf{R}\}$. ③ 复数相等的规定:在复数集 $\mathbf{C}=\{a+bi\mid a、b\in\mathbf{R}\}$ 中任取两个数 $a+bi,c+di(a、b、c、d\in\mathbf{R})$,规定:$a+bi=c+di$ 当且仅当 $a=c$ 且 $b=d$. (2) 方程 $x^2+1=0$ 在复数集 **C** 中有解 $x=i$. (3) $a+bi=0$ 的充要条件是 $a=0$ 且 $b=0$. (4) 如图,理清实数、虚数、纯虚数之间的关系,$\mathbf{R}\subset\mathbf{C}$. 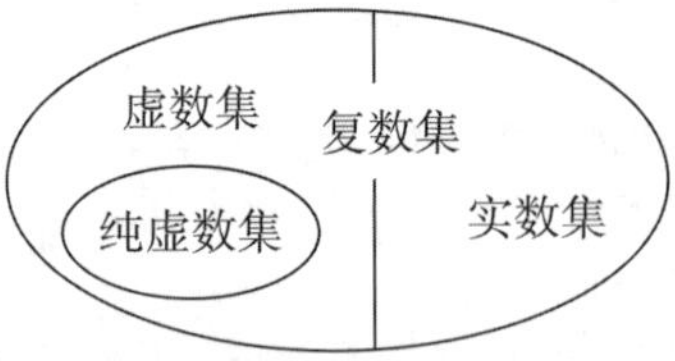 	根据数系扩充的"规则",就实数和新引入的虚数单位在"运算"思想方法的指导下进行探索、发现和归纳,尝试构建复数的一般形式并命名.

环节三　练习内化

教的过程	学的过程	说明
问题3:当实数 m 取什么值时,$z=m+1+(m-1)i$ 是实数? 是虚数? 是纯虚数? 练习: (1) 说出下列复数的实部和虚部: $-2+\dfrac{1}{3}i,\sqrt{2}+i,\dfrac{\sqrt{2}}{2},-\sqrt{3}i,i,0.$		

（续表）

教的过程	学的过程	说明
(2) 下列各数中，哪些是实数，哪些是虚数，哪些是纯虚数？为什么？ $2+\sqrt{7}$，0.618，$\dfrac{2}{7}$i，0，i，5i$+8$，$-\dfrac{1}{2}+\dfrac{\sqrt{3}}{2}$i，i$(1-\sqrt{3})$，$\sqrt{2}-\sqrt{2}$i． (3) 求下列满足条件的实数 x、y 的值： ① $(x+y)+(y-1)$i$=(2x+3y)+(2y+1)$i； ② $(x+y-3)+(x-2)$i$=0$．	解：当 $m-1=0$，即 $m=1$ 时，复数 z 是实数；当 $m-1\neq0$，即 $m\neq1$ 时，复数 z 是虚数；当 $m+1=0$，且当 $m-1\neq0$，即 $m=-1$ 时，复数 z 是纯虚数．	师生交流分析解决问题和练习的过程，通过练习操作，理解复数、复数的分类和复数相等的含义．有助于培养学生的数学运算、逻辑推理素养．

环节四 类比探究

教的过程	学的过程	说明
问题4：类比"实数与数轴上的点一一对应，实数可以用数轴上的点来表示"，复数有什么几何意义呢？ 追问1：根据复数相等的定义，任何一个复数 $z=a+bi(a,b\in\mathbf{R})$ 都可以由一个有序实数对 (a,b) 唯一确定；反之也对．由此你能想到复数的几何表示方法吗？ 追问2：在平面直角坐标系中，每一个平面向量都可以用一个有序实数对来表示，而有序实数对与复数是一一对应的，你能用平面向量来表示复数吗？ 追问3：由复数 $z=a+bi$、有序实数对 (a,b)、复平面内的点 $Z(a,b)$、平面向量 $\overrightarrow{OZ}$ 的一一对应关系，结合 $|\overrightarrow{OZ}|=|OZ|=\sqrt{a^2+b^2}$ 的几何解释，我们可以类似地得到什么？	(1) 任何一个复数 $z=a+bi(a,b\in\mathbf{R})$ 都可以由一个有序实数对 (a,b) 唯一确定；反之也成立．所以，复数 $z=a+bi$ 与有序实数对 (a,b) 一一对应；而有序实数对 (a,b) 与平面直角坐标系中的点是一一对应的．由此复数集与平面直角坐标系中的点集可以建立一一对应关系． 复数 $z=a+bi$ ←一一对应→ 复平面内的点 $Z(a,b)$ (2) 复数 $z=a+bi$ ←一一对应→ 平面向量 $\overrightarrow{OZ}$． (3) 我们可以类似地得到 $|z|=|a+bi|=\sqrt{a^2+b^2}$，叫做复数 $z=a+bi$ 的模（绝对值）．	通过类比实数的数轴表示，探索复数的几何意义，通过几何直观认识复数，揭开复数神秘、不可思议的"面纱"．有助于培养学生的直观想象素养．

环节五 练习内化

教的过程	学的过程	说明
问题5：设复数 $z_1 = 4 + 3i$, $z_2 = 4 - 3i$. （1）在复平面内画出复数 z_1、z_2 对应的点和向量； （2）求复数 z_1、z_2 的模，并比较它们的模的大小. 追问1：点 Z_1、Z_2 有怎样的关系？ 追问2：你能将上述两个复数及其关系一般化吗？ 追问3：如果 z_1、z_2 是共轭复数，那么在复平面内它们所对应的点有怎样的关系？ 问题6：设 $z \in \mathbf{C}$, 在复平面内复数 z 对应的点为 Z, 那么满足下列条件的点 Z 的集合是什么图形？ （1）$|z| = 1$; （2）$1 < |z| < 2$. 练习： （1）说出图中复平面内各点所表示的复数（每个小方格的边长为1）. （2）在复平面内，描出表示下列复数的点： ① $2 + 5i$；② $-3 + 2i$；③ $2 - 4i$；④ $-3 - i$；⑤ 5；⑥ $-3i$. （3）已知复数 $2 + i$, $-2 + 4i$, $-2i$, 4, $\frac{3}{2} - 4i$, ① 在复平面内画出这些复数对应的向量； ② 求这些复数的模.	（1）复数 z_1、z_2 在复平面内对应的点 z_1、z_2 和向量 $\overrightarrow{OZ_1}$、$\overrightarrow{OZ_2}$ 如图所示；$|z_1| = |z_2| = 5$. 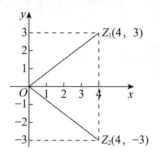 （2）在复平面内点 Z_1、Z_2 关于实轴对称. （3）一般地，当两个复数的实部相等，虚部互为相反数时，这两个复数叫做互为共轭复数. 即：若 $z = a + bi$, 则 $\bar{z} = a - bi$. （4）共轭复数 z_1、z_2 在复平面内它们所对应的点或重合（实数）或关于实轴对称（共轭虚数）. （5）满足 $|z| = 1$ 的点 Z 的集合是以原点 O 为圆心、1 为半径的圆；满足 $1 < |z| < 2$ 的点 Z 的集合是以原点 O 为圆心，以 1 及 2 为半径的圆所夹的圆环，不包括圆环的边界. 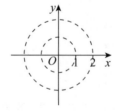	师生交流分析解决问题和练习的过程，通过练习操作，直观感受复数的模、共轭复数的几何意义，理解几何图形的复数表示，建立复数与向量的联系. 有助于培养学生的直观想象素养.

环节六 结构图式

教的过程	学的过程	说明
1. 我们用什么样的方法使得方程 $x^2+1=0$ 有解？ 2. 你能总结一下数系扩充的"规则"有哪些吗？ 3. 借助复平面你能说出复数与实数直观上的差异吗？	学生自己归纳总结所学知识、方法,讨论、交流、分享.	对知识进行归纳概括,加深对引进复数的必要性及如何引进复数的认识,借助复平面在复数与实数的直观比较中加深对复数的理解.

环节七 作业评价

作业内容	设计意图	评价目标
1. 符合下列条件的复数一定存在吗？若存在,请举出例子;若不存在,请说明理由.(1)实部为 $-\sqrt{2}$ 的虚数;(2)虚部为 $-\sqrt{2}$ 的虚数;(3)虚部为 $-\sqrt{2}$ 的纯虚数.	从复数的一般形式理解复数的定义及分类.	在熟悉的数学情境中,能运用复数的定义构造复数.
2. 当实数 m 取什么值时,复数 $z=m^2-5m+6+(m^2-3m)i$ 是下列数？（1）实数;（2）虚数;（3）纯虚数.	从复数的一般形式理解复数的定义及分类,提升数学运算能力.	在熟悉的数学情境中,能运用复数的分类求解问题.
3. 求适合下列方程的实数 x 与 y 的值: (1) $(3x+2y)+(5x-y)i=17-2i$; (2) $(x+y-3)+(x-4)i=0$.	理解复数相等的含义,提升数学运算能力.	在熟悉的数学情境中,能运用复数相等求解问题.
4. 求复数 $z_1=1+i$, $z_2=\frac{1}{2}-\frac{\sqrt{3}}{2}i$ 的模,并比较它们的模的大小.	理解复数模的含义,提升数学运算能力.	在熟悉的数学情境中,能运用复数模的概念求解问题.
5. 在复平面内,O 为原点,向量 $\overrightarrow{OA}$ 对应的复数为 $2+i$. (1) 如果点 A 关于实轴的对称点为点 B,求向量 $\overrightarrow{OB}$ 对应的复数; (2) 如果(1)中的点 B 关于虚轴的对称点为点 C,求点 C 对应的复数.	理解复数的几何意义,提升直观想象能力.	在熟悉的数学情境中,能运用复数的几何意义求解问题.
6. 已知复数 z 的虚部为 $\sqrt{3}$,在复平面内复数 z 对应的向量的模为 2,求这个复数.	理解复数的概念、几何意义,提升直观想象、数学运算能力.	在熟悉的数学情境中,能运用复数的概念、几何意义求解问题.
说明:能正确地解答作业 6,说明学生能在熟悉的数学情境中运用复数的概念、几何意义列出方程正确求解.根据满意原则,可以认为达到直观想象与数学运算素养水平一的要求.		

第十章
计数原理单元的育人价值与核心素养培养

第一节 本单元的育人价值

一、本单元的学科价值

计数原理是数学中的重要研究对象之一,分类加法计数原理和分步乘法计数原理是解决计数问题的最基本、最重要的方法,是解决计数问题的理论基础,它们为解决现实生活和数学中的很多问题提供了思想和工具.排列、组合是两类特殊而重要的计数问题,而解决它们的基本思想和工具就是两个计数原理.二项式的展开式与两个计数原理之间存在内在联系,二项式定理的证明过程可以看作是应用计数原理解决问题的典型过程.

运用计数原理处理计数问题时展示了"以简驭繁"的数学特征:当我们面临一个复杂问题时,通过分类或分步,将它分解为一些简单的问题,通过解决简单问题后再将它们整合起来得到整个问题的解决,达到以简驭繁的效果.分类加法计数原理和分步乘法计数原理其实来源于小学就开始的加法和乘法运算,是加法和乘法两种运算(乘法是加法的简便运算)技巧的发展和推广.

二项式定理反映了一类重要的多项式运算规律,即把二项式展开成单项式之和的公式,它是带领我们进入微分学领域大门的一把金钥匙,在数学中有着非常重要的地位.二项式定理是综合性较强、具有联系不同内容作用的知识:其证明可以用到计数原理、数学归纳法;二项式系数是一些特殊的组合数,由二项式定理可以导出一些组合数的恒等式;二项式定理为学习随机变量及其二项分布作准备.

二、本单元的教育价值

《课程标准》要求,学习计数原理的有关知识,重点提升数据分析、数学建模、逻辑推理、数学运算和数学抽象素养.这本质上揭示了计数原理其独特的育人价值.

首先,从本单元的研究对象及其研究问题的过程来看,两个计数原理简单朴素,源于对大量实践经验的归纳总结,体现了从具体到抽象、从实际到理论的特征.计数问题通常归结为分类和分步两类问题,这为学生提供了丰富的分析问题和解决问题的机会.因此,本单元是发展学生数据分析、数学建模和数学抽象等素养的契机.

其次,从本单元的内容结构特点来看,排列、组合及二项式定理的研究是作为两个计数原理的应用而设置的,排列、组合概念的形成和性质的探究,二项式定理的证明等都是发展数学运算、逻辑推理等素养的重要载体.

第二节 本单元数学学科核心素养的培养

为实现计数原理的育人价值,我们应特别注重从"数学地"研究问题的一般思路出发,以"研究一个数学对象的基本套路"为导向,建立计数原理的研究结构:"具体事例—简单问题——一般问题——一般思路".即从一些简单、具体事例出发,从中获得解决一般性问题的经验,得出解决一般问题的思路.这样的研究结构有利于落实计数原理的育人价值.

在本单元的教学中,可以依托以下过程发展学生的数学学科核心素养.

一、依托计数原理的抽象概括过程

1. 情境与问题

现实、数学、科学中计数问题大量存在.例如:

(1)交通管理部门需要"数出"本市汽车牌照号码所有可能的号码数.

(2)学校要举行班际篮球比赛,在确定赛制后,体育组的老师要算一算共需要举行多少场比赛.

(3)乘积$(a_1+a_2)(b_1+b_2+b_3)(c_1+c_2+c_3+c_4)$展开后共有多少项?

(4)核糖核酸(RNA)分子由碱基按一定的顺序排列而成.已知碱基有4种,由成百上千个碱基组成的RNA分子的种数非常巨大.你知道它是怎么算出来的吗?

虽然用列举所有各种可能性的方法,即一个一个地去数,可以得到相应的数,但当这个数很大时,列举的方法很难实施,如(1)和(4).

在小学我们学了加法和乘法以后,就可以将若干个"小的"数结合成"较大"的数.这种思想方法能否推广并用到上述计数问题的求解中呢?

2. 分类加法计数原理的抽象概括

（1）典型问题

问题 1：从甲地到乙地，可以乘飞机，可以乘高铁. 一天中，飞机有 4 班，高铁有 5 班. 问：一天中乘坐这些交通工具从甲地到乙地共有多少种不同的走法？

问题 2：用一个大写的英文字母或一个阿拉伯数字给教室里的座位编号，总共能编出多少种不同的号码？

追问 1：你能说说上述两个问题的特征吗？

追问 2：你能举一些生活中类似的例子吗？

（2）原理概括

分析：如果我们把"从甲地到乙地""用英文字母或阿拉伯数字编出不同的号码"通称为完成一件事，那么完成这件事分别有几类不同的方案？ 不同类方案中的方法是否相同？ 完成这件事总的方法数如何计算？

概括：一般地，有分类加法计数原理：完成一件事有两类不同方案，在第 1 类方案中有 m 种不同的方法，在第 2 类方案中有 n 种不同的方法，那么完成这件事共有

$$N = m + n$$

种不同的方法.

推广：如果完成一件事有三类不同方案，在第 1 类方案中有 m_1 种不同的方法，在第 2 类方案中有 m_2 种不同的方法，在第 3 类方案中有 m_3 种不同的方法，那么完成这件事共有多少种不同的方法？

如果完成一件事有 n 类不同方案，在每一类方案中都有若干种不同的方法，那么应当如何计数呢？

（3）原理应用

问题 1：在填写高考志愿表时，一名高中毕业生了解到，A、B 两所大学各有一些自己感兴趣的强项专业，具体情况如表 10 - 1.

表 10 - 1

A 大学	B 大学
生物学	数学
化学	会计学
医学	信息技术学
物理学	法学
工程学	

如果这名同学只能选一个专业,那么他共有多少种选择呢?

问题 2:从甲地到乙地,可以乘飞机,可以乘高铁,也可以乘汽车.一天中,飞机有 4 班,高铁有 12 班,汽车有 2 班.一天中乘坐这些交通工具从甲地到乙地共有多少种不同的走法?

3. 分步乘法计数原理的抽象概括

(1) 典型问题

问题 1:从甲地到丙地,需经过乙地.其中,从甲地到乙地有 3 条路线,而从乙地到丙地有 2 条路线.那么,从甲地经由乙地到丙地,共有多少种不同的走法?

问题 2:用 A~F 六个大写英文字母和 1~9 九个阿拉伯数字,以 A_1,A_2,…,A_9,B_1,B_2,…的方式给教室里的座位编号,总共能编出多少个不同的号码?

追问 1:你能说说上述两个问题与前面两个问题("分类加法计数原理的抽象概括"中的"典型问题")的不同特征吗?

追问 2:你能用适当的方法来表示这些"不同的走法""不同的号码"吗?(树形图)

(2) 原理概括

分析:如果我们把"从甲地到丙地""用英文字母和阿拉伯数字编出不同的号码"通称为完成一件事,那么完成这件事分别有几个步骤? 不同步骤中的方法是否相互影响? 完成这件事总的方法数如何计算?

概括:一般地,有分步乘法计数原理:完成一件事需要两个步骤,做第 1 步有 m 种不同的方法,做第 2 步有 n 种不同的方法,那么完成这件事共有

$$N = m \times n$$

种不同的方法.

推广:如果完成一件事需要三个步骤,做第 1 步有 m_1 种不同的方法,做第 2 步有 m_2 种不同的方法,做第 3 步有 m_3 种不同的方法,那么完成这件事共有多少种不同的方法?

如果完成一件事需要 n 个步骤,做每一步都有若干种不同的方法,那么应当如何计数呢?

(3) 原理应用

问题 1:设某班有男生 20 名,女生 22 名.现要从中选出男生、女生各一名代表班级参加比赛,共有多少种不同的选法?

问题 2:一个三层的书架上共放有 9 本书,其中第一层放有 4 本不同的计算机书,第二层放有 3 本不同的文艺书,第三层放有 2 本不同的体育书.

(1) 从书架中任取 1 本书,有多少种不同的取法?

（2）从书架的第一、二、三层各取 1 本书,有多少种不同的取法?

问题 3:要从甲、乙、丙 3 幅不同的画中选出 2 幅,分别挂在左、右两边墙上的指定位置,共有多少种不同的挂法?

4. 两个计数原理的应用

（1）典型问题

问题 1:给程序模块命名,需要用 3 个字符,其中首字符要求用字母 A~G 或 U~Z,后两个要求用数字 1~9,最多可以给多少个程序命名?

问题 2:如图 10-1,核糖核酸(RNA)分子是在生物细胞中发现的化学成分,一个 RNA 分子是一个有着数百个甚至数千个位置的长链,长链中每个位置上都有一种称为碱基的化学成分所占据.总共有 4 种不同的碱基,分别用 A、C、G、U 表示.在一个 RNA 分子中,各种碱基能够以任意次序出现,所以在任意一个位置上的碱基与其他位置上的碱基无关.假设有一类 RNA 分子由 100 个碱基组成,那么可以有多少种不同的 RNA 分子?

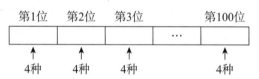

图 10-1

问题 3:如图 10-2,电子元件很容易实现电路的通与断、电位的高与低等两种状态,而这也是最容易控制的两种状态.因此计算机内部就采用了每一位只有 0 或 1 两种数字的计数法,即二进制.为了使计算机能够识别字符,需要对字符进行编码,每个字符可以用一个或多个字节来表示,其中字节是计算机中数据存储的最小计量单位,每个字节由 8 个二进制位构成.

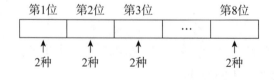

图 10-2

（1）一个字节(8 位)最多可以表示多少个不同的字符?

(2) 计算机汉字国标码(GB码)包含了 6 763 个汉字,一个汉字为一个字符,要对这些汉字进行编码,每个汉字至少要用多少个字节表示?

分析:汉字编码:一个汉字↔一个字符↔一个 8 位编码↔计算机中数据存储的最小计量单位.

则第(1)问转化为一个 8 位字节可以表示多少个不同的编码.

问题 4:计算机编程人员在编写好程序以后需要对程序进行测试.程序员需要知道到底有多少条执行路径(即程序从开始到结束的路线),以便知道需要提供多少个测试数据.一般地,一个程序模块由许多子模块组成.如图 10 - 3,它是一个具有许多执行路径的程序模块.问:这个程序模块有多少条执行路径?

为了减少测试时间,程序员需要设法减少测试次数.你能帮助程序员设计一个测试方法,以减少测试数吗?

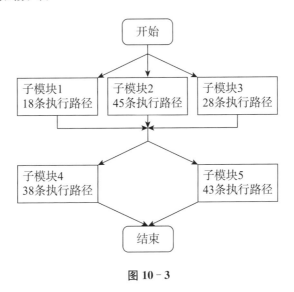

图 10 - 3

问题 5:随着人们生活水平的提高,某城市家庭汽车拥有量迅速增长,汽车牌照号码需要扩容.交通管理部门出台了一种汽车牌照组成办法,每个汽车牌照都必须有 3 个不重复的英文字母和 3 个不重复的阿拉伯数字,并且 3 个字母必须合成一组出现,3 个数字也必须合成一组出现.那么这种办法共能给多少辆汽车上牌照?

问题 6:在 3 000 和 8 000 之间,有多少个没有重复数字的奇数?

(2) 方法归纳

问题 1: 你能归纳一下用分类加法计数原理、分步乘法计数原理解决计数问题的方法吗?

用两个计数原理解决计数问题时,首要的也是最重要的是分析完成"计数这件事"是分类还是分步完成.

分类要做到"不重不漏",分类后再分别对每一类进行计数,最后用分类加法计数原理求和,得到总数.

分步要做到"步骤完善",所分的步骤恰好完成做这件事,每个步骤之间相互独立.分步后再计算每一步的方法数,最后根据分步乘法计数原理求积,得到总数.

问题 2:乘法运算是特定条件下加法运算的简化,分步乘法计数原理和分类加法计数原理也有这种类似的关系吗?

(3) 问题探究

子集的个数有多少?

首先,以集合 $S=\{a_1,a_2,a_3\}$ 为例.

方法 1:用列举法,可得 S 的子集有 $\varnothing,\{a_1\},\{a_2\},\{a_3\},\{a_1,a_2\},\{a_1,a_3\},$ $\{a_2,a_3\},\{a_1,a_2,a_3\}$,共 8 个.

方法 2:树形图法(图 10-4).从元素 $a_i(i=1,2,3)$ 与各子集 S_i 的关系入手,有

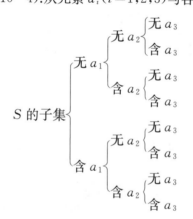

图 10-4

其中,"无 a_1,无 a_2,无 a_3"对应的是 $\varnothing$,"无 a_1,无 a_2,有 a_3"对应的是子集 $\{a_3\}$,以此类推,共对应得到 S 的 8 个子集.

方法 3:考虑 $(1+a_1)(1+a_2)(1+a_3)$ 的展开式的项与子集的对应关系,其中常数项"1"对应的是 $\varnothing$,项"a_1"对应的是子集 $\{a_1\}$,以此类推,共对应得到 S 的 8 个子集.

方法 4:两个计数原理的结合.写出 S 的子集这件事分成三步完成,第一步是否取 a_1,有两种方法,即取与不取;第二步是否取 a_2,也有两种方法,即取与不取;第三步是否取 a_3,还是有两种方法,即取与不取.所以,S 的子集个数共计 $2\times2\times2=2^3=8$ 个.

方法 2、3、4 的指导思想都是计数原理,本质上都是表达式"$C_3^0+C_3^1+C_3^2+C_3^3$"含义的不同角度的解释.而且可以推广到一般的情形:n 元集合 $A=\{a_1,a_2,\cdots,a_n\}$ 的不

同子集有 2^n 个.

二、依托计数原理的应用过程(一)——排列与组合

1. 排列概念的形成及其排列数公式推导

(1) 对用分步计数原理求解计数问题过程的反思

在汽车上牌照的计数问题中我们看到,用分步乘法计数原理解决这个问题时,因做了一些重复性工作而显得烦琐.能否对这一类计数问题给出一种简捷的方法呢?

(2) 对一类计数问题结构的抽象(表 10-2)

表 10-2

计数问题	计数分析	数学表达
问题①:从甲、乙、丙 3 名同学中选出 2 名参加一项活动,其中 1 名同学参加上午的活动,另一名同学参加下午的活动,有多少种不同的选法?	第一步:从 3 名同学中选出 1 名参加上午的活动,有 3 种方法;第二步:从余下的 2 名同学中选出 1 名参加下午的活动,有 2 种方法.即 上午　下午　相应的排法 甲—乙　甲乙 甲—丙　甲丙 乙—甲　乙甲 乙—丙　乙丙 丙—甲　丙甲 丙—乙　丙乙 依据分步乘法计数原理,共有 $3\times2=6$ 种方法,即有 6 种不同的选法.	用元素 a、b、c 表示甲、乙、丙 3 名同学.问题表述为:从 3 个不同的元素 a、b、c 任意取出 2 个,然后按照一定的顺序排成一列,一共有多少种不同的排列方法?即 $ab,ac,ba,bc,ca,cb.$ 共有 $3\times2=6$ 种.
问题②:从 1,2,3,4 这 4 个数字中,每次取出 3 个排成一个三位数,共可得到多少个不同的三位数?	第一步:从 4 个数字中选出 1 个放在百位上;第二步:从余下的 3 个数字中选出 1 个放在十位上;第三步:从余下的 2 个数字中选出 1 个放在个位上.即 (树状图) 依据分步乘法计数原理,共有 $4\times3\times2=24$ 种方法,即有 24 个不同的三位数.	用元素 a、b、c、d 表示 1、2、3、4 这 4 个数字.问题表述为:从 4 个不同的元素 a、b、c、d 中任意取出 3 个,然后按照一定的顺序排成一列,一共有多少种不同的排列方法? $abc,abd,acb,acd,adb,adc,$ $bac,bad,bca,bcd,bda,bdc,$ $cab,cad,cba,cbd,cda,cdb,$ $dab,dac,dba,dbc,dca,dcb.$ 共有 $4\times3\times2=24$ 种.

（3）排列概念的形成

问题1：上述问题①②的共同特点是什么？

从几个不同的元素中取出若干个元素，按照一定的顺序排成一列，利用分步乘法计数原理，可以求出有多少种不同的排列方法.

问题2：你能将它们推广到一般情形吗？

一般地，从 n 个不同的元素中取出 $m(m\leqslant n)$ 个元素，按照一定的顺序排成一列，利用分步乘法计数原理，可以求出有多少种不同的排列方法.

我们把按照一定的顺序排成的那一列，叫做从 n 个不同的元素中取出 $m(m\leqslant n)$ 个元素的一个排列.所有排列的个数叫做从 n 个不同的元素中取出 $m(m\leqslant n)$ 个元素的排列数，用 A_n^m 表示.

例如，前述问题中，从3个不同的元素 a、b、c 中任意取出2个元素的排列数为 $A_3^2 = 3\times 2 = 6$；从4个不同的元素 a、b、c、d 中任意取出3个元素的排列数为 $A_4^3 = 4\times 3\times 2 = 24$.

问题3：你能归纳一下排列的特征吗？

根据排列的定义，两个排列相同，当且仅当两个排列的元素完全相同，且元素的排列顺序也相同.

（4）排列数公式的探究

问题1：从 n 个不同的元素中取出2个元素的排列数 A_n^2 是多少？A_n^3 是多少？

分析：以 $A_3^2 = 3\times 2$，$A_4^3 = 4\times 3\times 2$ 的感性认识为猜想依据，探究 A_n^2、A_n^3 的表达式，为排列数公式 A_n^m 的探究积累经验.

问题2：从 n 个不同的元素中取出 $m(m\leqslant n)$ 个元素的排列数 A_n^m 公式如何表示？

如图10-5，我们将"从 n 个不同的元素中取出 $m(m\leqslant n)$ 个元素，按照一定的顺序排成一列"看成一件事，完成这件事分成 m 个步骤，每一步对应一个空位.这样，从 n 个不同的元素 $a_1, a_2, \cdots, a_n$ 中任意取 m 个去填 m 个空位，一个空位填1个元素，每一种填法就对应一个排列.因此，所有不同的填法的种数就是排列数 A_n^m.

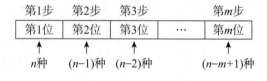

图 10-5

根据分步乘法计数原理，可知

$$A_n^m = n(n-1)(n-2)\cdots(n-m+1).$$

特别地, n 个不同的元素全部取出的一个排列, 叫做 n 个元素的一个全排列. 即

$$A_n^n = n \times (n-1) \times (n-2) \times \cdots \times 3 \times 2 \times 1 = n!.$$

（5）排列数公式的运用

问题 1: 用计算器计算: A_{10}^4; A_{18}^5; $A_{18}^{18} \div A_{13}^{13}$. 并从计算结果 $A_{18}^5 = A_{18}^{18} \div A_{13}^{13}$ 中思考: 有没有一般性的结论? 即 $A_n^m = \dfrac{A_n^n}{A_{n-m}^{n-m}} = \dfrac{n!}{(n-m)!}$ 是否成立?

同时, 为了使这个公式在 $m=n, m=0$ 时也成立, 我们规定 $0! = 1, A_n^0 = 1$.

问题 2: 某年全国足球甲级（A 组）联赛共有 14 支队参加, 每队要与其余各队在主、客场分别比赛一次, 共进行多少场比赛?

问题 3:（1）从 5 本不同的书中选出 3 本送给 3 名同学, 每人各 1 本, 共有多少种不同的送法?

（2）从 5 种不同的书中买 3 本送给 3 名同学, 每人各 1 本, 共有多少种不同的送法?

分析:（1）由于各人得到的书不同, 因此, "从 5 本不同的书中选出 3 本送给 3 名同学的一种送法"⇔"从 5 个不同元素中任取 3 个元素的一个排列", 得到不同的送法共有 $A_5^3 = 60$ 种.

（2）由于送给每人 1 本的书都有 5 种不同的选购方法, 即各人得到的书可能相同, 因此"买 3 本送给 3 名同学"这件事分成三步完成, 每步都有 5 种方法, 不同的送法共有 $5 \times 5 \times 5 = 125$ 种.

问题 4: 用 0 到 9 这 10 个数字, 可以组成多少个没有重复数字的三位数?

分析 1: 分两步完成这件事, 第一步排百位上的数字, 第二步排十位与个位上的数字, 如图 10-6 所示, 共有 $A_9^1 \times A_9^2 = 648$ 个没有重复数字的三位数.

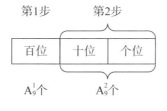

图 10-6

分析 2: 分成三类完成这件事, 第 1 类每一位数字都不是 0, 第 2 类十位上数字是 0, 第 3 类个位上数字是 0. 如图 10-7, 共有 $A_9^3 + A_9^2 + A_9^2 = 648$ 个没有重复数字的三位数.

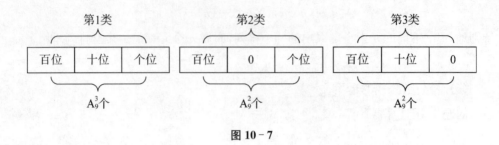

图 10-7

分析 3:采用逆向思考的方法:从 0~9 这 10 个数字中取出 3 个的所有排列,其排列数为 A_{10}^3,其中包含了一类 0 在百位上的排列,其排列数为 A_9^2.如图 10-8,共有 $A_{10}^3 - A_9^2 = 648$ 个没有重复数字的三位数.

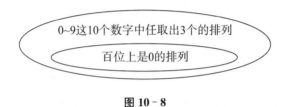

图 10-8

归纳:问题 1 从具体的计算中发现新的结论,借此引导学生开展归纳猜想,有助于学生形成演绎与归纳并重的思维习惯;问题 2 有助于学生在实际的情境中理解排列定义中"按照一定的顺序排成一列"的意义;问题 3 的目的在于通过比较,引导学生认真细致地分析题意,发现题意中的差别,进一步加深对排列中"按照一定的顺序排成一列"的意义的理解;问题 4 引导学生树立多角度思考问题的思维习惯,借助图示的方法分解问题,培养几何直观能力,从中体会到引进排列概念给解决计数问题带来的便捷.

从上述问题的解答过程中可以看到,引进排列的概念和推导排列数的公式,可以更加简便、快捷地求解"从 n 个不同的元素中取出 $m(m \leqslant n)$ 个元素的所有排列的个数"这一类特殊的计数问题.

2. 组合概念的形成及其组合数公式推导

(1) 比较计数问题的区别与联系(表 10-3)

表 10-3

	排列问题	组合问题
问题	从甲、乙、丙 3 名同学中选出 2 名参加一项活动,其中 1 名同学参加上午的活动,另一名同学参加下午的活动,有多少种不同的选法?	从甲、乙、丙 3 名同学中选出 2 名参加一项活动,有多少种不同的选法?

（续表）

	排列问题	组合问题
区别	选出 2 名后,按照"上午在前,下午在后"的顺序排列.	选出 2 名后,合成一组,不需考虑顺序.
联系	都是从 3 个不同的元素 a、b、c 任意取出 2 个.	
数学表达	从 3 个不同的元素 a、b、c 中任意取出 2 个所得的排列:ab、ac、ba、bc、ca、cb.	从 3 个不同的元素 a、b、c 中任意取出 2 个合成一组得:ab、ac、bc.
计数	$A_3^2 = 3 \times 2 = 6$.	$C_3^2 = 3$.

（2）排列概念的形成

概括 1:对问题"从甲、乙、丙 3 名同学中选出 2 名参加一项活动,有多少种不同的选法"进行抽象,舍去具体背景,可以概括为:从 3 个不同的元素中任意取出 2 个合成一组,一共有多少组?

概括 2:一般地,从 n 个不同的元素中取出 $m(m \leqslant n)$ 个元素合成一组,叫做从 n 个不同的元素中取出 $m(m \leqslant n)$ 个元素的一个组合.所有组合的个数叫做从 n 个不同的元素中取出 $m(m \leqslant n)$ 个元素的组合数,用 C_n^m 表示.

例如,前述问题中,从 3 个不同的元素 a、b、c 中任意取出 2 个元素的组合数为 $C_3^2 = 3$;从 4 个不同的元素 a、b、c、d 中任意取出 3 个元素的组合数为 $C_4^3 = 4$.

比较:你能说说排列和组合之间的联系和区别吗?（表 10-4）

表 10-4

	排列	组合
联系	两者都是从 n 个不同的元素中取出 $m(m \leqslant n)$ 个元素.	
区别	与顺序有关; 两个排列相同,当且仅当两个排列的元素完全相同,且元素的排列顺序也相同.	与顺序无关; 两个组合相同,只要两个组合的元素完全相同即可,不论元素的顺序如何,都是相同的组合.

（3）组合数公式的探究

问题 1:前面已经分析到组合与排列既有区别又有联系,我们能否利用这种联系,通过排列数 A_n^m 来求出组合数 C_n^m 呢?

问题 2:我们以从 4 个不同的元素 a、b、c、d 任意取出 3 个元素的排列与组合为例,你能建立它们之间的关系吗?

我们从排列与组合取出的元素相同这一关键要素入手,建立起如下排列与组合之间的对应关系,见表 10 - 5.

表 10 - 5

组合数	C_4^3			
组合	abc	abd	acd	bcd
排列	abc　bac acb　cab bca　cba	abd　bad　adb　dab bda　dba	acd　cad adc　dac cda　dca	bcd　cbd bdc　dbc cdb　dcb
每组排列数	A_3^3	A_3^3	A_3^3	A_3^3
排列数	A_4^3			

这样就有 $A_4^3 = C_4^3 \times A_3^3$,即 $C_4^3 = \dfrac{A_4^3}{A_3^3}$.

我们可以对等式 $A_4^3 = C_4^3 \times A_3^3$ 作出解释.等式的左边就是"从 4 个不同的元素中取出 3 个元素的所有排列数".右边可以用分步乘法计数原理解释为,求从 4 个不同的元素中取出 3 个元素的所有排列数,可以分成两步完成:第一步,先求从 4 个不同的元素中取出 3 个元素的所有组合数 C_4^3;第二步,将每个组合中的 3 个元素做全排列,各有 A_3^3 个排列数.对同一个问题从不同的角度做出等价解释,不仅可以加深对问题的理解,而且可以找到解决问题的途径,是一种很重要的思想方法.

问题 3:上述解释可以推广到一般的情形吗?

求从 n 个不同的元素中取出 $m(m \leqslant n)$ 个元素的排列数 A_n^m,可以由以下两个步骤得到:

第一步,从 n 个不同的元素中取出 $m(m \leqslant n)$ 个元素,共有 C_n^m 种不同的取法(分组方法);

第二步,将每组中的 m 个元素做全排列,各有 A_m^m 种不同的排法.

根据分步乘法计数原理,有

$$A_n^m = C_n^m \times A_m^m.$$

问题 4:从 n 个不同的元素中取出 $m(m \leqslant n)$ 个元素的排列数 A_n^m 公式如何表示?

由 $A_n^m = C_n^m \times A_m^m$,得

$$C_n^m = \frac{A_n^m}{A_m^m} = \frac{n \times (n-1) \times (n-2) \times \cdots \times (n-m+1)}{m!}.$$

再由 $A_n^m = \dfrac{n!}{(n-m)!}$，可知

$$C_n^m = \dfrac{n!}{m!\,(n-m)!}.$$

为了使这个公式在 $m=n$，$m=0$ 时也成立，我们规定 $C_n^0 = 1$.

（4）组合数公式的运用

问题 1：(1) 平面内有 10 个点，以其中每 2 个点为端点的线段共有多少条？（C_{10}^2）

(2) 平面内有 10 个点，以其中每 2 个点为端点的有向线段共有多少条？（A_{10}^2）

问题 2：一位教练的足球队共有 17 名初级学员，他们中以前没有一人参加过比赛.按照足球比赛规则，比赛时一支足球队的上场队员是 11 人.

这位教练从 17 名学员中可以形成多少种学员上场方案？（C_{17}^{11}）

如果在选出 11 名上场队员时，还要确定其中的守门员，那么教练员有多少种方式做这件事情？　　　　　　　　　　（方法 1：$C_{17}^{11} \times C_{11}^1$，或方法 2：$C_{17}^1 \times C_{16}^{10}$）

问题 3：在 100 件产品中，有 98 件合格品，2 件次品，从这 100 件产品中任意抽取 3 件.

有多少种不同的抽法？（C_{100}^3）

抽出的 3 件中恰好有 1 件是次品的抽法有多少种？（$C_2^1 \times C_{98}^2$）

抽出的 3 件中至少有 1 件是次品的抽法有多少种？

　　　　　　　　　（方法 1：$C_2^1 \times C_{98}^2 + C_2^2 \times C_{98}^1$，或方法 2：$C_{100}^3 - C_{98}^3$）

（5）组合数性质的探究

探究 1：用计算器计算下列各组组合数的值，你发现了什么？你能解释你的发现吗？

$$C_{12}^4 \text{ 与 } C_{12}^8；C_{18}^3 \text{ 与 } C_{18}^{15}；C_{10}^7 \text{ 与 } C_{10}^3；\cdots.$$

探究 2：你能把结果推广到一般情形吗？

一般地，有

$$C_n^m = C_n^{n-m}. \qquad （性质 1）$$

上述式子的含义是：从 n 个不同的元素中取出 m ($m \leqslant n$) 个元素后，必然剩下 $n-m$ 个元素，因此从 n 个不同的元素中取出 m 个元素的每个组合，与剩下的 $n-m$ 个元素的每一个组合一一对应.这样，从 n 个不同的元素中取出 m 个元素的组合数，等于从 n 个不同的元素中取出 $n-m$ 个元素的组合数，即 $C_n^m = C_n^{n-m}$.

探究 3：上述式子含义的解释其实是性质 1 的推导过程，采用的是一种常用而重

要的思想方法,即通过阐述等式两边的不同表达式实际上是对同一个组合问题的两个不同的计数方案,从而达到证明的目的.

你能根据上述思想方法(图 10 - 9),利用分类加法计数原理,证明下列组合数的另一个性质吗?

$$C_{n+1}^m = C_n^m + C_n^{m-1}. \qquad (性质 2)$$

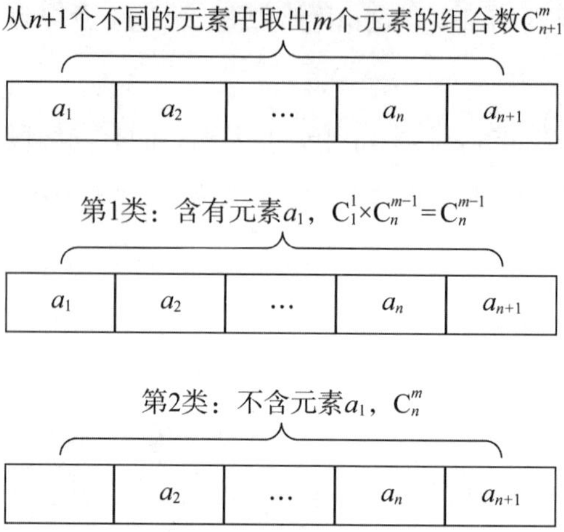

从$n+1$个不同的元素中取出m个元素的组合数C_{n+1}^m

| a_1 | a_2 | ... | a_n | a_{n+1} |

第1类:含有元素a_1, $C_1^1 \times C_n^{m-1} = C_n^{m-1}$

| a_1 | a_2 | ... | a_n | a_{n+1} |

第2类:不含元素a_1, C_n^m

| | a_2 | ... | a_n | a_{n+1} |

图 10 - 9

说明:虽然《课程标准》对"组合数的两个性质"不作要求,但对学有余力的学生来说,组合数性质的探究不失为进一步理解计数原理与培养换个角度思考问题的思维习惯的良好资源,有利于发展数学核心素养.

三、依托计数原理的应用过程(二)——二项式定理

1. 二项式定理的发现与论证

(1) 先行组织者

我们来考察初中用多项式乘法法则得到$(a+b)^2$展开式的过程(表 10 - 6).

表 10 - 6

展开过程	与计数原理的联系
$(a+b)^2 = (a+b)(a+b)$	分两步完成,第一步从第一个$(a+b)$中取a或b,第二步从第二个$(a+b)$中取a或b.
$= a \cdot a + a \cdot b + b \cdot a + b \cdot b$	在没有合并同类项之前,根据乘法原理共有$2 \times 2 = 2^2$项; 项的形式$a^{2-k}b^k (k=0,1,2)$.

(续表)

展开过程	与计数原理的联系
$=a^2+2ab+b^2$	a^2 是由 2 个 $(a+b)$ 中都不取 b 得到的,相当于从 2 个 $(a+b)$ 中取 0 个 b(即都取 a)的组合数 C_2^0,因此 a^2 只有 1 个,其系数为 C_2^0; ab 是由一个 $(a+b)$ 中取 a,另一个 $(a+b)$ 中取 b 得到的,由于 b 取定后,a 的取法也随之确定,因此 ab 出现的次数相当于从 2 个 $(a+b)$ 中取 1 个 b 的组合数 C_2^1,即 ab 共有 C_2^1 个,其系数为 C_2^1; b^2 是由 2 个 $(a+b)$ 中都取 b 得到的,相当于从 2 个 $(a+b)$ 中取 2 个 b 的组合数 C_2^2,因此,b^2 只有 1 个,其系数为 C_2^2.
$(a+b)^2=a^2+2ab+b^2$	$(a+b)^2=C_2^0a^2+C_2^1ab+C_2^2b^2$.

(2) $(a+b)^n$ 展开式的归纳

问题 1: 如何利用两个计数原理得到 $(a+b)^3$ 和 $(a+b)^4$ 的展开式?

① 探究展开式的项数与形式. 对于 $(a+b)^3$ 的展开式,我们从 $(a+b)^3=(a+b)(a+b)(a+b)$ 出发,分三步得到展开式的项:第一步,从第一个 $(a+b)$ 中取 a 或 b,第二步从第二个 $(a+b)$ 中取 a 或 b,第三步,从第 3 个 $(a+b)$ 中取 a 或 b.所以,在没有合并同类项之前,根据乘法原理共有 $2\times2\times2=2^3$ 项;展开式项的形式为 $a^{3-k}b^k(k=0,1,2,3)$.

② 探究展开式中同类项的系数(表 10-7).

表 10-7

项	取法与个数	系数
当 $k=0$ 时,$a^{3-k}b^k=a^3$	$(a+b)^3=(a+b)(a+b)(a+b)$ 不取 b　　不取 b　　不取 b 都取 a a^3 有 C_3^0 个	C_3^0
当 $k=1$ 时,$a^{3-k}b^k=a^2b$	$(a+b)^3=(a+b)(a+b)(a+b)$ 取 b　不取 b　不取 b 不取 b　取 b　　不取 b 不取 b　不取 b　取 b a^2b 有 C_3^1 个	C_3^1
当 $k=2$ 时,$a^{3-k}b^k=ab^2$	$(a+b)^3=(a+b)(a+b)(a+b)$ 取 b　　取 b　　不取 b 取 b　　不取 b　取 b 不取 b　取 b　　取 b a^2b^2 有 C_3^2 个	C_3^2

（续表）

项	取法与个数	系数
当 $k=3$ 时，$a^{3-k}b^k=b^3$	$(a+b)^3=(a+b)(a+b)(a+b)$ 取 b　　取 b　　取 b 都不取 a $\left.\right\}b^3$ 有 C_3^3 个	C_3^3

所以，$(a+b)^3=C_3^0a^3+C_3^1a^2b+C_3^2ab^2+C_3^3b^3$.

③ 同理，可以探究 $(a+b)^4$ 的展开式为

$$(a+b)^4=C_4^0a^4+C_4^1a^3b+C_4^2a^2b^2+C_4^3ab^3+C_4^4b^4.$$

④ 同理，一般地，可以探究 $(a+b)^n$ 的展开式为

$$(a+b)^n=C_n^0a^n+C_n^1a^{n-1}b+C_n^2a^{n-2}b^2+\cdots+C_n^{n-1}ab^{n-1}+C_n^nb^n.$$

（3）$(a+b)^n$ 展开式的证明

证明：由于 $(a+b)^n$ 是 n 个 $(a+b)$ 相乘，每个 $(a+b)$ 在相乘时有两种选择，即选 a 或 b，而且每个 $(a+b)$ 中的 a 或 b 都选定后才能得到展开式的一项，因此由分步乘法计数原理，在合并同类项之前，$(a+b)^n$ 的展开式共有 2^n 项，其中每一项都是 $a^{n-k}b^k(k=0,1,2,\cdots,n)$ 的形式.

对于某个 $k(k\in\{0,1,2,\cdots,n\})$，对应的项 $a^{n-k}b^k$ 是由 $n-k$ 个 $(a+b)$ 中选 a，剩下的 k 个 $(a+b)$ 中选 b 得到的.由于 b 选定后，a 的选法也随之确定，因此 $a^{n-k}b^k$ 出现的次数相当于从 n 个 $(a+b)$ 中选 k 个 b 的组合数 C_n^k.这样，$(a+b)^n$ 的展开式中，$a^{n-k}b^k$ 共有 C_n^k 个，将它们合并同类项，就可以得到 $a^{n-k}b^k$ 的系数是 C_n^k.由此，就可以得到二项展开式

$$(a+b)^n=C_n^0a^n+C_n^1a^{n-1}b+C_n^2a^{n-2}b^2+\cdots+C_n^{n-1}ab^{n-1}+C_n^nb^n.$$

上述公式叫做二项式定理.其中，可以用下列通项公式表示每一项

$$T_{r+1}=C_n^ra^{n-r}b^r(r=0,1,2,\cdots,n).$$

在上述的发现和论证过程中，既有特殊到一般的归纳推理，又有运用计数原理的演绎推理，是归纳和演绎的相互配合，相得益彰.由于归纳和演绎是思维的两个基本方面或方向，因此通过这种"数学的方式"的学习，学生的思维就得到了很好的训练与发展，从而也就对学生核心素养的发展作出了数学学科的贡献.

（4）$(a+b)^n$ 展开式的其他归纳方式

① 在多项式概念指导下进行归纳.

对于以下展开式：

$$(a+b)^2 = a^2 + 2ab + b^2,$$

$$(a+b)^3 = a^3 + 3a^2b + 3ab^2 + b^3,$$

$$(a+b)^4 = a^4 + 4a^3b + 6a^2b^2 + 4ab^3 + b^4,$$

……

首先,对 $(a+b)^2$ 展开式中各项的形式进行归纳,是形如 $a^{2-k}b^k(k=0,1,2)$ 的 2 次单项式.

这里要关注引入 k 对各项做出统一表达.为什么要做这样的归纳? 实际上,这是针对我们心中的那个"一般性目标"的,要使从具体中归纳出的结论具有可推广性,这是非常重要的.同理:

$(a+b)^3$ 展开式中各项是形如 $a^{3-k}b^k(k=0,1,2,3)$ 的 3 次单项式;

$(a+b)^4$ 展开式中各项是形如 $a^{4-k}b^k(k=0,1,2,3,4)$ 的 4 次单项式;

……

$(a+b)^n$ 展开式中各项是形如 $a^{n-k}b^k(k=0,1,2,3,\cdots,n)$ 的 n 次单项式.

其次,对 $(a+b)^1,(a+b)^2,(a+b)^3,\cdots,(a+b)^n$ 展开式的共性进行归纳,发现对于任意的 $m\in\mathbf{N},(a+b)^m$ 的展开式共有 $m+1$ 项,每一项的次数都是 m,结构都是 $A_k a^{m-k}b^k$,k 依次取 $0,1,2,\cdots,m$.

② 对展开式中各项系数的归纳.

归纳:展开式中各项的系数 A_k,这是难点.我们可以从不同角度寻找归纳的思路.

例如,按照 $(a+b)^{n+1}=(a+b)(a+b)^n=a(a+b)^n+b(a+b)^n$,可以归纳地写出:

当 $n=0$ 时,$(a+b)^0=1$;

当 $n=1$ 时,$(a+b)^1=(a+b)(a+b)^0=a+b$;

当 $n=2$ 时,$(a+b)^2=(a+b)(a+b)^1=a^2+2ab+b^2$;

当 $n=3$ 时,$(a+b)^3=(a+b)(a+b)^2=a(a^2+2ab+b^2)+b(a^2+2ab+b^2)$,

也即

$$(a+b)^3 = 1a^3 + 2a^2b + 1ab^2 + 0b^3 + 0a^3 + 1ba^2 + 2ab^2 + 1b^3$$

$$= (1+0)a^3 + (2+1)a^2b + (1+2)ab^2 + (0+1)b^3$$

$$= a^3 + 3a^2b + 3ab^2 + b^3.$$

由此可见,$n=3$ 时各项的系数就是 $n=2$ 中相邻系数之和(在首、尾各补上一个 0,便于归纳共性).

这个结论推广到一般,有

$$(a+b)^4=a^4+4a^3b+6a^2b^2+4ab^3+b^4;$$

$$(a+b)^5=a^5+5a^4b+10a^3b^2+10a^2b^3+5ab^4+b^5.$$

也许,当年杨辉就是这样归纳地发现规律,并将展开式中各项的系数分离出来,写成"杨辉三角"的形式.如果再用上组合数的性质,利用数学归纳法可以"归纳地证明".

上述过程就是典型的"数学的方式".其中,从"具体"中看"一般"就是"数学抽象";以"一般观念"为指导发现二项展开式系数是"数学建模";等等.数学育人就是要用这种数学的方式,旨在学生通过数学学习,学会数学地思考问题和解决问题的方法.

2. 二项式定理的简单应用

(1) 定理的特殊情形

① 在二项式定理中,如果设 $a=1,b=x$,就有公式

$$(1+x)^2=C_n^0+C_n^1x+C_n^2x^2+\cdots+C_n^kx^k+\cdots+C_n^nx^n.$$

② 在上式中,令 $x=1$,就有

$$(1+1)^2=C_n^0+C_n^1+C_n^2+\cdots+C_n^k+\cdots+C_n^n,$$

即二项式系数和公式

$$C_n^0+C_n^1+C_n^2+\cdots+C_n^k+\cdots+C_n^n=2^n.$$

这个等式左边的含义可以解释为:n 元集合 $A=\{A_1,A_2,\cdots,A_n\}$ 的不同子集,按元素个数分成 n 类,元素个数为 $0,1,2,\cdots,n$ 的子集个数分别有 $C_n^0,C_n^1,C_n^2,\cdots,C_n^n$ 个,根据分类加法计数原理,共有 $C_n^0+C_n^1+C_n^2+\cdots+C_n^k+\cdots+C_n^n$ 个,即共有 2^n 个.

③ 在上式中,令 $x=-1$,就有

$$C_n^0-C_n^1+C_n^2-\cdots+(-1)^kC_n^k+\cdots+(-1)^nC_n^n=0,$$

从而有

$$C_n^0+C_n^2+C_n^4+\cdots=C_n^1+C_n^3+C_n^5+\cdots,$$

即奇数项的二项式系数的和等于偶数项的二项式系数的和.

(2) 求二项式的展开式及其特殊项

问题 1:求 $\left(2\sqrt{x}-\dfrac{1}{\sqrt{x}}\right)^6$ 展开式.(可以先化简,再展开)

问题 2:求 $(1+2x)^7$ 的展开式的第 4 项的系数.(利用通项公式,区别项的系数与项的二项式系数)

问题 3:求 $\left(x-\dfrac{1}{x}\right)^9$ 的展开式中 x^3 的系数.(利用通项公式求所在项,再求项的系数)

3. 二项式系数性质的探究

（1）通过具体运算发现二项式系数的规律

问题 1:用计算器计算$(a+b)^n$展开式的二项式系数并填表,你能从中发现什么规律吗?

表 10-8

n				$(a+b)^n$ 展开式的二项式系数			
1				1	1		
2			1	2	1		
3		1	3		3	1	
4		1	4	6	4	1	
5		1	5	10	10	5	1
6	1	6	15	20	15	6	1

由表 10-8,可以发现规律:

① 每一行中的系数具有对称性;

② 在同一行中,每行两端都是 1,与这两个 1 等距离的项的系数相等;

③ 在相邻的两行中,除 1 以外的每一个数都等于它"肩上"两个数的和,即 $C_{n+1}^r = C_n^{r-1} + C_n^r$.

（2）通过数学史料旁证二项式系数的规律

我国南宋数学家杨辉 1261 年所著的《详解九章算法》一书中就出现了上述图表.所不同的只是这里的表用阿拉伯数字表示,在那本书中是用汉字表示(图 10-10).

这个表称为杨辉三角.我国北宋数学家贾宪(约公元 11 世纪)已经用过它,故又称贾宪

图 10-10

三角,这表明我国发现这个表不晚于 11 世纪.在欧洲,这个表被认为是法国数学家帕

斯卡(1623—1662)首先发现,他们把这个表叫做帕斯卡三角.这就是说,杨辉三角的发现要比欧洲早五百年左右.由此可见,我国古代数学的成就是非常值得中华民族自豪的.

(3) 从函数角度分析二项式系数的规律

对于$(a+b)^n$展开式的二项式系数

$$C_n^0, C_n^1, C_n^2, \cdots, C_n^n,$$

我们可以把C_n^r看成是以r为自变量的函数$f(r)$,即

$$f(r) = C_n^r, r \in \{0, 1, 2, \cdots, n\}.$$

我们可以从图像的角度认识这个函数.例如,当$n = 6$时,其图像是 7 个孤立点(图 10 - 11).我们可以分别画出$n = 7, 8, 9$时的函数图像,从图像中直观地感知二项式系数的性质.

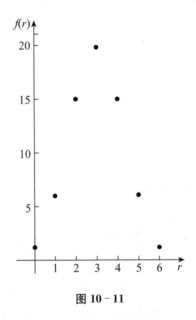

图 10 - 11

对称性:直线$r = \dfrac{n}{2}$是函数$f(r)$图像的对称轴;与首末两端"等距离"的两个二项式系数相等,这个性质事实上就是公式$C_n^m = C_n^{n-m}$的含义.

增减性与最大值:考察$f(r) = C_n^r = \dfrac{n(n-1)(n-2)\cdots(n-k+1)}{(k-1)! \cdot k} = $

$C_n^{k-1}\dfrac{n-k+1}{k}$,发现$C_n^r$相对于$C_n^{k-1}$的增减情况由$\dfrac{n-k+1}{k}$与 1 的大小关系决定.由

$$\frac{n-k+1}{k} > 1 \Leftrightarrow k < \frac{n+1}{2}$$

可知,当 $k<\dfrac{n+1}{2}$ 时,二项式系数是逐渐增大的.由对称性可知它的后半部分是逐渐

减小的,且在中间取得最大值.当 n 是偶数时,中间的一项 $\left(第\dfrac{n}{2}+1 项\right)$ 取得最大值,

即 $C_n^{\frac{n}{n}}$;当 n 是奇数时,中间的两项 $C_n^{\frac{n-1}{2}}$、$C_n^{\frac{n+1}{2}}$ $\left(第\dfrac{n+1}{2}、\dfrac{n+3}{2}项\right)$ 相等,同时取得最

大值.

总之,从本单元内容结构来看,朴素的计数原理将排列组合、二项式定理融合成一个整体,排列组合、二项式定理成为计数原理解决问题的典型过程,同时,典型而丰富的计数问题成为本单元数学探究活动的主要凭借.从本单元解决计数问题所运用的思想方法来看,对复杂问题进行分类,对解决过程进行分步,对同一个问题从不同的角度进行解释,等等,都是解决问题中常用的重要的方法.正是凭借着这些过程和方法,为学生理解计数原理、领悟和运用多角度分析问题的思想方法,提高学生分析问题解决问题的能力,积累数学思维和解决计数问题的经验,提供了独特的推力,从而水到渠成地使学生的数学学科核心素养得到提升与发展.

第三节　实践案例——二项式定理

关于二项式定理,《课程标准》的内容要求中要求运用计数原理探索二项式定理问题,并能用多项式运算法则和计数原理证明二项式定理,会用二项式定理解决与二项展开式有关的简单问题,本节课为第 1 课时.

【教学目标】

经历用计数原理分析 $(a+b)^2$ 的展开式的过程,建立二项展开式与计数原理的联系,用由特殊到一般的数学研究方法获得二项式定理的猜想,并用计数原理给出证明;二项式定理在简单数学情境中的运用.培养数学抽象、数学运算、逻辑推理等数学素养.

【教学分析】

在基础教育的数学课程中,二项式定理是多项式运算中完全平方公式和立方公式的推广,同时也是学习随机变量及其分布、二项分布、数学期望等内容的知识基础.因为二项式定理的探究与证明可以用到计数原理,所以可以把它作为计数原理的一个应用;由于二项式系数是一些特殊的组合数,因此利用二项式定理可以进一步深化对组合数的认识.二项式定理不仅在初等数学中有着广泛应用(如是解决整除、近

似计算、不等式证明等问题的有力工具),而且是带领我们进入微分学领域大门的一把金钥匙.总之,二项式定理是综合性强、具有联系不同内容作用的知识,在高中数学课程中居于非常重要的地位.

在计数原理之后学习二项式定理,固然是因为可以用计数原理证明二项式定理,但对学生而言最大的挑战则是如何用计数原理分析 $(a+b)^n$ 的展开式,即将二项式的展开式与"计数问题"联系在一起.具体而言就是建立展开式中项的构成与不同"取法"之间的联系,从而用组合数计算展开式中同类项的系数.这个过程对学生思维的严谨性和逻辑推导能力,以及分类讨论、归纳推理能力等有着很高的要求.正因为如此,二项式定理的学习对培养学生树立从不同的角度考察问题的"联系"观点、由特殊到一般归纳发现"运算中的规律性"的数学思维方式,提升数学运算、逻辑推理等数学素养是一个非常好的契机.

基于以上分析,二项式定理的教学需要先提供用计数原理分析 $(a+b)^2$ 的展开式的支架,帮助学生发现事物内部以及事物之间的关系和规律,这是教学的重点也是难点;再在利用两个计数原理得到 $(a+b)^3$ 和 $(a+b)^4$ 的展开式的操作中,把握 $(a+b)^n$ 的展开式项的结构,计算项的系数,从而获得二项式定理的猜想并用计数原理加以证明.

【教学过程】

先行组织—联系分析—操作感悟—归纳猜想—证明猜想—固化运用—结构图式—作业评价.

环节一　先行组织

教的过程	学的过程	说明
呈现概括性引导语: 二项式定理研究的是 $(a+b)^n$ 的展开式.那么, $(a+b)^n$ 的展开式是什么呢? 我们在计数原理这一章来学习它,说明它的展开式与分类加法计数原理、分步乘法计数原理以及排列、组合的知识有关.那么,如何把二项展开式与这些知识联系起来呢? 追问:关于 $(a+b)^n$ 的展开式,你现在知道的是什么? 依据什么得到的?	(1) 当 $n=2$ 时, $(a+b)^2=a^2+2ab$ $+b^2$. (2) 依据多项式乘法法则展开 $(a+b)^2$,合并同类项得到的.	提出课题,回顾多项式运算法则.

环节二 联系分析

教的过程	学的过程	说明
问题1:我们能否用联系的观点来分析$(a+b)^2=a^2+2ab+b^2$所含的规律及其与其他知识的联系? (1) 展开的过程是什么? (2) 与什么知识相联系? (3) 展开式中有什么规律?	(1) 对$(a+b)(a+b)=a\cdot a+a\cdot b+b\cdot a+b\cdot b$的分析:分两步得到展开式的一项(完成这件事),第一步,从第一个$(a+b)$中取a或b;第二步,从第二个$(a+b)$中取a或b.在没有合并同类项之前,根据乘法原理共有$2\times 2=2^2$项,项的形式$a^{2-k}b^k(k=0,1,2)$. (2) 对$a\cdot a+a\cdot b+b\cdot a+b\cdot b=a^2+2ab+b^2$的分析: ① a^2是由2个$(a+b)$中都不取b得到的,相当于从2个$(a+b)$中取0个b(即都取a)的组合数C_2^0,因此a^2只有1个,其系数为C_2^0; ② ab是由一个$(a+b)$中取a,另一个$(a+b)$中取b得到的,由于b取定后,a的取法也随之确定,因此ab出现的次数相当于从2个$(a+b)$中取1个b的组合数C_2^1,即ab共有C_2^1个,其系数为C_2^1; ③ b^2是由2个$(a+b)$中都取b得到的,相当于从2个$(a+b)$中取2个b的组合数C_2^2,因此b^2只有1个,其系数为C_2^2.	师生共同分析完全平方公式的展开过程,建立与计数原理的联系,获得: $(a+b)^2=C_2^0a^2+C_2^1ab+C_2^2b^2$.

环节三 操作感悟

教的过程	学的过程	说明
问题2:如何利用两个计数原理探究$(a+b)^3$和$(a+b)^4$的展开式? 追问1:展开式的项数与形式? 追问2:展开式中同类项的系数如何计算?	(1) 对于$(a+b)^3$的展开式,从$(a+b)^3=(a+b)(a+b)(a+b)$出发,分三步得到展开式的项:第一步,从第一个$(a+b)$中取a或b;第二步,从第二个$(a+b)$中取a或b;第三步,从第3个$(a+b)$中取a或b.所以,在没有合并同类项之前,根据乘法原理共有$2\times 2\times 2=2^3$项;展开式项的形式为$a^{3-k}b^k(k=0,1,2,3)$. (2) 以同类项a^2b为例,由 $$(a+b)^3=(a+b)(a+b)(a+b)$$ 　　　取b　　不取b　　不取b 　　不取b　　取b　　　不取b 　　不取b　　不取b　　取b 可知a^2b有C_3^1个,所以a^2b的系数为C_3^1.同理,a^3、ab^2、b^3的系数分别为C_3^0、C_3^2和C_3^3.所以, $$(a+b)^3=C_3^0a^3+C_3^1a^2b+C_3^2ab^2+C_3^3b^3.$$ 同理,可以探究到$(a+b)^4$的展开式为 $$(a+b)^4=C_4^0a^4+C_4^1a^3b+C_4^2a^2b^2+C_4^3ab^3+C_4^4b^4.$$	通过建立项的结构与"取球模型"的匹配,自然地将$(a+b)^3$和$(a+b)^4$的展开式中项的系数与计数模型联系起来,感悟各项的系数,就是展开过程中该项出现的次数,为归纳发现并证明二项式定理奠定基础.

环节四 归纳猜想

教的过程	学的过程	说明
问题 3:根据多项式概念,你认为应从哪些角度归纳以上三个展开式的共同特征? 问题 4:由此你能得到关于 $(a+b)^n$ 的展开式的哪些猜想?	<table><tr><td rowspan="2">二项式</td><td colspan="4">展开式的要素</td></tr><tr><td>项数</td><td>项</td><td>次数</td><td>项的系数</td></tr><tr><td>$(a+b)^2$</td><td>3</td><td>$a^{2-k}b^k$ $(k=0,1,2)$</td><td>2</td><td>C_2^k $(k=0,1,2)$</td></tr><tr><td>$(a+b)^3$</td><td>4</td><td>$a^{3-k}b^k$ $(k=0,1,2,3)$</td><td>3</td><td>C_3^k $(k=0,1,2,3)$</td></tr><tr><td>$(a+b)^4$</td><td>5</td><td>$a^{4-k}b^k$ $(k=0,1,2,3,4)$</td><td>4</td><td>C_4^k $(k=0,1,2,3,4)$</td></tr><tr><td colspan="5">……</td></tr><tr><td>$(a+b)^n$</td><td>$n+1$</td><td>$a^{n-k}b^k$ $(k=0,1,2,\cdots,n)$</td><td>n</td><td>C_n^k $(k=0,1,2,\cdots,n)$</td></tr></table> 从展开式中的"项数、次数、项及其系数"等方面来归纳其规律. 所以有如下猜想: $(a+b)^n=C_n^0a^n+C_n^1a^{n-1}b+\cdots+C_n^ka^{n-k}b^k+\cdots+C_n^nb^n.(*)$	归纳展开式的要素"项数、次数、项及其系数"的规律,为归纳发现 $(a+b)^n$ 的展开式奠定基础. 通过独立思考,小组讨论,合作学习,发现 $(a+b)^n$ 的展开式的规律.

环节五 证明猜想

教的过程	学的过程	说明
问题 5:你能对猜想 $(*)$ 进行证明吗? 追问 1:我们把证明了的 $(*)$ 式称为二项式定理.你能说出公式中的项 $C_n^ka^{n-k}b^k$ 位于展开式中的第几项吗? 追问 2:在二项式定理中,如果设 $a=1,b=x$,你能得到相应的公式吗?	(1) 证明:由于 $(a+b)^n$ 是 n 个 $(a+b)$ 相乘,每个 $(a+b)$ 在相乘时有两种选择,即选 a 或 b,而且每个 $(a+b)$ 中的 a 或 b 都选定后才能得到展开式的一项.因此,由分步乘法计数原理,在合并同类项之前,$(a+b)^n$ 的展开式共有 2^n 项,其中每一项都是 $a^{n-k}b^k(k=0,1,2,\cdots,n)$ 的形式. 对于某个 $k(k\in\{0,1,2,\cdots,n\})$,对应的项 $a^{n-k}b^k$ 是由 $n-k$ 个 $(a+b)$ 中选 a,剩下的 k 个 $(a+b)$ 中选 b 得到的.由于 b 选定后,a 的选法也随之确定,因此 $a^{n-k}b^k$ 出现的次数相当于从 n 个 $(a+b)$ 中选 k 个 b 的组合数 C_n^k.这样,$(a+b)^n$ 的展开式中,$a^{n-k}b^k$ 共有 C_n^k 个,将它们合并同类项,就可以得到 $a^{n-k}b^k$ 的系数是 C_n^k.由此,就可以得到二项展开式: $(a+b)^n=C_n^0a^n+C_n^1a^{n-1}b+\cdots+C_n^ka^{n-k}b^k+\cdots+C_n^nb^n$. (2) 项 $C_n^ka^{n-k}b^k$ 位于展开式中的第 $k+1$ 项,用 $T_{r+1}=C_n^ra^{n-r}b^r$ 表示,由于 r 取 $0,1,2,\cdots,n$ 时,表示了展开式中的每一项,因此我们把 $T_{r+1}=C_n^ra^{n-r}b^r(r=0,1,2,\cdots,n)$ 称为二项展开式的通项. (3) $(1+x)^n=C_n^0+C_n^1x+\cdots+C_n^kx^k+\cdots+C_n^nx^n$.	在经历环节四由特殊到一般的归纳推理推理获得猜想的基础上,又经历运用计数原理的演绎推理证明猜想的过程,追问 2 的解决是一般到特殊的演绎推理. 归纳和演绎相互配合、相得益彰.由于归纳和演绎是思维的两个基本方面或方向,因此通过这种"数学的方式"的学习,学生的思维就得到了很好的训练与发展,从而有助于学生逻辑推理素养的发展.

环节六 固化运用

教的过程	学的过程	说明
例题： (1) 求 $\left(2\sqrt{x}-\dfrac{1}{\sqrt{x}}\right)^6$ 的展开式. (2) 求 $(1+2x)^7$ 的展开式的第 4 项的系数. (3) 求 $\left(x-\dfrac{1}{x}\right)^9$ 的展开式中 x^3 的系数. 练习： (1) 写出 $(p+q)^7$ 的展开式. (2) 求 $(2a+3b)^6$ 的展开式的第 3 项. (3) 写出 $\left(\sqrt[3]{x}-\dfrac{1}{2\sqrt[3]{x}}\right)^n$ 的展开式的第 $r+1$ 项. (4) $(x-1)^{10}$ 的展开式的第 6 项的系数是( ). (A) C_{10}^6；　(B) $-C_{10}^6$； (C) C_{10}^5；　(D) $-C_{10}^5$.	(1) 可直接用二项式定理展开，也可先化简后展开，得： $\left(2\sqrt{x}-\dfrac{1}{\sqrt{x}}\right)^6=64x^3-192x^2+240x$ $\qquad -160+\dfrac{60}{x}-\dfrac{12}{x^2}+\dfrac{1}{x^3}.$ (2) 因为 $T_4=T_{3+1}=C_7^3\times 1^{7-3}(2x)^3=35\times 8x^3=280x^3$，所以展开式的第 4 项的系数是 280. (3) 因为展开式的通项 $T_{r+1}=C_9^r x^{9-r}$ $\left(-\dfrac{1}{x}\right)^r=(-1)^r C_9^r x^{9-2r}$，据题意，有 $9-2r=3$，即得 $r=3$. 所以，x^3 的系数是 $(-1)^3 C_9^3=-84$.	(1) 比较两种展开方式哪种运算方便； (2) 区分项的系数与项的二项式系数； (3) 利用通项确定特殊项的系数； (4) 利用通项求展开式中某一项.

环节七 结构图式

教的过程	学的过程	说明
(1) 对照二项展开式的通项 $T_{r+1}=C_n^r a^{n-r}b^r(r=0,1,2,\cdots,n)$，你能说说是怎样用计数原理分析展开式？你认为其中的关键是什么？ (2) 你能说出二项式定理的这个公式在结构上的特征吗？	(1) 学生自己总结、交流表达：把每个 $(a+b)$ 看作一个框，把项 $a^{n-k}b^k$ 的构成看作一件事. 完成这件事就是从 n 个框中取出 k 个 b（意味着从剩下 $n-k$ 个框中选 a），所以同类项 $a^{n-k}b^k$ 有 C_n^k 个，即展开式中 $a^{n-k}b^k$ 的系数为 C_n^k. (2) 展开式的次数都是 n，共有 $n+1$ 项；字母 a 以降幂排列，次数由 n 递减到 0，字母 b 以升幂排列，次数由 0 递增到 n.	(1) 用计数原理分析展开式，实际上就是对"如何得到展开式的项 $a^{n-k}b^k$"这件事用计数原理分析； (2) 概括公式的结构特征，有助于理解和记忆.

环节八　作业评价

作业内容	设计意图	评价目标
1. 写出下列二项式的展开式： (1) $[p+(1-p)]^n$（其中 $0<p<1$）； (2) $\left(\dfrac{1}{2}+\dfrac{1}{2}\right)^n$.	复习二项展开式，为二项式定理在近似计算、二项分布中的应用埋下伏笔.	在熟悉的数学情境中，能运用二项式定理正确分解.
2. 用二项式定理展开： (1) $(a+\sqrt[3]{b})^9$； (2) $\left(\dfrac{\sqrt{x}}{2}-\dfrac{2}{\sqrt{x}}\right)^7$.	复习二项式定理，提高数学运算能力.	在熟悉的数学情境中，能运用二项式定理正确分解.
3. 化简： (1) $(1+\sqrt{x})^5+(1-\sqrt{x})^5$； (2) $(2x^{\frac{1}{2}}+3x^{-\frac{1}{2}})^4-(2x^{\frac{1}{2}}-3x^{-\frac{1}{2}})^4$.	复习二项式定理，提高数学运算能力.	在熟悉的数学情境中，能运用二项式定理正确分解和化简.
说明：能正确地解答作业 3，说明学生能在熟悉的数学情境中了解运算对象，形成合适的运算思路，能够正确求解. 根据满意原则，可以认为达到数学运算素养水平一的要求.		

第十一章

统计单元的育人价值与核心素养培养

第一节 本单元的育人价值

一、本单元的学科价值

统计学是通过搜索、整理、分析数据等手段，以达到推断所测对象的本质，甚至预测对象未来的一门综合性科学.统计学用到了大量的数学及其他学科的专业知识.

统计学的应用范围几乎覆盖了社会科学和自然科学的各个领域.随着社会、经济和科学技术的发展，统计在现代化国家管理和企业管理中的地位，在社会生活中的地位，越来越重要了，人们的日常生活和一切社会生活都离不开统计.英国统计学家哈斯利特说："统计方法的应用是这样普遍，在我们的生活和习惯中，统计的影响是这样巨大，以致统计的重要性无论怎样强调也不过分."

统计学作为一门学科，其核心是数据分析.数据分析是研究随机现象的重要数学技术，是大数据时代数学应用的主要方法，也是"互联网＋"相关领域的主要数学方法.数据分析是指针对研究对象获取数据，运用数学方法对数据进行整理、分析、推断和决策的过程.因此，如何针对研究对象获取样本数据从而根据样本去探求有关总体的真实情况是统计学的中心问题，前提条件是从一个总体中抽取一些元素组成的样本最能代表总体，这直接影响着统计的准确性.数据分析已经深入到科学、技术、工程和现代社会生活的各个方面，"用数据说话"已经成为我们这个时代的特征.

在《课程标准》中，统计具有重要的地位，是必修和选择性必修课程五个主题（预备知识、函数、几何与代数、概率与统计、数学建模活动与数学探究活动）的核心内容之一.概率与统计为人们从不确定性的角度认识客观世界提供重要的思维模式和解决问题的方法，这也是它成为高中数学课程主题内容的重要理由.统计的发展依赖于概率理论.

二、本单元的教育价值

高中统计课程最重要的教育价值在于培养学生的统计思维,形成从随机性中寻找规律性的基本思想.统计思维具体表现为通过抽样的数据对总体进行推断,也就是通过许多的个别来推断一般,主要是一种归纳推理.这里,与学生在初高中数学里面所面临的问题有本质的不同:以前探讨的多半是必然性的问题,解方程算出 x 是 1 就是 1,不会有任何误差;一个定理一旦被证明是对的,基于这定理的其他命题就会一直"真"下去,不会有例外,除非能找出证明的漏洞.而在统计学里面,则是处处存在随机性问题.它允许有误差,且误差往往是通过随机性的形式体现出来,而误差值的大小由概率来衡量.统计思维是能够有意识地结合概率和误差的理念并由此进行统计决策的思维.

本单元的学习旨在帮助学生提升获取有价值信息并进行定量分析的意识和能力;适应数字化学习的需要,增强基于数据表达现实问题的意识,形成通过数据认识事物的思维品质;积累依托数据探索事物本质、关联和规律的活动经验.具体可以帮助学生:进一步学习数据收集和整理的方法、数据直观图表的表示方法、数据统计特征的刻画方法;通过具体实例,感悟在实际生活中进行科学决策的必要性和可能性;体会统计思维与确定性思维的差异、归纳推断与演绎证明的差异;通过实际操作、计算机模拟等活动,积累数据分析的经验;能够结合具体问题,理解统计推断结果的或然性,正确运用统计结果解释实际问题.重点帮助学生提升数据分析、数学建模、逻辑推理和数学运算素养.

第二节　本单元数学学科核心素养的培养

为培养学生的统计思维,发展学生的数据分析素养,根据统计学科的特征,统计的教学活动应通过典型案例进行.教学中应通过对一些典型案例的处理,使学生经历较为系统的数据处理全过程,在此过程中学习数据分析的方法,理解数据分析的思路,运用所学知识和方法解决实际问题.概言之,统计的教学类似于在"在游泳中学会游泳",在统计活动中学会统计.统计的内容载体安排应符合研究问题的一般规律,体现知识发生发展和学生认知的合理性,呈现顺序为"数据收集—数据处理—数据分析—线性相关—独立性检验",其中前三者是必修内容,后两者是选择性必修内容.

在本单元的教学中,可以依托以下过程发展学生的数学学科核心素养.

一、依托问题需求导向的统计相关概念形成过程

面对具体的统计问题,应如何收集数据? 如何从所收集的数据中提取信息来认识未知现象? 这种认识一定正确吗? 应该如何正确解释统计的结果? 这一系列的问题需求导向,自然地催生了统计相关概念的形成,这个过程有助于学生整体认识统计活动的特征,建立统计相关概念的联系,体会统计思想.

我们来看依据问题需求导向的统计概念形成脉络:由于普查的条件限制和不必要性,要求"抽样";为了保证抽取的样本能很好地反映总体的状况(即样本具有代表性,能客观地反映总体的情况,没有人为的主观偏向),需要科学的"抽样方法";一旦数据被收集后,我们就要从中找出所需要的信息,为此就要进行数据整理和分析,而整理和表达数据信息的手段无外乎数形结合,需要"统计图表"为代表的"形"的方法,也需要能够反映数据整体特征的"数据的数字特征"的"数"的方法,这些方法最终都是为了"用样本估计总体";有了这些方法就可以"学以致用",开展统计实践活动;在现实生活中,有些量与量之间有明确的函数关系,但更多的是客观上存在关系但又不能用确定的函数关系来表示,那么我们可以借助某个函数关系来拟合、来近似,为此需要研究成对数据的"相关性";如何保证拟合的效果最好,需要通过"最小二乘估计"来判断;为了判断两个变量是否相互影响,需要进行独立性检验,2×2 列联表独立性检验能考察两个变量是否有关系,并且能较精确地给出这种判断的可靠程度.

基于上述分析,我们可以建立统计相关概念之间的联系,如图 11-1 所示.

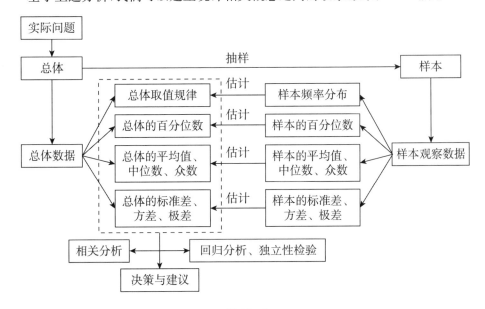

图 11-1

根据图 11-1 所呈现的统计相关概念的联系图,帮助学生理清统计活动的基本思路,感受用样本估计总体的精髓.

1. 数据的获取方法与途径的习得过程

统计学是通过收集数据和分析数据来认识未知现象的,因此数据的获取方法与途径是统计学研究的重要内容.了解并掌握获取数据的基本方法和途径是具备数据分析素养的必备条件.为此,可以设计如下数据的获取方法与途径的习得过程,为分析数据奠定扎实的基础.

(1) 呈现先行组织者

统计的研究对象是数据,核心是通过数据分析研究和解决问题,因此,首先要设法获取与问题有关的数据,从而为解决问题奠定基础.

(2) 了解全面调查与抽样调查

比较全面调查与抽样调查的特点,你认为抽样调查的不可替代性表现在哪里?

(3) 理解样本的代表性

采用抽样调查收集的样本数据需要满足哪些要求? 为满足这些要求我们可以采用哪些科学的抽样方法?(样本数据必须具有代表性,即样本含有与总体基本相同的信息,没有人为的主观偏向,能客观地反映总体的情况,这样就可以通过抽样调查了解总体的情况;为使样本具有代表性,需采用科学的抽样方法,常用的抽样方法有以下两种:简单随机抽样与分层随机抽样)

(4) 利用简单随机抽样获取数据

问题 1:简单随机抽样常用的方法有哪两种?(抽签法、随机数法)

问题 2:你能结合具体的实例画出它们的操作流程吗?

问题 3:你能比较抽签法、随机数法,找到它们各自的优点和缺点吗?

问题 4:你能用多种方法生成随机数吗?

问题 5:用简单随机抽样方法抽取样本,样本量是否越大越好?

(5) 利用分层随机抽样获取数据

问题 1:为什么要采用分层随机抽样?

(在抽样的过程中,不仅要使得总体中每个个体被抽到的可能性相等,而且应注意总体中个体的某些分类属性,减少"极端"样本的出现,使得所抽取的样本能更好地反映出总体的特征)

问题 2:分层随机抽样的含义是什么?

(一般地,当总体由差异明显的几个部分组成时,先把总体分成若干个部分,然后在每个部分进行随机抽样的方法,称为分层随机抽样,简称分层抽样.所分的各个部

分称为"层",一般可按照总体中个体的分类属性进行分层,分在同一层的个体应具有相近的特征)

问题 3:你能结合具体的实例画出它们的操作流程吗?

问题 4:你能结合具体的例子比较分层抽样和简单随机抽样的效果吗?

问题 5:你能运用多种抽样方法的组合,设计一个抽样方案,用来了解本校同学的视力情况吗?

(6) 通过统计活动实践,了解获取数据的基本途径

在实践中,获取数据的途径多种多样,包括调查(社会调查、普查和抽样)、试验、观察和查询(统计报表和年鉴)等基本途径.例如,可通过查询国家统计局网站的途径,获得我国水资源及其使用情况的一些数据,根据数据讨论当前保护水资源的意义.又如,可通过抽样调查的途径,获得本校部分同学的平均每周运动时间,从而来讨论本校所有同学每周运动时间是否合理.再如,可以结合其他学科的研究性学习,在课题研究或项目设计时需要获取必要的数据,常常通过试验、观察的途径获取数据.

2. 用统计图表处理与表达数据的习得过程

统计图表是表达和分析数据的一种重要工具,它不仅可以帮助我们从数据中获取有用的信息,还可以帮助我们直观、准确地理解相关的结果.伴随实际的统计问题的展开、分析和解决,自然可以习得用统计图表处理与表达数据的方法,由此获得统计图表所传递出的有用信息.

(1) 呈现先行组织者

收集数据是为了寻找数据中蕴含的信息.因为实际问题中数据多而且杂乱,往往无法直接从原始数据中发现规律,所以需要根据问题的背景特点,选择合适的统计图表对数据进行整理和直观描述.在此基础上,通过数据分析,找出数据中蕴含的信息,从而可以用这些信息来解决实际问题.因此,学习对随机抽样获取的数据的处理方法非常必要,它是开展数据分析的开始.

(2) 估计总体取值规律的方法

问题 1:估计总体取值规律的方法有哪几种?(频率分布直方图、频数分布直方图、条形图、折线图、扇形图)

问题 2:你能结合具体的实例(如某市居民月均用水量标准制定问题)制作频率分布表和画出频率分布直方图,在此基础上总结操作流程吗?

求极差→决定组距与组数→将数据分组→列频数分布表→画频率分布直方图.

问题 3:如图 11 - 2,你能找到频率分布表与频率分布直方图的区别吗?

频率分布表

分组	频数	频率
$[1.2, 4.2)$	23	0.23
$[4.2, 7.2)$	32	0.32
$[7.2, 10.2)$	13	0.13
$[10.2, 13.2)$	9	0.09
$[13.2, 16.2)$	9	0.09
$[16.2, 19.2)$	5	0.05
$[19.2, 22.2)$	3	0.03
$[22.2, 25.2)$	4	0.04
$[25.2, 28.2)$	2	0.02
合计	100	1.00

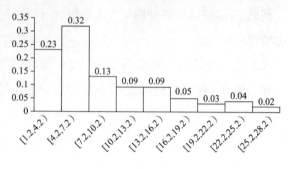

频率分布直方图

图 11 - 2

问题 4：你能用统计软件画出频率分布直方图吗？

（3）归纳各种统计图表的主要用途

面对一个统计问题,在随机抽样获得观察数据后,要获得样本的规律用以估计总体的规律,选择适当的统计图表描述和表示数据非常重要.不同的统计图表在表示数据上有不同的特点.例如,扇形图主要用于直观描述各类数据占总数的比例,条形图和直方图主要用于直观描述不要类别或分组数据的频数和频率,折线图主要用于描述数据随时间的变化趋势.不同的统计图适用的数据类型也不同.例如,条形图适用于描述离散型的数据,直方图适用描述连续型数据等.因此,在解决问题的过程中,要根据实际问题的特点,选择恰当的统计图对数据进行可视化描述,以使我们能通过图形直观地发现样本数据的分布情况,进而估计总体的分布规律.

3. 用特征数字分析与表达数据的习得过程

习得用特征数字分析与表达数据的方法,同样需要以实际的统计问题的展开、分析和解决为载体.这样,抽象的特征数字就因为赋予了统计意义而生动起来.

（1）估计总体百分位数的方法

① 先行组织者.我们用统计图表的方法使得样本数据变得可视化,可以一眼看出其中的分布规律,推断出总体的某些结论.例如,在某市居民月均用水量的问题中,根据样本数据的频率直方图,推测得到该市"大部分居民用户的月均用水量集中在一个

较低值区域".接下来的问题是,如何利用这些信息为政府决策服务呢? 我们还需要通过对样本数据的计算得到新的数字,并用这些新的数字代表整个样本数据的某些特征.例如,该市政府希望使 80% 的居民用户生活用水费支出不受影响,该如何制定阶梯式水价制度?

② 问题转化.根据市政府的要求确定居民用户月均用水量标准,就是寻找一个数 a,使全市居民用户月均用水量中不超过 a 的占 80%,大于 a 的占 20%.这种能反映一组数据某种特征的量称为这组数据的数字特征.我们在初中阶段学习过的平均数、中位数和众数等,就是用来刻画一组数据的集中程度的数字特征,而方差、标准差则是用来刻画一组数据离散程度的数字特征.

③ 归纳总体百分位数的概念.一般地,一组数据的第 p 百分位数是这样一个值,它使得这组数据中至少有 $p\%$ 的数据小于或等于这个值,且至少有 $(100-p)\%$ 数据大于或等于这个值.例如,一组数据的中位数,就是这组数据的第 50 百分位数.

④ 探索百分位数的计算方法.

问题 1:一组数据的中位数如何计算?

问题 2:如果一组数据的容量正好为 100,那么第 p 百分位数是哪个数?

问题 3:如果一组数据的容量大于或小于 100,那么第 p 百分位数如何计算?

⑤ 归纳百分位数的计算步骤.

第一步,按从小到大排列原始数据.

第二步,计算 $i=n\times p\%$.

第三步,若 i 不是整数,而大于 i 的比邻整数位 j,则第 p 百分位数位为第 j 项数据;若 i 是整数,则第 p 百分位数位为第 i 项与第 $(i+1)$ 项数据的平均数.

（2）估计总体集中趋势的方法

先行组织者.为了了解总体的情况,我们可以通过样本的分布规律估计总体的分布规律.但有时候,我们可能不太关心总体的分布规律,而是更关注总体取值在某一方面的特征.在初中学习过一些刻画总体"中心位置"的量,它们从不同角度刻画了一组数据的集中趋势.

问题 1:你能回顾估计总体集中趋势的量(特征数字)有哪几个(平均数、中位数和众数)?

问题 2:你能结合具体的实例(如,某市居民月均用水量标准制定问题)求出一组数据的平均数、中位数和众数,在此基础上总结计算步骤吗?

问题 3:你能归纳平均数、中位数和众数在刻画一组数据的集中趋势时所具有的各自意义和特点吗?

（续表）

3. 主体	展示数据分析的全过程：首先要明确所要关心的问题时什么，说明数据蕴含的信息；根据数据分析的需要，说明如何选择合适的图表描述和表达数据；从样本数据中提取能刻画其特征的量，如均值、方差等，用于比较男、女员工在肥胖状况上的差异；根据样本估计总体的统计规律，分析公司员工肥胖程度的整体情况.
4. 结尾	对主体部分的内容进行概括，结合控制体重的一般方法（可以查阅有关文献），提出控制公司员工体重的建议.

三、依托统计活动中流程意识的强化和信息技术的运用过程

1. 依托统计活动中流程意识的强化过程

统计教学的基本共识是教学活动应通过典型案例进行，在统计活动中学会统计.学生通过具体案例，经历"数据收集—数据处理—数据分析—推断决策"的全过程，在此过程中学习数据收集、处理、分析的方法，理解数字特征、相关系数的统计含义，提升数据分析的素养.根据统计活动过程中操作性强的这一特点，在教学中需要不断强化流程意识，帮助学生在解决统计问题时做到成竹在胸.

（1）规划统计活动的整体流程

统计学作为一门应用性的数学分支，总体上是一个解决实际问题的流程（闭环结构），统计活动大体上都要遵循下面的处理流程，如图 11-5 所示.

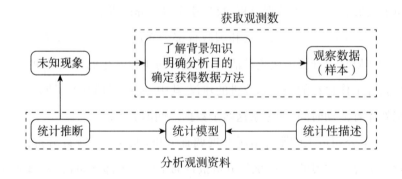

图 11-5

（2）明确统计活动主线流程和各个统计环节中的局部流程

统计活动的主线流程及其各个环节的流程（支线）如图 11-6 所示.

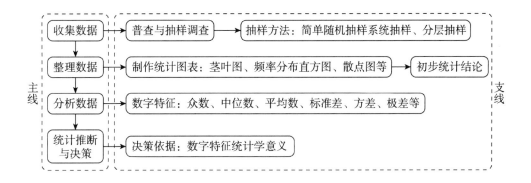

图 11 - 6

（3）细化统计技术中的流程

统计活动不仅是要有主线意识，支线中的技术环节也各有一定的操作流程.

① 混合抽样方法的操作流程，如图 11 - 7 所示.

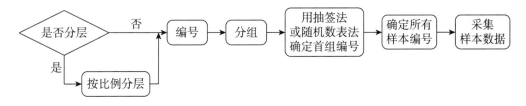

图 11 - 7

② 茎叶图的制作规则与流程，如图 11 - 8 所示.

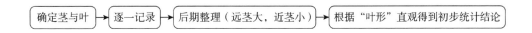

图 11 - 8

③ 频率分布直方图的制作流程，如图 11 - 9 所示.

图 11 - 9

（4）将统计模型中的流程可视化

回归分析与独立性检验的流程，如图 11 - 10 所示.

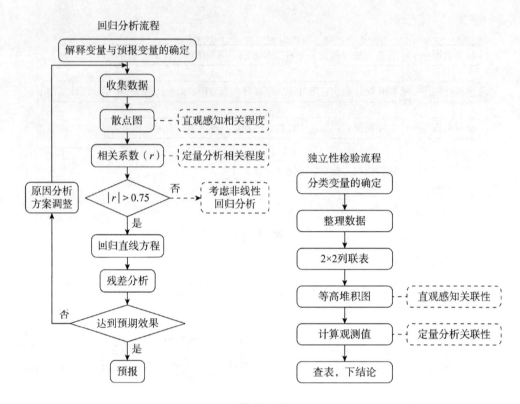

图 11 - 10

　　通过上述实际操作,对培养学生从流程的角度去思考统计问题,把握统计活动的各个环节,形成统计思维具有积极的意义.

　　2. 依托运用技术处理数据的过程

　　《课程标准》中要求:"可以鼓励学生尽可能运用计算器、计算机进行数据处理,更好地体会统计思想.例如,利用计算机来计算样本量较大的数据的样本均值、样本方差等.通过实际操作活动,积累数据分析的经验."

　　例如,人教 A 版《高中数学必修第二册》就介绍了统计软件的应用,并且以电子表格软件和 R 软件为例,介绍了统计软件在统计分析中的应用.在统计中使用计算机技术,不仅可以把人们从机械、烦琐的数据整理和计算中解放出来,极大地提高工作效率,而且能使大量人工难以完成的数据处理变成可能,从而促进统计学的发展.同时,用统计软件处理数据已成为统计学的组成部分.

　　总之,统计知识具有独特的育人价值,最主要的是培养学生的统计思维,感受与习以为常的确定性思维的差异,形成从随机性中寻找规律性的基本思想,发展数据分析素养.为实现统计的育人价值,一方面需要依据问题需求导向合理安排统计知识的发生发展序列;另一方面要以统计案例和统计活动为载体,让学生经历收集和整理数据,理解和处理数据,获得和解释结论,概括和形成知识的全过程,在此过程中认识统计各个环节的基本流程,学习数据分析的方法(包括统计软件的使用),理解数据分析的思路,运用所学知识和方法解决实际问题.

第三节　实践案例——分层抽样

统计单元的学习,可以帮助学生进一步学习数据收集和整理的方法、数据直观图表的表示方法、数据统计特征的刻画方法;通过具体实例,感悟在实际生活中进行科学决策的必要性和可能性;体会统计思维与确定性思维的差异、归纳推断与演绎证明的差异;通过实际操作、计算机模拟等活动,积累数据分析的经验.

【教学目标】

通过"高一年级学生平均身高"实例感受学习分层抽样的必要性,能概括出分层抽样实施的具体步骤,体会分层抽样方法的特点和适用条件;通过理解分层抽样计算样本均值和对总体均值估计的方法,以及两种抽样方法效果的比较,提升学生的数学抽象和数据分析素养.

【教学分析】

统计是研究如何合理收集、整理、分析数据,以及由数据分析结果做出决策的科学.在用频率估计概率的思想指导下,我们可以用样本估计总体,这是统计的思想实质,也说明统计思维是一种不确定性思维.数据是统计的关键要素之一,如何获取数据是统计中的首要问题.通过抽样获取数据是统计中的重要途径,为了提高样本代表性,要充分利用已有信息,恰当选择不同的抽样方法.

在本章中学生要学习随机抽样、用样本估计总体和具体案例.通过本单元的学习,学生要理解如下问题:为什么要抽样? 如何进行抽样? 抽样的标准是什么? 如何看待抽样所得数据? 从中体会统计思维与确定性思维的差异.因此,本单元的教学重点是通过丰富的实例,经历统计过程,体会统计思维,感受统计价值,了解随机抽样的两种方法,根据实际需求选取恰当的抽样方法获取具有代表性的样本,培养学生的数据分析和数学抽象素养.

在义务教育阶段主要是学习描述性统计,它不考虑数据的随机性;高中阶段主要学习推断性统计,通过具体问题背景了解基本的统计概念与方法.在用样本数据估计总体均值时,学生已具备一定经验,但对于"分层抽样中为什么可以用样本均值估计总体,在一般的分层抽样中如何估计总体"等问题的认识是非常有限的.对于分层抽样总体均值,学生需要从以下两个层面理解:一方面,因为总体均值等于各层均值的加权平均,即 $\dfrac{M}{M+N}\overline{X}+\dfrac{N}{M+N}\overline{Y}$,而在每层中是采用简单随机抽样方法获得该层的

样本数据,可以用每层的样本平均数估计该层的总平均数,所以可以用 $\dfrac{M}{M+N}\bar{x}+$

$\dfrac{N}{M+N}\bar{y}$ 估计总体均值,其中 M 和 N 为第一层子总体和第二层子总体的个体数,$\bar{X}$ 和 $\bar{Y}$ 分别为第一层子总体和第二层子总体的均值,$\bar{x}$ 和 $\bar{y}$ 分别为第一层子总体和第二层子总体的样本平均数;另一方面,当每一层按比例分配时,样本平均数也可以作为总体平均数的估计,并且与 $\dfrac{M}{M+N}\bar{x}+\dfrac{N}{M+N}\bar{y}$ 相等.因此,分层抽样中估计总体均值的思想是学生学习分层抽样的难点.

　　由于分层抽样是对简单随机抽样的改进,按确定性思维习惯,学生很容易认为针对同一总体的分层抽样一定优于简单随机抽样.通过多次分层抽样和多次简单随机抽样所得样本均值与总体均值的比较可以发现,分层抽样的估计效果并不是每一次都优于简单随机抽样,而是从整体上或者从多数意义上优于简单随机抽样.进而体会到两个随机量的比较与两个确定量的比较有很大的不同.因此,从统计意义上理解在合理分层的情况下分层抽样的估计效果优于简单随机抽样,是分层抽样中学生学习分层抽样的又一个难点.

　　在技术的合理应用方面,借助有关统计软件制作课件供教师演示和学生动手实验简单随机抽样和分层抽样,有利于学生体会简单随机抽样与分层抽样的估计效果及进行相应数据的比较,感受分层抽样的优势,对样本的随机性和规律性有更直观的认识.

　　基于以上分析,在教学设计时,要体现统计这门应用性很强的学科特征,以案例学习的方式学习统计知识.本单元以"调查我校高一年级学生的平均身高"这一个案例来学习两种不同的抽样方法,即简单随机抽样和分层随机抽样.

　　本节课是在上一节课"简单随机抽样"的基础上提出新问题:简单随机抽样容易产生"极端"样本,如何改进抽样方法?由实际问题来驱动,体现分层随机抽样概念、方法引入的必要性和合理性,不仅符合统计学科的特点,增强学生对统计方法的直观感知,还可以克服分层随机抽样概念和方法的抽象性带来的理解困难.在整个案例的学习中,呈现数据处理的基本过程,帮助学生建立对统计的整体认识;同时,通过"估计我校高一年级学生的平均身高"的三种方法的具体操作,为学生理解"分层抽样中估计总体均值的思想"这一难点积累经验.

　　借助信息技术强大的数据处理功能,可以较为完美地克服第二个学习难点.我们可以借助有关统计软件开展三个探索:(1)样本量不变,多次分层随机抽样效果比较;(2)增大或减少样本量,分层随机抽样效果比较;(3)样本量一定时,分层随机抽样与简单随机抽样效果比较.通过这样的实践与探索,学生可以直观感知分层随机抽样的效果估计,加深对样本的随机性和规律性的理解与认识.

【教学过程】

回顾引思—操作探究—概括抽象—算理验证—操作探究—结构图式—作业评价.

环节一 回顾引思

教的过程	学的过程	说明
复习回顾:上一节课,为了完成估计我校高一年级 425 名学生平均身高的问题,我们学习了简单随机抽样.用这种抽样方法获得了样本容量为 50 和 100 的多个简单随机样本,计算这些样本平均身高并绘制成折线图,发现样本平均数往往不同但都在总体平均数附近波动,也就是样本平均数呈现出的随机性和规律性. 问题 1:现在我们追加信息"这 425 名学生中有 221 名男生、204 名女生",你认为可以用来改进抽样方法,减低"极端样本"出现的可能性吗? 追问 1:为什么要分别来抽样?可以避免什么样的"极端样本"出现? 追问 2:如何分配样本量才更合理?理由是什么? 追问 3:在高一年级的 425 名学生中,男生有 221 名、女生有 204 名.我们要从中抽取一个容量为 50 的样本.问:男生和女生各抽取多少人?	(1) 回顾抽样统计表:见下表. (2) 对比样本容量为 50 和 100 的样本平均数折线图: 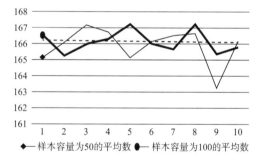 ◆——样本容量为50的平均数 ●——样本容量为100的平均数 发现: ① 样本容量 50 的第 9 次抽样的样本均值偏离总体均值比较大(称为"极端样本"); ② 随着样本容量的增加,样本平均值在总体均值附近大幅度波动的可能性变小,即增加样本量就可以减小"极端样本"出现的可能性. (3) 可以从男、女生群体里分别抽样. (4) 因为一般情况下,男生普遍比女生高,分开来抽就可以避免出现抽出来类似于大多数是高个子的男生或者大多数是矮个子女生这样的"极端样本". (5) 按照男、女生两个子总体的比例分配样本量: $$男生样本量=\frac{男生人数}{全体学生数}\times 总样本量,$$ $$女生样本量=\frac{女生人数}{全体学生数}\times 总样本量.$$ (6) 从男生、女生中分别应抽取的人数为 $$n_{男}=\frac{221}{425}\times 50\approx 26,$$ $$n_{女}=\frac{204}{425}\times 50\approx 24.$$	(1) 通过对简单随机抽样的回顾,学生感受简单随机抽样中样本均值的规律性和随机性,样本均值在总体均值左右波动. (2) 为减小"极端样本"出现的可能性,引导学生发现可以根据性别变量把总体分成 2 个子总体,改进抽样方法,为得到分层方法作铺垫,帮助学生理解分层抽样的样本量比例分配方式.

(1) 回顾抽样统计表:

类别	抽样序号									
	1	2	3	4	5	6	7	8	9	10
样本容量 50 的平均数	165.2	166.1	167.2	166.8	165.2	166.6	166.6	166.7	163.2	166.2
样本容量 100 的平均数	166.6	165.3	166	166.4	167.3	166	165.7	167.3	165.4	165.9

环节二　操作探究

教的过程	学的过程	说明
问题2:对我校高一年级425名学生,按男、女生比例分配的样本量的方法抽取了一个容量为50的样本.如何估计我校高一年级学生的平均身高? 说明:教师收集学生解决的结果,把学生的估计结果用折线图呈现,不同的小组得到了不同的样本,通过不同的样本展现对总体平均数的估计值也在总体平均数附近波动.请学生结合教师抽取的样本数据阐述说明各自的估计方法.	学生能用三种方式进行估计: (1) 运用所有样本数据直接计算平均数,估计高一年级学生的平均身高. (2) 运用样本中男、女生身高的平均数和样本量计算总样本平均数 $\dfrac{\bar{x}\times26+\bar{y}\times24}{50}$,估计高一年级学生的平均身高. (3) 运用总体中男、女生身高的平均数和各子总体的人数计算总体平均数 $\dfrac{\bar{x}\times221+\bar{y}\times204}{425}$,估计高一年级学生的平均身高.	(1) 教师操作演示:用计算机演示用简单随机抽样分别从男生中抽取26名、女生中抽取24名的抽样过程,生成总的样本. (2) 学生动手操作:模仿教师的操作获得各自的样本,并结合自己的样本思考解决对总体均值的估计问题. (3) 通过具体实例的分析,学生体会比例分配的分层抽样步骤以及样本估计总体的方法,提高学生的数据分析素养.

环节三　概括抽象

教的过程	学的过程	说明
问题3:我们用不同于简单随机抽样的方法抽取了样本,这样的样本也可以对总体平均数做出很好的估计,这种抽样方法就是我们今天学习的分层抽样.你能结合前面例子的分析,试着给出分层抽样的定义吗? 追问:你能总结一下分层抽样的步骤吗?	(1) 一般地,当总体由差异明显的几个部分组成时,先把总体分成若干个互不交叉的部分,所分的各个部分称为层,按照每层的样本量与层的大小成比例的分配方式,分别从各层中独立地进行简单随机抽样,抽取各自的个体合在一起作为样本,这样的抽样方法称为分层随机抽样,简称分层抽样. (2) 比例分配的分层抽样的步骤: 第1步:根据已掌握的信息,将总体分成互不交叉的 k 层,记各层中的个体数为 $N_1,N_2,\cdots,N_k$,总体中的个体数为 N,则 $N_1+N_2+\cdots+N_k=N$; 第2步:根据样本容量 n,计算第 i 层抽取的个体数 $n_i,i=1,2,\cdots,k$,使得 $n_1+n_2+\cdots+n_k=n,\dfrac{n}{N}=\dfrac{n_1}{N_1}=\dfrac{n_2}{N_2}=\cdots=\dfrac{n_k}{N_k}$; 第3步:在各层中,用简单随机抽样方法抽取第2步中确定的个体数,合在一起得到容量为 n 的样本.	引导学生从一般意义上回顾分层抽样的过程,抽象出分层抽样的概念,明确分层抽样的操作步骤.

环节四　算理验证

教的过程	学的过程	说明
问题 4:问题 2 中分层抽样得到的样本估计总体的平均数时,有三种不同的估计方法,这三种估计方法是否等价呢? 以分成两层的一般情况为例:在分层抽样中,如果层数分为 2 层,第 1 层和第 2 层包含的个体数分别为 M 和 N,抽取的样本量分别为 m 和 n. 用 $x_1,x_2,\cdots,x_M$ 表示第 1 层各个体的指标值,用 $x_1,x_2,\cdots,x_m$ 表示第 1 层样本的各个体的指标值;用 $Y_1,Y_2,\cdots,Y_N$ 表示第 2 层各个体的指标值,用 $y_1,y_2,\cdots,y_n$ 表示第 2 层样本的各个体的指标值,则各层总体和样本平均数及总体和样本平均数如下表所示.	(1) 因为可以用第 1 层的样本平均数 $\bar{x}$ 估计第 1 层的总体平均数 $\overline{X}$,用第 2 层的样本平均数 $\bar{y}$ 估计第 2 层的总体平均数 $\overline{Y}$,所以我们可以用＿＿＿＿来估计总体.平均数 $\overline{W}=\dfrac{M}{M+N}\overline{X}+\dfrac{N}{M+N}\overline{Y}.\left(\dfrac{M}{M+N}\bar{x}+\dfrac{N}{M+N}\bar{y}\right)$,即: $$\overline{W}=\dfrac{M}{M+N}\overline{X}+\dfrac{N}{M+N}\overline{Y}=\dfrac{M}{M+N}\bar{x}+\dfrac{N}{M+N}\bar{y}.$$ (2) 追问:$\dfrac{M}{M+N}\bar{x}+\dfrac{N}{M+N}\bar{y}$ 的值与样本平均数有什么关系? 因为 $$m=\dfrac{M}{M+N}(n+m),\ n=\dfrac{N}{M+N}(n+m),$$ 所以 $$\dfrac{m}{m+n}=\dfrac{M}{M+N},\ \dfrac{n}{m+n}=\dfrac{N}{M+N},$$ 所以 $$\dfrac{M}{M+N}\bar{x}+\dfrac{N}{M+N}\bar{y}=\dfrac{m}{m+n}\bar{x}+\dfrac{n}{m+n}\bar{y}=\bar{w}.$$ 因此,在分层抽样中,用样本平均数 $\bar{w}$ 估计总体平均数 $\overline{W}$ 与用 $\dfrac{M}{M+N}\bar{x}+\dfrac{N}{M+N}\bar{y}$ 估计总体平均数 $\overline{W}$ 是等价的. 从而 $\overline{W}=\dfrac{M}{M+N}\overline{X}+\dfrac{N}{M+N}\overline{Y}=\dfrac{M}{M+N}\bar{x}+\dfrac{N}{M+N}\bar{y}=\dfrac{m}{m+n}\bar{x}+\dfrac{n}{m+n}\bar{y}=\bar{w}.$ 师生在互动中完成下表.	引导学生把具体问题解决的结果一般化,对应得到一般情况下比例分配的分层抽样样本估计总体平均数的三种方法.通过学生分析理解比例分配的条件下三种估计方法的等价性,提高学生的数学抽象和数学运算素养.

第一层总体和样本平均数	第二层总体和样本平均数	总体和样本平均数
$\overline{X}=\dfrac{X_1+X_2+\cdots+X_M}{M}$ $=\dfrac{1}{M}\sum\limits_{i=1}^{M}X_i,$ $\bar{x}=\dfrac{x_1+x_2+\cdots+x_m}{m}$ $=\dfrac{1}{m}\sum\limits_{i=1}^{m}x_i.$	$\overline{Y}=\dfrac{Y_1+Y_2+\cdots+Y_N}{N}$ $=\dfrac{1}{N}\sum\limits_{i=1}^{N}Y_i,$ $\bar{y}=\dfrac{y_1+y_2+\cdots+y_n}{n}$ $=\dfrac{1}{n}\sum\limits_{i=1}^{n}y_i.$	$\overline{W}=\dfrac{\sum\limits_{i=1}^{M}X_i+\sum\limits_{i=1}^{N}Y_i}{M+N}$ $=\dfrac{M}{M+N}\overline{X}+\dfrac{N}{M+N}\overline{Y},$ $\bar{w}=\dfrac{\sum\limits_{i=1}^{m}x_i+\sum\limits_{i=1}^{n}y_i}{m+n}$ $=\dfrac{m}{m+n}\bar{x}+\dfrac{n}{m+n}\bar{y}.$

环节五 操作探究

教的过程	学的过程	说明
操作探究:通过操作实践开展分层抽样的效果估计. 探究1:相同的样本量,多次分层抽样,观察样本平均数与总体平均数的关系. 探究2:不同的样本量,分别多次分层抽样,对比样本平均数与总体平均数的关系. 探究3:相同的样本量,不同的抽样方法,分别多次抽样对比样本平均数与总体平均数的关系. 问题5:从样本平均数估计总体平均数的角度,请评价一下分层抽样的估计效果.与简单随机抽样的估计效果比较哪种抽样更好.	学生独立思考后,交流与分享成果.帮助学生清晰地理解两种随机抽样方法各自的特点.引导学生对结果进行观察,并总结出下述结论: (1) 分层抽样的样本平均数围绕总体平均数波动,比简单随机抽样的样本平均数波动幅度更均匀,简单随机抽样可能会出现了"极端样本",而分层抽样出现"极端样本"的可能性比较小. (2) 选取合适的分层变量,使得分层后各层间差异明显、层内差异不大,分层抽样的效果会好于简单随机抽样,也好于很多其他抽样方法. (3) 分层抽样除了可以对总体做出估计,还可以每层做出估计. (4) 分层抽样实施简单、方便.	引导学生认识到样本的随机性,一次抽样的结果不能作为评判抽样方式好坏的标准.引导学生正确认识分层抽样和简单随机抽样的特点,在实际问题中,设计合适的抽样方法.

环节六 结构图式

教的过程	学的过程	说明
(1) 回顾本节课所学的内容; (2) 思考:在实际问题中,如何选择恰当的随机抽样方法? 除了随机抽样,是否还有其他获取数据的方法?	(1) 分层抽样的含义与分层抽样的操作步骤. (2) 分层抽样的样本均值与总体均值的估计. (3) 分层抽样的估计效果.	梳理本节知识,提高学生的概括总结能力,为下节课的学习作铺垫.

环节七 作业评价

作业内容	设计意图	评价目标
1. 某公司有 200 名员工,其中一般人员 104 人,管理人员 32 人,专业技术人员 48 人,营销人员 16 人.现用分层抽样的方法抽取 25 人,以调查大家对职业培训的意愿,应抽取一般人员_____人、管理人员_____人、专业技术人员_____人以及营销人员_____人.	复习分层抽样的步骤,感悟分层抽样的关键是按一种或多种指标进行比例分配.	在熟悉的现实情境中,能运用分层抽样的步骤正确计算各层的样本个数.

（续表）

作业内容	设计意图	评价目标
2. 某学校学生志愿者协会共有 250 名成员,其中高一年级学生 88 名,高二年级学生 112 名,高三年级学生 50 名.为了了解志愿者的服务意愿,需要抽取 50 名学生进行调查,试确定抽样方法并写出步骤.	复习分层抽样的步骤,感悟分层抽样的关键是按一种或多种指标进行比例分配.	在熟悉的现实情境中,能根据实际情况选择正确的抽样方法并正确计算各层的样本个数.
3. 分别用简单随机抽样和分层抽样的方法,从全班同学中抽取 10 名同学,统计他们昨天户外活动的平均时间.全面调查全班同学昨天户外活动的平均时间,并与抽样统计的结果进行比较,你能发现什么问题?	复习简单随机抽样、分层抽样的操作步骤,比较两种抽样方法用样本估计总体平均数的效果.	在熟悉的现实情境中,能运用不同的抽样方法估计总体平均数并评价它们的效果.

说明:能正确地解答作业 2,说明学生能够对熟悉的统计问题选择合适的抽样方法,正确运用分层抽样的步骤正确计算各层的样本个数,并收集数据.根据满意原则,可以认为达到数据分析素养水平一的要求.

第十二章

概率单元的育人价值与核心素养培养

第一节　本单元的育人价值

一、本单元的学科价值

概率论是研究随机现象数量规律的数学分支,它的产生源于人们需要了解各种不确定现象中隐含的必然规律性.数学家用数学方法研究各种结果出现的可能性大小,并用概率来度量随机事件发生的可能性大小,使之逐步发展成一门严谨的学科.随着 18、19 世纪科学的发展,人们注意到在某些生物、物理和社会现象与机会游戏之间有某种相似性,从而由机会游戏起源的概率论被应用到这些领域中,同时这也大大推动了概率论本身的发展.概率与统计的方法日益渗透到各个领域,并广泛应用于自然科学、经济学、医学、金融保险甚至人文科学中.同时,概率已成为一个常用词汇,渗透到我们的日常生活中.

在《课程标准》中,概率具有重要的地位,是必修和选择性必修课程五个主题的重要组成部分.概率的研究对象是随机现象,为人们从不确定性的角度认识客观世界提供重要的思维模式和解决问题的方法,同时,概率为统计的发展提供理论基础.

二、本单元的教育价值

在高中阶段,概率课程内容相对于其他数学课程内容来讲具有不可替代的教育价值.主要表现在概率知识里面蕴涵了丰富的辩证思想,相对于原来的确定性思维,在概率中所运用更多的是一种不确定性思维.在本单元中,通过对随机现象(主要是古典概型)的探索,在构建随机现象的研究路径,抽象概率的研究对象,建立概率的基本概念,发现和提出概率的性质,探索和形成研究具体随机现象的思路和方法,应用概率知识解决实际问题的过程中,发展学生认识不确定性现象的思维模式,使学生学会辩证地思考问题,培养学生分析随机现象的能力,提升学生的数学抽象、数学建模、逻辑推理以及数学运算等素养,促进学生成为善于认识问题、善于解决问题的人才.

第二节　本单元数学学科核心素养的培养

为实现概率的育人价值,在初中的基础上,结合具体实例,继续研究刻画随机事件的方法;通过古典概型中随机事件概率的计算,加深对随机现象的认识和理解;通过构建概率模型解决实际问题,提高用概率的方法解决问题的能力.尤其要关注概率研究对象的抽象过程,助力学生对随机现象的特征及其数学表达的认识和理解,并在引导学生如何发现值得研究的问题,概念是如何抽象的,概率的性质是如何发现的等环节上下功夫,发挥概率应有的育人功能.

在本单元的教学中,可以依托以下过程发展学生的数学学科核心素养.

一、依托随机现象的抽象过程

概率是描述一个随机现象中某事件发生的可能性(或者机会)大小的一种度量.要理解概率,首先要理解随机现象或者随机性,其次要理解人们对随机性之中可能性大小的预期.因此,学生对随机现象的特征及其数学表达的认识是后续的概率学习必备基础.随机现象的抽象过程可以设计为"不确定现象—随机现象—随机现象的数学特征—随机事件的数学表达".

1. 认识概率的研究对象

(1) 比较确定性现象与不确定性现象

在代数、几何、函数的学习中,学生接触的问题都有这样的特征:在给定的条件下可以得出确定的结果,知道足够的信息就可以对未来任一时刻的状态做出正确、精准的预测.然而,现实中还存在着大量的现象,由于受到大量人为不可控因素的影响,使得在一定的条件下,我们仍无法预知其结果.我们可以采用列表的方式(表 12 - 1),在比较确定性现象和不确定性现象的过程中认识不确定性现象.

表 12-1

现象	描述	含义	例子
确定性现象	在一定的条件下能预知结果的现象.	① 在一定条件下必然发生; ② 可以预知结果.	① 运动着的物体,如果是做匀速直线运动,那么只要知道它的初始位置、运动速度,我们就可以计算出它在未来任何时刻所处的位置; ② 两个物体做自由落体运动,条件是"初速度为0,只受重力的作用",那么结果是"两个物体在相同高度做自由落体运动,它们在相同时间内下落的高度一定相同",根据 $S=\frac{1}{2}gt^2$ 可以预知下落时间为 t_0 时物体的速度、加速度和下降的高度等; ③ 只要知道购买一套新房子的贷款金额、月利率和贷款的期限,就能计算出每个月需要还款的金额及欠款余额等.
不确定性现象	在一定的条件下事先不能预知结果的现象.	① 在一定条件下,某个结果可能发生也可能不发生; ② 即使知道所有可能结果,我们也无法预知某一次观测时哪一个结果出现.	① 2021 年上半年北京空气质量优良的天数; ② 某地区明天出生的第一个婴儿的性别; ③ 2021 年我国的 GDP 增速、就业状况、物价指数、农作物的产量、居民人均年收入; ④ 某种产品的合格率; ⑤ 某种商品的销售额; ⑥ 抛掷一枚硬币是否正面朝上.

(2) 通过典型实例的归纳认识随机现象

随机现象是对不确定性现象的限制,正如"映射"是对"对应"的限制一样.不确定性现象充斥于我们的生活,人类必须面对这些问题,并要想尽一切办法解决这些问题.但是,有些不确定性现象过于复杂,以目前人类的能力是无法认知的.于是设法缩小研究范围,把那些在相同条件下能进行重复观测且有规律的现象作为研究对象,数学家把这种现象定义为随机现象.

考虑到随机现象的高度复杂性以及学生的认知准备状况,把高中概率必修课程的研究对象限制在有限结果的随机现象.具体而言,所研究的不确定现象具有的特征可用关键词表示如下:结果有限性,不可预知性,频率稳定性.

我们可以通过沿用上述列表的方式(表 12-2)认识随机现象.

现象	描述	含义	例子	随机现象例子的数学特征归纳
随机现象	在一定条件下不能事先预知结果,且各个结果发生的频率都具有稳定性的现象.	① 它是不确定性现象;② 各个结果发生的频率都具有稳定性.	① 抛掷硬币;② 抛掷骰子;③ 摸球问题;④ 从某段英文中随机挑出一个字母;⑤ 彩票问题;⑥ 甲、乙两个元件组成的并联(串联)电路的状态.	① 有限性:它们都有有限个有明确定义的可能结果.例如:抛一枚硬币,有"正面朝上"和"反面朝上"两个可能的结果;掷一个骰子一定出现 1、2、3、4、5、6 中的一个点数,而且只出现一个点数;随机挑出的字母一定是 26 个英文字母中的某一个;等等. ② 随机性:在一次试验中,有一个结果发生,但哪个结果实际上会发生是不确定的.例如:抛一次硬币,我们无法预知是否正面朝上;某一次彩票的中奖号码,也是不可能预知的. ③ 稳定性:直觉和常识告诉我们抛一枚质地均匀的硬币,正面朝上的可能性是 50%;从装有红、黄、绿三个球(除颜色外没有其他区别)的袋子中随意摸出一个,摸到红色球、黄色球、绿色球的可能性大小是一样的;等等.

　　我们可以借助一些典型具体的例子,从出现的所有可能结果及这些结果的相互关系等角度,引导学生进行归纳,概括出随机现象的特征,理解随机现象的内涵.从中体会明确研究对象基本特征的基本方法,提升概括抽象能力.

　　实践表明,即使所给具体实例的共性非常明显,对于大多数学生而言,从中概括出以上特征也是一件非常困难的事情.因为有大量的随机现象,仅凭我们的经验不能判断某个结果的可能性的大小.例如:某运动员射击命中 10 环的可能性有多大? 通过分析大量射击的结果,会发现命中 10 环的频率呈现出稳定的规律,由此可以通过频率来估计命中 10 环的可能性的大小.因此,在随机现象数学特征的教学中,比较明智的做法是教师加强引导,或者直接讲解,在此基础上再通过具体实例让学生进行辨析、理解.

　　2. 随机现象的数学刻画

　　高中课程中概率内容主要研究有限个可能结果的随机现象的规律性.因为随机现象具有频率的稳定性,所以随机现象各个结果发生可能性的大小是可度量的,这就是随机现象的数学特征.那么,用怎样的数学语言和工具刻画随机现象呢?

　　(1) 数学化处理

　　为了研究随机现象的规律,需要对随机现象进行数学化处理.我们把对随机现象

的实现和对它的观察称为随机试验,简称试验,常用字母 E 表示.并且,我们感兴趣的是具有以下特点的随机试验:

① 试验可以在相同的条件下重复进行;

② 试验的所有可能结果是明确可知的,并且不止一个;

③ 每次试验总是恰好出现这些可能结果中的一个,但事先不能确定出现哪一个结果.

事实上,经过现实问题数学化,这样的随机试验排除了其他影响因素,是理想化的.

（2）典型分析

分析若干具体的随机试验.为了找到适当的数学工具,我们不妨分析一个典型的具体随机试验:将 10 个质地和大小完全相同且分别标号 $0,1,2,\cdots,9$ 的球放入黑箱中,充分搅拌后从中摸出一个球,观察这个球的号码,共有多少个可能的结果？ 如何表示这些结果？

观察球的号码,共有 10 种等可能的结果.如果用字母 m 表示"摸出的球的号码",那么所有可能的结果可用集合 $\Omega=\{0,1,2,3,4,5,6,7,8,9\}$ 表示.这里,每一种可能的结果称为样本点,全体样本点的集合称为试验的样本空间.

（3）概括推广

以上方法很容易推广到一般情形:一个随机试验有 n 个可能的结果 $\omega_1,\omega_2,\cdots,\omega_n,\omega_i(i=1,2,3,\cdots,n)$ 称为样本点,$\Omega=\{\omega_1,\omega_2,\cdots,\omega_n\}$ 称为有限样本空间.

简而言之,上述过程为:

$$\text{随机现象}\xrightarrow{\text{理想化}}\text{随机试验}\xrightarrow{\text{数学刻画}}\text{样本点与样本空间.}$$

3. 随机事件的数学表达

我们利用集合这个语言和工具,引入样本点和样本空间概念来表达随机现象,在此基础上就可以用数学方法描述和研究随机现象了.

（1）用试验的样本空间的子集表达这个试验中的每个随机事件

随机试验中的每个随机事件都可以用这个试验的样本空间的子集来表达.例如:上述摸球试验中,"球的号码不超过 5""球的号码为 3 的倍数"等都是随机事件.我们用 A 表示随机事件"球的号码不超过 5",则 A 发生,当且仅当摸到的球的号码为 1,2,3,4,5 中的一个,即事件 A 发生等价于摸出的球的号码在集合 $\{1,2,3,4,5\}$ 中.因此,可以用样本空间 Ω 的子集 $\{1,2,3,4,5\}$ 表示随机事件 A,即 $A=\{1,2,3,4,5\}$.类似地,Ω 的子集 $B=\{0,3,6,9\}$,表示随机事件"球的号码为 3 的倍数".

（2）从样本空间的角度认识必然事件、不可能事件的含义

有了用集合语言刻画的样本空间,我们就可以较好地理解没有随机性的必然事件、不可能事件的含义:Ω 作为自身的子集,包含了所有的样本点,在每次试验中总有一个样本点发生,所以 Ω 总会发生,称 Ω 为必然事件;空集不包含任何样本点,在每次试验中都不会发生,称为不可能事件.为了方便统一处理,将必然事件和不可能事件作为随机事件的两个极端情形.这样,每个事件都是样本空间 Ω 的一个子集.

在实际教学中,需要注意的一个前提条件是,随机现象才是概率的研究对象.在随机事件、必然事件、不可能事件的概念教学中,用"标准大气压下,水加热到100℃沸腾是必然事件""太阳从西方升起是不可能事件"这样的例子是不合适的,因为这样的"事件"不是在随机现象中发生的,根本不在概率的研究范围.

4. 用集合的关系和运算表达随机事件的关系

用集合语言定义随机事件,真正实现了随机现象的数学化,由此就可以用集合的关系和运算表达随机事件的关系(表 12-3).

表 12-3　用集合的关系和运算表达随机事件的关系

名称	含义	符号表示
包含	A 发生导致 B 发生	$A \subseteq B$
并(和)事件	A 与 B 至少一个发生	$A \cup B$ 或 $A+B$
交(积)事件	A 与 B 同时发生	$A \cap B$ 或 AB
互斥事件	A 与 B 不能同时发生	$A \cap B = \varnothing$
互为对立事件	A 与 B 有且仅有一个发生	$A \cup B = \Omega, A \cap B = \varnothing$

我们可以通过事件的关系与运算构建一个新事件,进而为解决问题打下基础.例如:"袋子中装有 6 个球,其中有 2 个白球.从中随机摸出 2 个,求摸出白球的概率."我们设事件 A 为"摸出白球",事件 A_1 为"第一次摸出白球",事件 A_2 为"第二次摸出白球".那么事件 $A_1 A_2$ 为"两次都摸出白球",$A_1 \overline{A_2}$ 为"第一次摸出白球,第二次摸出的不是白球",$\overline{A_1} A_2$ 为"第一次摸出的不是白球,第二次摸出白球",且 $A = A_1 A_2 \cup A_1 \overline{A_2} \cup \overline{A_1} A_2$.在此基础上再利用概率的性质就能容易地得出所求的概率了.

5. 用概率来度量随机事件发生的可能性大小

用样本空间概念刻画随机现象、用样本空间的子集表达随机事件后,我们就可以对随机事件发生的可能性的大小进行度量了.特别是,对于有限样本空间,如果知道每个样本点发生的概率,那么任何随机事件(样本空间的子集)的概率都是可求的.例如:对于古典概型,我们设样本空间 Ω 包含 n 个样本点,则每个基本事件发生的概率

都是 $\dfrac{1}{n}$,样本空间 Ω 的子集有且只有 2^n 个.利用概率的基本性质就可以求出所有随

机事件的概率:随机事件 A 含有 m 个基本事件,则 $P(A)=\dfrac{m}{n}$.

综上所述,学习概率论,首先要学会概率论的一套语言,核心是用数学的方法描述和研究随机现象.由于概率论中的很多术语直接使用生活中的语言,在学习的时候要格外注意它们与在生活中使用时的语义区别,其中最重要的三个术语是随机事件、样本空间与概率.

二、依托古典概型中随机事件概率的认识、计算和性质研究过程

概率的发展是从等可能的古典概率开始的,学习概率同样也从这里开始.我们可以沿着"考察若干随机试验的样本空间—概括这类具体随机试验的共同特征—建立古典概率模型—求解古典概型问题—归纳求解的一般思路"的路径,初步认识有限样本空间、随机事件,掌握古典概型的基本特征,学会根据实际问题构建概率模型,解决简单的实际问题,提升数学建模、数学运算等素养.

1. 古典概型的认识过程

因为随机现象是概率的研究对象这一前提条件,所以可以像用列表的方式认识随机现象一样,用表 12 - 4 帮助我们认识和研究古典概型.

表 12 - 4

试验	样本空间	概括	共同特征	古典概型	事件的概率
抛掷一枚硬币	$\Omega=\{$正面朝上,反面朝上$\}=\{H,T\}$,H 表示"正面朝上",T 表示"反面朝上"	概括这些试验的共同特征,就是要归纳它们的样本点(试验的每个可能的基本结果)及样本空间(全体样本点的集合)有哪些共性.	① 有限性:样本空间的样本点只有有限个;② 等可能性:每个样本点发生的可能性相等.	同时具有 ①② 两个特征的随机试验就称为古典概率模型.	一般地,设试验 E 为古典概型,样本空间含有 n 个样本点,事件 A 包含其中的 k 个样本点,则事件 A 的概率 $$P(A)=\dfrac{k}{n}$$ $$=\dfrac{n(A)}{n(\Omega)}.$$
抛掷一个骰子	$\Omega=\{1,2,3,4,5,6\}$				
抛掷两枚硬币	$\Omega=\{($正面,正面$),($正面,反面$),($反面,正面$),($反面,反面$)\}=\{(1,1),(1,0),(0,1),(0,0)\}$				
体育彩票摇奖	$\Omega=\{0,1,2,3,4,5,6,7,8,9\}$				

2. 结合古典概型问题的求解,归纳求解古典概型问题的一般思路

(1) 样本空间是求解概率问题的出发点

我们知道,事件 A 的概率 $P(A)$ 定义为 $P(A)=\dfrac{k}{n}=\dfrac{n(A)}{n(\Omega)}$,其中 $n(A)$、$n(\Omega)$ 分别表示事件 A 和样本空间含有的样本点数.这样,观察随机现象并得到样本空间 Ω 就成为求解概率问题的出发点,而事件 A 只是 Ω 的一个子集而已.但是,样本空间是由观察随机现象的角度而确定的;从不同的角度观察随机现象会影响样本空间的呈现,虽然它不影响其中事件发生的概率.需要注意的是,在古典概率模型中,随着观察角度的不同,并非所有的样本空间都有等可能性.例如,抛掷两枚硬币,样本空间{正正,正反,反正,反反}中的基本事件是等可能的,但样本空间{两正,一正一反,两反}却不是等可能的.只有选取等可能的样本空间,才能使用概率公式 $P(A)=\dfrac{k}{n}=\dfrac{n(A)}{n(\Omega)}$,进而使有关计算变得简单.

(2) 寻找古典概型问题中的样本空间

对抛掷一枚硬币、掷一颗骰子、摸一个球等单一古典概型问题来说,比较容易找到它们的样本空间.但对复杂的随机试验来说,并不是很容易.我们来看例子:

从写了 a、b、c 的三个纸团中随意取两个,寻找其等可能的样本空间.

分析:取两个纸团这个试验可以分解为两步:先取一个不放回,再取一个.第一步有 3 个等可能的结果:a、b、c.再取时,在剩下的两个纸团中等可能地取一个.如果第一次取出的是 a,那么再取时的结果是 b 或者 c,记为 ab 或 ac;同理,如果第一次取出的是 b,再取的结果是 a 或者 c,记为 ba 或 bc.依此类推,共有 6 个等可能的结果:ab、ac、ba、bc、ca、cb.这里所写的两个字母是有顺序的,分别表示第一次及第二次取出的纸团上的字母.因此,这个试验的一个等可能的样本空间是 $\Omega=\{ab,ac,ba,bc,ca,cb\}$.可以看出,如果只考虑出现的球而不考虑顺序,那么样本空间是 $\Omega=\{ab,bc,ca\}$.因为其中每个基本事件包含前一个样本空间的两个元素,所以它也是等可能的.

一般地,对于较复杂的随机试验,通常要将其依次分解为若干个等可能的随机试验来处理,其方法如下:

设一个随机试验分两步完成,第一步有 m 个等可能的结果,记为 $a_1,a_2,\cdots,a_m$;而对第一步得到的每个结果,第二步总有 n 个等可能的结果,记为 $b_1,b_2,\cdots,b_n$.那么,该随机试验的样本空间就是 $\Omega=\{(a_i,b_j)\,|\,1\leqslant i\leqslant m,1\leqslant j\leqslant n\}$,它是等可能的,共有 $m\times n$ 个样本点.

对多步的等可能随机试验可以类似地构造等可能的样本空间.例如,抛掷三枚骰子的样本空间 $\Omega = \{(a_i, b_j, C_k) \mid 1 \leqslant i \leqslant 6, 1 \leqslant j \leqslant 6, 1 \leqslant k \leqslant 6\}$,共有 $6 \times 6 \times 6$,即 216 个样本点.

（3）求解古典概型问题一般思路的归纳

① 明确试验的条件及要观察的结果,用适当的符号（字母、数字、数组等）表示试验的可能结果（借助图表可以帮助我们不重不漏地列出所有可能的结果）;

② 根据实际问题情境判断样本点的等可能性;

③ 计算样本点总个数及事件 A 包含的样本点个数,求出事件 A 的概率;

④ 根据实际情况,利用概率的基本性质计算相关事件的概率.

3. 结合古典概型问题研究概率的基本性质

（1）先行组织者

一般而言,给出了一个数学对象的定义,就可以从定义出发研究这个数学对象的性质.例如,在给出指数函数的定义后,我们从定义出发研究了指数函数的定义域、值域、单调性、特殊点的函数值等性质,这些性质在解决问题时可以发挥很大的作用.类似地,在给出了概率的定义后,我们来研究概率的基本性质.

（2）问题思考

你认为可以从哪些角度研究概率的性质?（我们可以从定义出发研究概率的性质,例如:概率的取值范围;特殊事件的概率;事件有某些特殊关系时,它们的概率之间的关系;等等）

（3）概率的应有之义

概率 $P(A)$ 是赋予事件 A 的一个量,它表达事件 A 发生的可能性大小,是该事件的客观属性.例如,任何事件的概率都是非负的,这样就有 $P(A) \geqslant 0$;在每次试验中,必然事件一定发生,不可能事件一定不发生,从而就有 $P(\Omega) = 1, P(\varnothing) = 0$.所以有:

性质 1:对任意的事件 A,都有 $P(A) \geqslant 0$.

性质 2:必然事件的概率是 1,不可能事件的概率是 0,即 $P(\Omega) = 1, P(\varnothing) = 0$.

在古典概型中,对于事件 A 与事件 B,如果 $A \subseteq B$,那么 $n(A) \leqslant n(B)$.于是 $\dfrac{n(A)}{n(\Omega)} \leqslant \dfrac{n(B)}{n(\Omega)}$,即 $P(A) \leqslant P(B)$.其中,$A \subseteq B$ 的意思就是事件 A 发生,则事件 B 一定发生;$P(A) \leqslant P(B)$ 的意思就是事件 A 的概率不超过事件 B 的概率,这就是概率的单调性.

性质 3:如果 $A \subseteq B$,那么 $P(A) \leqslant P(B)$.

再把 $P(\Omega)=1,P(\varnothing)=0$ 与 $\varnothing\subseteq A\subseteq\Omega$ 结合起来,就有 $0\leqslant P(A)\leqslant1$.于是有:

性质 4:对任意的事件 A,都有 $0\leqslant P(A)\leqslant1$.

我们从概率的定义出发,容易得到上述基本性质,它们对我们求解概率问题时具有"定性"的指导价值.例如,如果我们求得的某事件的概率大于1,那么解答过程一定是出了问题.

(4) 在求解概率问题中,提炼概率的其他性质

我们已经从概率的定义中挖掘出它固有的 4 条基本性质.我们还可以从求解某些具体古典概型问题的过程中,提炼和总结其他性质.这些性质与事件的和(积)关系和运算有关,本质上是事件的和(积)关系反映出来的概率之间的数量关系.这些性质对于解决问题有很大的作用.

问题 1:抛掷三枚硬币,试讨论:恰好出现两个正面朝上的概率;至少出现两个正面的概率;至少出现一个正面的概率.

分析:(1) 寻找样本空间.

我们用 1 表示硬币"正面朝上",用 0 表示硬币"反面朝上".抛掷三枚硬币这个试验分三步完成:第一步抛掷第一枚硬币有 2 个等可能的结果,记为 1,0;而对第一步得到的每个结果,第二步抛掷第二枚硬币也总有 2 个等可能的结果,记为 1,0;第三步以此类推.所以,抛掷三枚硬币的样本空间 $\Omega=\{(0,0,0),(0,0,1),(0,1,0),(0,1,1),(1,0,0),(1,0,1),(1,1,0),(1,1,1)\}$,共有 8 个样本点,且每个样本点是等可能发生的,所以这是一个古典概型.

如图 12-1,我们也可以借助树状图列出试验的所有可能结果,帮助我们正确找到样本空间.

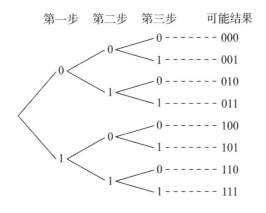

图 12-1

（2）计算事件的概率.

记事件 A 为"恰好两个正面朝上"，则 $A=\{(1,1,0),(1,0,1),(0,1,1)\}$，共有 3 个样本点，所以 $P(A)=\dfrac{3}{8}$；

记事件 C 为"至少两个正面朝上"，则 $C=\{(1,1,1),(1,1,0),(1,0,1),(0,1,1)\}$，共有 4 个样本点，所以 $P(C)=\dfrac{4}{8}=\dfrac{1}{2}$；

分析：事件 C 的样本点构成，我们发现事件 C 的样本点比事件 A 的样本点多了 1 个 $(1,1,1)$，而 $\{(1,1,1)\}$ 表示的事件 B 为"恰好三个正面朝上"，其概率 $P(B)=\dfrac{1}{8}$.

（3）建立事件关系与概率关系的联系.

根据上述事件 A、B、C 的概率计算，再来分析事件 A、B、C 的关系.事件 C 发生可以看成事件 A 和事件 B 至少有一个发生，即 $C=A\bigcup B$；而且事件 A、B 不会同时发生，即 $A\bigcap B=\varnothing$.

从概率计算的角度我们发现：$P(C)=\dfrac{4}{8}=\dfrac{3+1}{8}=\dfrac{3}{8}+\dfrac{1}{8}=P(A)+P(B)$，即

$$P(C)=\dfrac{n(C)}{n(\Omega)}=\dfrac{n(A)+n(B)}{n(\Omega)}=\dfrac{n(A)}{n(\Omega)}+\dfrac{n(B)}{n(\Omega)}=P(A)+P(B).$$

这样，我们就得到概率最本质的性质——可加性，它是计算概率时非常重要的性质.

性质 5：两个不可能同时发生的事件（互斥事件）至少有一个发生（这两个事件的和事件）的概率是这两个事件的概率之和.换言之，如果 $A\bigcap B=\varnothing$，那么 $P(A\bigcup B)=P(A)+P(B)$.

顺着上面的思路来讨论至少出现一个正面的概率.记事件 D 为"至少出现一个正面"，则 $D=\{(1,1,1),(1,1,0),(1,0,1),(1,0,0),(0,1,1),(0,1,0),(0,0,1)\}$，所以 $P(D)=\dfrac{7}{8}$.

我们发现，事件 D 相对复杂，而它的对立事件 $\overline{D}$"全部出现反面"更为简单.由 $\overline{D}=\{(0,0,0)\}$，可得 $P(\overline{D})=\dfrac{1}{8}$.根据性质 5，有 $P(D\bigcup\overline{D})=P(D)+P(\overline{D})$，这样就得 $P(D)=P(D\bigcup\overline{D})-P(\overline{D})=P(\Omega)-P(\overline{D})=1-P(\overline{D})=1-\dfrac{1}{8}=\dfrac{7}{8}$.

这样，我们自然而然得到概率可加性的一个特例：

性质 6：对任一给定事件，其发生的概率与不发生的概率的和总是 1.换言之，有

$$P(A)=1-P(\overline{A}).$$

问题 2:一个袋子中有大小和质地相同的 4 个球,其中有 2 个红球(标号为 1 和 2),2 个绿球(标号为 3 和 4),从袋中不放回地依次随机摸出 2 个球.设事件 $R_1=$"第一次摸到红球",$R_2=$"第二次摸到红球",$R=$"两次都摸到红球",$G=$"两次都摸到绿球",$M=$"两个球颜色相同",$N=$"两个球颜色不同".

(1) 你能用集合的形式分别写出试验的样本空间以及表示上述各事件吗?

(2) 你能指出上述各事件之间有什么关系吗?

(3) 你能由这些事件之间的关系,得出各事件概率的数量关系吗?

分析:(1) 样本空间以及事件.

试验"从袋中不放回地依次随机摸出 2 个球"分两步完成:第一步是第一次摸球,有 4 个等可能的结果,记为 1,2,3,4;而对第一步得到的每个结果,第二步是第二次摸球,有 3 个等可能的结果,如第一次摸到 1 号球,则第二次摸到的 3 个等可能的结果为 2,3,4.所以,样本空间 $\Omega=\{(x_1,x_2)\mid (1,2),(1,3),(1,4),(2,1),(2,3),(2,4),(3,1),(3,2),(3,4),(4,1),(4,2),(4,3)\}$,共有 12 个样本点,且每个样本点是等可能发生的,所以这是一个古典概型.

事件"第一次摸到红球",即 $x_1=1$ 或 2,所以 $R_1=\{(1,2),(1,3),(1,4),(2,1),(2,3),(2,4)\}$;

事件"第二次摸到红球",即 $x_2=1$ 或 2,所以 $R_2=\{(2,1),(3,1),(4,1),(1,2),(3,2),(4,2)\}$;

同理,事件"两次都摸到红球",$R=\{(1,2),(2,1)\}$;事件"两次都摸到绿球",$G=\{(3,4),(4,3)\}$;"两个球颜色相同",$M=\{(1,2),(2,1),(3,4),(4,3)\}$;事件"两个球颜色不同",$N=\{(1,3),(1,4),(2,3),(2,4),(3,1),(3,2),(4,1),(4,2)\}$.

(2) 样本空间以及事件的关系及其概率的数量关系(表 12-5).

表 12-5

事件关系	$R\subseteq R_1$	$R\cap G=\varnothing$	$M\cup N=\Omega$ 且 $M\cap N=\varnothing$	$R\cup G=M$	$R_1\cap R_2=R$
概率关系	$P(R)<P(R_1)$	$P(R\cup G)=P(R)+P(G)$	$P(M)+P(N)=1$	$P(R\cup G)=P(M)$	?

注意到 $R_1\cap R_2=R\neq\varnothing$,即事件 R_1 与 R_2 的积事件 R 不是空集,也即事件 R_1 与 R_2 不是互斥的.而 $R_1\cup R_2=$"两个球中有红球",是一个值得研究的事件.我们就有必要思考如何计算 $P(R_1\cup R_2)$ 的问题.经过计算得 $P(R_1)=P(R_2)=\dfrac{6}{12}$,

$P(R_1 \bigcup R_2) = \dfrac{10}{12}$.发现 $P(R_1 \bigcup R_2) < P(R_1) + P(R_2)$,原因在于积事件 $R_1 \bigcap R_2$ 中的 2个样本点$(1,2)$、$(2,1)$,用文氏图表示如图 12-2 所示.

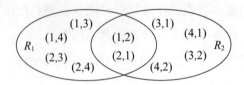

图 12-2

根据文氏图,容易得到 $P(R_1 \bigcup R_2) = P(R_1) + P(R_2) - P(R_1 \bigcap R_2)$.这样,我们就可以得到一般的结论:

性质 7:设 A、B 是一个随机试验中的两个事件,有 $P(A \bigcup B) = P(A) + P(B) - P(A \bigcap B)$.

4. 提升对概率定义的认识

我们从概率的定义出发,结合具体的问题研究了概率的基本性质,从而加深了对概率定义的认识:事件的概率的本质是用"事件包含的样本点数与样本空间包含的样本点数的比值"来度量事件发生的可能性大小.它不但给出了古典概型的定义,而且给出了概率的算法——归根结底是计算集合中元素的个数,"数"(shǔ)出有多少不同的结果(基本事件),这些结果有多少个是符合条件的.

显然,上述定义完全符合概率的公理化定义的要求:设随机实验 E 的样本空间为 Ω,若按照某种方法,对 Ω 的每一子集 A 赋予一个实数 $P(A)$,满足:①规范性:$P(\Omega) = 1$,②非负性:$P(A) \geqslant 0$,③可加性:如果 $A, B \subseteq \Omega$,且 $A \bigcap B = \varnothing$,那么 $P(A \bigcup B) = P(A) + P(B)$,则称实数 $P(A)$ 为事件 A 的概率.

由此,我们就可以引导学生开展与函数的类比活动.例如,我们可以借助如下函数性质与概率性质类比表(表 12-6),帮助学生获得概率性质的猜想,从而解决"如何想得到"的问题.

表 12-6

函数 $y = f(x)$ 的性质	概率 $P(A)$ 的性质
1. 定义域:x 的取值范围 I.	1. 事件 A 的 "取值范围":A 是样本空间 Ω 的子集,A 中元素取自 Ω.
2. 值域:$f(x)$ 的取值范围.	2. $P(A)$ 的取值范围:$0 \leqslant P(A) \leqslant 1$.

（续表）

函数 $y=f(x)$ 的性质	概率 $P(A)$ 的性质
3. 特殊点的取值：对于 $y=a^x$ $(a>0$, $a\neq1)$，$a^0=1$.	3. 特殊事件的概率：① $P(\varnothing)=0$；② $P(\Omega)=1$；③ 设 Ω_i 为基本事件，并且 $P(\Omega_i)=p_i$，$i=1,2,\cdots$，n，那么 $\sum_{i=1}^{n}p_i=1$.
4. 单调性：任意 x_1、$x_2\in D$，当 $x_1<x_2$ 时，有 $f(x_1)<f(x_2)$（或 $f(x_1)>f(x_2)$）.	4. 单调性：如果 $A\subseteq B$，那么 $P(A)\leqslant P(B)$.
……	……

从上述性质可以看到，对于有限样本空间，知道了基本事件 Ω_i 的概率，那么 Ω 的其他子集的概率就都确定了.也就是说，关于样本空间 Ω 的随机事件的概率可以由基本事件的概率来确定.

三、依托事件的相互独立性的认识过程

1. 先行组织者

前面我们研究过互斥事件、对立事件的概率性质，还研究过和事件的概率计算方法.对于积事件，你能提出值得研究的问题吗？

我们知道，积事件 $A\bigcap B$ 就是事件 A 与事件 B 同时发生.因此，积事件 $A\bigcap B$ 发生的概率一定与事件 A、B 发生的概率有关.那么，这种关系会是怎样的呢？

2. 情境与问题

呈现一类与积事件有关的特殊问题，探究其中积事件 $A\bigcap B$ 的概率与事件 A、B 的概率的关系.

试验 1：分别抛掷两枚质地均匀的硬币，$A=$"第一枚硬币正面朝上"，$B=$"第二枚硬币反面朝上".

试验 2：一个袋子中装有标号是 $1,2,3,4$ 的 4 个球，除标号外没有其他差异.采用有放回的方式从袋中依次任意摸出两球.$A=$"第一次摸到球的标号小于 3"，$B=$"第二次摸到球的标号小于 3".

问题 1：对于试验 1、2 中各自的一对随机事件 A 和 B，你觉得事件 A 发生与否会影响事件 B 发生的概率吗？

问题 2：分别计算 $P(A)$、$P(B)$、$P(A\bigcap B)$，你有什么发现？

分析试验 1：我们用 1 表示硬币"正面朝上"，用 0 表示硬币"反面朝上"，则样本空间 $\Omega=\{(1,1),(1,0),(0,1),(0,0)\}$，$A=\{(1,1),(1,0)\}$，$B=\{(1,0),(0,0)\}$.从中

我们看到,第一枚硬币的抛掷结果与第二枚硬币的抛掷结果互相不受影响,所以事件 A 发生与否不影响事件 B 发生的概率.根据古典概型概率计算公式,易得 $P(A)=P(B)=\dfrac{1}{2}$;再由 $A\cap B=\{(1,0)\}$,可知 $P(A\cap B)=\dfrac{1}{4}$.于是,我们发现

$$P(A\cap B)=P(A)P(B).$$

积事件 $A\cap B$ 的概率恰好等于事件 A、B 的概率的乘积.

分析试验 2: 样本空间为 $\Omega=\{(A_i,B_j)\mid 1\leqslant i\leqslant 4,1\leqslant j\leqslant 4\}$,它是等可能的,共有 4×4 个样本点.

$A=\{(1,1),(1,2),(1,3),(1,4),(2,1),(2,2),(2,3),(2,4)\}$,有 8 个样本点.

$B=\{(1,1),(2,1),(3,1),(4,1),(1,2),(2,2),(3,2),(4,2)\}$,有 8 个样本点.

同样地,我们看到第一次摸到球的标号小于 3 的结果与第二次摸到球的标号小于 3 的结果互相不受影响,所以事件 A 发生与否不影响事件 B 发生的概率.根据古典概型概率计算公式,易得 $P(A)=P(B)=\dfrac{1}{2}$;再由 $A\cap B=\{(1,1),(1,2),(2,1),(2,2)\}$,有 4 个样本点,可知 $P(A\cap B)=\dfrac{1}{4}$.于是,我们也发现

$$P(A\cap B)=P(A)P(B).$$

积事件 $A\cap B$ 的概率同样恰好等于事件 A、B 的概率的乘积.

3. 归纳事件的相互独立性

归纳上述两个试验的共性,我们发现,一类与积事件有关的特殊问题中,事件 A 发生与否不影响事件 B 发生的概率,积事件 $A\cap B$ 的概率恰好等于事件 A、B 的概率的乘积.我们对这种事件关系称为事件的相互独立性.

一般地,对任意两个事件 A 与 B,如果 $P(A\cap B)=P(A)P(B)$ 成立,那么称事件 A 与事件 B 相互独立,简称独立.

例如,由 $P(\Omega\cap A)=P(A)$,$P(\Omega)P(A)=P(A)$,得 $P(\Omega\cap A)=P(\Omega)P(A)$,所以必然事件 Ω 与任意事件 A 相互独立;由 $P(\varnothing\cap A)=0=P(\varnothing)P(A)$,可知不可能事件 $\varnothing$ 与任意事件 A 也相互独立.事实上,必然事件 Ω 总会发生,不会受任何事件是否发生的影响;不可能事件 $\varnothing$ 总不会发生,当然也不会影响其他事件是否发生.

4. 事件相互独立性的判断

互为对立的两个事件是非常特殊的一种事件关系.如果事件 A 和事件 B 相互独立,那么它们的对立事件是否也相互独立? 即事件 A 与事件 B 的对立事件 $\overline{B}$ 是否独立? $\overline{A}$ 与 B,$\overline{A}$ 与 $\overline{B}$ 呢?

对于 A 与 $\overline{B}$ 是否独立,就是讨论 $P(A\cap\overline{B})$ 与 $P(A)P(\overline{B})$ 是否相等.注意到前提

条件是 A 与 B 独立,即 $P(A\bigcap B)=P(A)P(B)$,所以可以从寻找事件 $A\bigcap \overline{B}$、A、B、$\overline{B}$、$A\bigcap B$ 的关系入手.

利用集合的知识,可知 $A=(A\bigcap \overline{B})\bigcup(A\bigcap B)$,且 $(A\bigcap \overline{B})\bigcap(A\bigcap B)=\varnothing$,所以 $P(A)=P(A\bigcap \overline{B})+P(A\bigcap B)$,从而有

$$\begin{aligned} P(A\bigcap \overline{B})&=P(A)-P(A\bigcap B)\\ &=P(A)-P(A)P(B)\\ &=P(A)(1-P(B))\\ &=P(A)P(\overline{B}). \end{aligned}$$

因此,A 与 $\overline{B}$ 独立.

类似地,由 $B=(\overline{A}\bigcap B)\bigcup(A\bigcap B)$,且 $(\overline{A}\bigcap B)\bigcap(A\bigcap B)=\varnothing$,可得

$$\begin{aligned} P(\overline{A}\bigcap B)&=P(B)-P(A\bigcap B)\\ &=P(B)-P(A)P(B)\\ &=P(B)(1-P(A))\\ &=P(\overline{A})P(B). \end{aligned}$$

因此,$\overline{A}$ 与 B 也独立.

对于 $\overline{A}$ 与 $\overline{B}$,运用集合的知识,结合有关概率的性质,我们有

$$\begin{aligned} P(\overline{A}\bigcap \overline{B})&=P(\overline{A\bigcup B})\\ &=1-P(A\bigcup B)\\ &=1-(P(A)+P(B)-P(A\bigcap B))\\ &=1-P(A)-P(B)+P(A)P(B)\\ &=(1-P(A))-P(B)(1-P(A))\\ &=(1-P(A))(1-P(B)\\ &=P(\overline{A})P(\overline{B}). \end{aligned}$$

所以,$\overline{A}$ 与 $\overline{B}$ 相互独立.

上述事件相互独立性的探究和判断,对于帮助学生理解事件之间的关系,进一步理解和运用概率的性质,提升逻辑推理能力具有积极意义.需要注意的是,在讨论事件的独立性等关系的过程中,要特别关注试验的样本空间.归根结底,样本空间才是研究随机事件的基础.

例如,在试验 2 中,如果采用不放回的方式从袋中依次任意摸出两球,那么事件 A 和事件 B 是否相互独立?

样本空间为 $\Omega=\{(a_i,b_j)\mid 1\leqslant i\leqslant 4,1\leqslant j\leqslant 4,a_i\neq b_j\}$,共有 4×3 个样本点.$A=\{(1,2),(1,3),(1,4),(2,1),(2,3),(2,4)\}$,有 6 个样本点.$B=\{(2,1),(3,1),$

$(4,1),(1,2),(3,2),(4,2)\}$,有 6 个样本点.$A\bigcap B=\{(1,2),(2,1)\}$,有 2 个样本点.

易得 $P(A)=P(B)=\dfrac{6}{12}=\dfrac{1}{2}$,$P(A\bigcap B)=\dfrac{2}{12}=\dfrac{1}{6}$.此时,$P(A\bigcap B)\neq$

$P(A)P(B)$,因此事件 A 与事件 B 不独立.之所以事件 A 与事件 B 不相互独立,源自样本空间发生了变化.

5. 事件相互独立性的运用

我们可以通过解决现实生活中几个典型的概率问题,从中体会事件的相互独立性与可加性一样,在概率计算中的具有重要的地位.

问题 1:甲、乙两名射击运动员进行射击比赛,甲的中靶概率为 0.8,乙的中靶概率为 0.9.求下列事件的概率:

(1)两人都中靶;(2)恰好有一人中靶;(3)两人都脱靶;(4)至少有一人中靶.

分析:设 $A=$“甲中靶”,$B=$“乙中靶”.从已知来看,$P(A)=0.8$,$P(B)=0.9$;从要求的概率来看,需要涉及 A、B 的对立事件 $\overline{A}$、$\overline{B}$ 的概率,并利用 A、B、$\overline{A}$、$\overline{B}$ 构建相应的事件,因此自然就要用到 $P(\overline{A})=1-P(A)=0.2$,$P(\overline{B})=1-P(B)=0.1$;由于甲、乙两人射击的结果互不影响,因此 A 与 B 独立,A 与 $\overline{B}$、$\overline{A}$ 与 B、$\overline{A}$ 与 $\overline{B}$ 都独立.这样就可以运用事件的关系以及概率的性质解决问题:

(1)“两人都中靶”$=A\bigcap B$,且 A 与 B 独立,所以 $P(A\bigcap B)=P(A)P(B)=$ $0.8\times0.9=0.72$.

(2)“恰好有一人中靶”$=(A\bigcap\overline{B})\bigcup(\overline{A}\bigcap B)$,所以

$$P((A\bigcap\overline{B})\bigcup(\overline{A}\bigcap B))=P(A\bigcap\overline{B})+P(\overline{A}\bigcap B)=P(A)P(\overline{B})+P(\overline{A})P(B)$$
$$=0.8\times0.1+0.2\times0.9=0.26.$$

(3)“两人都脱靶”$=\overline{A}\bigcap\overline{B}$,所以 $P(\overline{A}\bigcap\overline{B})=P(\overline{A})P(\overline{B})=0.2\times0.1=0.02$.

(4)“至少有一人中靶”$=(A\bigcap B)\bigcup(A\bigcap\overline{B})\bigcup(\overline{A}\bigcap B)$,由于此事件关系比较复杂,又考虑到其对立事件为“两人都脱靶,因此事件“至少有一人中靶”的概率为 $1-$ $P(\overline{A}\bigcap\overline{B})=1-0.02=0.98$.

问题 2:两个人比赛,对于弱者(赢的概率较小)来说,一局定胜负和三局两胜比较,哪个更有利?(“三局两胜”是常见的比赛模式,指先赢得两局者为胜,最多三局结束)

分析:设弱者每一局赢的概率为 p,由题意可知 $p<\dfrac{1}{2}$.

我们来考察事件“弱者三局两胜”的概率,记 $A=$“弱者三局两胜”.

在三局两胜的比赛中,按照规则,事件 A 包含下列三种情况:第一局胜,第二局

胜;第一局胜,第二局负,第三局胜;第一局负,第二局胜,第三局胜.由各局比赛结果相互不受影响及概率的可加性,可得 $P(A)=p \cdot p+p \cdot (1-p) \cdot p+(1-p) \cdot p \cdot p=p^2+2p^2(1-p)$.接下来我们只要比较 $P(A)$ 与 p 的大小就可以作出判断.

由于 $p-P(A)=p-[p^2+2p^2(1-p)]=p(2p^2-3p+1)$,因此只要判断 $f(p)=2p^2-3p+1,p\in\left(0,\dfrac{1}{2}\right)$ 的正负即可.我们发现函数 $f(p)=2p^2-3p+1$ 在区间 $\left(0,\dfrac{1}{2}\right)$ 上是减函数,所以 $f(p)>f\left(\dfrac{1}{2}\right)$,即 $f(p)>2\times\left(\dfrac{1}{2}\right)^2-3\times\dfrac{1}{2}+1=0$,从而有 $p-P(A)>0$,即 $p>P(A)$.

这说明对于弱者来说,一局胜的概率大于三局两胜的概率,即三局两胜不如一局定胜负更有利.

四、依托用频率估计概率的认知过程

1. 先行组织者

对于样本点等可能的试验,我们可以用古典概型公式计算有关事件的概率.但在现实中,很多试验的样本点往往不是等可能的,或者是否等可能不容易判断.例如,抛掷一枚质地不均匀的骰子,或者抛掷一枚图钉,此时无法通过古典概型公式计算有关事件的概率,我们需要寻找新的求概率的方法.

2. 认识频率的稳定性

第一步:频率与概率大小关系的认知基础与经验.事件的概率越大,意味着事件发生的可能性越大,在重复试验中,相应的频率一般也越大;事件的概率越小,意味着事件发生的可能性越小,在重复试验中,相应的频率一般也越小.在初中,我们利用频率与概率的这种关系,通过大量的重复试验,用频率去估计概率.

第二步:探究.

学生动手做试验:重复地做同时抛掷两枚质地均匀的硬币试验,设事件 $A=$ "一个正面朝上,一个反面朝上",统计 A 出现的次数并计算频率,再与其概率进行比较.从中感悟随机事件的频率的随机性和稳定性.

试验的操作步骤:先每人做 25 次试验,记录事件 A 发生的次数,计算频率;再每 4 名同学为一组,相互比较试验结果(思考:每组中 4 名同学的试验结果一样吗? 为什么会出现这样的情况? 感悟随机事件发生的频率具有随机性);最后各组统计事件 A 发生的次数,计算事件 A 发生的频率,结果汇总填入表 12 - 7.

表 12-7

小组序号	试验总次数	事件 A 发生的次数	事件 A 发生的概率
1	100		
2	100		
3	100		
...			
合计			

根据古典概型概率的计算公式,很容易得到 $P(A) = \frac{1}{2}$.我们所要关注的是,随着试验次数的增加,事件 A 的频率的变化情况,以及频率与概率的关系.

考察由计算机模拟抛掷两枚硬币(重复试验次数为 20、100、500 时各做 5 组试验)的试验结果,并观察用折线图表示频率的波动情况,直观感受频率偏离概率的幅度的变化规律(表 12-8).

表 12-8

序号	$n=20$		$n=100$		$n=500$	
	频数	频率	频数	频率	频数	频率
1	12	0.6	56	0.56	261	0.522
2	9	0.45	50	0.5	241	0.482
3	13	0.65	48	0.48	250	0.5
4	7	0.35	55	0.55	258	0.516
5	12	0.6	52	0.52	253	0.506

重复试验次数分别为 20、100、500 时,各做的 5 组试验频率变化折线图(图 12-3).

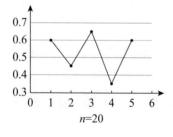
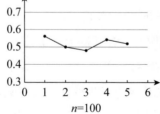
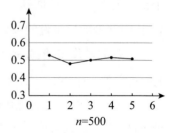

图 12-3

第三步:归纳.

我们发现:

第一,试验次数 n 相同,频率 $f_n(A)$ 可能不同,这说明随机事件发生的频率具有随机性.

第二,从整体来看,频率在概率 0.5 附近波动.当试验次数较少时,波动幅度较大;当试验次数较大时,波动幅度较小.但试验次数多的波动幅度并不全部比次数少的小,只是波动幅度小的可能性更大(从试验频率变化折线图中看出,随着试验次数 n 的增大,频率偏离概率的幅度在缩小).

3. 用频率估计概率

频率的稳定性:大量的试验表明,在任何确定次数的随机试验中,一个随机事件 A 发生的频率具有随机性.一般地,随着试验次数 n 的增大,频率偏离概率的幅度会缩小,即事件 A 发生的频率 $f_n(A)$ 会逐渐稳定于事件 A 发生的概率 $P(A)$.频率的这个性质称为频率的稳定性.

用频率估计概率:由频率的稳定性,我们可以用频率 $f_n(A)$ 估计频率 $P(A)$,即伯努利大数定律:

当 n 很大时,频率 $f_n(A)$ 逼近概率 $P(A)$.

频率与概率的关系充满着辩证思想.频率是一个不确定的量,反映着随机事件发生的随机性;而概率是一个确定的量,是刻画该事件发生的可能性大小的客观属性.在试验次数足够多时,频率会稳定地趋向于概率.这给出了由概率来表达可能性大小的理由,或者说概率在某种意义上是可以检验的.

4. 用随机模拟替代重复试验

用频率估计概率,为概率与统计建立了联系,但频率的计算需要做大量的重复试验.随着技术的发展,我们可以利用计算器或计算机建构随机试验的模拟试验,这样就可以快速地进行大量重复试验了.

例如,一个袋中装有 2 个红球和 3 个白球,这些球除颜色外没有其他差别.我们可以按照下面的方法来建构随机试验的模拟试验:对于从袋中摸出一个球的试验,让计算器或计算机产生取值于集合 $\{1,2,3,4,5\}$ 的随机数,用 1,2 表示红球,用 3,4,5 表示白球.这样不断产生 1~5 之间的整数随机数,相当于不断地做从袋中摸球的试验.

表 12-9 是用电子表格软件模拟上述摸球试验的结果,其中 n 表示试验次数,n_A 为摸到红球的频数,$f_n(A)$ 为摸到红球的频率.

表 12 - 9

n	10	20	50	100	150	200	250	300	600	1 000	5 000	10 000	33 298
n_A	4	9	20	40	54	69	101	105	240	391	2 032	3 986	13 206
$f_n(A)$	0.4	0.45	0.4	0.4	0.36	0.345	0.404	0.35	0.4	0.391	0.406	0.399	0.397

画出频率折线图,从图 12 - 4 中可以直观地看出:随着试验次数的增加,事件 A 摸到红球的频率稳定于概率 0.4.这与利用古典概型概率的计算公式,计算得到的摸到红球的概率 $P(A) = \dfrac{2}{5}$ 是一致的.换言之,某个事件发生的可能性大小这一客观存在的概率,是能够被验证的.

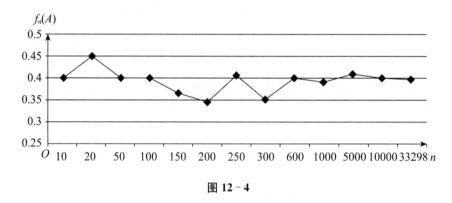

图 12 - 4

五、依托构建概率模型解决实际问题的过程

《课程标准》对概率课程的定位在于为高中学生从不确定性的角度认识客观世界提供重要的思维模式和解决问题的方法.具体表现为能够掌握古典概型的基本特征,根据实际问题构建概率模型,解决简单的实际问题.同时,构建概率模型解决实际问题的过程,也是培养学生的数学建模、数学运算等素养的重要载体.

1. 古典概型的应用

问题:甲、乙两人下棋,每局胜的可能性一样.某一天两人要进行一次三局两胜的比赛,最终胜者赢得 100 元奖金.第一场比赛甲胜,后因为有其他要事而中止比赛.问:怎么分 100 元奖金才公平?

分析:尽管甲胜了第一局,但结果依然是不确定的,甲、乙都有胜的机会.但因为甲已胜一局,所以如果比赛继续下去,甲胜的可能性更大.因此,按照最终取胜的可能性大小(概率)比例进行分配是大家认可的一个公平的分配方案,从而问题归结于如何计算甲、乙各自取胜的概率.这里我们需要注意两个隐藏的假设:(1)每局两人等可能取胜;(2)各局的胜负之间是独立的.

现在甲已胜一局,记 $A=$"甲最终胜"; $A_1=$"接下去第一局甲胜"; $A_2=$"接下去第二局甲胜".因为甲已胜一局,由三局两胜的规则,甲最终胜当且仅当甲再胜一局,即 A_1 发生,或者甲输一局后接着胜一局,即 $\overline{A_1}\bigcap A_2$ 发生.换言之, $A=A_1\bigcup(\overline{A_1}\bigcap A_2)$.因为第一局与第二局是独立的,所以 A_1 与 A_2 、 $\overline{A_1}$ 与 A_2 都是独立的,从而 $P(A)=P(A_1)+P(\overline{A_1}\bigcap A_2)=P(A_1)+P(\overline{A_1})P(A_2)=\dfrac{1}{2}+\dfrac{1}{2}\times\dfrac{1}{2}=\dfrac{3}{4}$.

记 $B=$"乙最终胜", $B_1=$"接下去第一局乙胜", $B_2=$"接下去第二局乙胜".由三局两胜的规则,乙最终胜当且仅当乙连胜两局,即 $B=B_1\bigcap B_2$.因为第一局与第二局是独立的,从而 $P(B)=P(B_1\bigcap B_2)=P(B_1)P(B_2)=\dfrac{1}{2}\times\dfrac{1}{2}=\dfrac{1}{4}$.

因此,甲、乙两人应该按 3:1 来分奖金.

历史上很多人考虑过这个问题,包括数学家费尔马、帕斯卡、惠更斯等,他们从不同的角度得到了同样的答案,揭示了该问题背后的规律.正是由这些规律引起的兴趣,数学家们开启了对概率论的研究.

2. 模拟试验方法的应用

用随机模拟替代重复试验,进而解决问题的方法称为蒙特卡洛方法,这种方法的依据是频率的稳定性,即大数定律.蒙特卡罗方法的解题过程可以归结为三个主要步骤:构造或描述概率过程(建构随机试验的随机数模拟试验);实现从已知概率分布抽样(获得各组模拟试验结果的频率);建立各种估计量(作为所要求的问题的解).

问题 1: 从你所在班级任意选出 6 名同学,调查他们的出生月份,假设出生在一月、二月……是等可能的.设事件 $A=$"至少有两人出生月份相同",设计一种试验方法,模拟 20 次,估计事件 A 发生的概率.

方法 1: 根据假设,每个人的出生月份在 12 个月中是等可能的,而且相互之间没有影响,所以观察 6 个人的出生月份可以看成可重复试验.

因此,可以构建如下有放回的摸球试验进行模拟:在袋中装入编号为 $1,2,\cdots,12$ 的 12 个球,这些球除编号外没有什么差别.有放回地随机从袋中摸 6 次球,得到 6 个数代表 6 个人的出生月份,这就完成了一次模拟试验.如果这 6 个数中至少有 2 个相同,表示随机事件 A 发生了.重复以上模拟试验 20 次,就可以统计出事件 A 发生的频率.

方法 2: 利用电子表格软件模拟试验:在 A1,B1,C1,D1,E1,F1 单元格中分别输入"=RANDBETWEEN(1,12)",得到 6 个随机数,代表 6 个人的出生月份,完成一次模拟试验.选中 A1,B1,C1,D1,E1,F1 单元格,将鼠标指向右下角的黑点,出现小十字后按住鼠标左键拖动到第 20 行,相当于做了 20 次重复试验.如果每行的 6 个数中出现了相同的数字,表示随机事件 A 发生了.统计出事件 A 发生的频率,就可以得到事件 A 的概率的估计值.

表 12-10 是 20 次模拟试验的结果,事件 A 发生了 15 次,事件 A 的概率估计值为 0.75,与事件 A 的概率(约 0.78)相差不大.

表 12-10

试验	A	B	C	D	E	F	G
1	10	1	5	1	6	3	A 发生
2	7	5	5	4	11	11	A 发生
3	2	10	8	9	10	6	A 发生
4	5	10	8	1	12	9	
5	2	3	1	10	2	7	A 发生
6	6	1	5	5	1	8	A 发生
7	11	10	5	1	3	12	
8	2	12	1	11	4	5	
9	12	7	5	3	4	4	A 发生
10	10	2	10	8	6	8	A 发生
11	12	1	11	12	3	8	A 发生
12	4	1	10	4	11	4	A 发生
13	12	5	8	12	3	4	A 发生
14	12	2	11	8	5	6	
15	9	4	1	7	3	8	
16	7	12	9	6	8	7	A 发生
17	11	8	4	8	7	7	A 发生
18	4	6	12	10	2	6	A 发生
19	11	12	5	3	6	5	A 发生
20	5	3	12	12	9	4	A 发生

事实上,根据方法 1,我们得到试验的样本空间为 $\Omega=\{(a_i,b_j,C_k,d_l,e_m,f_n)\mid 1\leqslant i,j,k,l,m,n\leqslant 12\}$,共有 $12\times12\times12\times12\times12\times12$ 个样本点.事件 A 的对立事件为 $\overline{A}=$ "6 人的出生月份都不同",这样 $\overline{A}=\{(a_i,b_j,C_k,d_l,e_m,f_n)\mid 1\leqslant i,j,k,l,m,n\leqslant 12,$ 且 a_i,b_j,C_k,d_l,e_m,f_n 互不相等$\}$,含有 $12\times11\times10\times9\times8\times7$ 个样本点.所以,$P(\overline{A})=\dfrac{12\times11\times10\times9\times8\times7}{12\times12\times12\times12\times12\times12}\approx0.223$,从而 $P(A)=0.777$.

问题 2:如何计算平面上一个不规则区域 D(如某个国家在地图上所占的区域)的面积?

分析:这样的图形面积用通常的面积计算方法是不容易求得的.

我们可以应用蒙特卡洛方法:取一个正方形,记为 Ω,把要求面积的区域 D 放在此正方形中,如图 12-5 所示.

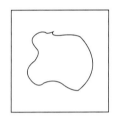

图 12-5

然后把这个包含区域 D 的正方形放置在墙上,向它随意投掷 200 次飞镖,记录飞镖落在 D 中的次数有 82 次. 因为是随机投掷飞镖,所以飞镖落在 D 中的概率等于面积比,即

$$P(D)=\frac{|D|}{|\Omega|},$$

其中 $|D|$ 与 $|\Omega|$ 分别表示两个区域的面积.(这是另一种古典概率:称为几何概率模型)现在飞镖落在 D 中的频率为

$$\hat{P}(D)=\frac{82}{200}=\frac{41}{100}.$$

由按大数定律,应有 $P(D)\approx\hat{P}(D)$,因此

$$|D|\approx\frac{41}{100}|\Omega|,$$

其中正方形 Ω 的面积已知或者是容易计算的.

蒙特卡洛方法的优点是操作简单,但缺点是难以估计和控制误差.这种方法在应用物理、原子能、固体物理、化学、生物、生态学、社会学以及经济行为等领域中都得到了广泛应用.

总之,在概率课程中如何落实数学学科核心素养的培养,需要以"研究一个数学对象的基本套路"为指导,以函数为类比对象,构建概率的研究框架(教材的结构体系),建立概率的基本概念(或核心概念),研究概率的基本性质,再应用这些知识去研究各种概率模型.在具体的教学中,需要设计与之对应的数学活动过程,强调变注入式教学为启发式、参与式教学,组织学生开展探究性学习,鼓励学生自主构建随机现象的研究路径,通过类比、归纳发现概率的研究内容,再通过从具体到抽象、从特殊到一般地展开探究活动,使教学过程真正成为学生自主发现和提出问题、分析和解决问题的过程,使学生在掌握概率基础知识的过程中逐渐形成概率的思维模式和解决问题的方法.其中,在具体情境中,通过直观想象、数学抽象认识客观现象,获得数学的研究对象;根据研究对象的特点确定合适的类比对象并构建研究路径,通过类比、联想、特殊化、一般化等推理活动发现和提出数学问题(概念、性质、法则等),形成研究思路,找到研究方法等,注重数学的整体性和思维的系统性,体现"数学的方式",强调数学核心概念和基本思想的育人价值,是从"四基""四能"通向数学核心素养的主渠道.

第三节　实践案例——随机现象与样本空间

概率单元的学习,可以帮助学生结合具体实例,理解样本点、有限样本空间、随机事件,会计算古典概型中简单随机事件的概率,加深对随机现象的认识和理解.内容包括:随机事件与概率、随机事件的独立性.学习"随机现象与样本空间"(上教版 12.1)需要 2 课时,第 1 课时主要学习随机现象,认识随机性;第 2 课时主要是学习样本空间、样本点和随机事件的表达,熟悉概率论中的重要术语.本节课为第 2 课时.

【教学目标】

通过具体实例的分析,理解样本点和样本空间的含义;能用样本空间的子集表示随机事件,理解随机事件与样本点的关系;初步能结合实例进行随机事件的并、交运算.在随机现象的数学化过程中提升学生的数学抽象、构建模型的能力.

【教学分析】

概率是描述一个随机现象中某事件发生的可能性(或者机会)大小的一种度量.要理解概率,首先要理解随机现象或者随机性,其次要理解人们对随机性之中可能性大小的预期.因此,学生对随机现象的特征及其数学表达的认识是后续的概率学习必备基础.

在进入高中之前,学生已经有了关于概率的学习经验:能通过列表、画树状图等方法列出简单随机事件所有可能的结果以及指定事件发生的所有可能结果,了解事件的概率;知道通过大量的重复试验,可以用频率来估计概率.但此时,学生往往是知其然而不知其所以然,特别是对随机性的认识还是浅层的,还没有认识到:在一次试验中,虽将有一个结果发生,但发生哪个结果事先是不确定的.其思维方式呈现出确定性的特征.例如,对于抛一枚硬币这个试验,若第一次出现正面,则有的学生就会认为第二次一定出现反面.因此,这个时期的学生虽然通过对事件发生的可能性等角度对概率的概念有一定的认识,但多数属于在实例中的感性认识;而高中阶段需要在此基础上,进一步体会随机事件的随机性,对随机事件进行数学化的表达,引进样本点、样本空间等术语,用样本空间的子集表示随机事件,并研究事件之间的相关运算,为解决具有不确定性的问题提供重要的思维模式和方法.

　　根据以上分析,打破确定性的思维定势,认识随机现象的随机性以及对随机现象进行数学化处理是学习"随机现象与样本空间"的难点,也是重点.如果我们把认识随机现象的随机性作为第 1 课时的主要任务,那么第 2 课时理应突出随机现象的数学化处理.这样,随机现象的抽象过程可以设计为:

不确定现象 $\xrightarrow{\text{限制}}$ 随机现象 $\xrightarrow{\text{理想化}}$ 随机试验 $\xrightarrow{\text{数学刻画}}$ 样本空间 $\xrightarrow{\text{数学表达}}$ 随机事件.

【教学过程】

　　以例说理—固化运用—建立联系—拓展探究—结构图式—作业评价.

环节一　以例说理

教的过程	学的过程	说明
引导语:现实中有很多不同类型的随机现象.为了研究随机现象的规律,简单分为可随意重复的,如掷硬币、掷骰子、抽签等,称为随机试验;与不可随意重复的,如天气、动物寿命等.它们的研究方法不尽相同.我们把随机试验简称试验,常用字母 E 表示. 问题 1:在随机试验 E 中,将 10 个质地和大小完全相同且分别标号 $0,1,2,\cdots,9$ 的球放入黑箱中,充分搅拌后从中摸出一个球,观察这个球的号码. (1) 这个球的号码一定是 0 吗? (2) 这个球的号码共有多少个可能的结果? (3) 如何表示这些结果? (4) 你能将以上方法推广到一般情形吗?	(1) 摸出的这个球的号码是不确定的,不一定是 0. (2) 观察球的号码,共有 10 种等可能的结果:$0,1,2,\cdots,9$. (3) 用数字 m 表示"摸出的球的号码",那么所有可能的结果可用集合 $\Omega=\{0,1,2,3,4,5,6,7,8,9\}$ 表示.这里,每一种可能的结果称为样本点,全体样本点的集合称为试验的样本空间. (4) 一般地,一个随机试验有 n 个可能的结果 $\omega_1,\omega_2,\cdots,\omega_n$,其中 $\omega_i(i=1,2,3,\cdots,n)$ 称为样本点,$\Omega=\{\omega_1,\omega_2,\cdots,\omega_n\}$ 称为有限样本空间.	通过典型事例,体会随机试验的结果的随机性;引导学生用数学语言和工具刻画随机试验,引入样本点、样本空间等概率学术语,体会对随机现象进行数学化处理的特点.

环节二 固化运用

教的过程	学的过程	说明
例1:写出下面随机试验的样本空间. (1) 抛掷一枚硬币,观察朝上的面; (2) 掷一颗骰子(每一面上分别标注数字1、2、3、4、5、6的质地均匀的小正方体),观察朝上的面的点数; (3) 从装有标号为1、2、3的三个球的袋子中依次取两个球(第一次取出的球不再放回),观察标号,考虑标号顺序; (4) 从装有标号为1、2、3的三个球的袋子中依次取两个球(第一次取出的球不放回),观察标号,不考虑标号顺序; (5) 连续掷一颗骰子一直到6点出现为止,观察掷的次数; (6) 往一个墙面随机掷飞镖,观察其落点.	(1) 样本空间 $\Omega = \{H,T\}$,其中 H、T 分别表示硬币出现的结果是正面和反面. (2) $\Omega = \{1,2,3,4,5,6\}$. (3) 用符号 (i,j),$i,j = 1,2,3$ 表示第一次摸出 i 号球且第二次摸出 j 号球,那么样本空间 $\Omega = \{(1,2),(1,3),(2,1),(2,3),(3,1),(3,2)\}$. (4) 如果不考虑顺序,那么$(1,2)$与$(2,1)$是同一个结果,所以 $\Omega = \{1.2,1.3,2.3\}$,其中 1.2 表示一个是1而另一个是2. (5) 如果第一次就掷到6,那么结果是1;如果前 $n-1$ 次不是6,而第 n 次是6,那么结果是 n.所以,此时样本空间是所有的正整数,它是一个无限的集合. (6) 样本空间是墙面上所有的点,也是无限的.	通过这些随机试验的分析,体会: (1) 试验可以在相同的条件下重复进行; (2) 试验的所有可能结果是明确可知的,并且不止一个; (3) 每次试验总是恰好出现这些可能结果中的一个,但事先不能确定出现哪一个结果; (4) 不同的角度观察一个随机现象,样本点会不同,随之样本空间也不同,样本空间与问题的背景密切有关; (5) 样本空间的样本点有的是有限的,有的是无限的.

环节三 建立联系

教的过程	学的过程	说明
问题2:我们利用集合这个数学语言和工具,引入样本点和样本空间概念来表达随机试验.上述摸球试验中,"球的号码不超过5""球的号码为3的倍数"等都是随机事件.你能用数学的方法描述这两个随机事件吗? 问题3:你能从样本空间的角度说说必然事件、不可能事件的含义吗?	(1) 我们用 A 表示随机事件"球的号码不超过5",则 A 发生,当且仅当摸到的球的号码为1,2,3,4,5中的一个,即摸出的球的号码在集合$\{1,2,3,4,5\}$中.因此,可以用样本空间 Ω 的子集$\{1,2,3,4,5\}$表示随机事件 A,即 $A = \{1,2,3,4,5\}$. (2) 类似地,Ω 的子集 $B = \{0,3,6,9\}$,表示随机事件"球的号码为3的倍数". (3) 必然事件的含义:Ω 作为自身的子集,包含了所有的样本点,在每次试验中总有一个样本点发生,所以 Ω 总会发生,称 Ω 为必然事件; 不可能事件的含义:空集不包含任何样本点,在每次试验中都不会发生,称为不可能事件.	为了方便统一处理,将必然事件和不可能事件作为随机事件的两个极端情形.这样,每个事件都是样本空间 Ω 的一个子集.

环节四 拓展探究

教的过程	学的过程	说明
问题 4：为了解决问题——"袋子中装有 6 个球，其中有 2 个白球．从中随机摸出 2 个，求摸出白球的概率"．我们设事件 A 为"摸出白球"，事件 A_1 为"第一次摸出白球"，事件 A_2 为"第二次摸出白球"．你认为如何来表示以下事件？ (1) 两次都摸出白球； (2) 第一次摸出白球，第二次摸出的不是白球； (3) 第一次摸出的不是白球，第二次摸出白球； 追问：事件 A 如何用事件 A_1、A_2 表示？	(1) $A_1 A_2$ 表示事件"两次都摸出白球"； (2) $A_1 \overline{A_2}$ 表示事件"第一次摸出白球，第二次摸出的不是白球"； (3) $\overline{A_1} A_2$ 表示事件"第一次摸出的不是白球，第二次摸出白球"； (4) $A = A_1 A_2 \cup A_1 \overline{A_2} \cup \overline{A_1} A_2$.	通过拓展探究，帮助学生体会： (1) 用集合语言定义随机事件，真正实现了随机现象的数学化，由此就可以用集合的关系和运算表达随机事件的关系． (2) 通过事件的关系与运算构建一个新事件，进而为利用概率的性质解决问题打下基础．

环节五 结构图式

教的过程	学的过程	说明
(1) 回顾一下本节课所学的内容； (2) 思考：我们是用怎样的数学概念来表达随机试验的．	师生共同总结随机现象的数学化过程：随机现象 $\xrightarrow{\text{理想化}}$ 随机试验 $\xrightarrow{\text{数学刻画}}$ 样本空间 $\xrightarrow{\text{数学表达}}$ 随机事件．	体悟集合这个数学语言和工具，在描述和研究随机现象中的作用．

环节六 作业评价

作业内容	设计意图	评价目标
1. 按某个观察角度，写出下面随机试验的一个样本空间． (1) 抛掷 2 枚硬币； (2) 将 2 个不同颜色的球放入 2 个不同的容器中； (3) 将 2 个不同颜色的球放入 2 个不同的容器中，但每个容器最多放一个球．	复习用数学工具表示随机试验，进一步熟悉样本空间、样本点等术语，体会试验结果的随机性．	在熟悉的生活情境中，能依据不同的观察角度正确写出样本空间．

（续表）

作业内容	设计意图	评价目标
2.掷一颗骰子,用样本空间的子集表示下列事件. (1) 点数 6 没有出现; (2) 出现偶数; (3) 点数不超过 2.	复习随机事件的数学表示,进一步熟悉样本空间、样本点等术语,体会试验结果的随机性.	在熟悉的生活情境中,能用样本空间的子集表示随机事件.
3.将一枚均匀骰子相继投掷两次,请回答以下问题: (1) 写出样本点和样本空间. (2) 用 A 表示随机事件"至少一次掷出 1 点",试用样本点表示事件 A. (3) 用 $A_j(j=1,2,3,4,5,6)$ 表示随机事件"第一次掷出 1 点,第二次掷出 j 点";用 B 表示随机事件"第一次掷出 1 点".试用随机事件 A_j 表示随机事件 B. (4) 用 C 表示随机事件"点数之和为 7",并求 C 发生的概率.	帮助理解样本点、样本量、有限样本空间的概念,以及有限样本空间中随机事件的相关运算,理解随机事件的表达,体会随机思想.	在较为复杂的生活情境中,能用数学方法表示样本点、样本空间和随机事件,进行随机事件的简单运算.
说明:能正确地解答作业 3,说明学生能够对较为熟悉的随机试验选择合适的数学工具,正确表示样本点、样本空间、随机事件,并能进行随机事件的相关运算.根据满意原则,可以认为达到数学抽象素养水平一、数据分析素养水平一的要求.		

第十三章
平面向量单元的育人价值与核心素养培养

第一节 本单元的育人价值

一、本单元的学科价值

向量是近代数学中重要和基本的概念之一,它在数学和科学技术中具有非常重要的地位.向量既是几何研究对象,也是代数研究对象,是沟通几何与代数的桥梁.向量理论具有丰富的物理背景、深刻的数学内涵,是描述直线、曲线、平面、曲面及高维空间数学问题的基本工具,是进一步学习和研究其他数学领域问题的基础,在解决实际问题中发挥着重要作用.

向量之所以"既是几何对象也是代数对象",是因为几何对象是图形(点、线、面、体)及图形关系的抽象,所以向量作为几何对象,主要是向量的几何表示及用向量刻画空间图形的概念、性质、关系和变换;代数对象是数量及数量关系的抽象,代数的核心是运算,向量作为代数对象,主要是向量运算的法则和运算律.

向量之谓"沟通几何与代数的桥梁",首先是要用向量表示点、直线、平面等几何基本元素;然后是以平面几何中几个基本定理作为向量及其运算的几何背景(乃至逻辑基础).加法、乘法(点积和叉积)及沟通向量与实数联系的数乘向量是基本的向量运算,它们的运算律的几何意义恰好是平行四边形定理(保证向量的自由平移、加法交换律)、相似三角形定理〔保证数乘向量的分配律 $k(a+b)=ka+kb$〕和勾股定理〔保证数量积的分配律 $|c|^2=|a+b|^2=(a+b)(a+b)=|a|^2+2a \cdot b+|b|^2=|a|^2+2|a||b|\cos90°+|b|^2=|a|^2+|b|^2$〕.

向量是"基本工具"主要表现在:向量集数与形于一身,利用它可以直接为代数(特别是线性代数)建立几何直观,同时也可以通过代数运算(向量运算)解决几何问题;向量集大小与方向于一身,为解决数学中最本质的问题——度量(长度、角度)提供了工具;向量及其运算都有明确的物理背景,所以也是解决实际问题的重要工具.因此,向量是现代数学的重要研究工具.

二、本单元的教育价值

数学中充满许多大小不同的"三部曲".首先,数学把现实世界问题通过"水平数学化"转化为数学问题;然后,通过"垂直数学化"研究和解决数学内部问题;最后,借助数学概念和原理解决现实问题.从育人的角度看,在高中数学中,"平面向量"非常完整地体现了这样的"三部曲".在本单元中,呈现了引入、研究和应用向量的全过程,因此是帮助学生体验"如何研究一个数学对象"的良好载体,在获得"四基"、提高"四能"和发展数学学科核心素养中可以发挥重要作用.

在本单元的具体内容中,蕴含着丰富的育人资源.例如,我们可以从力、速度、位移等实际情境入手,从物理、几何、代数三个角度理解向量的概念与运算法则,引导学生运用类比的方法探索实数运算与向量运算的共性与差异,通过这样的方式让学生体悟"如何抽象数学对象""如何发现和提出问题""如何探寻研究方法"等与核心素养更接近的"一般观念";我们也可以通过力的分解引出向量基本定理,利用物理中"功"的概念引入,研究向量的数量积,运用向量解决一些物理和几何问题.通过这样的内容载体,切实发挥数学的内在力量,培养学生的思维能力、创新意识,使他们在获得数学知识技能的过程中,形成数学地认识问题和解决问题的观点、方法和能力.

第二节　本单元数学学科核心素养的培养

为实现平面向量的育人价值,我们应特别注重从"数学地"研究问题的一般思路出发,以"研究一个数学对象的基本套路"为导向,建立向量的研究结构;通过类比、联系、特殊化、一般化等获得研究内容;利用代数运算和几何推理获得研究方法;通过向量概念和性质、运算和运算律的应用加深知识理解;等等.为此,本单元的研究路径可以是:背景引入—向量的概念与表示(符号表示、几何表示)—向量的运算与运算性质—向量基本定理及坐标表示—用向量法解决问题.从数学地研究一个事物的过程看,就是:抽象研究对象—运算和运算律—联系(整体结构)—应用.其中,我们把"向量基本定理及坐标表示"看成是沟通数学内部的结果.

在本单元的教学中,可以依托以下过程发展学生的数学学科核心素养.

一、依托向量概念的抽象过程

1. 背景引入

在现实世界和科学问题中,常常会见到既有大小又有方向的量,例如位移、速度、力等,物理中的这些量(矢量、标量)是数学中的向量概念的来源.所以要注意以物理中典型、丰富的事例为情境,并通过比较加深对向量的印象.其中,位移是向量的最佳现实模型,能突出"方向"的重要性.

2. 向量概念的抽象与表示

获得向量概念要完成两件事,即获得研究对象(定义向量概念)和认识"平面向量集合"中的元素.为此,与引入一个新数类似,向量概念的抽象要依次完成如下事情:定义—表示—基本性质.定义一个数学对象的基本要求是明确其内涵及表示,而其他概念则是后续定义运算的基础.这里,对"引进向量概念要做哪些事情"的理解,是培养运算素养的契机之一.

其中,"定义"就是要确定向量的内涵,规定向量相等的含义;"表示"要考虑到向量的本质,因为向量的要素是大小和方向,所以要用集大小和方向于一身的数学符号,而且要有几何和代数两种表示——有向线段和代数符号;向量的基本性质就是要素的基本关系,向量的大小关系与数的大小关系类似,而两个向量在方向上的特殊关系是重点,即"同向""反向"和垂直;另外,对于一个与"量"相关的数学对象,"单位""0"是特殊的量,需要特别定义;最后,讨论"向量是自由的":向量有大小和方向两个要素,两个向量如果方向相同(或相反),那么它们平行,而平行具有可传递性,所以向量可以"自由平移",即"向量的自由性"是由"平行的可传递性"保证的.而且,自由的向量才有力量.例如,如果向量不自由,那么"三角形法则"和"平行四边形法则"就无法统一.

二、依托向量加减运算及其运算性质的研究过程

从自然数系到复数系的不断扩充过程中,自然数系的运算律始终成立.实际上,在每一阶段的扩充过程中,定义加法、乘法和乘方的运算法则时,其指导思想就是"保持运算律成立".而在向量系中,这一指导思想将被打破,同时也使运算的内涵得到扩展.

在研究向量的运算及其运算性质的过程中,我们需要解决两个方面的问题.一方面,把向量作为代数研究对象,通过定义有关运算和研究相应的运算律,形成"向量系";另一方面,因为向量集数与形于一身,所以通过研究每一种向量运算的几何意

义,可以得出平面(立体)几何中各种基本几何定理的向量表达形式.在此基础上,利用"向量系"描述直线、平面和空间中的"基本元素",进而表达各种几何问题,通过向量运算解决问题.

构建"向量系",归结起来也是做"三件事":引进一种新的量,定义运算,研究运算律.与数系扩充不同,这里的运算对象集数与形于一身,因此向量运算必然既有代数意义也有几何意义.

1. 向量的加减运算

因为向量运算既有代数意义也有几何意义,所以向量的线性运算是"带方向的量的运算".我们可以从"位移求和""力的合成"等实例得到启发,定义向量加法的三角形法则、平行四边形法则及其几何表示;接着研究运算律,得到交换律、结合律,而交换律实际上就是"平行四边形的两组对边分别平行且相等"的向量表达式.

2. 向量的数乘运算

类比数 a 的整数倍 na 是 n 个 a 相加的总和,可以定义 n 个向量 a 相加的总和为 na.一般地,实数 λ 与向量 a 的乘积 λa 是一个向量,它满足运算律:①$\lambda a + \mu a = (\lambda + \mu)a$,②$\lambda(\mu a) = (\lambda\mu)a$,③$\lambda(a+b) = \lambda a + \lambda b$.与实数乘法的运算律有所差异,这里有两个特别有用的结论:一是 $k(a+b) = ka + kb$ 是"相似三角形对应边的比等于相似比"的代数化形式;二是 λa 与 a 共线,由此,两个非零向量 a、b 共线(平行)的充要条件是 $a = kb$.另外,联系数轴概念,设 e 是与数轴 Ox 的方向相同的单位向量,数轴上任意一点 X 的坐标为 x,则 $\overrightarrow{OX} = xe$;反之也成立.

3. 平面向量基本定理

为了彻底实现几何的代数化,需要进一步研究平面上点的向量表示问题.一个定点 O,两个不平行的向量 a、b 便在"原则"上确定了平面 P,这与"两条相交直线确定一个平面"异曲同工,是对平面的定性刻画.对于平面 P 上任意一点 X,可以利用向量的加法和数乘向量,把平面 P 上的向量 $\overrightarrow{OX}$ 表示为 $k_1 a + k_2 b$,从而使它成为可运算的对象.在解决几何问题时,这种表示发挥了基础性作用,因此我们把它叫做平面向量基本定理.特别地,以两个单位正交向量 e_1、e_2 为基底,就可以建立平面直角坐标系 xOy 中的向量 $\overrightarrow{OA}$ 与点 A 坐标之间的一一对应.

综上所述,依托向量运算培养学生数学运算素养,应聚焦在类比数的运算提出和研究向量运算,与平面几何、数轴、直角坐标系等重要知识建立联系,并用向量统整相关知识等,使学生经历完整的向量系的建立过程;通过比较向量运算与数的运算的异同,帮助学生了解"带方向的量的运算"的特征,从而拓展数学运算的内涵.

三、依托平面向量的数量积的建构过程

如果说我们可以引导学生运用类比实数运算的方法探索向量运算及其运算律,并归纳它们的共性与差异,那么,在学习平面向量的数量积运算这一内容时,我们则需要采用建构的方式进行.这里,既要注意研究向量的总体结构,套用"背景—概念性质—应用"的研究路径,又要特别注意"向量既是几何研究对象,也是代数研究对象,是沟通几何与代数的桥梁"的内容特点,注重数与形的联系与综合,时刻注意从数和形两个角度认识向量的数量积的定义和性质.

1. 概念的引入

在概念的引入中,一般需要考察代数和物理两个角度:从代数运算角度,在线性运算的基础上自然地提出"向量能不能相乘""向量的乘法该怎样定义"等问题;从"功"的概念出发,舍弃"力""位移"的具体意义,并顺势引入两个向量夹角的定义,进而给出向量数量积的概念.这里,既有完整的抽象化、符号化等数学概念抽象过程,而"数量积"本身也是一个"数学模型",因此是培养"数学抽象""数学建模"素养的载体;同时又有通过"类比……""受功的定义的启发,能否……"等语言的使用,用以落实"如何思考""如何发现"等,充实建构概念的过程.

需要注意的是,这里有"定义一个数学概念的完备性"的教育素材,即"零向量与任一向量的数量积为 0"这一规定,教学中可以问一下学生,为什么要单独"规定".其实,向量 **0** 的方向是任意的.由此,它与任意向量的夹角也是任意的.而定义中要求向量的夹角是确定的,所以需要"补充定义".为什么提醒这一点呢? 其实这是为了落实"数学育人要用数学的方式",是润物无声地培养思维的严谨性,使学生在潜移默化中体悟"数学的方式".

2. 概念的学习方式

从概念学习方式看,向量数量积概念的掌握需要"概念形成"和"概念同化"的结合.在给出概念定义后,一般要对概念进行辨析.如何组织辨析活动呢? ——"要从数与形两个角度".从代数角度,与向量线性运算比较,得出"向量的数量积是一个数量"的结论;利用"向量 *b* 在 *a* 方向上的投影"概念,从"形的角度"认识数量积,创设探究任务"任意画出两个非零向量 *a*、*b*,再画出向量 *b* 在 *a* 方向上的投影.通过作图,你发现投影与夹角的关系了吗",学生通过自主探究,获得数量积的几何意义,从而深化数量积定义的认识.

3. 性质的探究

数量积的性质有两个研究角度.一是从数量积的几何意义出发,由两个向量的特

殊关系所决定的性质,这就是从上述关于"投影与夹角的关系"而自然提出的问题:"两个非零向量 a 与 b 相互平行或垂直时的投影具有特殊性.这时,它们的数量积又有怎样的特殊性"? 由此引导学生从"平行或垂直时的投影具有特殊性"入手进行探究,结合定义可以得出数量积的四条性质;二是从运算角度提出的"运算律",可以让学生通过类比数的乘法运算律展开研究,同样要注意利用几何意义,数形结合地展开研究.

从数量积的定义可以发现:

$$\cos\theta=\frac{a\cdot b}{|a||b|}=\frac{a\cdot b}{\sqrt{a^2}\cdot\sqrt{b^2}}. \quad ①$$

这实际上就是余弦定理.由此可以得到

$$a\cdot b=\frac{1}{2}\left[(a+b)^2-a^2-b^2\right]. \quad ②$$

这是数量积的另一种定义方式.由此可以发现,数量积与三角形的三条边 $|a|$、$|b|$、$|a+b|$ 之间的关系.

总之,长度、角度都可以用向量的数量积有效地计算,而数量积有很好的性质,它是"用向量去研究几何广泛有用的有力工具".当然,这一点还要在后续学习中不断加以体会.例如,由②可得 $(a+b)^2+(a-b)^2=2a^2+2b^2$,这是平行四边形的一条性质.

特别是,如果把向量 a、b 的数量积 $|a|\cdot|b|\cos\theta$ 与向量积的模 $||a|\cdot|b|\sin\theta|$ 放在一起看,可以发现"向量乘法"的几何意义包含了长度、角度、面积等几何基本量,以及平行、垂直两种基本几何位置关系.向量的线性运算及其运算律又可以方便地转换为相应的平面几何定理.所以,向量运算是用向量研究几何问题的广泛有用的有力工具.

四、依托平面向量的应用过程

《课程标准》要求,通过本单元的学习,帮助学生理解平面向量的几何意义和代数意义;掌握平面向量的概念、运算、向量基本定理以及向量的应用;用向量的语言、方法表述和解决现实生活、数学和物理中的问题.

1. 用向量解决现实生活中的问题

问题 1: 在日常生活中,我们有这样的经验:两个人共提一个旅行包,两个拉力夹角越大越费力;在单杠上做引体向上运动,两臂的夹角越小越省力.你能从数学的角度解释这些现象吗?

问题 1 提示学生用数学的眼光观察并思考日常生活中常见的现象,用向量加法运算和三角函数的单调性来解释现象背后的原因,感受向量在解决实际问题中的作用.

2. 用向量解决物理学科的问题

问题2: 长江某地南北两岸平行,如图 13-1 所示,江面宽度 $d=1\,\text{km}$,一艘游船从南岸码头 A 出发航行到北岸.如果游船在静水中的航行速度 v_1 的大小为 $|v_1|=10\,\text{km/h}$,水流的速度 v_2 的大小为 $|v_2|=4\,\text{km/h}$,设 v_1 和 v_2 的夹角为 θ $(0°<\theta<180°)$,北岸的点 A' 在 A 的正北方向.当 θ 多大时,游船能到达 A' 处?需要航行多长时间?

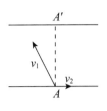

图 13-1

问题 2 以平面向量的运算为知识载体,以确定游船的航向、航程为数学任务,借助理解运算对象、运用运算法则、探索运算思路、设计运算程序、实施运算过程等一系列数学思维活动,培养学生的数学运算素养.

3. 用向量解决数学中的问题

问题3: 用向量方法证明两角差的余弦公式"$\cos(\alpha-\beta)=\cos\alpha\cos\beta+\sin\alpha\sin\beta$".

首先,引导学生仔细观察公式的结构特征,看看从中会得到什么样的启发,产生怎样的联想,或有什么新的发现.联想到三角函数的单位圆定义为我们提供了一个动点 $(\cos\alpha,\sin\alpha)$ 在单位圆上的几何模型,α、β 的终边与单位圆的交点分别为 $A(\cos\alpha,\sin\alpha)$、$B(\cos\beta,\sin\beta)$,同时发现"$\cos\alpha\cos\beta+\sin\alpha\sin\beta$"与向量数量积公式 $\boldsymbol{a}\cdot\boldsymbol{b}=x_1x_2+y_1y_2$ 形式相近,进而得到 $\overrightarrow{OA}\cdot\overrightarrow{OB}=\cos\theta=\cos\alpha\cos\beta+\sin\alpha\sin\beta$.其次,引导学生关注两个向量 $\overrightarrow{OA}$、$\overrightarrow{OB}$ 的夹角与 $\alpha-\beta$ 的联系和区别,通过 $\alpha-\beta=2k\pi\pm\theta(k\in\mathbf{Z})$ 证明 $\cos(\alpha-\beta)=\cos\theta$($\theta$ 是两个向量 $\overrightarrow{OA}$、$\overrightarrow{OB}$ 的夹角),感受数学思维的严谨性.

问题4: 用向量方法证明几何问题:对角线互相平分的四边形是平行四边形.

如图 13-2,设四边形 $ABCD$ 的对角线 AC、BD 交于点 O,且 $AO=OC$,$BO=OD$.要证四边形 $ABCD$ 是平行四边形,即证 $AB/\!/CD$ 且 $AB=CD$.

第一步,建立平面几何与向量的联系.要证 $AB/\!/CD$ 且 $AB=CD$,即证 $\overrightarrow{AB}=\overrightarrow{DC}$.

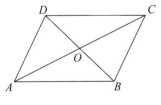

图 13-2

第二步,通过向量运算,研究几何元素之间的关系.因为 $\overrightarrow{AB}=\overrightarrow{AO}+\overrightarrow{OB}=\dfrac{1}{2}\overrightarrow{AC}+\dfrac{1}{2}\overrightarrow{DB}$,$\overrightarrow{DC}=\overrightarrow{DO}+\overrightarrow{OC}=\dfrac{1}{2}\overrightarrow{DB}+\dfrac{1}{2}\overrightarrow{AC}$,所以 $\overrightarrow{AB}=\overrightarrow{DC}$.

第三步,把运算结果"翻译"成几何关系.由$\overrightarrow{AB}=\overrightarrow{DC}$,得 $AB \parallel CD$ 且 $AB=CD$,所以四边形 $ABCD$ 是平行四边形.

用向量方法解决几何问题时,通常先用向量表示相应的点、线段、夹角等几何元素,然后通过向量的运算来研究几何元素之间的关系,最后把运算结果"翻译"成几何元素关系,便得到几何问题的结论,称之为用向量方法解决几何问题的"三部曲".

问题 5:用向量的方法研究三角形的边角关系.我们知道,给定两边及其夹角的三角形是唯一确定的.为此,可以将余弦定理的学习设计成一个探究问题:在$\triangle ABC$,三个角 A、B、C 所对的边分别为 a、b、c,怎样用 a、b 和 C 表示 c?

分析:因为涉及的是三角形的两边长和它们的夹角,所以我们考虑用向量的数量积来探究.

如图 13-3,设$\overrightarrow{CB}=\boldsymbol{a}$,$\overrightarrow{CA}=\boldsymbol{b}$,$\overrightarrow{AB}=\boldsymbol{c}$,则

$$\boldsymbol{c}=\boldsymbol{a}-\boldsymbol{b}. \qquad ①$$

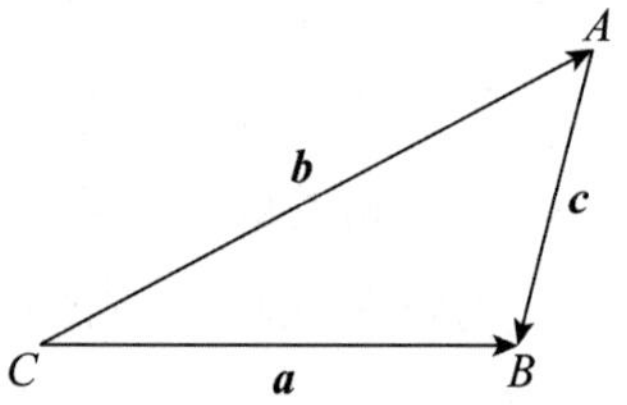

我们的研究目标是用$|\boldsymbol{a}|$、$|\boldsymbol{b}|$ 和 C 表示$|\boldsymbol{c}|$,联想到数量积的性质$\boldsymbol{c} \cdot \boldsymbol{c}=|\boldsymbol{c}|^2$,可以考虑用向量$\boldsymbol{c}$(即 $\boldsymbol{a}-\boldsymbol{b}$)与其自身作数量积运算.

于是,由① 得

$$|\boldsymbol{c}|^2=\boldsymbol{c} \cdot \boldsymbol{c}=(\boldsymbol{a}-\boldsymbol{b}) \cdot (\boldsymbol{a}-\boldsymbol{b})$$
$$=\boldsymbol{a} \cdot \boldsymbol{a}+\boldsymbol{b} \cdot \boldsymbol{b}-2\boldsymbol{a} \cdot \boldsymbol{b}$$
$$=a^2+b^2-2|\boldsymbol{a}||\boldsymbol{b}|\cos \theta.$$

所以

$$c^2=a^2+b^2-2ab\cos C.$$

同理可得

$$b^2=c^2+a^2-2ca\cos B,$$
$$a^2=b^2+c^2-2bc\cos A.$$

图 13-3

从余弦定理的探究过程中,我们感受到向量运算的简洁有力.类似地,我们可以用向量的方法证明正弦定理.我们以锐角三角形 ABC 为例,证明$\dfrac{a}{\sin A}=\dfrac{b}{\sin B}=\dfrac{c}{\sin C}$.要证$\dfrac{a}{\sin A}=\dfrac{c}{\sin C}$,即证 $a\sin C=c\sin A$.只有把这个边角的正弦关系变成余弦关系,才能和向量的数量积建立联系,而要把正弦关系变成余弦关系,需要运用诱导公式 $C_{(\frac{\pi}{2}-a)}$,这样就联想到要构造出直角三角形.为此,如图 13-4,过点 B 作 BD 垂直 AC 于 D.

因为 $\overrightarrow{AC}+\overrightarrow{CB}=\overrightarrow{AB}$，所以 $\overrightarrow{DB}\cdot(\overrightarrow{AC}+\overrightarrow{CB})=\overrightarrow{AB}\cdot\overrightarrow{DB}$，得 $\overrightarrow{DB}\cdot\overrightarrow{AC}+\overrightarrow{DB}\cdot\overrightarrow{CB}=\overrightarrow{AB}\cdot\overrightarrow{DB}$，即

$$|\overrightarrow{DB}|\cdot|\overrightarrow{AC}|\cos\frac{\pi}{2}+|\overrightarrow{DB}|\cdot|\overrightarrow{CB}|\cos\left(\frac{\pi}{2}-C\right)=$$

$$|\overrightarrow{AB}|\cdot|\overrightarrow{DB}|\cos\left(\frac{\pi}{2}-A\right).$$

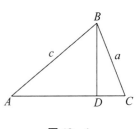

图 13-4

从而，$|\overrightarrow{DB}|\cdot|\overrightarrow{CB}|\sin C=|\overrightarrow{AB}|\cdot|\overrightarrow{DB}|\sin A$，也即 $a\sin C=c\sin A$.

所以

$$\frac{a}{\sin A}=\frac{c}{\sin C}.$$

同理，过点 C 作 AB 垂直 AB 于 E，可得

$$\frac{a}{\sin A}=\frac{b}{\sin B}.$$

因此，

$$\frac{a}{\sin A}=\frac{b}{\sin B}=\frac{c}{\sin C}.$$

通过上述平面向量在现实生活、科学（物理）、数学内部的典型应用实例，使学生体悟到向量是一个简捷有效的解决问题的工具.同时，也自然地在数学内部建立了向量与其他知识的内在联系.

总之，数学核心素养的形成是以数学知识为载体，以数学活动为路径而逐步实现的.如何在本单元的教学中落实数学核心素养，一方面要挖掘本单元知识内生的育人价值，另一方面要设计和规划与凸显其育人价值相配套的数学活动过程.这些数学活动要有机地镶嵌于知识发展的逻辑主线之中，组成有序的逻辑结构.具体而言，第一步，对力、速度、位移等通过数学抽象，建立向量概念及其相关辅助性概念（如零向量、单位向量、向量的模等）；第二步，作为向量概念的自然延伸，研究向量的几何表示、符号表示、坐标表示等；第三步，研究向量之间的关系，包括向量模的大小关系、向量的位置关系（如平行向量、共线向量、向量的夹角等）；第四步，建立向量各种运算的运算法则，研究它们的运算律；第五步，运用向量知识解决几何和物理中的相关问题.这样，直观想象、逻辑推理、数学运算和数学抽象素养的培养就能落到实处.

第三节　实践案例——平面向量的数量积

　　"平面向量的数量积"的教学,既要遵循"背景—概念—性质—应用"的总体研究结构,又要特别注意"向量既是几何研究对象,也是代数研究对象,是沟通几何与代数的桥梁"的内容特点,注重数与形的联系与综合,时刻注意从数和形两个角度认识向量的数量积的定义和性质.

【教学目标】

　　经历"向量的数量积"的概念建立过程,从数和形的角度理解概念,体会研究一个数学对象的一般方法,感受平面向量的数量积是一个"数学模型".能够运用数量积的概念求两个向量的数量积.促进数学抽象、数学建模、数学运算和直观想象等素养的发展.

【教学分析】

　　"向量的数量积"是向量的概念及其加、减、数乘运算的后继内容,前者是学习向量的数量积的基础.向量的数量积是向量运算的重要内容,其产生既有丰富的现实背景,又有完备运算结构的数学内部需要;既是研究向量的重要工具,又在解决实际问题中有着广泛的应用,还是后续内容的基础,如以向量的数量积为工具进行有关三角公式的证明等.

　　向量数量积的结果是标量,有别于学生前期学习的向量的加、减和数乘运算,运算对象与运算结果不在同一个"范围"内,对学生而言是首次遇到,知识同化与心理顺应可能有一定的障碍和困难.

　　基于上述分析,在向量数量积概念的引入中,一是要从代数运算角度,自然地提出"向量能不能相乘""向量的乘法该怎样定义"的问题;二是从"功"的概念出发,给出向量数量积的概念;三是从"定义一个数学概念的完备性"要求出发,规定"零向量与任一向量的数量积为 0",完备向量的数量积概念.

　　对于向量数量积性质的研究,一是从数量积的几何意义出发,研究两个向量的特殊位置关系所决定的性质;二是从运算角度提出的"运算律",引导学生通过类比数的乘法运算律展开研究,同样要注意利用几何意义,数形结合地展开研究.

　　由于向量的数量积的运算结果不再是向量,不同于向量的加、减和数乘运算结果仍旧是向量,因此认识并掌握向量的数量积概念需要"概念形成"和"概念同化"的结合,"概念形成"依托学习"功"的知识经验,"概念同化"则需要对概念进行辨析,从数与形两个角度组织辨析活动.

【教学过程】

激活经验—形成概念—固化运用—几何解释—探究性质—作业评价.

环节一　激活经验

教的过程	学的过程	说明
问题1:回忆一下,在学习向量的加、减、数乘运算的过程中,我们是如何研究它们的? 问题2:类比数的运算,你觉得我们还能研究什么呢? 问题3:如何研究向量的"乘法"? 追问:向量的"乘法"在物理中有对应的概念吗?	1. 由物理学科中的合位移、合力抽象概括出向量的加、减、数乘的概念,再结合图形研究它们的运算律. 2. 研究乘法——向量乘向量. 3. 向量的乘法对应物理学科中的"功"的概念.	从向量运算的整体出发,引导学生从宏观到微观,逐步寻找向量的数量积所需要的逻辑基础,将研究的问题具体化,进而构建整体研究思路,然后按照知识的逻辑顺序逐步展开学习.构建"先行组织者",使学生明确本节课的学习主线.

环节二　形成概念

教的过程	学的过程	说明
问题1:如图,一个物体在力 F 的作用下发生了位移 S,那么该力对此物体所做的功为多少? 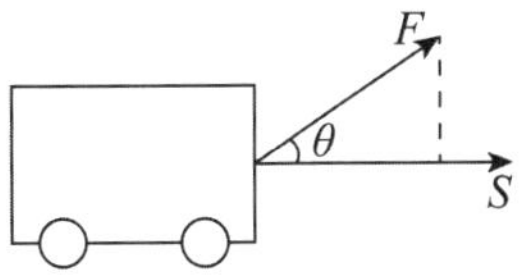 问题2:功是力和位移这两个既有大小又有方向的量共同作用的结果,这个结果有什么特征? 问题3:力、位移这两个向量可以生成一个实数.你能类比出更一般的情形吗? 问题4:观察一下表达式 $\|a\|\|b\|\cos\theta$,有没有需要补充的? 若有,说明理由.	1. 把力分解成向上的力和向右的力,该力做的功为 $W = FS\cos\theta$(在教师的引导下,进一步规范成 $W = \|\vec{F}\|\|\vec{S}\|\cos\theta$). 2. 这是一种运算,运算的结果是力、位移的模以及它们夹角的余弦值的乘积,运算的结果是一个实数. 3. 如图,对于给定两个向量 a 和 b,可得 $\|a\|\|b\|\cos\theta$. 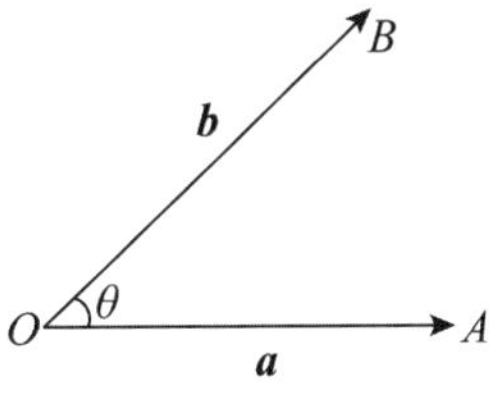 	1. 将研究向量运算的一般方法具体化:从迁移物理学科的知识经验出发,抽象概括出向量的数量积运算,形成初步认识. 2. 在对此运算的同化理解中不断完善概念,如添加限制条件"非零向量""夹角"的寻找方式与范围. 3. 通过问题串引导学生数学地思考,体现学习的自主性,激发学生的学习主动性.

（续表）

教的过程	学的过程	说明
追问：此运算中向量 a 和 b 能取任意向量吗？ 问题5：两个非零向量的夹角如何来规定呢？ 问题6：你能说说表达式"$\|a\|\|b\|\cos\theta$"所反映的运算含义吗？ 追问：观察此运算，它有什么特点？从运算结果看它与前面所学的加、减、数乘运算有何不同？ 问题7：这种向量乘以向量的运算结果是数量，我们如何定义这种运算呢？ 问题8：教材上规定：零向量和任一向量的数量积为0，即 $0 \cdot a = 0$。你能说说这个规定的合理性吗？	4. a 和 b 是非零向量，因为零向量没有方向，无法寻找夹角 θ。 5. 学生阅读教材，说说如何寻找两个非零向量的夹角，讨论其范围及特殊夹角对应的两个向量的位置关系： (1) 设 O 是平面上任意一点，作 $\overrightarrow{OA}=a, \overrightarrow{OB}=b$，则 $\angle AOB=\theta$ 就是向量 a 和 b 的夹角。 (2) 向量夹角的范围：$0°\leqslant\theta\leqslant180°$；$\theta=0°$ 时，a 和 b 方向相同；$\theta=180°$ 时，a 和 b 方向相反；$\theta=90°$ 时，a 和 b 垂直，记作 $a\perp b$。 6. 这种向量乘以向量的运算结果是数量，这个数量的大小与两个向量的长度与夹角有关。 7. 阅读教材，规范向量数量积定义的表达：已知两个非零向量 a 和 b，它们的夹角为 θ，我们把数量 $\|a\|\|b\|\cos\theta$ 叫做 a 和 b 的数量积（或内积），记作 $a\cdot b$，即 $$a\cdot b=\|a\|\|b\|\cos\theta.$$ 8. 向量 0 的方向是任意的，它与任意向量的夹角也是任意的，而定义中要求向量的夹角是确定的，所以需要"补充定义"；向量的数量积等于两个向量的长度与夹角余弦值的积，向量 0 的长度为 0，所以这个规定从运算结果来看是合理的，是为了向量数量积定义的完备性的需要，正如零向量与任意向量平行的规定一样。	4. "补充定义"是"定义一个数学概念的完备性"的需要，旨在落实"数学育人要用数学的方式"，在润物无声中培养思维的严谨性，使学生在潜移默化中体悟"数学的方式"。

环节三　固化运用

教的过程	学的过程	说明
例1:已知$\|a\|=5$,$\|b\|=4$,a 与 b 的夹角 $\theta=\dfrac{2\pi}{3}$,求 $a\cdot b$. 练习:已知$\|p\|=8$,$\|q\|=6$,p 与 q 的夹角 $60°$,求 $p\cdot q$. 例2:设$\|a\|=12$,$\|b\|=9$,$a\cdot b=-54\sqrt{2}$,求 a 与 b 的夹角 θ. 先引导学生分析向量的数量积的计算公式中的已知量和未知量,求出 a 与 b 的夹角 θ 的余弦值,再结合夹角的范围求得 θ 的值.	1. 学生根据向量的数量积定义直接计算,规范表达: 解:$\begin{aligned} a\cdot b &= \|a\|\|b\|\cos\theta \\ &= 5\times4\times\cos\dfrac{2\pi}{3} \\ &= 5\times4\times\left(-\dfrac{1}{2}\right) \\ &= -10. \end{aligned}$ $p\cdot q=8\times6\times\cos 60°=24$. 2. 解:由 $a\cdot b=\|a\|\|b\|\cos\theta$,得 $\cos\theta=\dfrac{a\cdot b}{\|a\|\|b\|}=\dfrac{-54\sqrt{2}}{12\times9}=-\dfrac{\sqrt{2}}{2}$. 因为 $\theta\in[0,\pi]$,所以 $\theta=\dfrac{3\pi}{4}$.	例1与练习直接应用定义运算.例2简单的变式应用定义.通过具体的运算操作,内化向量的数量积定义,包括两个向量夹角的范围.

环节四　几何解释

教的过程	学的过程	说明
问题:前面,我们从代数运算的角度定义了向量的数量积.向量集数与形于一体,结合图形,你能从"$\|a\|\|b\|\cos\theta$"中联想到什么吗? (可以追问$\|a\|$、$\|b\|$、$\|a\|\cos\theta$、$\|b\|\cos\theta$ 的几何意义,启发研究"向量 a 在 b 方向上的投影") 探究:如图,$\overrightarrow{OA_1}$ 是向量 a 在向量 b 上的投影向量.设与 b 方向相同的单位向量为 e,那么 $\overrightarrow{OA_1}$ 与 e、a、θ 之间有怎样的关系? 问题:我们把 $\|a\|\cos\theta$ 称为向量 a 在向量 b 上的数量投影.你能说说向量的数量积的几何解释吗?	1. $\|a\|$、$\|b\|$ 分别为 a、b 的长度;当 θ 为锐角时,$\|a\|\cos\theta$、$\|b\|\cos\theta$ 分别为 a、b 的长度在向量在 a、b 上的投影长. 2. 师生共同探究,分类讨论,最后得到: $\overrightarrow{OA_1}=(\|a\|\cos\theta)e$. 3. 几何意义:$a$ 和 b 的数量积等于 b 的长度与向量 a 在向量 b 上的数量投影的乘积(或等于 a 的长度与向量 b 在向量 a 上的数量投影的乘积).	1. 利用"向量 b 在 a 方向上的投影"这一概念,从"形的角度"认识数量积,通过探究任务,学生自主探究,获得数量积的几何意义,从而深化对数量积定义的认识. 2. 数量积的几何意义可以作为课外探究任务.

环节五 探究性质

教的过程	学的过程	说明
问题:从上面的探究过程中我们看到,两个非零向量 a 与 b 相互平行或垂直时,向量 a 在向量 b 上的投影向量具有特殊性.这时,它们的数量积又有怎样的特殊性? 追问:如果 $a \cdot b = 0$,是否有 $a = 0$,或 $b = 0$?	设 a 和 b 是非零向量,它们的夹角为 θ,e 是与 b 方向相同的单位向量.则 (1) $a \cdot e = $_____ ($b \cdot e = $_____). (2) $a \perp b \Leftrightarrow$_____. (3) 当 a、b 同向时,$a \cdot b = $_____;当 a、b 反向时,$a \cdot b = $_____;特别地,$a \cdot a = |a|^2$ 或 $|a| = \sqrt{a \cdot a}$.($a \cdot a$ 常记作 a^2) (4) $|a \cdot b| \leqslant |a||b|$.	引导学生从向量"形"的特殊位置关系入手,结合数量积的定义得出数量积的 4 条性质,建立数与形的联系,有助于直观想象素养的发展.

环节六 作业评价

作业内容	设计意图	评价目标
1. 已知 $\triangle ABC$ 中,$\overrightarrow{AB} = a$,$\overrightarrow{AC} = b$,当 $a \cdot b = 0$ 或当 $a \cdot b < 0$ 时,试判断 $\triangle ABC$ 的形状.	复习巩固向量数量积的定义,由数量积的取值或范围判断向量的夹角或范围,进而判断三角形的形状.	在简单的数学情境下,由数量积的值或取值范围判断向量的夹角或范围,进而判断图形的形状.
2. 已知 $|a| = 6$,e 为单位向量,当向量 a、e 的夹角 θ 分别等于 $45°$、$90°$、$135°$ 时,求向量 a 在向量 e 上的投影向量.	复习巩固投影向量,隐含揭示一个向量在另一个向量上的数量投影的含义.	在简单的数学情境下,能正确求解一个向量在另一个向量上的投影向量.
3. 如图,在边长为 2 的菱形 $ABCD$ 中,两对角线相交于点 O,且 $\angle DAB = 60°$.求下列各组向量的数量积: (1) $\overrightarrow{AB}$ 与 $\overrightarrow{AD}$;(2) $\overrightarrow{AB}$ 与 $\overrightarrow{BC}$;(3) $\overrightarrow{AB}$ 与 $\overrightarrow{CB}$;(4) $\overrightarrow{AB}$ 与 $\overrightarrow{CD}$;(5) $\overrightarrow{BO}$ 与 $\overrightarrow{OD}$;(6) $\overrightarrow{AC}$ 与 $\overrightarrow{BD}$.	在有一定变化的情形下判断向量的夹角和长度,运用向量的数量积定义解决问题,深化对概念的理解.	在有一定变化的数学情境下,能辨识向量的夹角和长度,运用向量的数量积定义正确求解.
说明:能正确完成作业 3,说明学生能在熟悉的数学情境中辨识图形中有关向量的夹角和长度,运用向量的数量积定义进行运算求解.根据满意原则,可以认为达到直观想象和数学运算水平一的要求.		

第十四章
立体几何单元的育人价值与核心素养培养

第一节 本单元的育人价值

一、本单元的学科价值

几何是研究空间结构及性质的一门学科.它是数学中最基本的研究内容之一,与分析、代数等具有同样重要的地位,并且关系极为密切.几何学发展历史悠长,内容丰富.几何思想是数学中最重要的一类思想.暂时的数学各分支发展都有几何化趋向,即用几何观点及思想方法去探讨各数学理论.立体几何是研究现实世界中物体的形状、大小与位置关系的数学分支,在解决实际问题中有着广泛的应用.

二、本单元的教育价值

《课程标准》要求,利用几何课程重点提升学生的直观想象、逻辑推理、数学运算和数学抽象素养.本质上就是以几何知识为载体,关注"过程",注意发挥几何的独特育人功能,更加注重培养学生几何直观、空间想象和逻辑推理等方面的能力.尤其在几何课程改革的要求下,几何内容减而又减,这一载体显得更加弥足珍贵.

本单元的研究对象是"基本立体图形"和"基本图形位置关系"等几何对象.几何对象是由现实物体抽象而成的.从现实物体到所要研究的几何对象,离不开观察、想象、归纳、抽象等数学思维活动过程,因此是发展学生直观形象、数学抽象素养的有效契机.研究几何对象就是把握几何对象的结构特征,即把握其组成元素的形状、位置关系、数量关系.把握几何对象的结构特征离不开由整体到局部、再由局部到整体的认识过程,这个认识过程中需要采用直观感知、操作确认、推理论证、度量计算等基本方法.这样的研究几何的过程,旨在促进学生体悟几何的思维方式,能在抽象几何对象、发现几何性质上有所作为,在此基础上开展推理论证,从而发展直观想象、数学推理、数学抽象等核心素养.

第二节　本单元数学学科核心素养的培养

为实现立体几何的育人价值,我们应特别注重从"数学地"研究问题的一般思路出发,以"研究一个数学对象的基本套路"为导向,建立立体几何的研究结构.在小学和初中,已经认识了从现实物体中抽象出来的立体图形.我们可以从对空间几何体的整体观察入手,研究它们的结构特征、表示方法、表面积和体积的计算方法;借助长方体,从构成立体图形的基本元素——点、直线、平面入手,研究它们的性质以及相互之间的位置关系,特别是对直线、平面的平行与垂直的关系展开研究,从而进一步认识空间几何体的性质.具体地,我们可以类比"平面几何图形",形成"空间几何图形"的研究内容和路径:具体实例中组成元素、位置关系—定义—表示—分类—性质—特例(定义、判定、性质)—度量—联系与应用.其中,定义、性质等都是研究对象的抽象结构的反映,是变化(变换)中的不变性(不变量),而研究方法也可以从平面几何中得到借鉴,有时甚至可以直接沿用.

在本单元的教学中,可以依托以下过程发展学生的数学学科核心素养.

一、依托空间几何图形的认识过程

几何图形的认识过程是:定义—表示—分类.

1. 几何图形的定义

几何图形的定义给出了几何图形本质特征的确切而简要的陈述.一个几何图形的本质特征是指其组成要素的形状及位置关系(如相交、平行、垂直等).以此为指导思想,通过对典型实例的分析与归纳,得出共性,再抽象、概括出几何图形的组成要素的形状及位置关系,然后用严谨的数学术语做出表述,就得到几何图形的定义.

在给几何图形下定义的过程中,需要解决"如何分析""归纳什么""如何类比"等问题,这些问题是启发学生展开数学思考与探究的关键.我们知道:点、直线、平面是空间基本图形,柱、锥、台、球是空间基本立体图形;多面体由平面图形围成,有的旋转体的表面可以展开成平面图形(含圆、圆的一部分平面图形).所以,几何图形组成要素的形状及位置关系归根到底要从点、线段、圆(或其部分)及其位置关系入手分析.因此,在几何图形定义的教学中,先可以设计这样的先行组织者——观察一个物体,将它抽象成空间几何体,并描述它的结构特征,应先从整体入手,想象组成物体的每个面的形状及面与面之间的关系,并注意利用平面图形的知识;再让学生在明确"几何图形的要素、要素之间的关系各指什么"的基础上,对"这类图形的组成要素是什么""要素的形状是什么""要素之间有什么位置关系"等展开分析、归纳、类比的思维活动,这样才能做到有的放矢.

2. 几何图形的表示

得到定义后,要给出几何图形要素的表示.几何对象的表示是与众不同的,有符号语言、文字语言和图形语言等多种方式.特别是符号语言的使用,使数学表达具有简洁性、明确性、抽象性、逻辑性等融为一体的特点,可以极大地缩短数学思维过程,减轻大脑的负担,更有利于我们认识和表达数学对象的本质.所以,在抽象研究对象阶段,要重视数学对象的符号表示.

3. 几何图形的分类

以要素的特征与要素间的关系为标准对几何图形进行分类.分类是理解数学对象的重要一环.一个数学对象的具体例子不胜枚举,按某种特征对它们"分门别类",就使这一对象所包含的事物条理化、结构化,并可由此确定一种分类研究的路径,使后续研究按顺序展开.分类就是把研究对象归入一定的系统和级别,形成有内在层级关系的"子类"系统结构,从而进一步明确了数学对象所含事物之间的逻辑关系,由此可以极大地增强"子类特征"的可预见性,有利于我们发现数学对象的性质.

以上是一个完整的获得几何对象的过程,"定义—表示—分类"是"基本动作",是学生学会用数学的眼光观察世界、用数学的语言表达世界的基础,在教学中要以明确的方式告诉学生"如何观察""如何定义",以使学生逐渐学会抽象一个数学对象的方式方法.要注意通过恰当的问题情境,构建有利于学生观察与分析事物的数形属性、归纳共同本质属性并概括到同类事物中去的数学活动,让学生在具体情境中展开认识活动,并在"什么是几何对象的结构特征""如何观察""如何归纳"等方面加强引导,学生就能在完整的数学抽象过程中获得研究对象.

4. 案例"基本立体图形"的认识

我们把棱(圆)柱、棱(圆)锥、棱(圆)台和球叫做"基本立体图形",认识基本立体图形的过程就是认识它们的结构特征的过程.所谓结构特征,是指组成相应立体图形的基本元素(点、直线、平面)及其基本关系,而认识结构特征则需要经历一个从宏观到微观逐步精细化的过程.其中的要点概述如下:

数学基本思想:立体图形组成元素之间的关系可以从不同角度进行刻画,因此其结构特征也可以有多种表现形式.要选择刻画一类立体图形的充要条件作为定义(包含的要素关系要尽量少,既有完备性又有纯粹性),实现对物体的数学抽象,再以此为出发点,研究其他特征,获得立体图形的性质.

研究内容确定:立体图形的组成元素,研究元素之间的基本关系,再通过不断增加条件,实现对几何图形"从粗到细"的分类,获得基本立体图形结构特征的系统认识.

过程与方法:从观察与分析一些具体几何图形组成元素的形状、位置关系入手,归纳共同属性,抽象出本质属性而得到分类标准,再概括到同类物体而形成抽象概念.

研究结果:

① 基本立体图形的分类——从几何体的组成元素入手,把空间几何体分为多面体、旋转体.

② 多面体的分类——从多面体组成元素的形状、位置关系入手.例如,有两个面互相平行,其余各面都是四边形,并且相邻两个四边形的公共边都互相平行,由这些面所围成的多面体叫做棱柱.

③ 棱柱的分类——按"侧棱是否垂直于底面"把棱柱分为直棱柱、斜棱柱.

④ 直棱柱的分类——按"底面是否为正多边形"把直棱柱分为正棱柱和其他直棱柱.

⑤ 正棱柱的分类——按"底面正多形的边数"把正棱柱分为正三棱柱、正四棱柱、正五棱柱……

当然,还可以根据需要给出其他分类.例如,从直棱柱中分出长方体,再从长方体中分出正方体;从斜棱柱中分出平行六面体;等等.

以上是从立体图形组成元素的形状、位置关系所反映的定性特征描述立体图形的结构,我们还可以从组成元素的数量关系探寻不变量(式).例如,欧拉定理:一个多面体有 V 个顶点、E 条棱和 F 个面,则 $V-E+F=2$. 等价地,如果从维数角度表达,一个三维凸多面体的组成元素包括 V 个顶点(0 维)、E 条棱(1 维)、F 个面(2 维)、S 个体(3 维),它们的数量之间有如下关系:$V-E+F-S=1$,其中 $S=1$.

这里,以"结构特征"为主题,以"组成元素的形状、位置关系、数量关系"为研究内容,从定性到定量,通过具体例子的观察、分析,归纳出共性并概括到同类事物而得出结构特征,从而实现数学抽象,这就是落实"四基""四能"的过程,也是直观想象、数学抽象等数学核心素养落地的过程. 实际上,最终的目标都聚焦在理性思维上,要使学生逐步养成有结构地、有逻辑地思考的习惯. 为此,应把培养学生"用数学的眼光观察世界"放在心上,要在"从哪些角度循序渐进地观察"上加强引导. 例如,在空间几何体的分类中,可以作如下引导:所谓空间几何体的结构,是指它由哪些基本几何元素组成,这些元素的形状如何,有怎样的位置关系,等等.观察一个物体,将它抽象成空间几何体,并描述它的结构特征,应先从整体入手,想象组成物体的每个面的形状、面与面之间的关系,并注意利用平面图形的知识.又如,在对多面体结构特征的认识中,可作如下引导:所谓多面体的结构特征,主要指多面体组成元素的形状和位置关系.因此,观察一个多面体的结构特征,就是要观察它的各个面的形状,以及各个面及其交线的位置关系.

顺便指出,对基本几何图形结构的认识,实质是对几何图形的分类,关键是建立分类标准.更进一步地,分类是理解数学结构的关键一环:一个数学结构的具体例子不胜枚举,按某种特征对它们分类,可以确定一种研究这个结构的逻辑顺序,形成一个新方法来证明关于这个结构的结果.有时,分类本身就给出了某种结果的证明.例如,正多面体只有五类:正四面体、正六面体、正八面体、正十二面体、正二十面体.从这样的高度认识基本立体图形的内涵,才能真正把握这一内容的育人价值,才能使我们聚焦"元素""关系""结构""分类"这些关键词设置问题,启发学生的思维,引导学生展开数学抽象活动,从而实现在数学知识的教学中发展学生的数学核心素养的目标.

二、依托空间图形位置关系的探究过程

1. 空间中点、直线、平面的位置关系是刻画空间物体位置的基础

几何学的基本研究对象可分为两类:物体的形状和物体的位置."形状的性质"和"位置的性质"是几何的研究主题.柱、锥、台、球的结构特征就是"物体的形状"这一几何对象的基本性质,是一类几何图形组成元素的形状和(定性、定量)关系的反映.空间中点、直线、平面的位置关系是刻画空间物体位置的基础,以"平面三公理"为出发点,关键是空间中直线与直线、直线与平面、平面与平面的平行和垂直的关系.其中,"平面三公理"用"点在直线上""点(直线)在平面内""两个平面相交(公共点、公共直线)"等最直观、最基本的位置关系,刻画了平面的"平"、直线的"直"以及"平"与"直"的一致性及相互转化;"平行关系"是欧氏空间平直性的反映;"垂直关系"是欧氏空间对称性的反映.

2. 发挥"一般观念"在发现空间直线、平面的位置关系的性质中的作用

所谓几何学习中的"一般观念",就是观察物体的形状、抽象出几何体及描述结构特征的一般思路和方法.例如,"什么叫结构特征"就是如何观察几何体的"一般观念".有了这个观念,学生在"什么叫结构特征"的指导下就可以开展"观察什么""如何

观察"等思维活动;又如,"什么是位置关系的性质"就是指导探究位置分析的一般思路和方法."一般观念"对引导学生开展探究性学习,促进学生通过类比、联想、特殊化、一般化等思维活动发现和提出数学问题,形成研究思路,找到研究方法具有非常积极的意义,有利于学生明确思考方向,实现"有逻辑的思考",学会"用数学的思维思考世界".

我们可以通过如何理解位置关系的性质,或者说,位置关系的性质是如何表现的例子,说明"一般观念"的指导价值.

我们先来分析一下初中学习的"平行线的性质":两条平行直线被第三条直线所截,同位角相等、内错角相等、同旁内角互补.这里的"性质"是两条平行线与"第三条直线"相交,形成一些角,然后在"两条直线平行"这一位置关系下,看这些角之间有什么确定的关系(第三条直线可以任意改变,在变化过程中呈现的角的关系的不变性).

去掉"平行线"这一具体的位置关系,从思想方法上进行抽象:研究两个几何元素某种位置关系的性质,就是探索在这种位置关系下的两个几何元素与其他同类几何元素所形成的图形中出现的确定关系(不变性),具体方法是让"其他几何元素"动起来,看"变化中的不变性". 这就是"一般观念".它在研究"位置关系的性质"中可以引导思考方向,使学生独立自主地发现性质成为必然.

迁移上述思考方法,类比分析直线与平面平行的性质:以直线 a 平行于平面 α 为条件,探究其他直线、其他平面与直线 a、平面 α 之间是否形成确定关系.例如,容易发现,平面 α 内的直线 b 与直线 a 或平行或异面:

当 $b /\!/ a$ 时,b 可以看成是由 a、b 所确定的平面 β 与平面 α 的交线,而且只要 β 是过 a 的平面,那么它与 α 的交线一定与 a 平行,这样就得到性质:直线 $a /\!/$ 平面 α,过 a 的平面 β 与 α 的交线是 b,则 $a /\!/ b$.

当 b 与 a 异面时,过 a 作平面 $\beta \perp$ 平面 α,设 $\beta \cap \alpha = c$,则 c 与 b 一定相交,它们的夹角就是异面直线 a、b 的夹角.设 c、b 的交点为 A,过 A 作 α 的垂线交 a 于 B,则线段 AB 就是异面直线 a、b 的公垂线段.根据这些条件,借助直线的方向向量、平面的法向量等,可以推导直线 a 与平面 α 的距离公式.

由上所述可见,有了"一般观念"的引领,学生对直线与平面平行的性质的探索可以有广阔的思路,而直观想象、归纳推理、演绎推理、数学抽象、数学运算等素养的培养就自然而然地体现其中了.

3.归纳空间直线、平面的位置关系的各种性质的共性,加深对"一般观念"指导作用的体验

在探究空间直线、平面的位置关系的性质过程中,我们应该思考一个问题:直线、平面的平行或垂直的各种各样的性质,它们的共性是什么? 归纳概括出这个共性,对于帮助学生明确探究与发现的方向意义重大,而且这是扎根于具体知识的、具有普遍意义的"一般观念",是对"如何思考""如何发现"的追溯,是与思维能力、创新能力等紧密关联的,是学生数学核心素养的发源地.

可以发现,这种共性从形式上看,就是以直线 a 平行于平面 α 为条件,通过考察 a、α 与另一条直线、另一个平面形成的关系(主要是平行、垂直)中有哪些不变性.例如,如果直线 a∥平面 α,那么 a 与 α 无公共点,即 a 与 α 内的任何直线都无公共点.这样,α 内的直线与 a 只能是异面或平行的关系.我们感兴趣的是,平面 α 内的哪些直线与 a 平行呢? 从基本事实出发进行分析:假设 a 与 α 内的直线 b 平行,那么由基本事实的推论 2,过直线 a、b 有唯一的平面 β.这样,我们可以把 b 看成是过 a 的平面 β 与平面 α 的交线.于是可得如下结论:过 a 的平面 β 与平面 α 相交于直线 b,则 a∥b.实际上,我们还可以让 β 绕 a 旋转,旋转的过程中与 α 形成的交线都与 a 平行,这些交线相互平行,而且铺满 α,即 α 可以看成是由这些平行线生成的.在这个过程中,直观想象、逻辑推理(归纳推理和演绎推理)、数学抽象等核心素养都蕴含其中.

三、依托简单几何体表面积与体积的度量过程

基于基本立体图形的结构特征和平面表示,就可以度量几何体的大小.几何体表面的大小用表面积来表示,它指几何体表面的面积;而几何体所占空间的大小用体积来表示.《课程标准》对几何体的度量限于"了解一些简单几何体的表面积与体积的计算方法"的要求,但我们不能忽视度量计算是认识和探索空间图形的性质,建立空间观念的有效手段.度量的过程也是理解运算对象,设计运算程序,有效借助运算方法解决实际问题的过程.通过简单几何体的度量运算,可以促进数学思维发展,形成规范化思考问题的品质,养成一丝不苟、严谨求实的科学精神.

1.重视运算对象的理解过程

度量简单几何体大小的前提是理解运算对象.我们以几何体表面积为例说明如何理解运算对象:从几何体表面积的定义可推知,多面体的表面积就是围成多面体各个面的面积的和,棱柱、棱锥、棱台的表面积就是围成它们的各个面的面积的和,等等.这样的理解可以明晰表面积的算法,而在解决具体的几何体表面积求解时,支撑

度量运算的基础是几何体的结构特征和平面表示.

例如,如图 14-1,四面体 $P\text{-}ABC$ 的各棱长均为 a,求它的表面积.

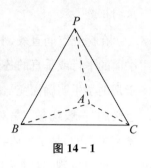

图 14-1

算法分析:因为四面体 $P\text{-}ABC$ 的四个面是全等的等边三角形(正四面体的结构特征之一),所以四面体的表面积等于其中任何一个面的面积的 4 倍.

基于这个分析,四面体的表面积 $S_{P\text{-}ABC}=4\times\dfrac{\sqrt{3}}{4}a^2=\sqrt{3}a^2$.

这样,我们在把握几何体的"结构特征"〔指组成相应立体图形的基本元素(点、直线、平面)及其基本关系〕的基础上,就可以设计运算程序,度量几何体的大小.

2. 重视度量计算公式的联系

我们知道,几类几何体之间是有实质性联系的,如三棱柱可以分割成三个等积的三棱锥,台体可以由平行于锥体底面的平面截锥体而得.因此,它们的结构特征也是有联系的,这种联系反映在度量计算公式的联系上.为此,我们可以设计如下思考过程:

思考 1: 观察棱柱、棱锥、棱台的体积公式 $V_{棱柱}=Sh$,$V_{棱锥}=\dfrac{1}{3}Sh$,$V_{棱台}=\dfrac{1}{3}h(S'+\sqrt{S'S}+S)$,它们之间有什么关系? 你能用棱柱、棱锥、棱台的结构特征来解释这种关系吗?

思考 2: 圆柱、圆锥、圆台的表面积公式之间有什么关系? 你能用圆柱、圆锥、圆台的结构特征来解释这种关系吗?

思考 3: 圆柱、圆锥、圆台的体积公式之间有什么关系? 结合棱柱、棱锥、棱台的体积公式,你能将它们统一成柱体、锥体、台体的体积公式吗? 柱体、锥体、台体的体积公式之间又有怎样的关系?

思考 4: 在小学,我们学习了圆的面积公式,你还记得是如何求得的吗? 类比这种方法,你能由球的表面积公式推导出球的体积公式吗?

3. 重视简单组合体的大小度量

因为现实世界中有大量物体表示的几何体,是由简单几何体(柱体、锥体、台体、球)组合而成的(称为简单组合体),所以简单组合体的结构特征由简单几何体决定,从而简单组合体大小的度量可以看作简单几何体大小度量的应用.

简单组合体的构成有两种基本形式:一种是由简单几何体拼接而成,一种是由简单几何体截去或挖去一部分而成.现实世界中的物体大多是由具有简单几何体结构特征的物体组合而成,把握了简单几何体的结构特征,就把握了现实世界中的大多数物体的结构特征.从中我们既可以看到简单几何体大小度量方法的广泛应用,又可以在度量时需要对组合体进行分解组合的过程中,发展学生的直观想象素养.

总之,为了适应"核心素养为本"的课改要求,立体几何的教学要把归纳几何要素、发现几何关系、提出几何性质等作为几何教学的关键任务,重点是发挥精简后的几何内容在培养学生的几何直观能力、空间想象力和推理(包括归纳和演绎两个方向)能力的作用,关键是要在"知其然且知其所以然"的基础上"往前走一步",即进一步明白"何由以知其所以然".要为学生构建以"事实—概念—判定与性质—结构(联系)—应用"为明线、"事实—方法—方法论—数学学科本质观"为暗线的学习路径,特别是要在帮助学生掌握几何概念的抽象方法,明确几何体结构特征的研究内容,学会观察和描述空间几何体结构特征的方法,学会发现和提出描述直线、平面的平行和垂直等关系的命题,能用严谨的几何语言表达这些命题并能想到证明方法等方面下足功夫.

第三节　实践案例——直线与平面垂直的判定

关于直线与直线、直线与平面、平面与平面的平行和垂直的关系,《课程标准》要求通过直观感知、操作确认的方法,归纳得出相应的判定定理.但"直观感知"要与人的直觉和社会经验相一致,"归纳"必须合情合理,尤其要回答好"为什么要研究判定定理"和"判定定理的合理性",要从逻辑上理清定义、判定、性质之间的关系,这样从定义到判定的过渡才能更加自然、清晰.这是《课程标准》提出的新的挑战,也是发展学生直观想象、逻辑推理素养的要求.

【教学目标】

通过直观感知和操作确认的过程了解直线和平面垂直的含义,理解直线和平面垂直的定义,探究与归纳直线和平面垂直的判定方法(判定定理),并会进行简单应用.

【教学分析】

直线与平面垂直是两类不同维数空间基本图形的位置关系,与同类基本图形(直线与直线、平面与平面)的位置关系的定义有很大不同.直线与直线垂直、平面与平面垂直,都是用空间角来定义的.角具有直观性这一现实基础,所以同类基本图形所成角的定义比较容易,从相交到垂直的这一从一般到特殊的过程就非常自然,所以同类基本图形的垂直关系的定义比较顺畅.而直线与平面垂直的定义是通过转化为直线与直线垂直来定义的,感受直线与平面垂直的定义,探究与归纳直线与平面垂直的判定方法具有一定的挑战性.因此,在下定义之前和探究判定方法时,帮助学生建立充分的直觉经验就显得尤为重要.

另外,直线与平面所成的角要利用直线在平面内的射影,这就需要点在平面内的射影的概念.于是,先要定义直线与平面垂直,直线与平面垂直的概念是研究直线与平面所成角的基础.

用直线与平面垂直的定义判定直线与平面垂直是一个无限验证的过程,而判定定理研究的就是如何简捷地进行判定.判定定理只要求直线与平面内的两条相交直线垂直即可,其中蕴涵了无限转化为有限的思想,体现了以简驭繁的策略.这样的认识,是引导学生思考"为什么要研究判定定理"和"判定定理的合理性"等的切入口.

基于以上分析,在设计教学过程时,首先应按照"直观感知—确认操作—思辨论证—度量计算"的认识过程展开.直线与平面垂直的判定定理通过具体实例,按照直观感知和确认操作的方式得出,并用精确语言表达;直线与平面垂直的性质定理则是在观察、操作的基础上作出猜想,然后通过推理论证得出猜想的正确性.其次,为了体现了数学的整体性,在引入阶段,先从数学内部提出问题:前面研究了直线与平面中的平行关系,接下来你认为可以研究什么? 在数学整体观的引导下,学生容易想到研究相交关系和垂直关系;然后提出现实中具有相交关系和垂直关系的现象是普遍存在的.这样,既有数学内部知识发生、发展过程的需要,又有研究实际问题的需要,体现了数学与现实世界的紧密联系.

【教学过程】

激活经验—直观感知—操作确认—探究归纳—固化运用—结构图式—作业评价.

环节一　激活经验

教的过程	学的过程	说明
问题 1:前面我们研究了直线与平面的平行关系,接下来你认为可以研究什么? 问题 2:我们研究了直线与平面平行关系的定义、判定和性质,你能回顾一下研究的路径和方法吗?	1. 可以研究相交关系和垂直关系. 2. 通过生活实例以及对长方体模型的观察、操作和思考,概括出定义和判定定理,再研究性质.	1. 引导学生从数学内部知识发生、发展过程的需要提出研究问题,体现了数学的整体性. 2. 激活学生的知识经验,促进研究方法的迁移,使学习新知识更加自然、流畅.

环节二　直观感知

教的过程	学的过程	说明
问题1:现实生活中,我们经常看到一些直线与平面垂直的形象.你能举出一些例子吗?	1. 如图,旗杆所在的直线与地面所在的平面是垂直的,立交桥的桥柱和地面是垂直的,长方体的侧棱与上下底面是垂直的,圆锥的轴与底面是垂直的,等等. 	从实际背景出发,直观感知直线与平面垂直的位置关系.

环节三　操作确认

教的过程	学的过程	说明
操作1:如图,旋转路由器的天线,观察天线与路由器表面的位置关系,判断天线与表面是否垂直. 操作2:如图,动画演示圆锥的形成过程,观察圆锥的轴与底面的位置关系,判断圆锥的轴与底面是否垂直. 问题:数学家曾给出线面垂直的直观表述有:一条直线不向平面的任何一面倾斜(18世纪法国数学家克莱罗《几何基础》);若一条直线垂直于平面上与该直线相交的所有直线,则该直线与平面垂直(欧几里得《几何原本》).那么,一条直线与一个平面垂直的确切含义到底是什么呢? 追问:受直线与直线平行、直线与平面平行的定义过程的启发,能否用一条直线与垂直于平面内的直线,来定义这条直线与这个平面垂直呢?	1. 学生直观感知实例中直线与平面垂直的位置关系,思考后讨论交流直线与平面垂直的含义. 2. 在交流的基础上,尝试给出直线与平面垂直的定义,完成作业单: | 定义	
---	---
记法	
图示	
作用	| 3. 阅读教材,完善直线与平面垂直的定义、记法和图示.	1. 直观感知实际背景中直线与平面垂直的位置关系,引导学生注意观察"圆锥的轴和底面半径的位置关系",分析、归纳直线与平面垂直的含义,尝试用三种语言表达,并指出它的作用.

环节四 探究归纳

教的过程	学的过程	说明
问题1:用定义来判定直线与平面垂直方便吗? 你认为可以如何判定? 追问:什么叫有代表性? 想一想,直线与平面平行是如何判定的? 操作2:折纸试验:过△ABC纸片的顶点A翻折纸片,得到折痕AD,将折痕竖起来,如图所示放置于桌面. 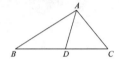 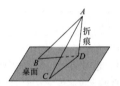 (1) 折痕AD与桌面垂直吗? (2) 如何翻折才能使折痕AD与桌面所在的平面垂直? (3) 由折痕AD⊥BC,翻折后垂直关系不变,即AD⊥CD,AD⊥BD.由此你能得到什么结论? 辨析1:类比平行的判定,直线垂直于平面内的一条直线,是否足够保证这条直线与平面垂直? 辨析2:如果一条直线垂直于一个平面内的无数条直线,那么这条直线是否与这个平面垂直? 问题:根据上面的操作和辨析,结合两条相交直线确定一个平面的事实,你能归纳一下直线与平面垂直的判定方法并用数学语言描述吗?	1. 用定义进行判断,要进行无限验证,无法实现;取有代表性的直线. 2. 通过操作确认,当且仅当折痕AD是△ABC的高时,折痕AD所在的直线与桌面所在的平面α垂直. 3. 因为直线AD垂直于平面α内的直线CD、BD,所以直线AD垂直于平面α. 4. 用反例进行辨析,直线垂直于平面内的一条直线(或相互平行的无数条直线),不能保证这条直线与平面垂直. 5. 学生阅读教材完成: <table><tr><th colspan="2">判定定理的描述</th></tr><tr><td>文字语言</td><td></td></tr><tr><td>图形语言</td><td></td></tr><tr><td>符号语言</td><td></td></tr></table>	1. 通过操作确认,引导学生独立发现直线与平面垂直的条件. 2. 通过动态演示,说明在转动BD的过程中,三角形的高线AD与BD垂直的关系始终不变,即平面内过点D的所有直线都与AD垂直. 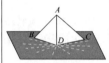 引导学生根据直观感知以及已有经验,进行合情推理,获得判定定理. 3. 通过辨析,强化定理中的"两条相交直线"这一条件不可或缺,同时体会判定定理的本质在于只要直线在两个不同方向上不向平面倾斜,就能确保这条直线不向平面的任何一面倾斜.

环节五　固化运用

教的过程	学的过程	说明
情境:如图,对教室的门轴与地面的位置关系进行观察.  问题(1):你如何验证门轴与地面是垂直的? 问题(2):与门轴平行的另一条边与地面垂直吗? 由此你可以得出什么猜想? 问题(3):请将文字语言表述的猜想用符号语言和图形语言表述,并尝试证明. (学生通过观察门轴、与门轴平行的边框与地面之间的位置关系,有可能得出直线与平面垂直的性质的猜想:垂直于同一平面的两条直线平行.此时,应向学生说明,这是性质,我们后面再研究.然后追问:门轴已经垂直于地面了,那么另一条与它平行的边呢? 引导学生得出猜想.)	1. 学生通过找到门轴所在直线与地面内的两条相交直线垂直来验证门轴与地面垂直. 2. 通过师生对话、互动交流,由学生从具体情境中抽象出命题:如果两条平行线中的一条垂直于一个平面,那么另一条也垂直于这个平面.  3. 如图,已知 $a\parallel b,a\perp\alpha$.求证: $b\perp\alpha$. 证明:在平面 α 内作两条相交直线 m、n. 因为 $a\perp\alpha$,根据直线与平面垂直的定义,可知 $a\perp m,a\perp n$. 又因为 $b\parallel a$,所以 $$b\perp m,b\perp n.$$ 又因为 $m\subset\alpha,n\subset\alpha,m$、$n$ 是两条相交直线,所以 $$b\perp\alpha.$$	1. 呈现学生熟悉的情境,并提出问题,运用直线与平面垂直的判定定理进行证明,体会线面垂直与线线垂直相互转化的数学思想方法,同时渗透数学抽象素养的培养. 2. 在空间点、直线、平面之间的位置关系的教学中,让学生明确定义、判定、性质之间的关系非常重要.这不仅是为了让学生顺利得出判定定理、性质定理等,更重要的是培养学生的逻辑思维,让学生学会有逻辑地思考.

环节六　结构图式

教的过程	学的过程	说明
(1) 请你归纳一下获得直线与平面垂直的定义和判定定理的基本过程. (2) 直线与平面的判定定理,体现的数学思想方法是什么?	学生自己归纳总结所学知识,讨论、交流、分享.	对知识进行归纳概括,体会直观感知、操作确认在获得定义、判定定理中的作用;进一步认识相互转化的思想方法在研究直线与平面位置关系中的作用.
线线垂直⇔线面垂直.		

环节七　作业评价

作业内容	设计意图	评价目标
1. 如图,在三棱锥 $V\text{-}ABC$ 中,$VA=VC$,$AB=BC$,求证:$VB\perp AC$. 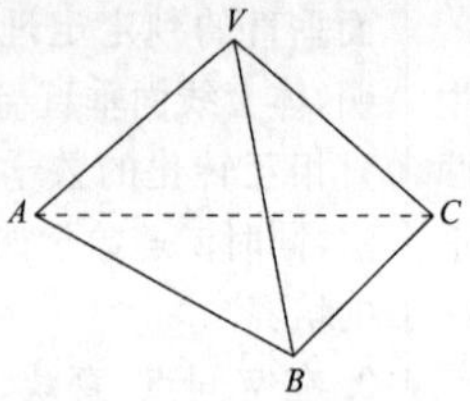	复习巩固直线与平面垂直的定义和判定定理,体会线面垂直与线线垂直相互转化的数学思想方法,提升逻辑推理、直观想象能力.	在简单的数学情境下,通过添加辅助线寻找一条直线与过另一条直线的平面垂直的条件,结合直线与平面垂直的定义证明结论.
2. 如图,已知 $AB\perp$ 平面 BCD,$BC\perp CD$,试找出图中其他直线与平面垂直的关系,并进行证明. 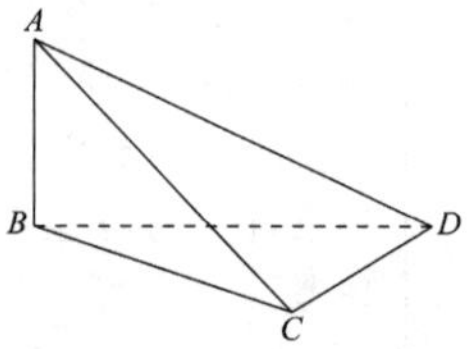	复习巩固直线与平面垂直的定义和判定定理,体会线面垂直与线线垂直相互转化的数学思想方法,提升逻辑推理、直观想象能力.	在简单的数学情境下,依据直线与平面垂直的定义和判定定理,进行线线垂直与线面垂直之间的相互转化,从中发现数学结论并予以证明.

说明:能正确完成作业 2,说明学生能在熟悉的数学情境中辨识和发现图形中有关直线与直线、直线与平面垂直的关系,运用直线与平面垂直的定义和判定定理进行推理证明.根据满意原则,可以认为达到直观想象和逻辑推理水平一的要求.

第十五章
解析几何单元的育人价值与核心素养培养

第一节　本单元的育人价值

一、本单元的学科价值

解析几何是几何学的分支,是用代数方法研究几何对象之间的关系和性质的学科,包括平面解析几何和立体解析几何两部分.

解析几何学是数学中最基本的分支学科之一,也是科学技术中最基本的数学工具之一.从历史的角度看,解析几何学的创建可以说是数学史上最重大的创造之一,它无疑是 17 世纪数学观和数学方法论出现重大变革的直接结果,它的产生是常量数学向变量数学发展的转折点,在此基础上建立起微积分学,数学进入了发展的新阶段.解析几何学的这种转折作用也体现在后人对数学的认识中:在现代数学教学中,解析几何学科是学习高等数学的基础,因而,它的一部分构成中学的解析几何课程(平面解析几何),另一部分构成大学数学基础课的内容.

解析几何是"数学中数形结合的宠儿"(华罗庚语).它的产生,使数形结合思想具有了可操作的工具.因此,平面解析几何课程是数形结合思想及其操作的载体,具体表现为通过平面直角坐标系,建立点与实数对之间的一一对应关系,以及曲线与方程之间的一一对应关系,使几何问题与代数问题实现互相转化,这样我们就可以运用代数方法研究几何问题,或用几何方法研究代数问题.

二、本单元的教育价值

《课程标准》要求,利用平面解析几何课程重点提升直观想象、数学运算、数学建模、逻辑推理和数学抽象素养.这从本质上揭示了平面解析几何其独特的育人价值.

　　首先,从解析几何的研究对象及其研究问题的特点来看,平面解析几何的主要研究对象是直线与圆锥曲线及其关系;主要研究两类问题:一是根据已知条件,求出表示平面曲线(包括直线)的方程;二是通过方程研究平面曲线(包括直线)的性质.这两类问题的处理过程流淌着数形结合的光辉思想.其中,第一类问题的本质是"几何问题代数化",就是用代数语言(坐标及其方程)描述几何元素及其关系,即所谓"由形及数";第二类问题的本质是"代数结果几何化",就是分析代数问题的求解结果的几何含义,最终解决几何问题,即"由数及形".这种几何图形的性质与数量关系的性质的对应及联系恰恰是直观想象的主要特征表现,因此,解析几何的课程内容本身就蕴含着促进学生发展直观想象素养的力量.

　　其次,从解析几何所研究问题的过程与方法的特点来看,平面解析几何研究问题的过程主要表现为:"几何问题代数化—求解代数问题—代数结果几何化".这个过程凸显了用代数方法研究图形的几何性质的学科本质.代数方法的运用和代数问题的运算求解是"中间环节",是发展数学运算、逻辑推理素养的重要平台.

　　再次,从解析几何的实际应用价值来看,解析几何广泛应用于航海、天文、力学、经济、军事、生产等众多方面.事实上,圆锥曲线有丰富的实际背景,它在刻画现实世界和解决实际问题中发挥着重要作用.例如,圆锥曲线的光学性质在现实生活与生产中被广泛应用;人们常见的卫星天线,其设计原理就利用了抛物线的性质;等等.因此,解析几何为渗透建模思想提供了沃土,学生通过运用解析几何知识解决现实的、科学的问题,提升自己的数学抽象、数学建模等素养.

第二节　本单元数学学科核心素养的培养

　　为实现解析几何的育人价值,我们应特别注重从"数学地"研究问题的一般思路出发,以"研究一个数学对象的基本套路"为导向,建立解析几何的研究结构:"几何对象—图形要素—代数刻画—运算求解—几何含义".即在平面直角坐标系中,探索确定直线、圆锥曲线的几何要素,将这些要素代数化,建立直线、圆锥曲线的方程,运用代数方法研究直线、圆锥曲线之间的位置关系及其基本性质,运用平面解析几何方法解决简单的数学问题和实际问题.这样的研究结构有利于突出用代数方法研究图形几何性质的学科本质,落实解析几何的育人价值.

　　在本单元的教学中,可以依托以下过程发展学生的数学学科核心素养.

一、依托用代数方法研究直线的性质及其位置关系的过程

直线的研究应帮助学生经历用代数方法研究几何对象的完整过程.以平面直角坐标系为研究平台,先探索直线位置的几何要素,将刻画直线倾斜程度的倾斜角代数化,并用斜率来刻画,然后建立直线的方程,这样就可以将直线问题转化为代数问题,通过运算求解处理代数问题,分析代数结果的几何含义,最终解决几何问题.

1. 先行组织者

直角坐标系使几何研究又一次腾飞,几何从此跨入了一个新的时代.让我们给直线插上方程的"翅膀"吧！如何给直线插上方程的"翅膀"呢？我们知道,在平面直角坐标系中,点用坐标表示,即

$$点\ P \leftrightarrow P(x,y).$$

点 P 的坐标 (x,y) 刻画了点 P 在平面直角坐标系中的位置.直线如何表示呢？

2. 探索确定直线位置的几何要素

问题 1:如图 $15-1$,对于平面直角坐标系内的一条直线 l,它的位置由哪些条件确定呢？

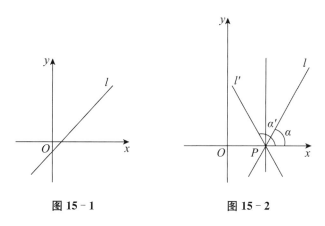

图 15 - 1　　　　　　　　图 15 - 2

追问 1:我们知道,两点确定一条直线.一点能确定一条直线的位置吗？已知直线 l 经过点 P,直线 l 的位置能确定吗？

追问 2:如图 $15-2$,过点 P 可以作无数条直线 l_1、l_2、l_3……你能发现它们的共同特点和区别在哪里吗？

分析:以 x 轴为基准,这些直线的倾斜程度不同.我们用直线的倾斜角来刻画直线的倾斜程度:平面直角坐标系内每一条直线都有一个确定的倾斜角 α,且倾斜程度相同的直线,其倾斜角相等;倾斜程度不同的直线,其倾斜角不相等.

这样,我们就找到了一种确定平面直角坐标系中一条直线位置的几何要素:直线

上的一个定点以及它的倾斜角,两者缺一不可.

问题 2:在直角坐标系中,为什么把"直线上的一个定点以及它的倾斜角"作为确定一条直线的几何要素,而不是沿用平面几何中"两点确定唯一一条直线"?

分析:问题涉及对坐标法思想的理解深度,我们是在直角坐标系下讨论问题,应充分发挥直角坐标系的"特长",对直角坐标系的认识和理解,核心是理解直角坐标系下刻画"方向"的方法.实际上,直角坐标系由原点重合的两根数轴正交而成,数轴有方向,因此直角坐标系有方位(方向)(小学、初中就有方位和方位角的概念),坐标系内点 P 的坐标(x, y)唯一确定了它落在哪个方位(象限).在分析确定直线的几何要素时,要发挥直角坐标系的力量,就要考虑直线与坐标轴的相互关系.从与人们的直觉习惯相适应的角度考虑,取直线与 x 轴正向之间所成的角作为区别直线的方向要素是自然的.从细节考虑,最终以"由 x 轴正向与直线向上方向之间所成的角"为直线的倾斜角.在这个过程中,直观想象、数学抽象等素养就能得到充分体现.

3. 直线倾斜角的代数表示

研究思路:从几何直观到代数表示:

$$倾斜角 \leftrightarrow 坡度(比) = \frac{升高量}{前进量} \xrightarrow{\text{一般化}} 斜率 k = \tan \alpha \xrightarrow{\text{坐标表示}} k = \frac{y_2 - y_1}{x_2 - x_1}.$$

问题:日常生活中,还有没有表示倾斜程度的量?

特例:平行于 x 轴的直线,其斜率为 0;平行于 y 轴的直线,斜率不存在.

4. 利用直线的斜率研究两直线的位置关系

(1) 先行组织者

直线的倾斜角、斜率刻画了直线相对于 x 轴的倾斜程度,反映了直线与坐标轴的位置关系.例如,当直线的斜率为零时,直线平行于 x 轴.那么,我们能否通过直线的斜率来判断两条直线的位置关系呢?

(2) 典型问题的探究

问题 1:平面直角坐标系中,$l_1 /\!/ l_2$ 时,对应的斜率k_1、k_2 满足什么关系? 反之,有什么结论?

问题 2:平面直角坐标系中,$l_1 \perp l_2$ 时,对应的斜率k_1、k_2 满足什么关系? 反之,有什么结论?

问题 3:一位著名魔术师拿了一块长和宽都是 1.3 米的地毯去找地毯匠,要求把这块正方形的地毯改制成宽 0.8 米、长 2.1 米的矩形,地毯匠对魔术师说:"你这位鼎鼎大名的魔术师,难道连小学算术都没有学过吗? 边长为 1.3 米的正方形面积为

1.69 平方米,而宽 0.8 米、长 2.1 米的矩形面积只有 1.68 平方米.两者并不相等啊! 除非裁去 0.01 平方米,不然没法做."魔术师拿出他事先画好的两张设计图,对地毯匠说:"你先找这张图的尺寸把地毯裁成四块,再照另一张图的样子把这四块拼在一起缝好就行了.魔术师是从来不会出错的,你只管放心做吧!"地毯匠照着做了,缝好一量,果真是宽 0.8 米、长 2.1 米,魔术师拿着改好的地毯得意洋洋地走了,而地毯匠还在纳闷儿哩,这是怎么回事呢? 那 0.01 平方米的地毯到什么地方去了呢? 你能帮地毯匠解开这个谜吗(图 15 - 3)?

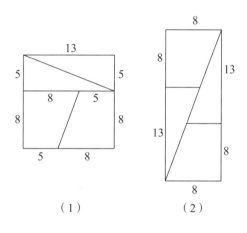

（1）　　　　　　　（2）

图 15 - 3

5.直线的方程

（1）研究思路

从几何直观到代数表示:

$$\text{直线(几何要素)}\begin{cases}\text{定点+倾斜角}\\\text{定点+定点}\end{cases}\begin{cases}\text{点斜式(斜截式)}\\\text{两点式(截距式)}\end{cases}\xrightarrow{\text{一般化}}\text{一般式(二元一次方程)}.$$

（2）先行组织者

我们已经研究了在直角坐标系内确定一条直线的几何要素:已知直线上的一点和直线的倾斜角(斜率);已知两点.即在直角坐标系中,给定一个点 $P_0(x_0,y_0)$ 和斜率 k,或给定两点 $P_1(x_1,y_1)$、$P_2(x_2,y_2)$,就能唯一确定一条直线 l.也就是说,平面直角坐标系中的其他点在不在这条直线 l 上是完全确定的.那么,我们能否用给定的条件(点 P_0 的坐标和斜率 k,或 P_1、P_2 的坐标),将直线 l 上所有点的坐标 (x,y) 满足的关系式表示出来呢?

（3）直线的几何要素及其代数表示(表 15 - 1)

表 15-1

图形与几何要素	几何要素代数化	关系式	形式化
	$P_0(x_0, y_0)$, $k = \dfrac{y - y_0}{x - x_0}$	点斜式：$y - y_0 = k(x - x_0)$（＊）	一般式：$Ax + By + C = 0$ $(A、B \text{ 不同时为 } 0)$
	特殊地，$P_0(0, b)$	斜截式：$y = kx + b$	
	$P_1(x_1, y_1)$、$P_2(x_2, y_2)$，$k = \dfrac{y_2 - y_1}{x_2 - x_1}$	两点式：$\dfrac{y - y_1}{y_2 - y_1} = \dfrac{x - x_1}{x_2 - x_1}$	
	特殊地，$P_1(a, 0)$、$P_2(0, b)$	截距式：$\dfrac{x}{a} + \dfrac{y}{b} = 1$	

（4）典型问题的探究

问题 1：直线 l 上的每一点（包括点 P_0）的坐标与方程 $y - y_0 = k(x - x_0)$ 有什么关系？坐标满足方程 $y - y_0 = k(x - x_0)$ 的每一点与直线 l 有什么关系？

分析：一方面，直线 l 上的每一点（包括点 P_0）的坐标都满足方程 $y - y_0 = k(x - x_0)$；另一方面，坐标满足方程 $y - y_0 = k(x - x_0)$ 的每一点都在直线 l 上.这样，直线 l 上的任意一点 $P(x, y)$ 与方程 $y - y_0 = k(x - x_0)$ 的所有解建立了一一对应的关系，我们就可以与"点用坐标表示"一样，用方程表示直线，称方程 $y - y_0 = k(x - x_0)$ 为过点 $P_0(x_0, y_0)$，斜率为 k 的直线 l 的方程.

问题 2：平行于坐标轴的直线及坐标轴所在的直线的方程各有什么特点？

问题 3：观察方程 $y = kx + b$，它的形式具有什么特点？系数 k 和常数 b 表示什么几何意义？

（5）建立与一次函数的联系

方程 $y = kx + b$ 与我们学过的一次函数的表达式类似.我们知道，一次函数的图像是一条直线.你如何从直线方程的角度认识一次函数 $y = kx + b$？一次函数中的 k 和 b 的几何意义是什么？你能说出一次函数 $y = 2x - 1$，$y = 3x$ 及 $y = -x + 3$ 图像的特点吗？

（6）建立与二元一次方程的联系

经过研究，我们知道直线的点斜式、斜截式、两点式、截距式方程都是关于 x、y

的二元一次方程.那么,从代数的角度看直线,平面直角坐标系中的每一条直线都可以用一个关于 x、y 的二元一次方程表示吗? 反之,从几何的角度看一个二元一次方程,每一个关于 x、y 的二元一次方程都表示一条直线吗?

特别地,在方程 $Ax+By+C=0$ 中,A、B、C 分别为何值时,方程表示的直线平行于坐标轴? 与坐标轴重合?

(7) 小结

直角坐标系是把二元一次方程和直线联系起来的桥梁,也是数形结合思想的操作工具,为我们提供了观察世界的独特数学眼光(解析几何的眼光).用这个眼光看一个二元一次方程,它其实就是直角坐标平面上的一条确定的直线.

$$直线(点的集合) \underset{\text{从几何的角度看}}{\overset{\text{从代数的角度看}}{\longleftrightarrow}} 二元一次方程(解的集合).$$

6. 用代数方法研究点与直线的位置关系

(1) 先行组织者

在平面几何中,我们只能对直线作定性的研究.引入平面直角坐标系后,我们用方程表示直线,直线的方程就是直线上的每一点的坐标满足的一个关系式,即一个二元一次方程.这样,我们就可以通过方程把握直线上的点,用代数方法研究直线上的点,对直线进行定量研究.

(2) 点、直线的几何要素与代数表示的对应联系(表 15-2)

表 15-2

研究对象	代数表示	几何意义
点	$P_0(x_0, y_0)$、$P_1(x_1, y_1)$、$P_2(x_2, y_2)$	点 P_0、P_1、P_2
	$\|P_1 P_2\| = \sqrt{(x_1-x_2)^2+(y_1-y_2)^2}$	线段 $P_1 P_2$ 的长度,点 P_1、P_2 之间的距离
	$\begin{cases} x_0 = \dfrac{x_1+x_2}{2}, \\ y_0 = \dfrac{y_1+y_2}{2} \end{cases}$	点 P_0 是 P_1、P_2 的中点
直线	$l: Ax+By+C=0$, $l_1: A_1 x+B_1 y+C_1=0$, $l_2: A_2 x+B_2 y+C_2=0$	直线 l、l_1、l_2

（续表）

研究对象	代数表示		几何意义
点与直线	$Ax_0+By_0+C=0$		点 P_0 在直线 l 上
	$Ax_0+By_0+C\neq0$		点 P_0 不在直线 l 上
	$d=\dfrac{|Ax_0+By_0+C|}{\sqrt{a^2+b^2}}$		点 P_0 到直线 l 的距离
直线与直线	$\begin{cases}A_1x_0+B_1y_0+C_1=0,\\A_2x_0+B_2y_0+C_2=0\end{cases}$		直线 l_1 与 l_2 的交点是 P_0
	$\begin{cases}A_1x+B_1y+C_1=0,\\A_2x+B_2y+C_2=0\end{cases}$	有唯一解	直线 l_1 与 l_2 相交
	$\begin{cases}A_1x+B_1y+C_1=0,\\A_2x+B_2y+C_2=0\end{cases}$	无解	直线 l_1 与 l_2 平行
	$\begin{cases}A_1x+B_1y+C_1=0,\\A_2x+B_2y+C_2=0\end{cases}$	有无穷多解	直线 l_1 与 l_2 重合

（3）典型问题的探究

问题 1：当 λ 变化时，方程 $3x+4y-2+\lambda(2x+y+2)=0$ 表示什么图形？图形有何特点？

分析：当 λ 取某些特定的值（如 $-1,0,1$ 时），对应的方程都表示直线，这些直线都经过直线 $3x+4y-2=0$ 与直线 $2x+y+2=0$ 的交点 $(-2,2)$，组成一个过点 $(-2,2)$ 的直线束.由此问题可以得到一般化的结论.

问题 2：已知直线 $l_1:2x-7y-8=0,l_2:6x-21y-1=0,l_1$ 与 l_2 是否平行？若平行，求 l_1 与 l_2 间的距离.

分析：两条平行线间的距离可以转化为点到直线的距离，并由此问题得到一般化的结论.

问题 3：证明平行四边形四条边的平方和等于两条对角线的平方和.

分析：第一步，建立坐标系，用坐标表示有关的量；第二步，进行有关代数运算；第三步，把代数运算结果"翻译"成几何关系.

问题 4：设 a、b、c、$d\in\mathbf{R}$，求证：对于任意 p、$q\in\mathbf{R}$，

$$\sqrt{(a-p)^2+(b-q)^2}+\sqrt{(c-p)^2+(d-q)^2}\geqslant\sqrt{(a-c)^2+(b-d)^2}.$$

分析：将这个代数问题放在坐标系中思考，就会发现其几何意义，从而将其转化

为几何问题来解决.

问题 3 和问题 4 反映了解析几何方法应用的两个方面,既能将几何问题转化为代数问题来解决,又能将代数问题转化为几何问题来处理,体现了坐标法的强大力量.

二、依托用代数方法研究圆的性质及其位置关系的过程

1. 先行组织者

通过用代数方法研究直线的性质及其位置关系的过程,我们体会到:在直角坐标系中建立几何对象的方程,并通过方程研究几何对象,这是研究几何问题的重要方法.通过坐标系,把点与坐标、直线与二元一次方程联系起来,实现空间形式与数量关系的结合.接下来,我们将把这种方法迁移到圆的研究上,即通过方程研究圆,将圆的几何要素代数化,用定量的方法来描述圆的几何特征,完满体现"数形结合"的思想.

2. 圆的方程

(1) 确定圆的几何要素

问题 1: 在平面直角坐标系中,如何确定一个圆呢?

问题 2: 类似于直线方程的建立,我们能否用给定的条件(圆心 A 的坐标和圆半径 r),将圆 A 上所有点的坐标 (x,y) 满足的关系式表示出来呢?

(2) 圆的几何要素及其代数表示(表 15-3)

表 15-3

圆的几何要素	几何要素代数化	关系式	形式化
	$A(a,b)$、$M(x,y)$,$r=\|AM\|$	$(x-a)^2+(y-b)^2=r^2$	一般式: $x^2+y^2+Dx+Ey+F=0$
	特殊地,$A(0,0)$	$x^2+y^2=r^2$	

问题: 圆 A 上的每一点的坐标与方程 $(x-a)^2+(y-b)^2=r^2$ 有什么关系?反之,坐标满足方程 $(x-a)^2+(y-b)^2=r^2$ 的每一点与圆 A 有什么关系?

分析: 若点 $M(x,y)$ 在圆 A 上,由关系式的推导过程可知,点 M 坐标满足方程 $(x-a)^2+(y-b)^2=r^2$;反之,若点 M 坐标满足方程 $(x-a)^2+(y-b)^2=r^2$,从而有 $\sqrt{(x-a)^2+(y-b)^2}=r$,也就是点 M 与圆心 A 的距离为 r,即点 M 在圆 A 上.这样,圆 A 上的任意一点 $M(x,y)$ 与方程 $(x-a)^2+(y-b)^2=r^2$ 的所有解建立了一一

对应的关系,我们就可以与"用二元一次方程表示直线"一样,用方程$(x-a)^2+(y-b)^2=r^2$表示圆A,称方程$(x-a)^2+(y-b)^2=r^2$为以$A(a,b)$为圆心、r为半径的圆的标准方程.

（3）典型问题的探究

问题1：点$M_0(x_0,y_0)$在圆$x^2+y^2=r^2$内的条件是什么？在圆$x^2+y^2=r^2$外呢？

问题2：三角形的外接圆唯一确定,你能用几种方法求三角形的外接圆的方程？例如,已知$\triangle ABC$的三个顶点坐标分别为$A(5,1)$、$B(7,-3)$、$C(2,-8)$,求它的外接圆的方程.

问题3：如图15-4,已知线段AB的端点B的坐标是$(4,3)$,端点A在圆$(x+1)^2+y^2=4$上运动,求线段AB的中点M的轨迹方程.

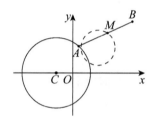

图 15-4

分析：求点M的轨迹方程,就是求点M的坐标(x,y)满足的关系式.本题中,点M随着点A运动而运动,而点A在已知圆上运动,点A的坐标满足方程$(x+1)^2+y^2=4$.建立点M与点A坐标之间的关系,就可以建立点M的坐标满足的条件,从而求出点M的轨迹方程.

问题4：方程$x^2+y^2-2x+4y+1=0$表示什么图形？方程$x^2+y^2-2x-4y+6=0$表示什么图形？

（4）建立与二元二次方程的联系

经过研究,我们知道圆的方程可以化为关于x、y的二元二次方程$x^2+y^2+Dx+Ey+F=0$.那么,从几何的角度看一个二元二次方程$x^2+y^2+Dx+Ey+F=0$,它在什么条件下表示圆呢？

圆的标准方程与圆的一般方程各有什么特点？

（5）小结

我们用解析几何的眼光看一个二元一次方程$x^2+y^2+Dx+Ey+F=0$,当$D^2+E^2-4F>0$,它表示以$\left(-\dfrac{D}{2},-\dfrac{E}{2}\right)$为圆心、$\dfrac{1}{2}\sqrt{D^2+E^2-4F}$为半径的圆.

$$圆\left(\begin{array}{c}平面内到定点距离等于定长\ r\ 的点的集合\\r>0\end{array}\right)\begin{array}{c}从代数的角度看\\ \xleftarrow{\qquad\qquad}\\[-2pt]\xrightarrow{\qquad\qquad}\\从几何的角度看\end{array}\begin{array}{c}二元一次方程\ x^2+y^2+Dx+Ey+F=0\\D^2+E^2-4F>0\end{array}(解的集合).$$

3. 用代数方法研究直线与圆之间的位置关系

(1) 情境与问题

问题 1:如图 15－5,一个小岛的周围有环岛暗礁,暗礁分布在以小岛的中心为圆心,半径为 30 km 的圆形区域.已知小岛中心位于轮船正西 70 km 处,港口位于小岛中心正北 40 km 处.如果轮船沿直线返港,那么它是否会有触礁危险?

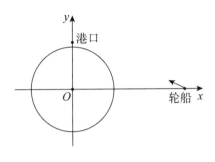

图 15－5

分析:问题情境中涉及方位角的有关条件,而直角坐标系能有效处理方位角的问题.所以我们以小岛的中心为原点,东、西方向为 x 轴,建立如图所示的直角坐标系.其中,取 10 km 为单位长度.

这样,受暗礁影响的圆形区域所对应的 $\odot O$ 的方程为 $x^2+y^2=9$;

轮船航线所在的直线 l 的方程为 $\dfrac{x}{7}+\dfrac{y}{4}=1$,即 $4x+7y-28=0$.

原问题归结为 $\odot O$ 与直线 l 有无公共点.(如果不建立直角坐标系,利用初中的平面几何知识也能解决这个问题)

问题 2:在初中,我们怎样判断直线与圆的位置关系? 现在,如何用直线的方程和圆的方程判断它们之间的位置关系?

(2) 直线、圆的代数表示与几何性质的对应联系(表 15－4)

表 15－4

研究对象	代数表示	几何意义
直线	$l:Ax+By+C=0$	直线 l
圆	圆 $A:(x-a)^2+(y-b)^2=r^2$, $\odot O_1:x^2+y^2+D_1x+E_1y+F_1=0$, $\odot O_2:x^2+y^2+D_2x+E_2y+F_2=0$,	圆心为 A,半径为 r 的圆 圆心为 O_1,半径为 r_1 的圆 圆心为 O_2,半径为 r_2 的圆

（续表）

研究对象	代数表示		几何意义
直线与圆	$aA+bB+C=0$		直线 l 过圆心 A
	$0<d=\dfrac{|aA+bB+C|}{\sqrt{A^2+B^2}}<r$	或 $\begin{cases} Ax+By+C=0, \\ (x-a)^2+(y-b)^2=r^2 \end{cases}$ 有两个不同的解	直线 l 与 $\odot A$ 相交但不经过圆心 A
	$r^2=d^2+\left(\dfrac{弦长}{2}\right)^2$		半径、弦心距、半弦长构成直角三角形
	$d=\dfrac{|aA+bB+C|}{\sqrt{A^2+B^2}}=r$		直线 l 与 $\odot A$ 相切
	$\begin{cases} Ax+By+C=0, \\ (x-a)^2+(y-b)^2=r^2 \end{cases}$ 有唯一解		
	$d=\dfrac{|aA+bB+C|}{\sqrt{A^2+B^2}}>r$		直线 l 与 $\odot A$ 不相交
	$\begin{cases} Ax+By+C=0, \\ (x-a)^2+(y-b)^2=r^2 \end{cases}$ 无解		
圆与圆	$\begin{cases} x^2+y^2+D_1x+E_1y+F_1=0, \\ x^2+y^2+D_2x+E_2y+F_2=0 \end{cases}$ 无解		$\odot O_1$ 与 $\odot O_2$ 相离（外离、内含）
	$|O_1O_2|>r_1+r_2$，$|O_1O_2|<|r_1-r_2|$		
	$\begin{cases} x^2+y^2+D_1x+E_1y+F_1=0, \\ x^2+y^2+D_2x+E_2y+F_2=0 \end{cases}$ 有一解		$\odot O_1$ 与 $\odot O_2$ 相切（外切、内切）
	$|O_1O_2|=r_1+r_2$，$|O_1O_2|=|r_1-r_2|$		
	$\begin{cases} x^2+y^2+D_1x+E_1y+F_1=0, \\ x^2+y^2+D_2x+E_2y+F_2=0 \end{cases}$ 有两解		$\odot O_1$ 与 $\odot O_2$ 相交
	$|r_1-r_2|<|O_1O_2|<r_1+r_2$		
	$\begin{cases} x^2+y^2+D_1x+E_1y+F_1=0, \\ x^2+y^2+D_2x+E_2y+F_2=0 \end{cases}$ 有三个以上解		$\odot O_1$ 与 $\odot O_2$ 重合

（3）典型问题的探究

问题 1：判断直线与圆、圆与圆是否相交.若相交,求交点坐标和截得的弦长.例如,直线 $2x-y+3=0$ 与圆 $x^2+y^2+4y-21=0$ 相交,所截得的弦长为 $4\sqrt{5}$；注意到直线 $2x-y+3=0$ 过点 $M(0,3)$,反过来就可以问:过点 $M(0,3)$ 的直线 l 被圆 $x^2+y^2+4y-21=0$ 所截得的弦长为 $4\sqrt{5}$,求直线 l 的方程.又如,求圆 $x^2+y^2-4=0$ 与圆 $x^2+y^2-4x+4y-12=0$ 的公共弦的长.

问题 2：直线与圆在生产、生活实践以及数学应用的问题.如图 15-6,赵州桥的主孔净跨度是 37.4 m,主孔圆拱高约为 7.2 m.求这座圆拱桥的主孔拱圆的方程.如图 15-7,某台机器的三个齿轮,A 与 B 啮合,C 与 B 也啮合.若 A 轮的直径为 200 cm,B 轮的直径为 120 cm,C 轮的直径为 250 cm,且 $\angle A=45°$,试建立适当的坐标系,用坐标法求出 A、C 两齿轮的中心距离（精确到 1 cm）.如图 15-8,已知内接于圆的四边形的对角线互相垂直,求证圆心到一边的距离等于这条边所对边长的一半.

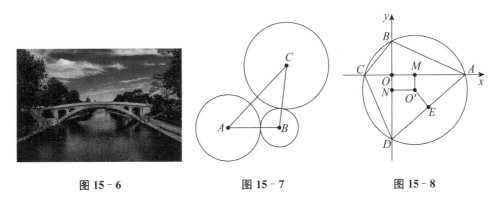

图 15-6　　　　　　图 15-7　　　　　　图 15-8

分析：通过上述问题的解决,体会用坐标法解决几何问题的基本思路:先根据问题建立合适的直角坐标系,用坐标和方程表示问题中相应的几何元素（点、直线、圆）,将几何问题转化为代数问题;然后通过代数运算解决代数问题;最后解释代数运算结果的几何含义,得到几何问题的结论.

三、依托用代数方法研究椭圆的基本性质的过程

我们已经经历了用坐标法研究直线、圆的性质及其位置关系的过程,体会到用代数定量的方法来描述直线、圆的几何特征的力量.圆锥曲线有丰富的实际背景,它在刻画现实世界和解决实际问题中有重要的作用.用坐标法研究圆锥曲线,我们可以进一步感受"数形结合"的思想.

1. 感受圆锥曲线

圆是圆锥曲线家族的一员.那么,还有哪种曲线也称为圆锥曲线呢? 如图 15 - 9,用一个不垂直于圆锥的轴的平面截圆锥,当截面与圆锥的轴夹角不同时,可以得到不同的截口曲线,它们分别是椭圆、抛物线、双曲线.我们通常把圆、椭圆、抛物线、双曲线统称为圆锥曲线.

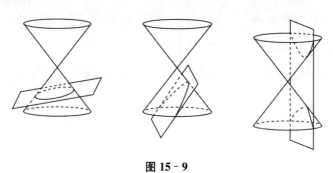

图 15 - 9

2. 椭圆的方程

（1）情境与问题

情境: 如图 15 - 10,取一条定长的细绳,把它的两端都固定在图板的同一点处,套上铅笔,拉紧绳子,移动笔尖,这时笔尖(动点)画出的轨迹是一个圆.

如果把细绳的两端拉开一段距离,分别固定在图板的两点处,套上铅笔,拉紧绳子,移动笔尖,画出的轨迹是什么曲线?

图 15 - 10

问题 1: 在这一过程中,你能说出移动的笔尖(动点)满足的几何条件吗?

问题 2: 类比圆的定义,你能对椭圆下一个定义吗?

（2）椭圆几何要素的代数表示

问题 1: 如图 15 - 11,类比圆的对称性建立圆的方程的过程,观察椭圆的形状,你认为怎样建立坐标系才能使椭圆的方程的表达式更加简洁?

问题 2: 如图 15 - 11,我们以过椭圆两焦点 F_1、F_2 的直线为 x 轴,线段 F_1F_2 的垂直平分线为 y 轴,建立了直角坐标系 xOy.你觉得哪些点比较特殊?你能根据椭圆的定义写出它们的坐标并指出相关线段的长度吗?

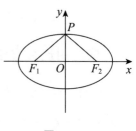

图 15 - 11

（3）椭圆的几何要素及其代数表示(表 15－5)

表 15－5

椭圆的几何要素	几何要素代数化	关系式
	$F_1(-c,0)$、$F_2(c,0)$、$M(x,y)$； $\|MF_1\|+\|MF_2\|=2a$，$\|OA_1\|=\|OA_2\|=a$， $\|OF_1\|=\|OF_2\|=c$； $\|OB_1\|=\|OB_2\|=\sqrt{a^2-c^2}=b$； 从而有 $A_1(-a,0)$、$A_2(a,0)$、$B_1(0,b)$、 $B_2(0,-b)$.	$\dfrac{x^2}{a^2}+\dfrac{y^2}{b^2}=1$

类比与猜想：从圆的标准方程 $x^2+y^2=r^2$ 及其在直角坐标系中的位置出发，联想到直线的截距式 $\dfrac{x}{a}+\dfrac{y}{b}=1$，圆的方程可以写成 $\dfrac{x^2}{r^2}+\dfrac{y^2}{r^2}=1$. 由此，你能猜想椭圆上的任意一点 M 的坐标(x,y)满足的关系式吗？$\left(\text{可能是}\dfrac{x^2}{a^2}+\dfrac{y^2}{b^2}=1\right)$

运算与推导：设 $M(x,y)$ 是椭圆上任意一点. 由椭圆的定义，椭圆就是集合
$$P=\{M\,|\,|MF_1|+|MF_2|=2a\}.$$
所以 M 的坐标(x,y)满足
$$\sqrt{(x+c)^2+y^2}+\sqrt{(x-c)^2+y^2}=2a,$$
即
$$\sqrt{(x+c)^2+y^2}=2a-\sqrt{(x-c)^2+y^2}.$$
将这个方程两边平方并整理，得
$$a^2-cx=a\sqrt{(x-c)^2+y^2}.$$
上式两边再平方并整理，得
$$(a^2-c^2)x^2+a^2y^2=a^2(a^2-c^2).$$
令 $a^2-c^2=b^2$，则
$$b^2x^2+a^2y^2=a^2b^2.$$
两边同除以 a^2b^2，得
$$\dfrac{x^2}{a^2}+\dfrac{y^2}{b^2}=1. \tag{$*$}$$

分析与说明：若点 $M(x,y)$ 在椭圆上，由关系式的推导过程，可知点 M 的坐标满

足方程(＊);反之,若点 M 坐标满足方程(＊),则 $\dfrac{x^2}{a^2}+\dfrac{y^2}{b^2}=1$,由上述推导过程中每一步都可逆,有 $\sqrt{(x+c)^2+y^2}+\sqrt{(x-c)^2+y^2}=2a$,也就是点 M 到两焦点 F_1、F_2 的距离之和为 $2a$,即点 M 在椭圆上.这样,椭圆上的任意一点 $M(x,y)$ 与方程(＊)的所有解建立了一一对应的关系,我们就可以与"用圆的标准方程表示圆"一样,用方程(＊)表示到两焦点 F_1、F_2 的距离之和为 $2a$ 的椭圆,方程(＊)叫做椭圆的标准方程.

椭圆$\left(\begin{array}{c}\text{平面内到两定点距离之和等于定长 }2a\text{ 的点的集合}\\ 2a>2c\end{array}\right)$ $\xrightarrow[\text{从几何的角度看}]{\text{从代数的角度看}}$ 二元二次方程$\begin{array}{c}\dfrac{x^2}{a^2}+\dfrac{y^2}{b^2}=1\text{ 或 }\dfrac{x^2}{b^2}+\dfrac{y^2}{a^2}=1\\ b^2=a^2-c^2\end{array}$ (解的集合).

我们用解析几何的眼光看方程(＊),它不仅具有和圆类似的对称美,而且反映了椭圆的本质.尤其,用解析几何的眼光看方程(＊)的推导过程,可以看出每一步推导的代数结果都对应着几何含义.

例如,
$$\sqrt{(x+c)^2+y^2}=2a-\sqrt{(x-c)^2+y^2},$$
它的几何含义是"一条焦半径可以用另一条焦半径表示".

在等式 $a^2-cx=a\sqrt{(x-c)^2+y^2}$ 的两边同除以 c,得
$$\dfrac{a^2}{c}-x=\dfrac{a}{c}\sqrt{(x-c)^2+y^2}.$$

此式进一步可以写成
$$\dfrac{\sqrt{(x-c)^2+y^2}}{\dfrac{a^2}{c}-x}=\dfrac{c}{a}.$$

它的几何意义是点 $M(x,y)$ 与点 $F(c,0)$ 的距离与它到直线 $l:x=\dfrac{a^2}{c}$ 的距离的比是常数 $\dfrac{c}{a}$.这给出了椭圆的另一个定义.

而
$$a^2-c^2=b^2$$
的几何意义是长半轴、短半轴和半焦距的长组成以长半轴长为斜边的直角三角形.

(4) 典型问题的探究

问题 1:如图 15-12,如果焦点 F_1、F_2 在 y 轴上,且 F_1、F_2 的坐标分别为 $(0,-c)$、$(0,c)$,a、b 的几何意义同上,那么椭圆的方程是什么?

问题 2:到两焦点 $F_1(-c,0)$、$F_2(c,0)$ 的距离之和为 $2c$ 的点的轨迹是什么?

问题 3:如图 15-13,在圆 $x^2+y^2=4$ 上任取一点 P,过点 P 作 x 轴的垂线段

PD,D 为垂足.当点 P 在圆上运动时,线段 PD 的中点 M 的轨迹是什么?

　　分析:寻求点 M 的横、纵坐标 x、y 与中间变量 x_0、y_0〔点 P 的坐标为$(x_0$、$y_0)$〕之间的关系,然后消去 x_0、y_0,得到点 M 的轨迹方程.这是解析几何中求点的轨迹方程常用的一种方法.

　　问题 4:如图 15-14,设点 A、B 的坐标分别为$(-5,0)$、$(5,0)$.直线 AM、BM 相交于点 M,且它们的斜率之积是 $-\dfrac{4}{9}$,求点 M 的轨迹方程.

　　分析:可以利用信息技术工具,先探索点 M 的轨迹的形状,在几何直观的引导下求解点 M 的轨迹方程,可以事半功倍.

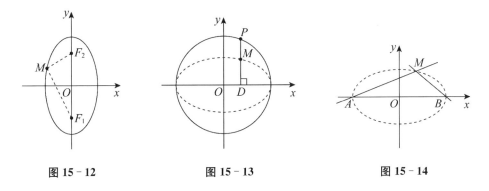

图 15-12　　　　　　　　　图 15-13　　　　　　　　图 15-14

　　3. 用代数方法研究椭圆的几何性质

　　(1) 先行组织者

　　从椭圆的定义(几何特征)出发建立椭圆的标准方程,目的之一是为了用定量的方法研究它的几何性质,包括椭圆的形状、大小、对称性和位置等.一般地,通过对曲线的这些几何性质的研究,可以从整体上把握曲线的形状、大小和位置.

　　(2) 椭圆的代数表示与几何性质的对应联系(表 15-6)

表 15-6

研究对象	代数表示	几何意义	图形
椭圆	$\dfrac{x^2}{a^2}+\dfrac{y^2}{b^2}=1$	到两焦点 $F_1(-c,0)$、$F_2(c,0)$ 的距离之和为 $2a$ 的椭圆	

（续表）

研究对象	代数表示	几何意义	图形
范围	$\dfrac{x^2}{a^2}\leqslant1$,即$-a\leqslant x\leqslant a$; $\dfrac{y^2}{b^2}\leqslant1$,即$-b\leqslant y\leqslant b$	椭圆位于直线 $x=\pm a$ 和 $y=\pm b$ 所围成的矩形框内	
对称性	以$-y$代y,方程不变; 以$-x$代x,方程不变; 以$-x$代x,且以$-y$代y,方程不变	椭圆关于 x 轴对称; 椭圆关于 y 轴对称; 椭圆关于原点 O 中心对称	
顶点	令 $y=0$,则得 $x=\pm a$; 令 $x=0$,则得 $y=\pm b$; $A_1(-a,0)$、$A_2(a,0)$、 $B_1(0,b)$、$B_2(0,-b)$	椭圆与其对称轴相交所得的四个顶点 A_1、A_2、B_1、B_2	
长、短轴	$|A_1A_2|=2a$,$|B_1B_2|=2b$.	长轴 A_1A_2,短轴 B_1B_2	
离心率	$0<e=\dfrac{c}{a}<1$	在椭圆长轴固定的前提下,离心率可以形象地理解为两个焦点离开中心的程度	

（3）典型问题的探究

问题 1:通过代数运算求已知椭圆的有关几何要素.例如,求椭圆 $16x^2+25y^2=400$ 的长轴和短轴的长、离心率、焦点和顶点的坐标.

问题 2:如图 15-15,观察不同的椭圆,可以发现,椭圆的扁平程度不一.试探求用什么量来刻画椭圆的扁平程度.

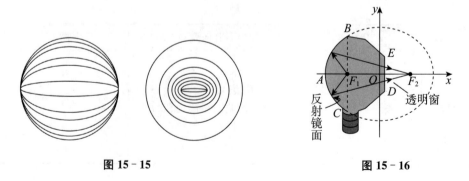

图 15-15　　　　　　　　　　　　　　图 15-16

问题 3:椭圆在生产、生活实践以及数学应用的问题.如图 15-16,一种电影放映灯

泡的反射镜面是旋转椭圆面(椭圆绕其对称轴旋转一周形成的曲面)的一部分.过对称轴的截口(即过对称轴的平面截旋转椭圆面所得的图形)BAC 是椭圆的一部分,灯丝位于椭圆的一个焦点 F_1 上,片门位于另一个焦点 F_2 上.由椭圆一个焦点 F_1 发出的光线,经过旋转椭圆面的反射后集中到另一个焦点 F_2.已知 $BC \perp F_1 F_2$,$|F_1 B| = 2.8 \text{ cm}$,$|F_1 F_2| = 4.5 \text{ cm}$.试建立适当的坐标系,求截口 BAC 所在椭圆的方程.

问题 4:如图 $15-17$,点 $M(x,y)$ 与定点 $F(4,0)$ 的距离和它到直线 $l: x = \dfrac{25}{4}$ 的距离的比是常数 $\dfrac{4}{5}$,求点 M 的轨迹.

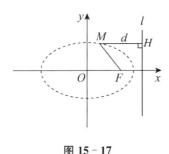

图 15-17

分析:通过上述问题的解决,进一步认识椭圆的方程特点与几何性质的对应关系,了解椭圆的光学性质,感受椭圆的应用价值,感受问题 4 中"几何条件—代数表示—几何意义"的解析几何思想.

四、依托用代数方法研究双曲线的基本性质的过程

1. 先行组织者

我们知道,与两个定点的距离的和为非零常数(大于两个定点间的距离)的点的轨迹是椭圆.那么,与两个定点的距离的差为非零常数的点的轨迹是什么?

2. 双曲线的方程

(1) 情境与问题

情境:如图 $15-18$,取一条拉链,拉开它的一部分,在拉开的两边上各选择一点,分别固定在点 F_1、F_2 上.把笔尖放在点 M 处,随着拉链逐渐拉开或者闭拢,笔尖所经过的点就画出一条曲线(见图中右边的曲线);把拉链固定在 F_1、F_2 处的两点互换,同样操作,就画出另一条曲线(见图中左边的曲线).这两条曲线合起来叫做双曲线.

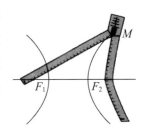

图 15-18

问题 1:双曲线上的点满足什么几何条件?

如图 15-19,对右支上任意一点 M,满足 $|MF_1|-|MF_2|=$ 常数;对左支上任意一点 M,满足 $|MF_2|-|MF_1|=$ 常数.所以双曲线就是满足下面条件的点的集合:

$$P=\{M\mid\mid|MF_1|-|MF_2|\mid=常数\}.$$

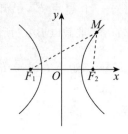

图 15-19

问题 2:类比椭圆的定义,你能对双曲线下一个定义吗?

(2) 双曲线几何要素的代数表示

问题 1:类比椭圆的对称性建立椭圆的方程的过程,观察双曲线的形状,你认为怎样建立坐标系才能使双曲线的方程更加简洁?

问题 2:我们以过双曲线两焦点 F_1、F_2 的直线为 x 轴,线段 F_1F_2 的垂直平分线为 y 轴,建立了直角坐标系 xOy.你觉得哪些点比较特殊? 你能根据双曲线的定义写出它们的坐标并指出相关线段的长度吗?

(3) 双曲线的几何要素及其代数表示(表 15-7)

表 15-7

双曲线的几何要素	几何要素代数化	关系式
![几何图形]	$F_1(-c,0)$、$F_2(c,0)$、$M(x,y)$; $\mid\mid MF_1\mid-\mid MF_2\mid\mid=2a$,$\mid OF_1\mid=\mid OF_2\mid=c$; $\mid OA_1\mid=\mid OA_2\mid=a$,$a<c$; 从而有 $A_1(-a,0)$、$A_2(a,0)$	$\dfrac{x^2}{a^2}-\dfrac{y^2}{b^2}=1$

运算与推导:设 $M(x,y)$ 是双曲线上任意一点.由双曲线的定义,双曲线就是集合

$$P=\{M\mid\mid|MF_1|-|MF_2|\mid=2a\}.$$

所以 M 的坐标 (x,y) 满足

$$\sqrt{(x+c)^2+y^2}-\sqrt{(x-c)^2+y^2}=\pm 2a,$$

即

$$\sqrt{(x+c)^2+y^2}=\pm 2a-\sqrt{(x-c)^2+y^2}.$$

将这个方程两边平方并整理,得

$$cx-a^2=\pm a\sqrt{(x-c)^2+y^2}.$$

上式两边再平方并整理,得

$$(c^2-a^2)x^2-a^2y^2=a^2(c^2-a^2).$$

由 $c<a$,可知 $c^2-a^2>0$,所以可令 $c^2-a^2=b^2$,则

$$b^2x^2+a^2y^2=a^2b^2.$$

两边同除以 a^2b^2,得

$$\frac{x^2}{a^2}-\frac{y^2}{b^2}=1. \tag{*}$$

分析与说明:若点 $M(x,y)$ 在双曲线上,由关系式的推导过程可知,点 M 的坐标满足方程(*);反之,若点 M 的坐标满足方程(*),由上述推导过程中每一步都可逆,有 $\left|\sqrt{(x+c)^2+y^2}-\sqrt{(x-c)^2+y^2}\right|=2a$,也就是点 M 到两焦点 F_1、F_2 的距离之差的绝对值为 $2a$,即点 M 在双曲线上.这样,双曲线上的任意一点 $M(x,y)$ 与方程(*)的所有解建立了一一对应的关系,我们就可以与"用椭圆的标准方程表示椭圆"一样,用方程(*)表示到两焦点 F_1、F_2 的距离之差的绝对值为 $2a$ 的双曲线,方程(*)叫做双曲线的标准方程.

双曲线$\left(\begin{array}{c}\text{平面内到两定点距离之差的绝对值等于定长 }2a\text{ 的点的集合}\\2c>2a\end{array}\right)$ $\xrightarrow[\text{从几何的角度看}]{\text{从代数的角度看}}$ 二元二次方程$\frac{x^2}{a^2}-\frac{y^2}{b^2}=1$或$\frac{x^2}{b^2}-\frac{y^2}{a^2}=1$ $\begin{array}{c}\\b^2=c^2-a^2\end{array}$ (解的集合).

类似于椭圆,方程(*)的推导过程中,每一步推导的代数结果都对应着几何意义:如

$$\sqrt{(x+c)^2+y^2}=2a-\sqrt{(x-c)^2+y^2}\text{ 或}\sqrt{(x+c)^2+y^2}+2a=\sqrt{(x-c)^2+y^2},$$

其几何意义是"一条焦半径可以用另一条焦半径表示".

在等式 $cx-a^2=\pm a\sqrt{(x-c)^2+y^2}$ 的两边同除以 c,得:

$$x-\frac{a^2}{c}=\pm\frac{a}{c}\sqrt{(x-c)^2+y^2}.$$

此式进一步可以写成

$$\frac{\sqrt{(x-c)^2+y^2}}{\left|x-\frac{a^2}{c}\right|}=\frac{c}{a}.$$

它的几何意义是点 $M(x,y)$ 与点 $F(c,0)$ 的距离与它到直线 $l:x=\dfrac{a^2}{c}$ 的距离的比是

常数 $\dfrac{c}{a}$.从而给出了双曲线的另一个定义.

而由 $c^2-a^2=b^2$,即 $c^2=a^2+b^2$,我们可以类似于椭圆,在 y 轴上找到 $B_1(0,b)$、$B_2(0,-b)$,则有 $|A_1B_1|=|A_2B_1|=|A_1B_2|=|A_2B_2|=\sqrt{a^2+b^2}=c$,其几何意义是实半轴、虚半轴和半焦距的长组成以半焦距长为斜边的直角三角形.

(4) 典型问题的探究

问题 1:类比焦点在 y 轴上的椭圆标准方程,如图 15-20,双曲线的焦点 F_1、F_2 的坐标分别为 $(0,-c)$、$(0,c)$,a、b 的意义同上,那么双曲线的方程是什么?

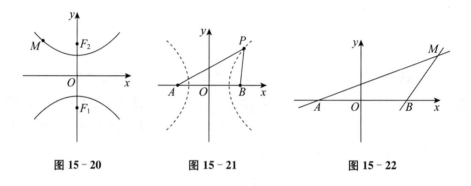

图 15-20　　　图 15-21　　　图 15-22

问题 2:到两焦点 $F_1(-c,0)$、$F_2(c,0)$ 的距离之差的绝对值等于 $2c$ 的点的轨迹是什么?

问题 3:如图 15-21,已知 A、B 两地相距 $800\ \mathrm{m}$,在 A 地听到炮弹爆炸声比在 B 地晚 $2\ \mathrm{s}$,且声速为 $340\ \mathrm{m/s}$,求炮弹爆炸点的轨迹方程.

问题 4:如图 15-22,设点 A、B 的坐标分别为 $(-5,0)$、$(5,0)$.直线 AM、BM 相交于点 M,且它们的斜率之积是 $\dfrac{4}{9}$,试求点 M 的轨迹方程,并由点 M 的轨迹方程判断轨迹的形状.与椭圆的类似问题作比较,你有什么发现?

分析:可以利用信息技术工具,先探索点 M 的轨迹的形状,在几何直观的引导下求解点 M 的轨迹方程,可以事半功倍.

3. 用代数方法研究双曲线的几何性质

(1) 问题

类比椭圆几何性质的研究方法,我们可以根据双曲线的标准方程研究它的几何性质.你认为应研究双曲线 $\dfrac{x^2}{a^2}-\dfrac{y^2}{b^2}=1(a>0,b>0)$ 的哪些性质?如何研究这些性质?

（2）双曲线的代数表示与几何性质的对应联系（表15-8）

表 15-8

研究对象	代数表示	几何意义	图形
双曲线	$\dfrac{x^2}{a^2}-\dfrac{y^2}{b^2}=1$	到两焦点 $F_1(-c,0)$、$F_2(c,0)$ 的距离之差的绝对值为 $2a$ 的双曲线	
范围	$\dfrac{x^2}{a^2}\geqslant1$，即 $x\leqslant-a$ 或 $x\geqslant a$；$y\in\mathbb{R}$	双曲线位于直线 $x=\pm a$ 的两侧	
对称性	以 $-y$ 代 y，方程不变；以 $-x$ 代 x，方程不变；以 $-x$ 代 x，且以 $-y$ 代 y，方程不变	双曲线关于 x 轴对称；双曲线关于 y 轴对称；双曲线关于原点 O 中心对称	
顶点	令 $y=0$，则得 $x=\pm a$；令 $x=0$，则得 $y=\pm b\mathrm{i}$；$A_1(-a,0)$、$A_2(a,0)$、$B_1(0,b)$、$B_2(0,-b)$	双曲线与 x 轴相交所得的两个顶点 A_1、A_2；B_1、B_2 为虚轴端点	
实轴、虚轴	$|A_1A_2|=2a$，$|B_1B_2|=2b$	实轴 A_1A_2，虚轴 B_1B_2	
渐近线	$\dfrac{x}{a}\pm\dfrac{y}{b}=0$	直线 $x=\pm a$ 与 $y=\pm b$ 所围矩形的对角线所在直线，双曲线与之无限接近，但永不相交	
离心率	$e=\dfrac{c}{a}>1$	离心率可以形象地刻画双曲线"张口"大小的程度	

（3）典型问题的探究

问题 1：通过代数运算求已知双曲线的有关几何要素. 例如，求双曲线 $9y^2-16x^2=144$ 的实半轴和虚半轴的长、焦点坐标、离心率、渐近线方程.

问题 2：椭圆的离心率可以刻画椭圆的扁平程度，那么双曲线的离心率刻画双曲线的什么几何特征？（描述双曲线"张口"大小的一个重要数值，e 的值从接近于 1 逐渐增大时，由 $\dfrac{c^2}{a^2}=1+\dfrac{b^2}{a^2}$，可知 $\dfrac{b}{a}$ 的值就从接近 0 逐渐增大. 这时，双曲线的形状就由扁狭逐渐变得开阔,双曲线的"张口"逐渐增大.利用信息技术可以演示双曲线的离心率大小与双曲线"张口"大小之间的变化过程,增强数形结合的直观认识)

问题 3:双曲线在生产、生活实践应用的问题.例如,双曲线型冷却塔的外形是双曲线的一部分绕其虚轴旋转所成的曲面,如图 15 - 23 所示.它的最小半径为 12 m,上口半径为 13 m,下口半径为 25 m,高为 55 m.试选择适当的坐标系,求出此双曲线的方程.(精确到 1 m)

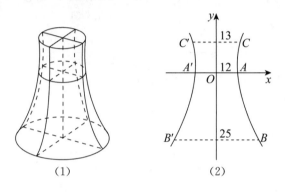

(1)   (2)

图 15 - 23

问题 4:如图 15 - 24,点 $M(x,y)$ 与定点 $F(5,0)$ 的距离和它到直线 $l:x=\dfrac{16}{5}$ 的距离的比是常数 $\dfrac{5}{4}$,求点 M 的轨迹.

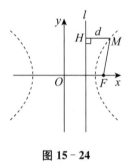

图 15 - 24

分析:通过上述问题的解决,进一步认识双曲线的方程特点与几何性质的对应关系,了解双曲线的应用价值,感受问题 4 中"几何条件—代数表示—几何意义"的解析几何思想.

五、依托用代数方法研究抛物线的基本性质的过程

1. 先行组织者

我们知道二次函数 $y=ax^2+bx+c(a\neq0)$ 的图像是一条抛物线,而且研究过它的顶点坐标、对称轴等问题.那么,抛物线到底有怎样的几何特征? 它还有哪些几何性质?

2. 探究抛物线的几何特征

问题 1:利用方程研究曲线性质的方法,研究抛物线 $y=\dfrac{1}{4}x^2$ 的几何特征.

联想到椭圆、双曲线是到定点的距离与到定直线的距离之比为常数的点的轨迹,我们可以这样来对方程进行适当变形: $y=\dfrac{1}{4}x^2\Rightarrow x^2=4y\Rightarrow x^2-2y=2y\Rightarrow x^2+y^2-$

$2y+1=y^2+2y+1 \Rightarrow x^2+(y-1)^2=(y+1)^2 \Rightarrow \sqrt{x^2+(y-1)^2}=|y+1|.$

考察

$$\sqrt{x^2+(y-1)^2}=|y+1|$$

的几何意义,我们发现:抛物线 $y=\dfrac{1}{4}x^2$ 上点 $M(x,y)$ 到定点 $F(0,1)$ 的距离等于到定直线 $y=-1$ 的距离,联想到椭圆、双曲线的第二个定义,我们可以把抛物线 $y=\dfrac{1}{4}x^2$ 表述成:到定点 $F(0,1)$ 的距离与到定直线 $y=-1$ 的距离之比为 1 的点的轨迹.

对于抛物线 $y=ax^2(a\neq 0)$,我们同样可以这样来对方程进行变形:

$$y=ax^2(a\neq 0) \Rightarrow x^2=\frac{1}{a}y$$

$$\Rightarrow x^2-\frac{1}{2a}y=\frac{1}{2a}y$$

$$\Rightarrow x^2+y^2-\frac{1}{2a}y+\left(\frac{1}{4a}\right)^2=y^2+\frac{1}{2a}y+\left(\frac{1}{4a}\right)^2$$

$$\Rightarrow \sqrt{x^2+\left(y-\frac{1}{4a}\right)^2}=\left|y+\frac{1}{4a}\right|.$$

根据“$\sqrt{x^2+\left(y-\frac{1}{4a}\right)^2}=\left|y+\frac{1}{4a}\right|$”的几何意义,我们可以把抛物线 $y=ax^2$ $(a\neq 0)$ 表述成:到定点 $F\left(0,\dfrac{1}{4a}\right)$ 的距离与到定直线 $y=-\dfrac{1}{4a}$ 的距离之比为 1 的点的轨迹.

对于抛物线 $y=ax^2+bx+c(a\neq 0)$,我们知道,可以通过平移抛物线 $y=ax^2$ $(a\neq 0)$ 得到.所以,抛物线是到定点的距离与到定直线的距离之比为 1 的点的轨迹,其几何特征是抛物线上的点到某一定点的距离与到不经过该定点的某一定直线的距离相等.

问题 2:类比椭圆、双曲线的定义,你能对抛物线下一个定义吗?

3. 抛物线的方程

(1) 选择合适的坐标系

问题 1:比较椭圆、双曲线标准方程的建立过程,你认为如何选择坐标系,建立的抛物线的方程才能更简单?

问题 2:根据抛物线的几何特征,我们取经过定点 F 且垂直于定直线 l 的直线为

x 轴,垂足为 K,并使原点与线段 KF 的中点重合,建立了直角坐标系 xOy.你觉得哪些点比较特殊? 你能根据抛物线的定义写出它们的坐标并指出相关线段的长度吗?

(2) 抛物线的几何要素及其代数表示(表 15-9)

表 15-9

双曲线的几何要素	几何要素代数化	关系式
	$\|FK\|=p(p>0),F\left(\dfrac{p}{2},0\right),l:x=-\dfrac{p}{2},M(x,y)$; $\dfrac{\|MF\|}{\|MH\|}=1$	$y^2=2px$

运算与推导: 设 $M(x,y)$ 是抛物线上任意一点.由抛物线的定义,抛物线就是集合

$$P=\left\{M\ \middle|\ \frac{|MF|}{|MH|}=1\right\}.$$

所以 M 的坐标 (x,y) 满足

$$\frac{\sqrt{\left(x-\dfrac{p}{2}\right)^2+y^2}}{\left|x+\dfrac{p}{2}\right|}=1,$$

即

$$\sqrt{\left(x-\frac{p}{2}\right)^2+y^2}=\left|x+\frac{p}{2}\right|.$$

上式两边再平方并整理,得

$$y^2=2px(p>0). \tag{$*$}$$

分析与说明: 若点 $M(x,y)$ 在抛物线上,由关系式的推导过程,可知点 M 坐标满足方程($*$);反之,若点 M 坐标满足方程($*$),即 $y^2=2px$,由上述推导过程中每一步都可逆,有 $\sqrt{\left(x-\dfrac{p}{2}\right)^2+y^2}=\left|x+\dfrac{p}{2}\right|$,也就是点 M 到焦点 F 的距离等于点 M 到准线 $l:x=-\dfrac{p}{2}$ 的距离,即点 M 在抛物线上.这样,抛物线上的任意一点 $M(x,y)$ 与方程($*$)的所有解建立了一一对应的关系,我们就可以用方程($*$)表示到以 F 为焦点、l 为准线的抛物线,方程($*$)叫做抛物线的标准方程.

$$\text{抛物线}\left(\begin{array}{c}\text{平面内到定点 } F \text{ 的距离等于到定直线 } l \text{ 的距离的点的集合}\\ F \text{ 不经过 } l\end{array}\right)\underset{\text{从几何的角度看}}{\overset{\text{从代数的角度看}}{\longleftrightarrow}}\begin{array}{c}\text{二元二次方程 } y^2=2px\\ p>0\end{array}(\text{解的集合}).$$

尤其要注意代数结果

$$\sqrt{\left(x-\frac{p}{2}\right)^2+y^2}=\left|x+\frac{p}{2}\right|$$

所对应着几何意义是"焦半径可以用平行于 x 轴的线段表示",这将给有关问题的解决带来运算上的方便.

（3）典型问题的探究

问题 1：在建立椭圆、双曲线的标准方程时,选择不同的坐标系得到了不同形式的标准方程.那么,抛物线的标准方程有哪些不同的形式（表 15 - 10）？

表 15 - 10

图形	标准方程	焦点坐标	准线方程
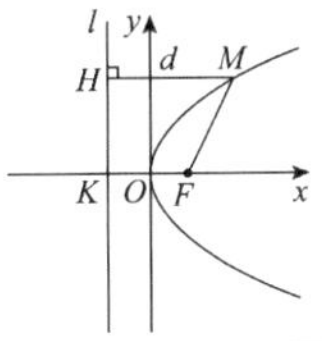			
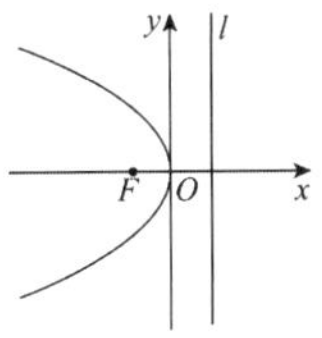			
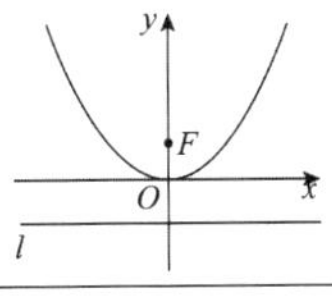			
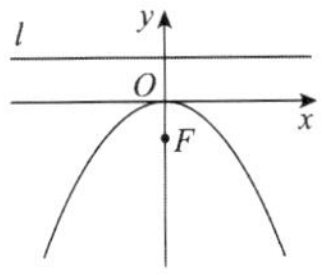			

问题 2：到原点 $O(0,0)$ 的距离等于到 y 轴的距离的点的轨迹是什么？

问题 3：已知抛物线标准方程,研究焦点和准线；或已知焦点或准线,研究其标准方程.例如,已知抛物线标准方程是 $y^2=6x$,求它的焦点坐标和准线方程；或已知抛物线的焦点是 $F(0,-2)$,求它的标准方程.

问题 4：一种卫星天线的轴截面如图 15 - 25 所示.卫星波束呈近似平行状态射入轴截面为抛物线的接受天线,经过反射聚焦到焦点处.已知接受天线的口径（直径）为 4.8 m,深度为 0.5 m.试建立适当的坐标系,求抛物线的标准方程和焦点坐标.

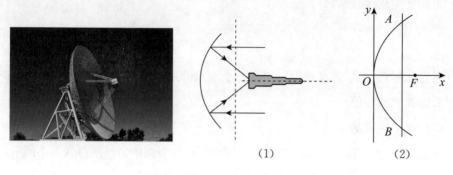

图 15－25

分析：通过上述问题的解决，进一步认识抛物线的位置不同与方程特点的对应关系，了解抛物线的应用价值，感受问题 4 中"科学情境—几何刻画—代数表示"的解析几何思想.

4. 用代数方法研究抛物线的几何性质

（1）问题

类比椭圆、双曲线的几何性质，你认为可以讨论抛物线 $y^2 = 2px(p > 0)$ 的哪些几何性质？

（2）抛物线的代数表示与几何性质的对应联系（表 15－11）

表 15－11

研究对象	代数表示	几何意义	图形
抛物线	$y^2 = 2px(p > 0)$	以 $F\left(\dfrac{p}{2}, 0\right)$ 为焦点，$l : x = -\dfrac{p}{2}$ 为准线的抛物线.	
范围	$x \geqslant 0, y \in \mathbf{R}$	抛物线位于 y 轴右侧，分别向右上方、右下方无限延伸.	
对称性	以 $-y$ 代 y，方程不变	抛物线关于 x 轴对称； 抛物线的对称轴是 x 轴.	
顶点	令 $y = 0$，则得 $x = 0$	抛物线与对称轴 x 轴相交所得的顶点为坐标原点 O.	
离心率	$e = 1$	焦半径等于到准线的距离.	

（3）典型问题的探究

问题 1：已知抛物线关于 x 轴对称，它的顶点在坐标原点，并且经过点 $M(2, -2\sqrt{2})$，求它的标准方程.如果是顶点在坐标原点，对称轴是坐标轴，并且经过点 $M(2, -2\sqrt{2})$ 的抛物线有几条？其标准方程是什么？

问题 2：斜率为 1 的直线 l 经过抛物线 $y^2 = 4x$ 的焦点，且与抛物线相交于 A、B 两点，求线段 AB 的长.

分析：问题可以用代数的方法：建立方程→代数运算→A、B 两点的坐标→线段 AB 的长；也可以用数形结合的方法：从抛物线的几何特征出发，将求焦点弦长转化为求平行于对称轴的线段长.数形结合的方法使运算过程更为简捷.

问题 3：已知抛物线的方程为 $y^2 = 4x$，直线 l 过定点 $P(-2, 1)$，斜率为 k.当 k 为何值时，直线 l 与抛物线：只有一个公共点？有两个公共点？没有公共点？你能通过作图验证这些结论吗？

问题 4：在同一平面直角坐标系中，画出抛物线 $y^2 = \dfrac{1}{2}x$，$y^2 = x$，$y^2 = 2x$，$y^2 = 4x$，观察它们开口的大小，并说明抛物线开口大小与方程中 x 的系数有怎样的关系.由此归纳哪个量可以形象地刻画抛物线开口大小的程度.

总之，高中解析几何课程内容具有鲜明的特点.从研究的对象来看，既有学生熟悉的平面几何研究对象——直线和圆，又有与平面几何所涉及的内容有本质区别的椭圆、双曲线和抛物线；从研究方法来看，通过引进平面直角坐标系，建立"点"与"数"之间的一一对应，借助直线、圆与圆锥曲线的几何特征，建立相应方程，用代数方法研究它们的几何性质，从而为我们用代数的观点与方法解决几何问题"打开了一扇通往全新数学世界的大门"，完美体现了形与数的结合.

上述这些鲜明的特点，凸显着解析几何独特的育人价值：在数与形的多次联系、转换和解释中有效促进直观想象素养的发展，在运用代数方法求解代数结果的过程中发展数学运算素养，在不同几何对象研究过程的类比中形成有逻辑的思考问题的习惯，在解决现实的、科学的问题过程中提升数学建模和数学抽象素养.

第三节　实践案例——椭圆及其标准方程

椭圆及其标准方程是在"直线和圆的方程"的基础上，通过现实生活、行星运行轨道等，帮助学生了解圆锥曲线的背景与应用；帮助学生在平面直角坐标系中认识椭圆的几何特征,建立标准方程;运用代数方法进一步认识椭圆的性质;运用平面解析几何方法解决简单的数学问题和实际问题,感悟平面解析几何中蕴含的数学思想;提升直观想象、数学运算、数学建模、逻辑推理和数学抽象素养.学习椭圆及其标准方程共需 4 课时,本课为第 1 课时.

【教学目标】

了解圆锥曲线的实际背景,经历从具体情境中抽象出椭圆的过程,掌握椭圆的定义,推导并掌握标准方程,感悟坐标法在建立椭圆标准方程时的作用,提升直观想象、数学运算和数学抽象素养.

【教学分析】

圆锥曲线是日常生活中常见的曲线,在航天、航海、光学等领域都有广泛的应用,这使得解析几何成为数学的一个重要分支.除了直线和圆以外,椭圆、双曲线和抛物线已经与平面几何所涉及的内容有本质的区别,但与函数却有了联系,如反比例函数的图像是双曲线、二次函数的图像是抛物线等.

椭圆作为平面几何没有涉及的第一类圆锥曲线,对学生来讲既好奇又具有挑战性.好奇在于现实世界中处处可见这种优美对称的曲线.挑战之一在于这种曲线如何生成? 具有哪些性质、应用等都是未知的;挑战之二在于标准方程的推导过程,不少学生面对"双根号"的方程的化简一筹莫展.要顺利将"双根号"方程化简,需要观察运算对象的特点,把握运算的大方向,选择运算思路.而这种挑战恰恰有利于学生增强探究能力,感受严谨治学的精神,发展缜密灵活的理性思维,从而提升学生的逻辑推理、数学运算等核心素养.

基于以上分析,在椭圆及其标准方程的教学设计中,应以椭圆的几何特征、方程、性质和应用为明线,以坐标法和数形结合思想为暗线,以逻辑连贯、环环相扣的"问题串"为脚手架,设计系列化的学习活动.具体过程为:

(1) 通过具体情境,了解椭圆的背景与应用;

(2) 结合情境,通过动手操作生成椭圆并清晰地描述椭圆的几何特征与问题,即椭圆是到两个定点的距离之和为定长的动点的轨迹;

(3) 结合几何特征合理地建立坐标系,用代数语言描述这些特征与问题;

(4) 借助几何图形的特点,形成研究椭圆性质的思路,利用方程并通过直观想象和代数运算得到结果;

(5) 给出代数结果的几何解释,解决问题.

上述过程可以概括为"曲线的几何特征—曲线的标准方程—通过方程研究曲线的性质—应用".依据这样的过程进行教学设计并展开教学,就可以引导学生展开结构化的系统学习,建立清晰、稳定和可利用的"椭圆与方程"的认知结构,形成思想内涵丰富的"椭圆与方程"知识体系.研究椭圆的过程与方法对研究其他圆锥曲线具有示范作用,双曲线、抛物线的研究内容、过程和方法与椭圆是"同构"的,它们的研究可以通过类比椭圆来完成,因此椭圆的研究为整个圆锥曲线的学习奠定基础.

【教学过程】

感知操作—类比概括—类比思考—猜想推导—固化运用—结构图式—作业评价.

环节一　感知操作

教的过程	学的过程	说明
感知1:椭圆形状的曲线. (1) 生活中:篮球在地面上的影子边界,圆柱(台)形水杯倾斜时液面的边界线,等等. (2) 行星运动定律:每一个行星都沿各自的椭圆轨道环绕太阳转动,而太阳则处在椭圆的一个焦点上.(德国天文学家开普勒,1609年) 感知2:用一个垂直于圆锥的轴的平面截圆锥,截口曲线是圆;用一个不垂直于圆锥的轴的平面截圆锥,当截面与圆锥的轴夹角不同时,可以得到不同的截口曲线,它们分别是椭圆、抛物线、双曲线.我们通常把圆、椭圆、抛物线、双曲线统称为圆锥曲线. 引导语:那么椭圆的定义是什么呢? 我们研究这个未知的椭圆定义不太容易,能否"以退为进",由已知的圆的定义,改变条件得到椭圆? 操作1:取一条定长的细绳(无弹性),能画出圆吗? 怎么画? 为什么? 操作2:同桌合作,你还能画出其他图形吗?	 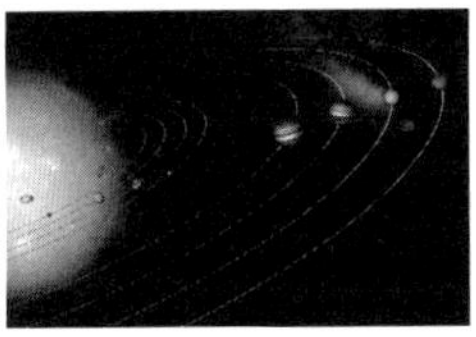 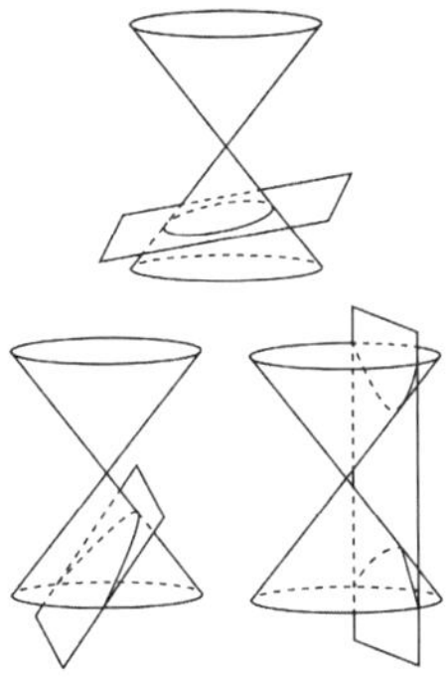 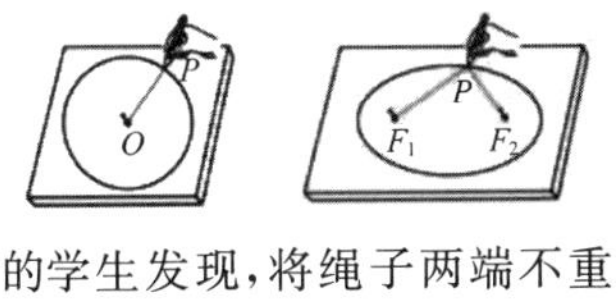 有的学生发现,将绳子两端不重合时,固定两端,套上铅笔,拉紧绳子,移动笔尖,画出的图形呈现了我们印象中的"椭圆"的形状;还有的学生发现虽然绳长一样,但画出的椭圆有的圆一些,有的扁一些.有的学生发现轨迹会是一条线段;有的学生则画不出轨迹来.	(1) 观察生活、行星运动、圆锥的平面截口中的各种曲线,直观感知椭圆的形状. (2) 基于圆的知识,温故知新,通过开放的画图活动情境,引导学生思维发散,改变条件画出更多的图形,从而发现椭圆的生成.

环节二 类比概括

教的过程	学的过程	说明
问题1:对于能画出椭圆形状的情形,你能说出移动的笔尖(动点)满足的几何条件吗? 问题2:类比圆的定义,你能对椭圆下一个定义吗? 追问1:你能写出椭圆的点的集合吗? 追问2:如果没有限制条件 $2a>\|F_1F_2\|$,满足 $\|PF_1\|+\|PF_2\|=2a$ 的点 P 的轨迹还是椭圆吗?	(1) 动点(移动的笔尖)到两定点(细绳两端的固定点)的距离之和为定值,即: $$\|PF_1\|+\|PF_2\|=\text{定值}.$$ (2) 平面上到两定点的距离之和为定值(大于两定点之间的距离)的点的轨迹叫做椭圆. (3) $\{P\|\|PF_1\|+\|PF_2\|=2a(2a>\|F_1F_2\|)\}$. (4) 若 $2a=\|F_1F_2\|$,则点 P 的轨迹是线段 F_1F_2;若 $2a<\|F_1F_2\|$,则点 P 的轨迹不存在.	(1) 按照"先用几何眼光观察,再用坐标法推理、论证和求解"的基本思路,引导学生探究椭圆的几何特征,为抽象椭圆概念和展开后续内容做好必要准备. (2) 用类比的方法抽象椭圆概念,并通过追问理解椭圆的定义.

环节三 类比思考

教的过程	学的过程	说明
目标引导:椭圆到底有怎样的几何特征?我们该如何利用这些特征建立椭圆的方程,从而为研究椭圆的几何性质奠定基础? 问题3:类比圆的对称性建立圆的方程的过程,观察椭圆的形状,你认为怎样建立坐标系才能使椭圆的方程更加简洁? 问题4:如图,我们以椭圆两焦点 F_1、F_2 的直线为 x 轴,线段 F_1F_2 的垂直平分线为 y 轴,建立了直角坐标系 xOy.你觉得哪些点比较特殊?你能根据椭圆的定义写出它们的坐标并指出相关线段的长度吗?(具体地,你能从图中找出表示 a、c、$\sqrt{a^2-c^2}$ 的线段吗?) 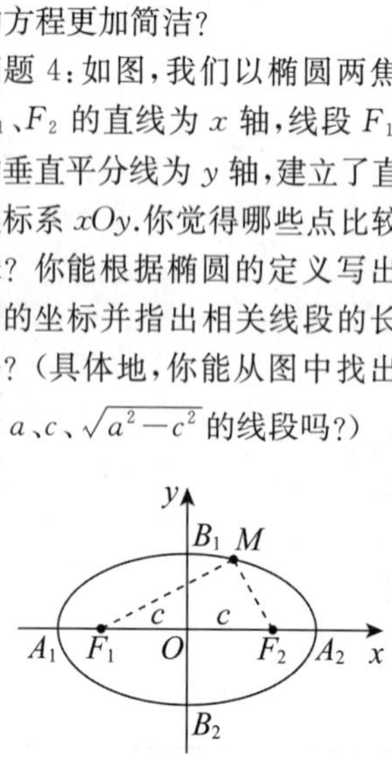 	(1) 以椭圆两焦点 F_1、F_2 的直线为 x 轴,线段 F_1F_2 的垂直平分线为 y 轴,建立了直角坐标系 xOy. 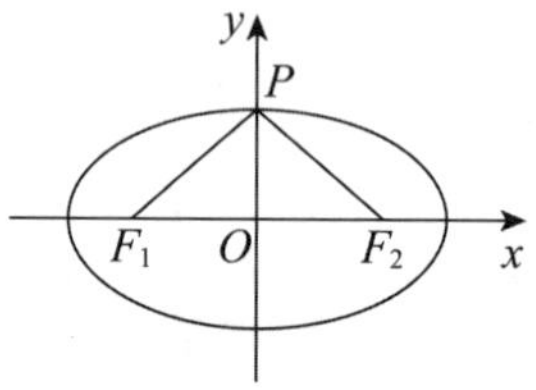 (2) 特殊线段有: $\|MF_1\|+\|MF_2\|=2a$,$\|OA_1\|=\|OA_2\|=a$,$\|OF_1\|=\|OF_2\|=c$;$\|OB_1\|=\|OB_2\|=\sqrt{a^2-c^2}=b$. 特殊点有: $F_1(-c,0)$,$F_2(c,0)$,$A_1(-a,0)$,$A_2(a,0)$,$B_1(0,b)$,$B_2(0,-b)$.	(1) 从宏观上提出问题,给出研究目标. (2) 引导学生思考如何利用椭圆的几何特征合理建立坐标系. (3) 为帮助学生理解引入 b^2 的合理性埋下伏笔.

环节四　猜想推导

教的过程	学的过程	说明
问题5:从圆的标准方程 $x^2+y^2=r^2$ 及其在直角坐标系中的位置出发,联想到直线的截距式 $\dfrac{x}{a}+\dfrac{y}{b}=1$,圆的方程可以写成 $\dfrac{x^2}{r^2}+\dfrac{y^2}{r^2}=1$.由此,你能猜想椭圆上的任意一点 M 的坐标 (x,y) 满足的关系式吗? 问题6:类似于圆的标准方程的推导,你能推导出椭圆的方程吗? 追问:我们发现,若点 $M(x,y)$ 在椭圆上,由方程①的推导过程可知,点 M 坐标满足方程①;反之,以方程①的解为坐标的点在椭圆上吗?为什么?由此你可以得到什么结论? 问题7:如果焦点 F_1、F_2 在 y 轴上,且 F_1、F_2 的坐标分别为 $(0,-c)$、$(0,c)$,a、b 的意义同上,那么椭圆的方程是什么? 追问:你能欣赏并归纳方程①与②的结构特征吗?	(1) 通过类比的方法猜想椭圆的方程可能是 $\dfrac{x^2}{a^2}+\dfrac{y^2}{b^2}=1$. (2) 设 $M(x,y)$ 是椭圆上任意一点.由椭圆的定义,椭圆就是集合 $$P=\{M\mid\mid MF_1\mid+\mid MF_2\mid=2a\}.$$ 所以 M 的坐标 (x,y) 满足 $$\sqrt{(x+c)^2+y^2}+\sqrt{(x-c)^2+y^2}=2a,$$ 即 $\sqrt{(x+c)^2+y^2}=2a-\sqrt{(x-c)^2+y^2}$. 将这个方程两边平方并整理,得 $$a^2-cx=a\sqrt{(x-c)^2+y^2}.$$ 上式两边再平方并整理,得 $$(a^2-c^2)x^2+a^2y^2=a^2(a^2-c^2).$$ 令 $a^2-c^2=b^2$,则 $b^2x^2+a^2y^2=a^2b^2$. 两边同除以 a^2b^2,得 $$\dfrac{x^2}{a^2}+\dfrac{y^2}{b^2}=1. \qquad ①$$ (3) 若点 M 坐标满足方程①,则 $\dfrac{x^2}{a^2}+\dfrac{y^2}{b^2}=1$,由上述推导过程中每一步都可逆,有 $\sqrt{(x+c)^2+y^2}+\sqrt{(x-c)^2+y^2}=2a$,也就是点 M 到两焦点 F_1、F_2 的距离之和为 $2a$,即点 M 在椭圆上. (4) 椭圆上的任意一点 $M(x,y)$ 的坐标都满足方程①,以方程①的解为坐标的点都在椭圆上,因此,我们可以与"用圆的标准方程表示圆"一样,用方程①表示到两焦点 F_1、F_2 的距离之和为 $2a$ 的椭圆,方程①叫做椭圆的标准方程. (5) 椭圆的方程是 $$\dfrac{y^2}{a^2}+\dfrac{x^2}{b^2}=1. \qquad ②$$ (6) 方程具有简洁和对称的美感,结构特征表现为:二元二次方程,无 xy、x、y 项,x^2、y^2 项的系数不相等.	(1) 在推导椭圆方程之前,通过类比直线、圆在直角坐标系中的位置及其方程,猜想出椭圆方程的大致形式,为化简整理提供了大方向,提升学生数学运算能力. (2) 引导学生通过类比,自主推导焦点在 y 轴上时的标准方程. (3) 通过不同坐标系下的标准方程的建立,帮助学生把握标准方程的多样性表示.

环节五　固化运用

教的过程	学的过程	说明
例1:已知椭圆的焦距是6,椭圆上的某点到两个焦点的距离的和等于10,求椭圆的标准方程. 例2:求焦点在 x 轴上,焦距为 $2\sqrt{6}$,且过点$(\sqrt{3},\sqrt{2})$的椭圆的标准方程. 练习1:分别写出满足下列条件的动点 P 的轨迹方程: (1) 点 P 到点 $F_1(-3,0)$、$F_2(3,0)$ 的距离之和为10; (2) 点 P 到点 $F_1(0,-2)$、$F_2(0,2)$ 的距离之和为12; (3) 点 P 到点 $F_1(-4,0)$、$F_2(4,0)$ 的距离之和为8. 练习2:求焦点在 y 轴上,焦距为 $2\sqrt{15}$,且经过点$(0,-4)$的椭圆的标准方程.	(例1)当焦点在 x 轴上时,椭圆的标准方程为 $\dfrac{x^2}{25}+\dfrac{y^2}{16}=1$;当焦点在 y 轴上时,得椭圆的标准方程为 $\dfrac{y^2}{25}+\dfrac{x^2}{16}=1$. (例2)椭圆的标准方程为 $\dfrac{x^2}{9}+\dfrac{y^2}{3}=1$. (练习1) (1) $\dfrac{x^2}{25}+\dfrac{y^2}{16}=1$; (2) $\dfrac{y^2}{36}+\dfrac{x^2}{32}=1$; (3) 线段 $F_1F_2:y=0(-2\leqslant x\leqslant2)$. (练习2) $\dfrac{y^2}{16}+x^2=1$.	(1) 帮助学生理解标准方程的多样性表示,体会不同坐标系下的椭圆有不同的标准方程. (2) 用待定系数法求解椭圆的标准方程. (3) 理解椭圆的定义及其限制条件,利用轨迹的定义求解动点的轨迹方程.

环节六　结构图式

教的过程	学的过程	说明
(1) 请你归纳一下建立椭圆标准方程的一般步骤. (2) 在建立椭圆的定义及其标准方程的过程中,体现了怎样的数学思想方法?	学生自己归纳总结所学知识,讨论、交流、分享.	对知识进行归纳概括,体会直观感知、操作确认、类比思考在获得椭圆定义中的作用;进一步体会"先用几何眼光观察,再用坐标法推理、论证和求解"的基本思路,进一步认识"以代数方法研究几何问题"在椭圆中的作用.
椭圆$\left(\begin{matrix}\text{平面内到两定点距离之和等于定长 }2a\text{ 的点的集合}\\2a>2c\end{matrix}\right)\overset{\text{从代数的角度看}}{\underset{\text{从几何的角度看}}{\rightleftarrows}}$ 二元二次方程 $\dfrac{x^2}{a^2}+\dfrac{y^2}{b^2}=1$ 或 $\dfrac{x^2}{b^2}+\dfrac{y^2}{a^2}=1$ $\quad b^2=a^2-c^2$ （解的集合）.		

环节七　作业评价

作业内容	设计意图	评价目标
1. 已知椭圆的一个焦点是 $F_1(-3,0)$,且椭圆经过点 $P(2,\sqrt{2})$,求这个椭圆的标准方程.	复习巩固椭圆的定义及其标准方程,体会确定椭圆标准方程的两个独立条件,提升数学运算能力.	在简单的数学情境中,利用待定系数法正确求解椭圆的标准方程.
2. 若方程 $16x^2+ky^2=16k$ 表示焦点在 y 轴上的椭圆,求实数 k 的取值范围.	复习巩固椭圆标准方程的结构特征,在用不等式知识求解问题的过程中提升数学运算能力.	在简单的数学情境中,利用焦点在 y 轴上的椭圆标准方程的结构特征正确求解问题.
3. 在 $\triangle ABC$ 中,已知点 $A(-1,0)$、$C(1,0)$.若边 a、b、c 满足 $a>b>c$,且角 A、B、C 满足 $2\sin B=\sin A+\sin C$,求顶点 B 的轨迹方程.	复习巩固椭圆的定义及其标准方程和正弦定理,感悟曲线与方程的关系,提升直观想象、数学运算能力.	在熟悉的数学情境中,利用正弦定理进行"边角互化",结合椭圆的定义及其标准方程正确求解问题.

说明:能正确完成作业 3,说明学生能在熟悉的数学情境中辨识和发现图形中有关线段的数量关系,运用椭圆的定义和标准方程建立轨迹方程,并根据问题的约束条件确定 x、y 的范围.根据满意原则,可以认为达到直观想象水平一、数学运算水平二的要求.

参考文献

［1］中华人民共和国教育部.普通高中数学课程标准(2017 年版 2020 年修订)［S］.北京:人民教育出版社,2020.

［2］人民教育出版社等编著.普通高中课程标准实验教科书数学必修 1(A 版)［M］.北京:人民教育出版社,2017.

［3］人民教育出版社等编著.普通高中教科书数学必修第一册(A 版)［M］.北京:人民教育出版社,2019.

［4］人民教育出版社等编著.普通高中教科书数学必修第二册(A 版)［M］.北京:人民教育出版社,2019.

［5］人民教育出版社等编著.普通高中课程标准实验教科书数学必修 2(A 版)［M］.北京:人民教育出版社,2019.

［6］人民教育出版社等编著.普通高中课程标准实验教科书数学必修 5(A 版)［M］.北京:人民教育出版社,2019.

［7］人民教育出版社等编著.普通高中课程标准实验教科书数学选修 1－1(A 版)［M］.北京:人民教育出版社,2019.

［8］人民教育出版社等编著.普通高中课程标准实验教科书数学选修 2－2(A 版)［M］.北京:人民教育出版社,2019.

［9］人民教育出版社等编著.普通高中课程标准实验教科书数学选修 2－3(A 版)［M］.北京:人民教育出版社,2019.

［10］章建跃.数学的方式与数学核心素养［J］.中小学数学(高中版),2016(11):66.

［11］章建跃.高中数学教材落实核心素养的几点思考［J］.课程·教材·教法,2016,36(07):44－49.

［12］章建跃.函数概念的抽象与数学核心素养的培养［J］.中小学数学(高中版),2017(10):66.

［13］章建跃.函数概念的理解与核心素养的培养［J］.中小学数学(高中版),2017(11):66.

［14］章建跃.函数性质的研究与数学核心素养的培养［J］.中小学数学(高中版),2017(12):66.

［15］章建跃.指数的概念、运算及其育人价值［J］.中小学数学(高中版),2018(Z1):130＋124.

［16］章建跃,王翠巧.用代数运算和函数图像研究指数函数与对数函数——人教 A 版"指数函数与对数函数"教材介绍［J］.中学数学教学参考,2019(34):18－25.

［17］章建跃.指数函数刻画了哪种类型的增长规律［J］.中小学数学(高中版),2018(04):66.

［18］章建跃.三角函数教材落实核心素养的思考［J］.中小学数学(高中版),2016(12):66.

［19］章建跃.关于弧度制的教学［J］.中小学数学(高中版),2017(05):66.

［20］章建跃."任意角"该教什么［J］.中小学数学(高中版),2017(04):66.

［21］章建跃.如何使学生理解三角函数概念[J].中小学数学(高中版),2017(06):66.

［22］章建跃.诱导公式的育人价值[J].中小学数学(高中版),2017(Z2):130.

［23］章建跃.数学的思维方式与核心素养[J].中小学数学(高中版),2018(Z2):130.

［24］章建跃.发挥数学的内在力量　为学生谋取长期利益[J].数学通报,2013,52(02):1-6+10.

［25］章建跃.整体性、系统思维与核心素养[J].中小学数学(高中版),2016(10):66.

［26］章建跃,程海奎.高中必修课程中概率的教材设计和教学思考——兼谈"数学核心素养如何落地"[J].课程·教材·教法,2017,37(05):27-33.

［27］章建跃.核心素养导向的高中数学教材变革(续5)——《普通高中教科书·数学(人教A版)》的研究与编写[J].中学数学教学参考,2019(31):9-14.

［28］章建跃."平面向量数量积运算"的内容理解与教学思考[J].中小学数学(高中版),2017(03):66.

［29］章建跃.向量教学中培养数学运算素养[J].中小学数学(高中版),2016(Z2):130.

［30］章建跃.数学的思维方式与核心素养(之四)[J].中小学数学(高中版),2018(11):66.

［31］章建跃.核心素养统领下的数学教育变革[J].数学通报,2017,56(04):1-4.

［32］章建跃.核心素养为纲理念下的立体几何课程改革[J].中小学数学(高中版),2017(Z1):130+129.

［33］章建跃.核心素养统领下的立体几何教材变革[J].数学通报,2017,56(11):1-6+18.

［34］章建跃.核心素养统领下的立体几何教材变革(续)[J].数学通报,2017,56(12):1-3+20.

［35］章建跃.核心素养导向的高中数学教材变革(续5)——《普通高中教科书·数学(人教A版)》的研究与编写[J].中学数学教学参考,2019(31):9-14.

［36］章建跃.本原性问题与数学素养[J].中小学数学(高中版),2015(05):66.

［37］项武义.基础分析学之一——单元微积分学[M].北京:人民教育出版社,2004.

［38］邵光华.作为教育任务的数学思想与方法[M].上海:上海教育出版社,2009.

［39］孔凡哲,史宁中.中国学生发展的数学核心素养概念界定及养成途径[J].教育科学研究,2017(06):5-11.

［40］李昌官.基于核心素养的数学单元教学[J].中国数学教育,2018(10):3-6.

［41］张灿."对数的概念与运算性质"教学设计与反思[J].中国数学教育,2019(08):28-30+33.

［42］张劲松.整体把握函数内容,突出函数变化规律,强调函数研究方法——解读指数函数的内涵及其教育价值[J].中国数学教育,2019(18):2-7+17.

［43］斯理炯.发挥数学的内在力量实现教"数"育人——以新人教A版教材"指数函数"的教学为例[J].数学通报,2019,58(09):26-28+42.

［44］卢萍,邵光华.中德代数教材例题特色比较及启示——以"指数函数和对数函数"为例[J].数学通报,2015,54(02):21-24+39.

［45］陈月兰,袁思情,谢珺,赵纪诺.中美教材"指数函数与对数函数"内容的组织与呈现方式比

较[J].数学通报,2013,52(08):11-16.

[46] 魏韧.追求自然朴实的数学教学——以两角和与差的余弦公式教学为例[J].数学通报,2014,53(11):16-18.

[47] 孙美玲.微专题九　三角恒等变换[J].中学数学教学参考,2018(Z1):86-88.

[48] 李昌官.递推:数列的灵魂[J].数学通报,2018,57(10):22-25.

[49] 张爱军,陈本士,郎奠波.复数的理解与应用[J].科技创新与应用,2012(31):281-282.

[50] 孙军波.核心素养观下的主题单元起始课教学实践——以复数单元起始课为例[J].数学通报,2019,58(12):31-34.

[51] 程生根.成竹在胸,枝节自清——强化高中统计教学的流程意识[J].中学数学研究(华南师范大学版),2019(08):9-11.

[52] 黄根初.挖掘集合单元育人价值　培养数学学科核心素养[J].中学数学教学,2019(06):9-11.

[53] 黄根初."等式与不等式"单元育人价值与数学学科核心素养培养[J].上海中学数学,2020(04):6-9+23.

[54] 黄根初."函数的概念与性质"单元育人价值与数学核心素养培育[J].上海中学数学,2021(05):1-4+15.